中国石油集团测井有限公司

年鉴

2023

中国石油集团测井有限公司　编

石油工業出版社

图书在版编目（CIP）数据

中国石油集团测井有限公司年鉴．2023/中国石油集团测井有限公司编．—北京：石油工业出版社，2023.12

ISBN 978-7-5183-6515-9

Ⅰ．①中… Ⅱ．①中… Ⅲ．①油气测井—工业企业—中国—2023—年鉴 Ⅳ．① F426.22-54

中国国家版本馆 CIP 数据核字（2024）第 006102 号

中国石油集团测井有限公司年鉴 2023

ZHONGGUO SHIYOU JITUAN CEJING YOUXIAN GONGSI NIANJIAN 2023

出版发行：石油工业出版社

（北京安定门外安华里 2 区 1 号楼 100011）

网　址：http://www.petropub.com

图书营销中心：（010）64523731

编辑部：（010）64523592

经　　销：全国新华书店

印　　刷：北京中石油彩色印刷有限责任公司

2023 年 12 月第 1 版　2023 年 12 月第 1 次印刷

889 × 1194 毫米　开本：1/16　印张：19.25　插页：18

字数：560 千字

定　价：168.00元

（如出现印装质量问题，请与图书营销中心联系）

《中国石油集团测井有限公司年鉴》
编 委 会

《中国石油集团测井有限公司年鉴》

主　　编：石玉江

副 主 编：马东明

编　　辑：郭永春　张　沫　蔡成定　郭梦莹　李华溢
张思琪　王　新　王　书

编辑说明

一、《中国石油集团测井有限公司年鉴》（简称《年鉴》）编纂工作以马克思列宁主义、毛泽东思想、邓小平理论、“三个代表”重要思想、科学发展观、习近平新时代中国特色社会主义思想为指导，遵循实事求是的原则，全面、系统、客观地记述中国石油集团测井有限公司的发展和成就，力求做到思想性、资料性、准确性和科学性的统一，使之成为中国石油集团测井有限公司权威性、资料性工具书。

二、本卷《年鉴》是第二卷，记述中国石油集团测井有限公司2022年市场开发、技术服务、综合应用、技术研发、装备制造、企业管理及改革创新等方面的基本情况和重要事项，向广大读者展示中油测井为建设世界一流测井公司所做出的努力和取得的成就。

三、本卷《年鉴》采用分类编纂，点面结合，综合记述与条目记述相结合方式，力求全面反映所记事项。全书分为类目、分目、条目三个层次，以文字叙述为主，辅以图表。共设17个类目：总述，市场开发，技术服务，综合应用，技术研发，装备制造，生产保障，信息化建设，质量健康安全环保与节能，企业管理与监督，党建、思想政治工作与企业文化建设，荣誉录，机构与人物，所属二级单位概览，大事记，统计数据，附录。

四、本卷《年鉴》所引用的各种数据和资料截至2022年底，个别内容略有延伸。

五、本卷《年鉴》稿件、资料主要由中国石油集团测井有限公司本部部门、各所属二级单位以及各单位提供。

六、为行文简洁，《年鉴》中机构名称一般在首次出现时用全称，随后出现时用简称。“中国石油天然气集团有限公司”简称“集团公司”，“中国石油天然气股份有限公司”简称“股份公司”，两者统称“中国石油”。“中国石油集团油田技术服务有限公司”简称“中油技服”。“×× 钻探工程有限公司”简称“×× 钻探公司”。“中国石油集团测井有限公司”简称“中油测井”。

七、遵照年鉴编纂规范要求，《年鉴》编辑部对各供稿单位提供的稿件进行必要的编辑加工。主要是依据编写大纲与撰稿要求，统一全书体例，规范专业名词术语，删除明显重复，补充部分资料，修改语言文字，力求做到资料翔实、叙述简洁、数据准确。

序

2022 年，中油测井学习贯彻党的二十大精神，以习近平新时代中国特色社会主义思想为指导，遵循“四个坚持”兴企方略和“四化”治企准则，坚持“世界眼光、国际标准、测井特色、高点定位”，锚定建设世界一流测井公司目标，大力弘扬石油精神和大庆精神铁人精神，以中油测井成立二十周年为契机，编纂出版《中国石油测井简史》引领行业发展，举办系列庆祝活动，全面回顾二十年奋斗历程，总结发展经验，汲取奋进力量。

经营业绩保持稳健增长。发挥专业化一体化优势，在国内重点勘探开发领域和海外五大油气合作区，提供全测井技术服务，支撑油气增储上产降本，保障一批重点项目施工，解释一批高产井、发现井，创下一批标志性作业纪录，CPLog 成套装备进入尼日尔、乍得等海外市场，主体、成长和新兴三大市场均获突破，经营业绩创历史最好水平。技术创新取得关键突破。持续深化科研体制机制创新，“两院一中心”研发主体更加完善，科研投入强度持续加大，十大科技创新项目完成阶段性目标任务，一大批关键核心技术取得关键进展，智能制造迈上新水平，高标准举办一系列行业大型活动，倡议构建的测井创新生态圈持续扩大，中油测井科技型企业的价值不断彰显。管理提升接续赋能提效。改革三年行动圆满收官，后勤业务整合、区域资源共享稳步推进。法治企业建设扎实推进，管理效能不断提升。稳定大局得到全面巩固。持续完善风险预警与防控机制能力建设，健康企业创建取得阶段成果，境外社会安全整体受控，有效应对国内多轮疫情冲击，国内外生产经营平稳，实现安全生产稳定发展。人才强企不断走深走实。持续优化组织体系，中长期目标定员落实落地。三支人才队伍系统推进，国内外员工晋级体系和转换通道更加完善，青年人才加快成长，干事创业的氛围更加浓厚。党的领导持续全面强化。全面从严治党持续向基层延伸、向纵深推进，风清气正的政治生态持续巩固。“基础建设年”活动扎实开展，党建质量持续提升，赋能高质量发展。大力推进文化建设，初步构建具有传统特性、石油特点、测井特色、国际特征的新时代测井文化体系，民生工程全面开展，员工福祉大幅增进，乡村振兴彰显国企担当，企业形象持续提升。

举办庆祝中油测井成立二十周年系列活动，牵头编纂出版中国石油工业首部测井行业简史和《中国石油集团测井有限公司志 2002—2021》，建成测井文化展厅，组织发布新版《企业文化手册》，召开庆祝大会，举办职工文艺汇演，凝聚了力量、坚定了信心、激发了斗志，凝聚力、向心力大幅提升，员工归属感、获得感极大增强。

一年来，中油测井通过国家高新技术企业认证、入选陕西省工业品牌培育示范企业，连续四年党建工作责任制考核获评中国石油 A 级，连续七年保留“全国文明单位”称号，“双文明”成果丰硕。

2023 年，中油测井将全面学习宣传贯彻党的二十大精神，认真落实集团公司党组决策部署和中油技服工作要求，牢记“创新测井、服务油气”的企业使命，践行“慧眼识藏、深地逐梦”的测井精神，锚定目标、勇毅前行，守正创新、继往开来，在建设世界一流测井公司的征程上跑出“加速度”、干出“新精彩”，创造更加辉煌的崭新业绩，为集团公司建设基业长青的世界一流企业、保障国家能源安全贡献更大的测井力量！

执行董事、党委书记：

2023 年 12 月 9 日

1

上级关怀

ZHONGGUO SHIYOU JITUAN CEJING YOUXIAN GONGSI NIANJIAN

1. 2022 年 11 月 17 日，集团公司总经理、党组副书记侯启军（前排左 1）在泸 203H6B 平台调研中油测井页岩气桥射联作技术　　刘　建　摄
2. 2022 年 11 月 9 日，中油技服执行董事、党委书记张宝增（前右 2），副总经理芦文生（前右 3）一行到中油测井调研　　马永忠　摄
3. 2022 年 11 月 11 日，中国工程院院士李宁（右 3）一行到测井院士工作站调研检查指导工作　　周　璇　提供

2

3

1

领导调研

2

3

1. 2022 年 9 月 5 日，中油测井党委书记、执行董事金明权（左 3）一行到长庆分公司调研 康志强 提供
2. 2022 年 8 月 1 日，中油测井总经理、党委副书记胡启月（前排左 2）一行到大庆分公司调研 程 杨 提供
3. 2022 年 9 月 20—21 日，中油测井党委委员、总会计师邹荣（前排左 2）到物资装备公司西部中心调研 王灵洛 提供
4. 2022 年 5 月 10 日，中油测井党委委员、副总经理、总工程师、安全总监陈宝（左 1）到长庆分公司安塞项目部调研 康志强 提供

4

1

领导调研

2

1. 2022 年 8 月 10 日，中油测井党委委员、副总经理、工会主席石玉江（左 3）到大庆分公司调研　　历程军　摄
2. 2022 年 9 月 27 日，中油测井党委委员、纪委书记胡友清（左 2）到物装公司调研　　王灵洛　提供
3. 2022 年 8 月 26 日，中油测井党委委员、副总经理赫志兵（右 2）到国际公司调研　　许　可　提供
4. 2022 年 8 月 2 日，中油测井党委委员、副总经理陈锋（左 3）到大庆分公司监控指挥大厅调研　　历程军　摄

中国石油集团测井有限公司2022年工作会暨党委(扩大)会 四届四次职代会

中国石油集团测井有限公司2022年党风廉政建设和反腐败工作会

1. 2022 年 1 月 18 日，中油测井在西安召开 2022 年工作会暨党委（扩大）会、四届四次职代会　叶志云　摄
2. 2022 年 1 月 27 日，中油测井在西安召开 2022 年党风廉政建设和反腐败工作会议　叶志云　摄
3. 2022 年 2 月 8—13 日，中油测井在西安举办学习贯彻党的十九届六中全会精神及形势目标任务责任教育培训班　叶志云　摄
4. 2022 年 2 月 17 日，中油测井在西安产业化基地举行 CPLog 测井成套装备首赴尼日尔国际市场出征仪式　胡彦峰　摄

①

重大事件

ZHONGGUO SHIYOU JITUAN CEJING YOUXIAN GONGSI NIANJIAN

②

1. 2022 年 5 月 5 日，中国共产主义青年团中国石油集团测井有限公司第四次代表大会暨庆祝建团 100 周年表彰会在西安召开　　邢　帅　摄
2. 2022 年 5 月 11 日，中国石油测井重点实验室射孔技术研究实验室在四川省隆昌市挂牌成立　　刘　建　摄
3. 2022 年 5 月 16 日，中油测井“三基”工作推进会在长庆分公司靖边项目部召开　　邢　帅　摄
4. 2022 年 5 月 23 日，中油测井在西安产业化基地举行装备智能化加工生产线竣工仪式　　胡彦峰　摄

公司干部大会
2022年6月
①

合作共赢 开创未来
新一代 CPLog 成像测井装备联盟大会
CPLog 成像测井装备联盟
②

1. 2022 年 6 月 27 日，中油测井在西安召开领导干部大会　　叶志云　摄
2. 2022 年 8 月 10 日，中油测井在西安召开新一代 CPLog 成像测井装备联盟大会　　叶志云　摄
3. 2022 年 9 月 15—16 日，中油测井承办的测井科技高端论坛在西安和北京两地联合召开　　叶志云　摄
4. 2022 年 11 月 1 日，中油测井在西安产业化基地建成测井展厅　　叶志云　摄

①

重大事件

ZHONGGUO SHIYOU JITUAN CEJING YOUXIAN GONGSI NIANJIAN

②

1. 2022 年 11 月 2 日，中国石油驻陕西地区企业协调组党的二十大精神宣讲会暨工作座谈会在西安中油测井产业化基地召开　　叶志云　摄
2. 2022 年 11 月 24 日，中油测井在西安举行《中国石油测井简史》《中国石油集团测井有限公司志 2002—2021》发行仪式　　叶志云　摄
3. 2022 年 12 月 8—9 日，中国石油学会第二十二届测井年会在西安中油测井产业化基地召开　　叶志云　摄
4. 2022 年 12 月 9 日，中油测井成立二十周年庆祝大会在西安召开　　叶志云　摄

1. 2022 年 6 月 2 日，中油测井与中国电子科技集团公司第二十二研究所在西安签署战略合作框架协议 叶志云 摄
2. 2022 年 6 月 14 日，中油测井与新疆油田在新疆克拉玛依市共建准噶尔盆地测井评价研究中心 钟铭锐 摄
3. 2022 年 6 月 15 日，中油测井与西部钻探公司在新疆克拉玛依市签署战略合作协议 钟铭锐 摄
4. 2022 年 8 月 1 日，中油测井与东北石油大学在黑龙江大庆市签署合作框架协议 历程军 摄
5. 2022 年 9 月 13 日，中油测井与长江大学在西安签署战略合作框架协议 叶志云 摄

中国石油集团测井有限公司
西部钻探工程有限公司
战略合作协议签约仪式

3

中国石油集团测井有限公司与东北石油大学合作框架协议签署会

4

中国石油集团测井有限公司 长江大学
战略合作框架协议签字仪式

5

213℃!中油测井CPLog仪器在千探1井创大港油田超高温井测井纪录

3

1. 2022 年 4 月 27 日，中油测井天津分公司应用 CPLog 仪器在集团公司风险探井千探 1 井创大港油田陆上最高井温 213℃测井纪录　　姚东江　摄
2. 2022 年 5 月 31 日，中油测井华北分公司在朝 6-001x 井完成国内首次分布式光纤二氧化碳注入剖面测井　董　军　摄
3. 2022 年 6 月 1 日，中油测井辽河分公司完成辽河油田首个“大平台井”雷 72 桥射联作施工　　辽河分公司　提供
4. 2022 年 6 月 19 日，中油测井吐哈分公司创造吐哈油田最深井葡探 1 井测井纪录　　周　虎　摄

4

1

2

1. 2022年7月2日，中油测井西南分公司在西南油气田双鱼001-H6井创9010米国内陆上最深气井测井纪录

西南分公司　提供

2. 2022年9月4日，中油测井长庆分公司在长庆油田华H90-3井创亚洲最长水平段页岩油水平井桥射联作施工纪录

长庆分公司　提供

3. 2022年9月22日，中油测井FITS过钻具测井系统4英寸钻杆保护套工具工艺在新疆油田试验投产

测井技术研究院　提供

1. 2022年1月1日，中油测井组建志愿服务队参加西安市新冠肺炎疫情防控行动　叶志云　摄
2. 2022年5月31日，中油测井本部党委在陕西省泾阳县安吴镇举行“追寻红色记忆、铭记光辉历程”现场体验式教学　邢　帅　摄

①

2

精神文明建设

ZHONGGUO SHIYOU JITUAN CEJING YOUXIAN GONGSI NIANJIAN

3

1. 2022 年 6 月 8 日，中油测井党委书记、执行董事金明权到陕西省安康市紫阳县燎原村调研乡村振兴工作　葛文帅　摄
2. 2022 年 8 月 10 日，中油测井第二届“创新测井杯”职工排球赛在吉林省松原市举办　薛晗　摄
3. 2022 年 11 月 29 日，中油测井在西安发布企业文化手册　叶志云　摄
4. 2022 年 12 月 9 日，中油测井在西安举办庆祝公司成立二十周年“启航新征程”职工文艺汇演　叶志云　摄

4

中油测井国内工程技术服务市场分布示意图

审图号 GS 京（2023）2538 号

中油测井国际市场分布示意图

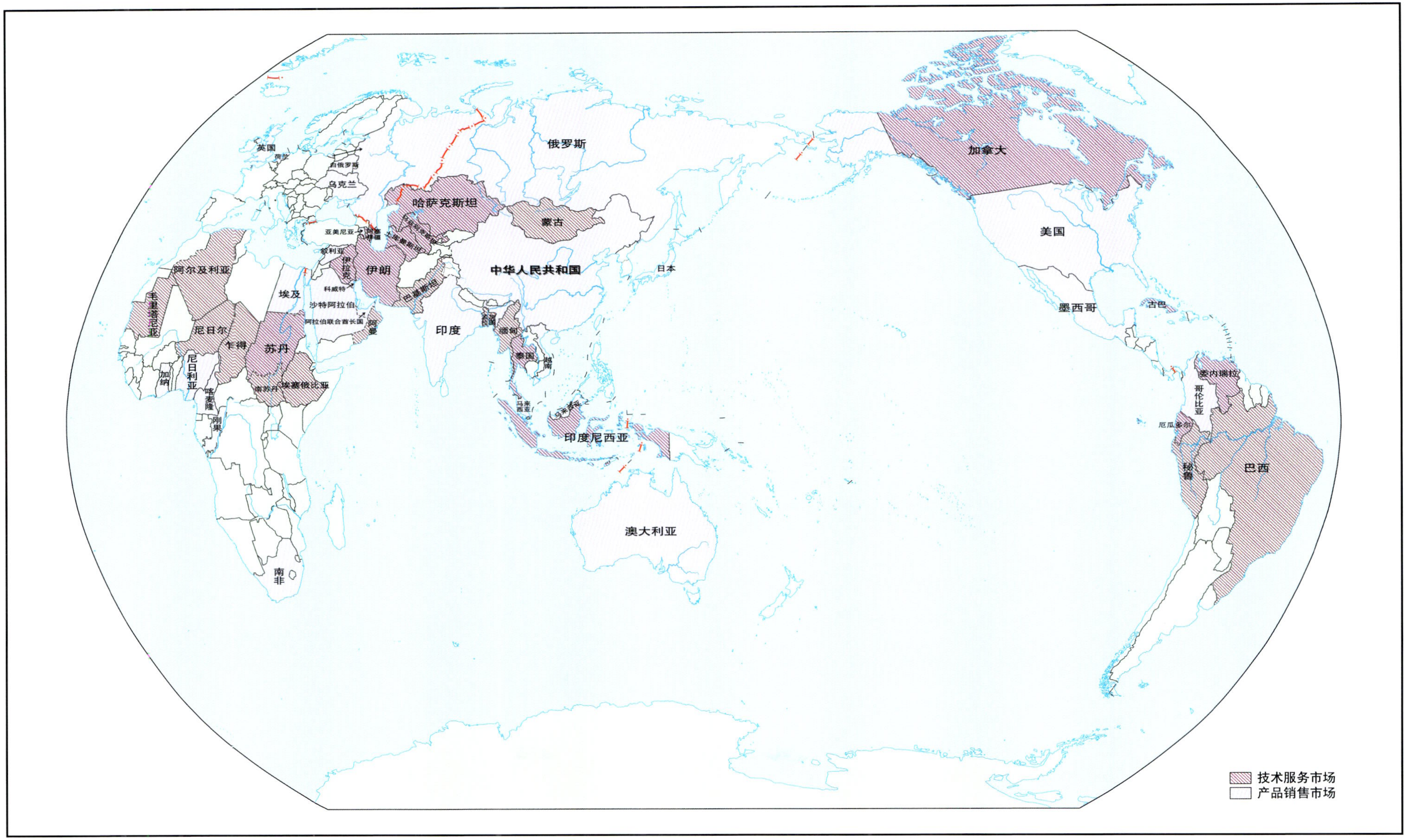

审图号 GS 京（2023）2538 号

要　目

目　录

总　述

综述

特载

专稿

市场开发

国内市场开发

国外市场开发

技术服务

国内技术服务

国外技术服务

生产运行管理

综合应用

解释评价

评价技术

解释评价管理

技术研发

装备研发

系统研发

基础研究

装备制造

制造基础

制造产品

制造管理

生产保障

装备管理

物资采购与供应

信息化建设

数字化平台建设与应用

信息基础设施建设

信息化管理

质量健康安全环保与节能

QHSE 体系管理

质量与计量

健康管理

安全管理

环境与节能

标准化工作

企业管理与监督

公司法人治理

组织人事管理

规划计划

科技管理

财务资产管理

企管法规

审计工作

行政管理

保密工作

档案史志

维稳信访与安保综治

社会保障管理

离退休人员管理

党建、思想政治工作与企业文化建设

党建工作

党风廉政建设

思想政治工作

企业文化

工会工作

共青团工作

荣誉录

省部级荣誉

集团公司级荣誉

行业荣誉

中油测井公司级荣誉

机构与人物

组织机构

所属二级单位概览

大 事 记

2022 年中国石油集团测井有限公司大事记

统计数据

附　录

附表

附图

总　述

综 述

中国石油集团测井有限公司基本情况

一、历史沿革

1998年7月，中国石油天然气集团公司（简称集团公司）成立后，实施重组改制、主辅分离，上市企业与存续企业分开分立。2001年，中国加入WTO后，国内外市场竞争日益加剧，石油工程技术服务领域全面开放，中国石油集团测井行业正面临着条块分割、专业技术力量分散、资源配置不合理、研发能力薄弱、自相竞争等问题。2002年初，中国石油深化国有企业改革，决定按照专业化、集约化原则，加快以地区服务公司为主的企业内部体制改革和结构调整，对测井、物探等市场竞争性强的技术服务业务和特种业务，进行跨地区、跨企业专业化重组，筹备组建中国石油集团测井和物探2个股份有限公司。2月，集团公司成立体制改革领导小组，副总经理阎三忠担任组长，副总经理陈耕、郑虎和总会计师贡华章担任副组长，由集团公司发展研究部牵头在当年内完成两个专业化重组。7月31日，集团公司成立测井专业化公司筹备领导小组，集团公司总经理助理刘海胜任组长，大庆石油管理局副局长李剑浩、集团公司发展研究部副主任卢思忠任副组长，长庆石油勘探局测井工程处处长胡启月任领导小组办公室主任。

2002年12月6日，中国石油集团测井有限公司（简称测井公司，英文名称China Petroleum Logging Co., Ltd.，英文简称CPL）在北京成立，注册资本7.1亿元人民币，按照《中华人民共和国公司法》和《中国石油集团测井有限公司章程》，成立董事会、监事会和经理层，董事长饶永久，为法定代表人；总经理李剑浩，副总经理李储龙、胡启月、王春利。党组织关系隶属中共陕西省委，成立测井公司党委，并设立纪律检查委员会。注册地址西安经济技术开发区，2003年变更为西安高新技术产业开发区。长庆石油勘探局测井工程处935人、37支测井队、5支射孔队，华北石油管理局测井公司1238人、61支测井队，吐哈石油勘探开发指挥部录井测井公司的测井业务人员437人、22支测井队、7支射孔队，青海石油管理局地质测井公司441人、8支测井队、6支射孔队、28支录井队，西安石油勘探仪器总厂测井公司41人、3支测井队及研究所测井业务人员83人；中国石油集团科学技术研究院江汉测井研究所142人，共3317人划转到中国石油集团测井有限公司。成立长庆事业部、华北事业部、吐哈事业部、青海事业部、塔里木事业部和技术中心，以及7个机关管理部门。2003年，中国石油集团测井有限公司贯彻落实集团公司全面建设具有国际竞争力跨国企业集团发展战略，确定“国内第一，国际一流”发展目标，以发展成套测井装备为重点，大力推进技术创新、管理创新，走研发、制造、服务一体化发展道路，建立面向测井技术服务市场的事业部制管理体制，实行测井公司—事业部—项目部三级管理。2005年9月，自主研制的第一套具有自主知识产权EILog-100测井成套装备在长庆油田正式投产。

2006年3月，集团公司批复同意将西安石油勘探仪器总厂测井装备制造业务划入测井公司，并成立测井仪器厂，划转资产1.56亿元，人员596人，中国石油集团测井有限公司由此具备较完整的装备制造基础。2007年6月，集团公司先后将塔里木石油勘探开发指挥部、青海石油管理局、中国石油集团科学技术研究院、长庆石油勘探局、华北石油管理局、吐哈石油勘探开发指挥部和西安石油勘探仪器总厂所持测井公司股权全部划转中国石油天然气集团公司，测井公司变更为一人有限责任公司，不设董事会和监事会，李剑浩为测井公司执行董事兼总经理。2008年2月，集团公司为进一步优化测井技术力量，推进测井业务专业化重组、集约化经营、产业化发展，提升测井技术自主创新和技术服务能力，将中油测井技术服务有限责任公司合并重组到中国石油集团测井有限公司，成立北京分公司。2009年1月，北京分公司划归长城钻探工程有限公司。“十一五”期间，中国石油集团测井有限公司全面推广应用以评价油气为中心的快速与成像测井技术系列EILog，推广应用集成化常规测井装备126套，研发推广“3电2声”5种国产成像测井仪器200支，承担测井公司86%测井工作量。2011—2015年，中国石油集团测井有限公司开发“3电2声1核磁”成像测井仪器，整体达到国际先进水平，实现测井技术由常规测井向成像测井重大跨越，推动测井产业转型升级。EILog快速与成像测井系统成为中国石油测井主力装备，从根本上改变我国测井先进装备长期依赖进口的局面。2016年11月，中国石油集团测井有限公司形成成像测井、生产测井、随钻测控“三位一体”研发制造业务架构。

2017年12月26日，集团公司为进一步完善工程技术业务管理体制，优化资源配置，提升规模实力和整体竞争力，打造国际一流的油田技术服务公司，决定对工程技术业务实施重组，大庆钻探工程公司测井公司2860人，西部钻探工程有限公司测井公司1268人，长城钻探工程有限公司测井公司1625人，渤海钻探工程有限公司测井公司1323人，川庆钻探工程有限公司测井公司1255人，长城钻探工程有限公司测井技术研究院126人，共8457人划转到中国石油集团测井有限公司。重组后，中国石油集团测井有限公司形成技术研发、装备制造、技术服务、综合应用“四位一体”的发展架构，业务链和产品链更加完备，员工增至13215人，较重组前增长165%，作业队伍758支，较重组前增长97%，包括综合测井队309支、裸眼测井队182支、生产测井队52支、射孔队101支、随钻测井队34支、录井队46支、测试队34支。资产总额116.02亿元。

2020年10月，集团公司党组决定金明权任中国石油集团测井有限公司党委书记、执行董事，胡启月任总经理，法定代表人变更为金明权。12月31日，中国石油集团油田技术服务公司（中油技服）为发挥中国石油测井业务整体优势，瞄准世界一流战略目标，促进测井业务高质量发展，决定将长城钻探国际测井业务和机构整建制划入中国石油集团测井有限公司，成立国际公司。“十三五”期间，中国石油集团测井有限公司的技术装备水平国内领先，打造形成中国石油测井成套装备CPLog，推出新一代远程测井地面系统，自主成像测井技术跨入多维高精度成像时代，获“改革开放40年中国企业文化优秀单位”称号。

2021年，中油技服智能导向研发制造业务、华北油田分公司测试业务和辽河油田分公司射孔业务划归中国石油集团测井有限公司，业务和市场范围进一步拓展，形成了国内国际双轮驱动市场局面。7月，中国石油集团测井有限公司深化内部专业化制度改革，整合研发、制造、物资装备、采购、质量安全监督和国际业务等资源。11月，集团公司批复同意中国石油集团测井有限公司中文简称调整为“中油测井”，英文名称调整为“China National Logging Corporation”，英文简称为“CNLC”。

2022年，中油测井“国企改革三年行动”收官，完成培训后勤业务整合，设立5个区域人力资源共享中心，试点西安区域纪检业务集中管理，撤并国际合作处，优化调整海外业务体制机制。

二、发展现状

中国石油集团测井有限公司是中国石油天然气集团有限公司独资的测井专业化技术公司，注册地在陕西省西安市高新技术产业开发区，党组织关系隶属于中共陕西省委。2022年12月30日，中油测井修订公司章程，中国石油集团油田技术服务有限公司是公司的唯一股东，公司英文名称更改为China National Logging Corporation，简称为CNLC。中油测井主营业务以测井技术研发、装备制造、技术服务、资料应用研究为主体，形成“基础理论—技术研发—产品标准化”测井科技创新平台，建立CPLog测井装备、CIFLog测井软件两大技术支撑体系，有裸眼井、套管井、随钻、射孔、录井等完整系列装备，为钻井、压裂、采油等业务提供相关技术支持，积极服务于地热、干热岩、碳捕集、利用与封存（CCUS）、矿产资源等新能源新领域，是集团公司测井技术试验基地、集团公司测井重点实验室、石油工业测井计量站依托单位。

2022年，中国石油集团测井有限公司有本部部门13个，分别是办公室（党委办公室、维稳信访办公室）、人事处（党委组织部）、规划计划处、市场生产处、科技处、物资装备处、评价信息处、质量安全环保处、财务资产处、企业法规处、审计处、纪委办公室（党委巡察办公室）、党群工作处（党委宣传部、企业文化处、工会、团委）。设二级单位18个。其中：工程技术服务单位12个，分别是长庆分公司、西南分公司、新疆分公司、天津分公司、辽河分公司、大庆分公司、吐哈分公司、华北分公司、塔里木分公司、青海分公司、吉林分公司、国际公司；技术创新单位3个，分别是测井技术研究院、地质研究院、制造公司；支持保障单位3个，分别是物资装备公司、质量安全监督中心和培训中心（党校）。机关事务部内设14个辅助保障单元：档案馆、信访维稳中心、人事服务中心（社会保险中心）、党建研究所、科技服务中心、评价信息服务中心、应急保障支持中心（智能支持中心）、健康服务中心、会计服务中心、定额造价中心、测井产业经济研究所、审计中心、纪检中心、新闻中心。

中国石油集团测井有限公司在册员工11083人，其中合同化员工9097人、市场化用工1986人；高级技术职称以上2165人、中级技术职称4219人；硕士博士981人、本科5688人；从事技术服务7765人（不含国际公司）、研发制造1174人。部署各类作业队伍872支，其中综合测井队425支、裸眼井测井队165支、射孔队104支、生产测井队57支、录井62支、LWD队59支。成套测井装备1079套，其中完井测井装备606套、生产测井装备167套、射孔装备222套、随钻装备35套、录井装备49套，有井下仪器20628支，工程技术服务车辆及拖橇共2613台，含一体化测井车932辆、工程车752辆、拖橇49台，装备新度系数0.19。装备制造拥有机械制造设备183台，具备47.4万工时／年机械加工、100套／年测井成套装备制造、射孔弹180万发／年、射孔枪50万米／年制造能力。主要服务区域国内覆盖集团公司16个油气田和中国石油化工集团有限公司（简称中国石化）、中国海洋石油集团有限公司（简称中国海油）、陕西延长石油（集团）有限责任公司（简称延长石油）等市场。海外服务区域主要在中东、中亚、非洲、美洲、亚太19个国家。成套装备销往俄罗斯、伊朗、加拿大等国家；射孔器材销往美国、土库曼斯坦、泰国等37个国家。

（马东明）

中国石油集团测井有限公司2022年工作情况

2022年，中油测井学习贯彻习近平新时代中国特色社会主义思想和党的二十大精神，认真落实集团公司“五大战略”和“四大战略举措”，锚定一流目标，开展“基础管理年”活动，以“三基”工作为抓手，推动战略实施，聚焦市场、技术、管理、人才重点工作，着力强基固本，实现高质量协同发展，经营业绩再创历史最好水平，世界一流测井公司建设取得重要进展。获集团公司“先进集体”“生产经营先进单位”“科技工作先进单位”“质量健康安全环保节能先进企业”等称号，入选陕西省工业品牌培育示范企业，连续4年党建工作责任制考核获评集团公司A级，通过国家高新技术企业认证，连续7年保留“全国文明单位”称号，各类作业同比增长9.92%，经营业绩创历史最好水平。完成集团公司下达的各项考核指标，为全面完成“十四五”规划目标奠定坚实基础。

业绩指标。中油测井完成各类作业97239井次，同比增长11.01%。其中：裸眼测井24168井次，同比增长17.44%；生产测井15062井次，同比增长11.05%；工程测井27628井次，同比增长13.25%；射孔29963井次，同比增长4.86%；录井418口，同比减少14.17%。随钻测井541口，同比增长143.69%；桥射联作2940口/24058段，同比增长42.24%和15.24%。制造仪器650台（套/支）、射孔弹158.73万发、射孔枪49.68万米。完成总产值121.74亿元，同比增长15.72%，实现收入105.03亿元，考核净利润2.53亿元，上缴税费2.18亿元，累计投资10.13亿元，超额完成集团公司下达的各项业绩考核指标。

市场开发。中油测井聚焦“一切为了多打粮食”理念，实施市场增量考核，实现市场开发量效齐增。分类分级管理客户，试行大客户经理制，明确客户经理123名，编制定制式服务保障方案，健全网格化责任体系，建立“一对一”客户关系。开展高层交流，深化战略合作，为油田提供高端化、差异化、一体化服务。聚焦业务链短板成立工作专班，推介高端测井项目，随钻测导市场占比大幅提升，组建9支光纤专测队，“连续油管+测井”一体化服务实现快速见效，集团公司内综合市场占有率提升至90.39%。新开发市场38个，首次进入中国石化川渝页岩气总包和经纬公司随钻市场，突破贵州页岩气油气资源市场，中国海油市场海上作业171井次。开拓地热井、干热岩、天然碱、矿藏资源勘查、瓦斯治理、CCUS等新能源新领域，开发新兴业务市场28个。

海外测井业务。中油测井建立“公司本部统筹管理+国际公司全面管理+海外作业区组织实施”管理模式，设置14个海外作业区、32个海外项目。中标阿尔及利亚、土库曼斯坦市场2个近亿元项目，海外亿元级项目从5个增加到7个。在中东与安东油田服务集团、中国石油渤海石油装备制造有限公司、斯伦贝谢公司等签署战略合作协议。在尼日尔推广CPLog测井成套装备，实现独立商业化作业。中油国际作业者市场占有率63%，所有海外作业区全部实现盈利。海外业务新签合同额同比增长10%，海外市场收入同比增长32.37%。境外社会安全受控，以乌兹别克斯坦作业区为试点，首批接入集团公司海外应急指挥平台。参加国际石油展，提升品牌影响力，CPLog测井成套装备在印度尼西亚第46届石油展获最佳设计奖。

生产组织。中油测井围绕“五油三气”等国内重点领域和海外五大合作区，强化区域共享。在国内部署11个服务公司69个项目部，在海外19个国家设置14个作业区，统筹部署843支队伍1079套装备，形成就近高效稳固的服务保障体系。灵活组队305支、作业1.1万井次。组建项目专测、井型专测、一队多机等队伍190支，作业4780井次，队伍综合利用率提升16.34%，队伍平均工作量增长12.46%。协调装备421批次3218支，装备利用率同比提升17.43%，及时率、完好率、满意度分别达到96.7%、96.3%和98.1%。建立三级维保体系和共享机制，装备检修15.72万次，其中旋转地质导向系统维保270串，同比增长62.5%。修订测井工艺技术标准11项，优化改进测井工艺，规模应用自主过钻具装备，水平井、复杂井下井一次成功率98%、时效提高53%。桥射联作段均作业时间下降至2.39小时、提速5.16%。桥射联作2.0在长庆陇东等5个国家级页岩油气示范区规模应用超2000口井。取得多项新作业纪录，在长庆油田J51-29H1井创造桥射联作亚洲陆上最长水平段5256米的新纪录，在大港油田千探1井创国内油管传输射孔最高温度220℃纪录，在西南油气田龙兴1井创国内射孔作业井底最高压力204.6兆帕纪录，有效保障集团公司重点井实施。

技术研发。中油测井建立4大共享研发平台，发布CPLog测井装备、CIFLog测井软件技术标准体系，配套7个业务机构、10个实验室，加速平台核心技术迭代积累。科创中心、荔参1井平台建设稳步推进。科技管理系统全面上线。统筹实施十大科技创新项目，“揭榜挂帅”选聘10名项目经理，推动“平台+项目”管理。实施科技岗位分红，科研投入强度达到5%。成立射孔技术研究实验室。完善院士工作站运行机制。建立博士后科研工作站。205℃声波换能器形成试验样机，高性能中子管打靶超500小时。CNPC-IDS智能测导、175℃@20h一串测、CIFLog-LEAD被认定国际先进。230℃/170兆帕高温高压小直径系列形成深井作业能力，FITS过钻具成像测井填补国内空白。“先锋”射孔弹打靶穿深2258毫米，通过API标准认定，再创世界新纪录，射孔器材承压指标提升至245兆帕。自主研发的智能测导通过专家鉴定，进尺突破20万米。建成车载快速岩石物理实验室。设立面向社会的测井创新基金。受理授权专利242件，登记软件著作权23件。获省部级科学技术进步奖11项、自主创新产品8项，新一代桥射联作技术获集团公司2022年十大科技进展。

装备制造。中油测井深化3D打印技术在测井传感器制作中的应用，极板、岩密探头外壳实现小批量生产，形成过钻具中子源舱一体化3D打印技术，FITS57中子源舱一体化打印和磨损钻铤原位修复等2项技术实现新突破。随钻导向仪器通过产品鉴定，达到国际先进水平，随钻LWD、MWD电路实现自主化。3型He-3管实现国产化，技术指标与国外产品一致，供货周期及单套成本大幅降低。iWAS智能采集地面系统进入生产制造阶段，完成11套系统换装。国内首条测井装备智能化加工生产线投产，初步建成测井智能工厂，形成数字化仿真、信息化管理、自动化加工、自动化检测的装备制造能力，支撑年产100套测井装备产业化制造。建成投产4条自动化加工线，实现仪器零件生产效率提高2.5倍、射孔枪加工效率提高2倍、射孔弹生产效率提高30%。测井装备全生命周期管理系统全面上线，实现全过程数字化线上流转及可视化集约管理。CPLog测井成套装备进入尼日尔、乍得等市场，射孔器材销往美国、土库曼斯坦、泰国等37个国家。CPLog测井成套装备外销收入连续2年超2.4亿元。

解释评价。中油测井聚焦国内重点领域和海外五大合作区，成功解释天湾1井、大页1H井、岭页1H井等一批高产井、发现井，获集团公司油气勘探重大发现奖1项。积极开展油气田老区测井评价挖潜，复查老井3.38万井次，发现潜力层7286个，新增油气当量63.53万吨。持续打造“一体两面”工作典范，与新疆油田共建测井联合研究中心，成立区域综合评价、长庆页岩油、新疆水平井、乍得解释评价等中油测井公司和分公司两级专班，支撑保障油田重点难点攻关。深化“靠前+集中”生产组织模式，成立重点井新技术集中处理解释中心，实施“双井长负责制”，2022年完成重点井解释103口，新技术资料处理661井次。建成以全直径岩心核磁共振为核心的车载实验平台，在长庆、华北完成8口井303米岩心井场近原位测量，快速提供页岩油含油饱和度等关键参数；针对陆相页岩油、超深层碳酸盐岩等重点勘探领域，开展岩心实验分析31类1.4万块次；光纤测井处理解释技术从无到有，达到国内领先水平。统一测井成果图件标准，建成中国石油统一测井数据库，完成48.3万口井老井数据入库。统一CIFLog-LEAD4.0软件，集成特色方法模块，行业鉴定达到国际先进。累计裸眼井解释15778井次，套管井解释31456井次；探井解释符合率87.96%，开发井解释符合率97.14%。

信息建设。中油测井发布《中国石油集团测井有限公司数字化转型总体实施方案》《中国石油集团测井有限公司人工智能发展规划》，成立信息“孤岛”和数据治理工作组，完成集团公司数据治理专项行动工作。建立市场动静态分析模型和以井为中心统筹生产经营全要素的组织模式。实现与中油技服EISC互联互通，建立工程复杂快速响应机制，工程复杂率同比下降17.05%，接入隆昌源库放射源管理系统，实现9万余井次作业信息自动流转。测井装备全生命周期管理系统建设实现各子系统与ERP、DNC、车载数据中心、AP/TP系统的应用集成，产品研发、生产制造、仓储管理、装备维保及管理数据互联互通，项目被评为西安市2022年工业互联网试点示范项目。采集、解释软件及web等9个应用系统实现架构统一。建立中国石油统一测井数据库，测井大数据平台与测井EISC、勘探开发梦想云、油田A1、A2等第三方系统互联互通，接入青海、吐哈油田钻井、试油、生产等数据并治理2.3万井次。创建风险（重点）井专家支持系统、油田测录井集成应用等系统，形成跨区域、跨部门、跨时间的一体化工作协同环境。开展智慧测井蓝图系统建设。统一身份认证服务，实现用户测井大数据、EISC、协同办公等系统身份统一。推进网络安全智能监控平台、局域网等项目配套建设，改进测井广域网3.0；推进WiFi6、5G、北斗导航系统建设；扩容测井云平台存储，加固外网云平台，云平台资源运行云主机104台。

质量健康安全环保。中油测井发布国内外一体化中英文版QHSE管理体系手册。QHSE体系通过挪威船级社认证监督审核。油气水井质量三年集中整治任务完成33项。4项行业最高标准装置通过国家市场监管总局复审。筹建全国石油专用计量测试技术委员会石油测井分技术委员会。规范21类测井仪器、9种刻度装置、53种通用计量器具管理标准。坚持“四全”原则，构建全员、全覆盖的立体安全责任网络，隐患治理投入资金2.03亿元。聚焦放射源、民爆物品等13项容易发生伤亡、形成较大影响的风险，深化15条硬措施落实，统筹开展常态化监督检查，安全大检查发现并整改问题2623项，实施隐患治理项目235项。提前完成安全生产三年专项整治150项任务，完成海外7个作业区、9个国家第一轮远程监督。以健康企业创建为抓手，全面加强员工健康管理，推进四级医疗服务体系和“四位一体”境外医疗保障体系建设，41个健康小屋发挥监测作用。加强社会安全管理培训，以乌兹别克斯坦作业区为试点，中油测井成为首批接入集团公司海外应急指挥平台的企业。境外人员疫苗接种全覆盖，“一人一策”实现59名境外在岗超1年以上员工清零。治理生态环境隐患19项，制订碳达峰实施方案和绿色企业创建方案，胶囊同位素等特色技术工艺推广4285次，开展边远、高原、海外艰苦地区民生工程项目183个。

业务资源整合。中油测井“国企改革三年行动”收官，完成培训后勤业务整合，设立5个区域人力资源共享中心，试点西安区域纪检业务集中管理，撤并国际合作处，优化调整海外业务体制机制。深化二线项目制改革，优化调整海外业务体制机制，完成11个境外机构调整及管理权交接。推进经营型项目部改革试点，开展混合所有制改革研究，持续为中油测井发展赋能增力。全面开展“三定”工作，突出两级本部管理职能优化和区域同质化业务整合，完成“十四五”前两年二级三级机构、中层和基层领导职数压减指标，员工总量同比下降3%。全面完成所属单位领导班子、助理副总师队伍建设，干部队伍结构持续优化。开展干部人才双向挂职锻炼，建立优秀年轻干部储备体系。深化双序列改革，组建院士、首席专家领衔的11个中油测井科技创新团队，引进“高精尖缺”人才41名。聘任两级技能专家，共享全能型操作工程师，按需储备、精准培养国际化人才。建立17级培训晋级体系与专业技术岗位任职体系转换通道，系统构筑技能人才纵向晋升、横向转换的新八级成长通道。

企业管理。中油测井实施精益管理战略，编制中长期高质量协同发展规划和新能源新业务、人工智能发展专项规划，推进企业管理工程，开展“基础建设年”活动，持续深化人才强企工程，全员劳动生产率同比增长6.23%。强化依法合规，一体推进“合规管理强化年”及综合治理专项行动，全面完成“七个强化”重点任务和“五个任重道远”（转变思想观念任重道远、完善公司治理任重道远、依法合规任重道远、实现精益管理任重道远、提升管理能力任重道远）专题对照检查。发布定额造价体系1.0，完成境外依法合规经营风险专项排查整改。发挥规模采购优势，实现两级集中采购度99.95%，资金节约率10.07%。召开“三基”工作现场推进会，从统一制度、标准、规范、流程、台账着手，推动“三基”工作和“四化”管理从体、面、线、点全面加强。突出市场增量、效益增量与工效挂钩，以新技术、新工艺为抓手升级业务链，实现开源增收、节支降耗。开展经济责任等审计项目 7 类 44 项，审计单位覆盖率 100%。11 户全级次法人企业账面全部实现盈利。

支持保障。中油测井统筹安排改善民生各项任务，组织开展民生工程大调查，形成医疗健康、文体设施、住宿就餐和后勤保障等 222 项民生需求和实施方案。投入 1.1 亿元实施 186 个基建维修项目，国内外 43 个一线基地保障能力进一步加强，员工住宿就餐、文体活动、健康卫生等条件明显提升，边远、高原、海外艰苦地区生产生活条件不断改善。完成后村综合办公楼、数字展厅、产业化基地公寓楼维修等重点项目建设。石油射孔器材及配套件生产线建设项目完成主体结构施工。荔参 1 井建设项目完成初步设计。轮台基地食堂改扩建项目完成可研及初设评审。协调吉林、新疆、西南等分公司土地房屋权属变更事宜。整改规范自有房屋出租及实物管理，督促加强承包商管理和农民工工资支付风险管控。协调实施本部“三基”建设配套项目，统筹开展基地清洁美化，提效节能，生产生活基地安全平稳运行。

党建工作。中油测井严格落实“第一议题”制度，第一时间学习贯彻党的二十大精神和习近平总书记重要指示批示精神，把学习成效转化为改革创新实践。全面推进从严治党向纵深开展，整改完成集团公司党组巡视反馈 24 项问题，实现党的十九大以来中油测井党委巡察全覆盖；严格落实意识形态责任制，构建舆情联动监测体系；严格落实党建工作责任制，全面推进基层党建“三基本”建设与“三基”工作有机融合落地，强化基层党支部工作“六位一体”考核；深化“五型”本部创建，狠抓作风、能力建设，引领示范作用有效发挥；全覆盖开展“转观念、勇担当、强管理、创一流”主题教育，举办党的十九届六中全会精神学习教育培训班，全体领导班子成员亲自编写课件，首次为中层领导人员授课；专题研究部署企业文化建设，提炼形成新时代测井文化体系；开展中油测井成立二十周年系列庆祝活动，发布新版《企业文化手册》《员工行为手册》《视觉形象手册》，建成测井文化展厅，出版《中国石油测井简史》《中国石油集团测井有限公司志（2002—2021）》，制作宣传片、纪念画册，开展主题征文，举办书画摄影展，召开老领导座谈会和庆祝大会，举办职工文艺汇演。从严从实抓好党的二十大期间等特殊敏感时段安保维稳、保密工作，守牢守住稳定防线；党建工作深度融入生产经营，为全面完成年度目标任务提供坚强保障。

群团工会工作。中油测井各级工会以迎接宣传贯彻党的二十大为主线，履行维护职工合法权益、竭诚服务职工群众的基本职责。组织劳模座谈、巾帼讲述等具有“工”字特色主题教育；举办庆祝中油测井成立二十周年文艺汇演、“光影墨香、魅力测井”书画摄影展，举办第二届“创新测井杯”职工排球赛、首届“云上”运动会。开展员工思想大调研，代表职工协商签订《公司集体合同》《女职工专项集体合同》《工资集体协议》。召开中油测井职工创新工作推进会，首次以现场 + 直播的形式举办职工创新成果展。文体阵地累计投入 623.6 万元，投入 5043 万元解决基层员工生产生活困难、改善员工办公生活条件。加强团青工作建设，召开第四次团员代表大会，举办庆祝建团 100 周年系列活动。中油测井获中国石油首届技术技能大赛测井工竞赛团体一等奖、第十届全国品牌故事大赛一等奖。

社会责任。中油测井制定定点帮扶村——紫阳县东木镇燎原村“十四五”乡村振兴发展规划，持续加大驻村帮扶、消费帮扶力度。全年向燎原村捐赠 260 万元资金、60 吨废旧钢管、电子屏和桌椅等物品，向东木镇定向捐赠防疫物资 11 万元，帮扶乡村发展。帮带燎原村走“集体合作社 + 专业合作社 + 农户”发展之路，开展区域联建，共同发展集体经济。全年累计购买扶贫产品 524 万元，超额完成集团公司下达任务。

（张　沫）

特 载

改革创新再发力　强基固本促提升
高质量推进世界一流测井公司建设

——金明权在2022年工作会暨党委（扩大）会、四届四次职代会上的主题报告（摘要）

（2022年1月18日）

这次会议的主要任务是，以习近平新时代中国特色社会主义思想为指导，深入学习贯彻党的十九大、十九届历次全会精神和中央经济工作会议精神，认真落实集团公司决策部署和中油技服工作要求，总结2021年工作成绩，分析面临的形势，部署2022年重点任务，动员全体干部员工进一步统一思想、转变观念，凝心聚力、接续奋斗，高质量推进世界一流测井公司建设，为集团公司建设基业长青的世界一流企业作出新贡献。

过去一年，我们紧紧围绕集团公司党组关于测井改革创新发展的系列批示精神，紧紧围绕技服企业支撑保障国家能源安全和高质量发展两大任务，紧紧围绕“服务油气、保障钻探”职责使命，锚定世界一流目标不动摇、推进改革创新发展不动摇、坚持党的全面领导不动摇，大力实施市场导向、创新驱动、精益管理、人才强企、数字转型、国际发展“六大战略”，坚持战略引领、强化战略实施、狠抓战略落地，科学编制、扎实推进公司中长期战略规划，全面完成集团公司测井业务专业化整合和公司内部主体改革任务，加快推进数字化转型、智能化发展，国际国内协同发展格局初步形成，公司治理体系和治理能力进一步优化，高质量布局基本完成，党建引领保障作用更加有力，各项工作取得丰硕成果，实现“十四五”良好开局。全年完成总产值105.2亿元，实现收入92.2亿元、考核净利润2.21亿元，创历史最好水平。

一、推进测井业务“十大工程”，生产经营平稳有序

坚持工程思维，精耕细作测井业务，提高公司综合竞争实力和服务保障能力，圆满完成了年度生产经营各项任务。

（一）推进市场开发工程着力“多打粮食”

主体市场量效齐增。深化高层交流、战略合作，聚焦集团公司16个油气田勘探开发需求和地质工程难点，以效益为中心，积极拓展业务链，优化调整市场开发策略，实施市场增量考核，新市场开放区块工作量全部承揽，竞争性市场占有率稳中有升，高端技术产值占比16.55%。外部市场再创新高。成功进入中海油湛江裸眼测井和中石化地热项目市场，全年开拓28个新市场，外部市场收入首次突破2亿元。国际市场提质扩容。乍得、尼日尔、印度尼西亚市场规模快速增长，苏丹、南苏丹和古巴多个市场主力合同顺利续签，国际业务收入完成考核指标的105.7%。

（二）推进生产组织工程增强服务能力

生产体系成熟稳固。以井为中心组织生产，区域资源配置持续优化，基本形成2小时生产高效保障圈。提速提效成效明显。规模应用插拔式快速井口、模块化射孔器等工具，全面应用桥射联作2.0、直推式和爬行器等工艺技术，测井综合提速3.45%，单队创效同比提高8.8%。重点区域保障有力。发挥整体优势，服务保障大庆古龙、长庆陇东、新疆吉木萨尔页岩油和川渝页岩气等区域非常规油气，以及尼日尔、乍得等CNPC海外重点油区勘探开发。全年完成各类作业8.76万井次、同比增长5.34%，刷新作业纪录84项。

（三）推进技术研发工程立足自立自强

技术攻关取得进展。集中攻坚“1025专项”、补强能源技术装备短板、关键技术“卡点”三类重大项目，高灵敏度声波换能器、高温测井芯片、高性能中子管、智能测导等一批关键核心技术取得新突破，三维感应、偏心核磁等高端产品受到油气田青睐。合作交流持续强化。承办中国石油测井科技创新大会、海外业务测井技术与应用研讨会，与高校院所深化合作，推进集团公司测井重点实验室建设，建立中国石油测井院士工作站，构建科技创新生态圈。机制创新激发活力。完善科技创新管理体系，实行“平台+项目”研发模式，设立科技创新基金，试点“揭榜挂帅”机制，实施科技型企业岗位分红激励。全年研发投入强度4.36%，授权专利89件、取得软件著作权42件。

（四）推进装备制造工程升级智能水平

智能制造提档升级。强化车间管理、质量控制、工艺改进，建立起以智能制造为特征的大制造格局。精益制造全面推进。成功研制国内首个射孔弹传爆孔自动封贴装置，实现减员增效。搭建智能化、数字化制造平台，加快制造服务转型、新产品转化和售后质量改进提升，实现产品全生命周期管理。先进制造初见成效。机械加工和电路板焊接自动化生产线建成并投产，射孔枪加工自动化生产线初步建设完成，建立高速采集测井芯片封测工艺，实现测井芯片自主制造新突破，岩密探头、核磁探头、3D打印极板实现批量生产。全年制造仪器652台（套/支）、射孔弹180万发、射孔枪50.63万米。

（五）推进解释评价工程强化油藏研究

助力勘探重大发现。围绕“五油三气”等重点领域和海外五大合作区，创新页岩含油性评价等特色评价技术，助力塔北富满、长庆环西、准噶尔南缘、川中太和气区等国内重点领域勘探突破，巴西海域面积最大的盐下风险勘探区首口探井获勘探发现。支持开发增储上产。与大庆等油气田共建测井研究中心，整合岩石物理资源，开展油气田开发老区测井评价挖潜工程，见效井732口，落实有利区95个。提升解释评价效能。完成12万口老井数据入库，建立重点探井测井专家支持系统、井筒质量云服务等应用场景，加强标准化体系建设，实施“四制一会”制度，解释评价效能有效提升。

（六）推进信息建设工程加快数字转型

完成全面布局。以建设“数字中国石油测井”为目标，围绕“五类场景”，聚焦“三条主线”，筑牢“两个基础”，建设“七大平台”，打造设备全连接、业务全在线、工作全协同的数字化环境。聚焦集成共享。实现测井EISS全面上线应用，完成ERP系统变更实施，开展协同系统建设和典型场景应用，建成装备全生命周期管理系统，发布测井大数据平台规范，数字化、智能化建设全面加速。升级基础设施。开展5G网络建设，完善基础云平台，启动数据湖建设，试点北斗导航能源安全项目建设应用，海外信息基础建设开始实施，网络安全防护体系持续完善，信息化基础设施全面夯实。

（七）推进安全环保工程持续固本强基

完善双重预防机制。落实“四全”要求，党委会专题研究健康安全环保事项，压茬推进安全生产和油气水井质量三年专项整治、反违章专项整治行动，强化安全生产记分管理，落实安全生产承包责任，扎实开展安全里程碑活动，风险分级防控和隐患排查治理能力持续提升。深化管理体系运行。引进挪威船级社（DNV）开展第三方审核，实现国内、海外QHSE管理体系一体化认证，建成集团公司测井专业井控培训中心。加强安全科技应用。升级完善行车监控系统、民爆物品管理系统，换装新一代环保型智能源罐558个，实现放射源实时监控。

（八）推进企业管理工程提升治理能力

深化内部改革。研究部署改革三年行动24项任务，总体进度91.5%。完成研发、制造、物装、物采、评价、监督、国际等业务资源整合，压减二三级机构3.27%，2560名员工平稳实现“人随业务走”，同步完成任期制和契约化、部门职能优化、二线领导项目制等改革任务，初步实现主营业务归核化、区域资源集约化、企业管理精益化、责任分工清晰化、队伍建设专业化。优化公司治理。开展对标世界一流管理提升行动，提升公司治理能力的78项重点任务全面实施，管理创新深入推进，综合管理体系融合应用，有力促进制度优势转化为治理效能。固化提质增效。积极推进财务转型，发布公司定额造价体系1.0，从市场升级、创新驱动、深化改革等5方面发力，实现增收10.12亿元、节支5.51亿元、创效3.08亿元。强化合规管理。持续推进决策事项合规合法性审查，诚信经营全面加强；开展合同管理突出问题专项治理，合同规范化、标准化水平显著提升；全面开展经济责任、经营成果、物资采购、基建工程等6类审计，依法合规管理持续强化。

（九）推进品牌打造工程展现公司形象

加强顶层设计。成立公司品牌建设委员会，建立公司品牌管理办法，基本建立公司雇主品牌核心价值体系。加强品牌融合。变更公司英文名称及中英文简称，规范以中油测井（CNLC）为主的三级品牌框架体系，测井品牌有形化、价值化、商业化模式取得阶段性进展。加强宣传推介。全力做好CPLog在尼日尔项目的推介。参加第九届全国品牌故事大赛获二等奖，公司入选西安工业培育品牌企业。

（十）推进支持保障工程提高运行效率

完善健康保障体系。坚持把员工生命安全和身心健康放在首位，科学精准部署疫情防控工作，有序推进疫苗接种和常态化核酸检测，实现疫情防控“双零”目标。成立健康服务中心，开展职业病危害因素监测和评价，试点建设健康小屋，完善员工健康管理平台，开展健康知识讲座，健康保障能力进一步增强。完善支持保障体系。投入9126万元维修改造一线基地，荔参1井测井试验基地按计划推进，轮台多功能工房、陇东民爆品库、定边生产工房等基建项目如期竣工。优化本部职能，设立16个辅助保障单元。完善境外保障体系。实时跟踪哈萨克斯坦、巴基斯坦、伊拉克、伊朗、乍得、苏丹和南苏丹等国家社会安全形势，完善海外项目升级管理和应急处置方案，公司境外社会安全在集团公司五维绩效考核中提升至卓越级。

测井业务“十大工程”全面推进，进一步拓展了公司生存发展空间，激发了公司高质量发展动力活力，加快了世界一流测井公司建设进程。“测井市场资源整合创新实践”荣获2021年中国企业改革发展优秀成果三等奖，公司荣获集团公司2021年度先进集体、质量健康安全环保节能先进企业、科技工作先进单位等称号，CPLog多维高精度成像测井系统入选集团公司十大科技创新成果，并亮相代表我国科技创新最高水平的“十三五”科技创新成就展。

二、强化党建工作“十项任务”，党建质量持续提升

聚焦党建“四化”，抓好“十项任务”，充分发挥党组织把方向、管大局、促落实领导作用，促进党建工作“优化提升”。

（一）强化政治建设引领改革创新

落实“第一议题”制度。第一时间召开党委会、党委理论学习中心组学习等会议，专题学习研讨党的十九届六中全会、习近平总书记“七一”重要讲话以及关于中国石油和中国石油相关工作的重要指示批示精神，引领公司改革创新落地见效。开展党史学习教育。研究制定、协同推进20方面51项工作任务，组织开展庆祝建党100周年10项活动，深入推进“我为员工群众办实事”实践活动807项，其中重点民生问题83项，切实解决员工“急难愁盼”，凝聚推进公司高质量发展的智慧力量。坚持科学民主决策。坚持民主集中制，召开党委会研究决策“三重一大”事项。严格执行请示报告、“三会一课”、主题党日、双重组织生活、党建“三联”等制度，高质量召开党史学习教育专题组织生活会，党内政治生活质量和水平有效提升。

（二）强化思想建设夯实思想根基

抓实理论武装。规范和加强政治理论学习研讨，举办“四史”及新中国石油工业发展史专题读书班，组织体验式红色学习教育，自上而下全覆盖开展形势任务宣讲，引导干部员工转变思想观念、强化履职尽责。巩固文明创建。研究部署23项文明创建工作，全方位参与“厚德陕西”道德实践活动，巩固“全国文明单位”创建成果。把准舆论导向。推进媒体传播体系和舆情管控体系建设，完成公司CNLC英文网站建设，成立《中国石油报》驻中油测井记者站，在“中国石油外媒宣传排行榜”工程技术服务企业板块排名第一。

（三）强化队伍建设激发内生动力

推进人才强企工程。坚持“两个一以贯之”，研究实施组织体系优化提升、八类人才专项工程、人力资源价值提升、分配制度深化改革4方面44项措施。优化干部队伍结构。3批次调整中层领导人员226人次，干部队伍平均年龄47.2岁，较专业化重组初期降低3岁。拓宽人才晋升通道。深化“双序列”改革，聘任专业技术岗位人员4078名，占比35.4%，大力培养科技领军人才和创新团队，建立纵向发展畅通、横向转换有序的人才成长通道，与西安交通大学联合筹建博士后创新基地，精准引进关键核心岗位高校毕业生115人，大力引进高精尖缺人才29人，共建共享全能型工程师队伍103人，构筑八级技能操作人员晋升通道。

（四）强化组织建设筑牢战斗堡垒

落实党建责任。召开公司第四次党代会，完成“两委”换届选举，研究部署今后一个时期党建工作总体思路和目标任务。结合资源整合，同步调整党组织机构，党组织健全率、党员班组覆盖率100%。促进有机融合。按照制度建立、基础建设、巩固深化3个阶段，细化8方面28项具体任务，推动基层党建与基层管理全面融合、全面进步、全面过硬，公司《党建工作与科研生产深度融合的探索实践》荣获集团公司党建研究成果一等奖。加强教育管理。推进党员教育、员工基本功训练有机结合，实施党员、科研生产骨干双向培养，开展党支部书记任职能力测评，建立细化能力素质模型，实施岗位化、主题化、训练化精准培训，支部书记持证上岗率90%。

（五）强化廉政建设筑牢拒腐防线

精准政治巡察。对公司5家所属单位党委和本部党委、47个党（总）支部开展巡察，紧盯被巡察党组织职责使命，深入查找政治偏差；对7家所属单位党委开展巡察“回头看”，压实整改责任，巩固巡察成果。全力支持配合集团公司党组第三巡视组开展工作，顺利完成巡视任务。落实监督责任。全程跟踪监督公司深化改革任务落实情况，充分发挥监督保障执行、促进完善发展作用。保持高压态势。严肃查处违反中央八项规定精神等各类问题，加强以案促改警示教育，不断释放越往后执纪越严的强烈信号。

（六）强化文化建设凝聚发展合力

挖掘文化内涵。总结梳理近5年公司提出和践行的工作理念，探索建立新时代具有中国石油测井专业化特色的文化体系，丰富石油精神外延和内涵。打造文化精品。启动公司数字化展厅建设，制定实施庆祝公司成立二十周年12项活动方案。凝聚文化合力。制作公司中英文形象宣传视频和宣传画册，组织190名职工代表参加第十四届全国运动会开幕式，录制职工文艺晚会，举办“测井职工心向党”红歌合唱比赛等文体活动，增强了凝聚力和感召力。

（七）强化工会工作搭建桥梁纽带

加强民主管理。落实7项职工代表提案及30项工作建议，引导职工主动参与企业治理。促进素质提升。紧扣工程创优等7个方面开展劳动竞赛，举办第十届陕西省“测井杯”（中国石油射孔取心工）职业技能大赛，建成职工创新工作室20个。落实精准帮扶。帮扶低收入家庭776户次，发放帮扶金301.6万元。助力乡村振兴。巩固拓展脱贫攻坚成果与乡村振兴有效衔接，及时调整领导小组，有序完成驻村队员轮换，投入资金壮大集体经济，科学管理食用菌基地实现盈利，消费扶贫499万元，继续为推动乡村振兴工作贡献测井力量。

（八）强化青年工作助力创新创效

加强思想引导。举办团课、主题团日等活动，团员青年听党话、跟党走的信念更加坚定。心系青年成长。加强青年人才培养选拔，举办青年骨干培训班，提升青年干部素质能力。实施青年科技英才“人才＋项目”培育，滚动安排承担科研课题，助力青年科技人员成才。激励青年担当。深化青年创新创效，开展优秀青年学术论文征集评比，青工论文荣获第五届中国石油勘探开发青年学术交流论文一等奖，深化志愿服务活动，青年创新意识和服务能力明显提升。

（九）强化综治维稳防范重大风险

维稳信访方面，扎实开展“枫桥经验”、平安企业建设活动，持续做好常态化和特殊敏感阶段不稳定因素排查和重复信访治理清零工作，完成建党百年维护稳定政治任务，开展集团党组信箱留言答复工作，公司整体大局和谐稳定。安保防恐方面，完善安保防恐达标建设体系，重点目标达标建设任务提前完成，实现安保防恐风险隐患动态“清零”，建立多部门共同参与的“反内盗”工作长效机制。保密管理方面，完善精准定密、网络保密和涉密人员管理，加强培训、检查和宣传，全年无重大失泄密事件发生。

（十）强化本部建设作风更加务实

彰显本部价值。召开本部党委会（扩大）和党员大会，明确工作思路，推动“五项职能”履行，加强“五型”本部建设，促进党建工作与本部业务深度融合，本部执行力和工作效率明显提升。打造精干队伍。制定本部工作人员招聘管理办法，加强本部人员岗位绩效考核、先进评选和选拔任用，打造“五个过硬”的本部党员队伍。加强自身建设。按照“六有”标准规范建设支部活动场所，对本部党委开展巡察，规范流动党员组织生活，推动本部党建工作走在前作表率。

党建工作“十项任务”走深走实，有力促进了党建与生产经营管理的同频共振、深度融合，持续提升了党建工作质量，充分发挥了群团组织桥梁纽带作用，大力营造了和谐稳定的发展环境，为“改革深化年”各项任务完成提供了坚强保障。公司继续保留“全国文明单位”称号，驻村工作队荣获“陕西省脱贫攻坚先进集体”、参与的汉中合力团荣获“全国脱贫攻坚先进集体”称号。

回顾过去一年的工作，既有可喜的成绩，也有宝贵的经验。一是政治建设必须一以贯之。以党的政治建设为统领全面加强党的建设，深化巩固党史学习教育成果，从百年党史中汲取不断前行的智慧和力量，不断增强捍卫“两个确立”、做到“两个维护”的坚定性、自觉性。二是服务保障必须优质高效。公司的宗旨是用先进技术为油气勘探开发全过程提供优质高效技术服务，要忠诚履行“服务油气、保障钻探”职责使命，高质量服务油气勘探开发、高效率保障钻探提速提效，助力油气“增储、上产、降本”。三是改革创新必须久久为功。惟改革者进、惟创新者强、惟改革创新者胜，坚持问题导向、目标导向、结果导向，持续深化企业改革、优化公司治理、强化科技创新，不断把改革创新向纵深推进，充分激发动力活力，凝聚起推动公司高质量发展的磅礴力量。四是提质增效必须巩固深化。牢固树立“在经济领域为党工作”的理念，建立提质增效长效机制，调动一切积极因素，向生产经营管理全要素全过程要效益，不断提升公司经营能力和水平，推动公司由生产型向经营型转变。五是人才强企必须持续推进。人才是高质量发展的第一资源，要坚持“四个面向”，大兴识才、爱才、用才、容才、聚才之风，以博大胸襟和宽广胸怀广聚人才，推动中国石油测井事业薪火相传、基业长青。六是以人为本必须长期坚持。认真贯彻以人民为中心的发展思想，坚持发展为了员工、发展依靠员工、发展成果由员工共享，常态化开展“我为员工群众办实事”实践活动，不断增强广大测井员工的幸福感、获得感、安全感。

三、当前面临的形势及 2022 年工作任务

从世界大势看，世纪疫情叠加百年变局，外部环境更趋复杂和不确定。中美战略博弈中，贸易战、科技战、金融战愈演愈烈。能源行业与国际政治经济金融形势紧密相连，成为“东西”博弈的重要领域。中国是世界最大的油气进口国，原油对外依存度超过 73%、天然气对外依存度超过 43%。作为国内最大的测井公司，我们必须在党的坚强领导下，强化底线思维，防范重大风险，敢于斗争、善于斗争，在逆风逆水中勇往直前，永远做党和国家最可信赖的找油找气先锋。

从国内形势看，我国经济持续稳定恢复，生产需求继续回升，质量效益稳步提高，改革开放不断深化，内生动力逐步增强。中央经济工作会议指出，我国经济发展面临需求收缩、供给冲击、预期转弱三重压力，明确 2022 年经济工作要“稳

字当头、稳中求进”，继续做好“六稳”“六保”工作。石油天然气作为国民经济发展“血液”，在保增长、促发展过程中作用重大，油气安全稳定供给需求为公司发展也带来了新的机遇。我们必须完整、准确、全面贯彻新发展理念，聚焦主责主业，支撑保障国家能源安全。

从行业趋势看，石油天然气短期内在全球一次能源结构中的主体地位不会改变。习近平总书记创新提出“四个革命、一个合作”能源安全新战略，对中国石油和中国石油相关工作作出重要指示批示，要求“大力提升勘探开发力度”，强调“能源的饭碗必须端在自己手里”。集团公司党组保障国家能源安全、推进“七年行动计划”的力度持续加强，2022 年上游投资同比增长 3.9%，油气计划产量双增长。同时，在碳达峰碳中和世纪大考中，能源行业电动革命、市场革命、数字革命、绿色革命加速演进，能源消费加速向绿色低碳转型，对石油石化行业产生重大影响。我们必须树牢绿色低碳发展理念，与时俱进、加快转型，研究布局新能源新材料新事业发展，做绿色发展、奉献能源的践行者。

从市场走势看，测井行业市场竞争十分激烈、市场环境不容乐观，斯伦贝谢等国际同行在高温高压测井、随钻测井、数字化服务等方面整体领先，中国石化整合测井、录井、定向井业务重组成立经纬公司，中国海油研发出国内领先的“超高温高压电缆测井系统”和“中国海油旋转导向与随钻测井技术与装备”。同时，集团公司把“低成本发展”列入长期坚持的“四大战略举措”之一，推进实施成本对标改善计划，加大控投降本力度，突出高效勘探和效益开发，倒逼技术服务企业提升服务质量、降低服务成本，测井技术升级高投入与油田勘探开发低成本的矛盾日渐突出。我们必须积极转变观念、深化改革创新，着力在提速提质提效降本上下功夫，下好先手棋，抢抓主动权，在竞争中立于不败之地。

从企业态势看，经过近二十年发展，公司积累了一定优势。发展环境良好，“五湖四海、合作共赢”的发展共同体和创新生态圈正在形成。上级大力支持，集团公司党组对海外测井业务提出“四个着力”发展方向，搭建平台加快建设测井科技创新“一心五地”。一体专业发展，研发、制造、服务、应用一体化发展和集中力量办大事的专业化重组优势日益凸显。队伍忠诚担当，培育锻造了一批忠诚干净担当型管理人才队伍、尖端专业创新型技术人才队伍、绝活绝技工匠型技能人才队伍。当前，公司全面实现集团公司国际、国内测井业务的集中统一管理，有序划转中油技服智能测导系统研发、制造业务，平稳接收华北油田测试业务、辽河油田射孔业务，迎来了前所未有的发展机遇。

对标“六个一流”目标，我们也要看到公司存在的差距，集中体现在：一是观念转变不够快。部分领导干部还存在不合时宜的思维模式，观念陈旧、固步自封，习惯“穿新鞋走老路”，思想和谋划跟不上新形势、新任务、新要求，跟不上高质量发展的步伐。二是科技创新差距大。原创性、基础性、前瞻性关键核心技术与国际大型技服公司差距较大。技术标准不统一，项目设置不聚焦，科研基础平台不完善，精准激励不到位，创新链与产业链融合不够，成果转化周期长，不能完全满足油田勘探开发需求。新型业务技术储备不够。三是资产创效能力差。重生产、轻经营的现象普遍存在，大而不强的问题亟待破解，“两利四率”指标仍需持续优化，突出表现在全员劳动生产率低，离集团公司“技服企业主营业务人均收入 300 万元”的目标定员参考标准还有很大差距。四是业务发展不平衡。对标世界一流，研发、制造、服务、应用业务发展不充分、不协调，服务“一枝独秀”、制造相对弱小、研发创新不足、应用不够深入；海外测井业务的规模和效益有很大提升空间。五是体制机制不健全。管理较为粗放，制度体系不够完善，市场化经营机制亟待健全，组织优化、管理融合、制度建设、奖惩激励、责任落实需要持续加强。六是人才结构不合理。“盖层太厚、断层太深、储层太薄”的现象依然严峻，干部队伍年龄结构尚待进一步优化；管理人员能上能下、员工能进能出、收入能增能减的“三能”机制还需进一步完善；领军型技术技能人才紧缺；年轻业务骨干不够。七是基础工作不扎实。体系、制度、标准、流程不统一，工作效率不高、执行力不强，低老坏现象依然突出，安全生产事故事件和非生产亡人事件时有发生。八是对外协调不够深。眼界不阔、因循守旧、裹足不前，对外协调能力不足，沟通交流深度、合作广度需要持续加强。这些问题我们必须高度重视，认真加以解决。

今年工作的总体思路：以习近平新时代中国特色社会主义思想为指导，深入贯彻党的十九大、十九届历次全会精神和中央经济工作会议精神，坚决贯彻习近平总书记关于中国石油和中国石油相关工作的重要指示批示精神，遵循“四个坚持”兴企方略和“四化”治企准则，认真落实集团公司党组部署和中油技服工作要求，锚定一流目标，坚持“世界眼光、国际标准、测井特色、高点定位”，聚焦改革创新、夯基提效，大力实施“六大战略”，持续推进测井业务“十大工程”、强化党建工作“十项任务”，着力抓好市场、技术、管理、人才重点工作，突出风险防范，筑牢发展根基，高质量推进世界一流测井公司建设，以优异成绩庆祝公司成立二十周年，迎接党的二十大胜利召开。

总体要求：坚持世界眼光，做大市场增效益。围绕“一切为了多打粮食”，突出市场导向和国际发展，统筹市场开发、生产组织、解释评价，着力突破主体市场、成长市场、新兴市场，拓展高质量发展空间。坚持国际标准，做强技术重创新。围绕打造测井原创技术策源地和现代产业链链长，突出创新驱动和数字转型，统筹技术研发、装备制造、信息建设、品牌打造，着力攻关十大科技创新任务，增强高质量发展动能。坚持测井特色，做精管理促提升。围绕落实“四精”工作要求，突出精益管理，统筹企业管理、支持保障、风险防范，着力推动公司治理体系和治理能力现代化，夯实高质量发展基础。坚持高点定位，做优人才激活力。围绕健全“生聚理用”机制，突出人才强企，统筹三支人才队伍、八大人才专项工程，着力打造“三强”干部队伍、“四铁”技术队伍，激发高质量发展活力。2022年完成产值120亿元、实现收入105亿元，净利润2.9亿元。其中，国际收入13亿元。

四、突出重点，推动各项工作上台阶

持续推进测井业务“十大工程”，聚焦工作重点，强化基础建设，夯实发展根基，突出在5个方面下功夫。

（一）突出协同发展，在市场增效上下功夫

落实“市场导向、油田至上，一体协同、竞合共赢”市场营销理念，突出分类施策、提速提效、精准激励，推动公司市场上规模、拓空间、增效益。一是优质服务主体市场。认真落实“一体两面”“四个一”要求，动态掌握油气田业务市场容量，根据市场工作量明确生产指标，及时调整生产部署，持续优化队伍结构，创新生产组织，加大随钻测井市场开拓，全面应用桥射联作2.0、过钻具、直推式存储测井等技术，进一步提高服务保障质量和效率，力争全部承揽集团内部裸眼测井、射孔和开放市场工作量。举全公司之力优质高效保障集团公司10大增储领域集中勘探、12大战略接替领域甩开勘探。二是着力拓展成长市场。国际市场方面，大力实施国际业务三项竞争策略，推进实现“四个转变”，积极开拓一体化总包业务，确保关键市场稳健快速发展、新市场取得实质性突破。外部市场方面，积极开拓中国石化、中国海油、延长油田、民营市场，充分发挥区域性比较优势，扩大海上及外部测井市场份额。产品市场方面，以尼日尔CPLog成套装备推广为契机，完善销售机制，加大营销力度，提高竞争力、扩大影响力。加快开发海上特色射孔产品，拓展仪表新市场。三是积极进军新兴市场。新能源及矿产勘查方面，拓展地热井、可燃冰、科探井、水资源井及铀矿、稀土、锂资源等市场。油田数字化方面，实施数据流转正常化、数据存储唯一化、数据应用标准化，加强井场岩石物理、车载数据中心等数字化产品研发，创新数据采集、传输、处理解释等方式方法，加快形成新的业务增长点。四是解释评价挖潜市场，深入挖掘测井资料和工艺创新价值，扩大老井再评价市场业务增量，打造老油田区域总包和测井评价挖潜示范工程。做大剩余油评价、查层补孔、套损检测、动态监测等生产测井业务。五是精准考核激励市场。在智能测导、连续油管、区域综合评价、光纤测井等重点领域和潜力业务上发力，完善组织方式、开发方案、考核机制，加大市场增量和质量的考核激励力度，推动市场经济效益稳健增长。

（二）突出技术立企，在科技创新上下功夫

牢固树立“科研就是为了应用”理念，立足高水平自主创新，构建中国石油测井创新生态圈，积极创建中国石油创新型企业、绿色企业，引领测井行业高质量发展。一是推进十项创新任务。按照“支撑当前、引领未来、加快突破关键核心技术”要求，公司已经研究明确当前和今后一段时期，围绕技术标准、全域测井、大数据平台、快速测井、智能测导、生产测井、射孔技术、油藏研究、基础与前沿、海外测井技术等十大科技创新方向，统筹部署重大科技项目，打造测井利器和精品。今年着重抓好十大科技创新方向的项目立项、项目长选聘和考核，做好顶层设计，加强过程管控，高质量完成年度任务。二是推进核心技术攻关。积极对接国家和集团公司战略布局，加强电、声、核、磁、光在测井领域的应用基础研究，取得一批原创技术和方法突破。全面推进“1025 专项”、补强能源技术装备短板、关键技术“卡点”等重大科技攻坚任务，确保关键核心技术自主可控。强化产业技术超前布局，围绕集团公司及测井行业关键重点领域、新兴前沿交叉领域及新能源新材料新事业科技发展，开展前瞻性、基础性、战略性研究，保障研究经费投入。三是推进测井数字转型。锚定“数字中国石油测井”建设目标，扎实推进信息建设“5327”工程，着重加强研发、制造、服务、应用、管理运营 5 方面信息系统建设，着力夯实基础设施、提升网络安全管理，持续加大“信息孤岛”治理力度，全面筑牢测井通信“一张网”、建设完善测井业务“一朵云”、初步形成测井数据“一个湖”，不断推进测井数字化转型、智能化发展。四是推进智能装备制造。统筹规划公司制造业务发展，加快科研成果转化和仪器升级换代，优化制造工艺，强化测试检验标准，加强制造过程智能化质量控制，提高制造加工、试验能力，提升制造业务标准化、自动化、信息化水平，加快自主高端设备产业化进程。加快 CPLog 装备海外推广，积极参加国际重大展会和论坛，形成装备影响力，叫响 CNLC 企业品牌。五是推进体制机制改革。设立“大项目”、推进“大协同”、实施“大奖励”、搭建“大平台”、汇聚“大人才”、打造“大生态”，深化科技与信息化体制机制改革，不断激发创新活力。今年将召开测井科技高端论坛、新一代成像测井 CPLog 生态圈联盟大会，搭建交流合作平台，汇聚各方力量推进中国石油测井科技进步。

（三）突出管理提升，在公司治理上下功夫

扎实推动“基础建设年”工作部署，建立完善常态化对标管理机制，持续深化改革创新、精益管理、提质增效，推进结构、组织、运行、制度、监督和党建“六大体系”建设，推进公司治理体系和治理能力现代化建设，增强竞争力、创新力、控制力、影响力、抗风险能力。一是加强顶层设计。按照“企业管理体系化、业务管理制度化、流程管理标准化、基层管理特色化”，进一步优化公司治理体系和治理能力现代化规划部署，完善管理架构，精简管理层级，优化管理流程，规范管理体系。二是抓好问题整改。坚决彻底抓好集团公司党组巡视、公司巡察、审计工作、专项检查等发现的问题整改，聚焦“建设世界一流测井公司思想认识不够统一”“全面从严治党向基层延伸不够”“CPLog 成套装备配套能力不足”“干部队伍结构不合理”“基础工作薄弱”等突出问题，制定整改措施、建立整改清单，持续跟踪督导、做到举一反三。深入分析问题产生的原因，从思想观念、制度流程、工作作风等方面加大整改力度，通过问题整改进一步规范完善管理体系，坚决堵塞管理漏洞。三是持续提质增效。深入落实“四精”工作要求，牢固树立“一切成本皆可降”的理念，在提升服务质量、资产质量、经营质量上下功夫，在优化增效、流程增效、管理增效上下功夫，制定全生命周期降本措施，加强总结评价，固化经验做法，完善制度流程，建立长效机制。四是持续深化改革。按期完成公司改革三年行动，研究试点混合所有制改革，适时推动解释评价、支持保障、区域共享等改革，加强重大改革必要性、可行性研究。对已完成内部改革事项开展“回头看”，建立完善改革任务评价验收机制，打通改革“最后一公里”，进一步释放改革活力，全面提升公司治理效能。五是强化基础建设。基础不牢，地动山摇。要树立大抓基层、大抓基础的鲜明导向，扎实推动“基础建设年”各项措施落地，全面落实岗位责任制、提升岗位责任心、强化基本功训练，健全制度、制定标准、树立典型、建立机制、严格考核，持续推进基层党建“三基本”建设和“三基”工作有机融合，全面提升全员凝聚力、战斗力、创新力。

（四）突出以人为本，在人才强企上下功夫

深入落实集团公司“人才强企工程推进年”活动要求，坚持“德配其位、能岗相适、五湖四海、实干担当”鲜明用人导向，大力推进新时代测井人才强企工程，深化人才发展体制改革，建强三支人才队伍，全面提升人力资源价值，为高质量发展提供强有力的人才支撑。一是优化生产组织体系。全面开展“三定”工作，从严加强机构编制管控，进一步优化支持型和保障型二级单位架构，二三级机构、中层和基层领导人员职数总体压减达到总部统一要求。按照人均营业收入测算中长期用工规模，实施“管理+技术+核心技能”岗位直接用工。把国际业务海外雇员纳入定员管理。加快实施区域人力资源共享，持续推进生产组织模式变革。二是建强三支人才队伍。经营管理队伍上，实施干部素质提升“赋能计划”，不断加强党内政治生活历练。统筹推进岗位交流、挂职锻炼，持续优化班子结构。专业技术队伍上，立足研发、制造、操作、解释、仪修、国际等六类专业技术人才队伍，建立一支结构优化、素质优良、梯次合理、自主创新、爱岗敬业的专业技术人才队伍。技能操作队伍上，研究培养集团公司技能大师计划。在技师、高级技师培养中试点“培训学分”。拿出专项指标从第三方用工中公开招聘技能人才，全部充实到生产一线。三是深化分配制度改革。按照“存量保稳定、增量促发展”原则，加大奖金与市场增量、人均劳效挂钩力度，大力实施精准激励、定向激励，科研项目奖励精准化，试行市场化薪酬分配，完善差异化薪酬分配体系。四是提升人力资源价值。研究建立人力资源价值评价办法，坚持以岗位为基础、价值创造为根本、业绩贡献为核心，将人力资源价值评价纳入各单位班子任期经营业绩考核指标和主要领导离任审计项目，推动队伍实力、组织活力、产出效力不断优化提升。

（五）突出依法合规，在风险防范上下功夫

深入学习贯彻习近平法治思想，认真落实央企“合规管理强化年”专项工作要求和集团公司关于深化依法合规治企、加快建设世界一流法治企业的实施意见，夯实依法合规基础，完善风险防控机制，切实提高依法治企能力和风险防控能力，确保公司大局和谐稳定。一是防范安全环保风险。进一步完善放射源、民爆品、交通、井控、吊装等重点风险防控方案，区域联合风险防控，推动区域单位、属地单位网格化安全监管。统筹安全环保隐患治理，推行隐患治理项目评比，积极开展安全环保技术研究。针对重复性、严重性的共性问题开展专项整治活动。强化海外监督，采取共享共建、专职监督和远程监控等措施，逐步实现对海外项目QHSE监督全覆盖。大力开展质量提升专项行动，持续推进油气水井质量三年专项整治。二是防范职业健康风险。推进健康企业、平安企业创建计划，进一步规范健康小屋建设、管理及使用，全覆盖开展健康知识和急救技能培训。加强与专业机构合作，建立“四位一体”医疗服务体系，扎实抓好健康管理平台建设，发挥管理、分析、监测、预警功能，强化健康干预。三是防范合规经营风险。按照“管业务必须管合规”的原则，将风险防控要求嵌入生产经营各领域，做到依法决策、依法经营、依法管理，杜绝因违规导致的法律制裁、监管处罚、重大经济损失、声誉损失及其他负面影响事件的发生。推动综合管理体系持续有效运行，充分发挥内控、审计、纪检监察部门的监督作用，联合开展合规检查，加大违规问责力度，促进企业内控合规管理走深走实。四是防范境外社会风险。认真落实“危地不往、乱地不去”的要求，持续推进社会安全体系建设，加强远程可视化审核、监督和检查。做好境外项目动态风险评估，及时更新完善海外作业区应急处置预案，落实应急资源，开展应急演练，加强社会安全管理培训，提升应急处置能力。坚持预防与应急并重，持续做好社会安全管理工作。五是持续抓好疫情防控。坚持“外防输入、内防反弹”，认真落实上级和属地政府要求，根据疫情形势针对性制定防控方案，做好防疫物资储备、专项检查、应急处置，慎终如始、科学精准做好疫情防控，特别要加强海外疫情防控。

五、政治引领，推动党建生态系统建设

深入学习贯彻党的十九届六中全会精神，把迎接党的二十大召开和学习宣传贯彻党的二十大精神作为重大政治任务，认真落实公司第四次党代会精神，把党建工作“十项任务”内嵌到测井业务“十大工程”中，建设具有测井特色的党建与生产经营有机融合的企业党建生态系统，用高质量党建引领保障公司高质量发展，持续抓好五个方面工作。

（一）持续抓好党的政治建设

一是忠诚践行“两个维护”。高质量执行“第一议题”制度和习近平总书记重要指示批示精神落实机制，坚定把党中央决策部署一贯到底，坚决做拥护“两个确立”、践行“两个维护”的测井铁军。二是加强党的全面领导。认真落实集团公司《关于进一步加强党的政治建设重点措施和全面从严治党主体责任清单》，持续把党的领导融入公司治理，用习近平总书记关于中国石油和中国石油相关工作的重要指示批示精神，指导和推动公司科技创新、深化改革、安全环保、服务保障、乡村振兴等重点任务落地见效。三是严肃党内政治生活。严格抓好《集团公司党组关于加强对“一把手”和领导班子监督的实施细则》的落实，严格落实《关于新形势下党内政治生活的若干准则》，严格执行“三重一大”决策制度，持续加强民主集中制建设，营造风清气正的政治环境。

（二）持续抓好战斗堡垒打造

一是抓实基础培训。巩固党史学习教育成果，举办以党的十九届六中全会为主要内容的各级党员领导干部培训班，用党建引领研发、制造、服务、应用业务新发展。坚持问题导向，举办各业务系统基础工作培训，全面夯实制度、流程等基础工作，选取部分业务系统试点开展岗位履职能力取证培训。二是压实党建责任。党建工作要向基层延伸，逐项推动基层党建“三基本”建设与“三基”工作有机融合方案落地，全面落实从严治党党委主体责任、书记第一责任、委员“一岗双责”，完善“述评考用”机制，推动党建责任制考核与经营业绩考核相融互促，为生产经营赋能。三是总结特色经验。推动党建研究成果由理论创新向实践转化。探索区域党建联盟、强化海外党建新途径新方法。

（三）持续抓好全面从严治党

一是抓好巡视反馈问题整改。切实做好集团公司巡视反馈问题整改的方案编制、措施制定、责任落实、工作推进及评估，建立问题清单、任务清单、责任清单，持续跟踪督导，推进上下贯通，一体整改。结合巡视反馈问题情况，抓好公司党内巡察和“回头看”工作，按照整体规划持续推动公司所属单位新一轮巡察全覆盖。二是聚焦关键领域合规管理。加强对业务整合单位风险排查，梳理廉洁风险，筑牢廉洁防线。把纪律意识贯穿于招投标、物资采购等关键领域全过程，督促领导干部履行好“一岗双责”。推动职能部门履行好监管责任，形成监督促监管、监管促管理的倒逼机制。三是推动境外监督业务开展。根据国际业务资产规模、区域分布、运行特点，统筹业务管理部门的监管任务，聚焦境外关键领域、关键环节和关键少数，构建海外业务“大监督”格局，确保公司重大决策部署在海外贯彻执行，推动构建系统完备、科学规范、运行有效的国际业务制度体系。四是持续转变作风服务基层。积极推进价值型本部建设，不断增强本部人员的综合素质和服务能力，建立完善“马上就办、担当尽责”长效机制，大力弘扬“三个面向、五到现场”等石油行业优良传统，锤炼“苦干实干、三老四严”的过硬作风，力戒形式主义，持续为基层减负，让“民之所盼”成为“政之所向”。

（四）持续抓好企业文化建设

一是加强思想引导。压实意识形态工作主体

责任，加强意识形态阵地管理，不断增强意识形态领域主导权和话语权。持续抓好新闻舆论工作，壮大主流舆论场、扩大媒体朋友圈，不断提升公司在主流媒体上的活跃度和传播力。建立完善科学高效的舆情管理体系，服务生产经营大局、维护公司良好形象、保障员工队伍稳定。二是传承精神伟力。以伟大建党精神为指引，持续加强社会主义核心价值观教育实践活动，推动石油精神和大庆精神铁人精神再学习再教育再实践再传播，深入开展“转观念、勇担当、强管理、创一流”主题教育活动，按照简朴、鼓劲、务实的原则，组织开展庆祝公司成立二十周年系列活动，全面总结改革重组业绩成果，凝聚起新时期攻坚克难、拼搏进取的强大精神力量。三是促进文化融合。做好集团公司新版《企业文化手册》《员工手册》宣贯培训，编制《中油测井新时期企业文化建设实施方案》，构建形成核心理念鲜明、测井特色突出、员工高度认同的企业文化理念体系，开展文化创新实践，筑牢员工共同思想基础和价值追求。积极探索推动国内国际理念、制度、行为、文化融合，形成公司统一的企业价值观和文化理念，培育新时代五湖四海、兼容并蓄的测井文化体系，不断增强公司发展软实力。

（五）持续抓好发展环境提升

一是落实工会职能。持续加强民主管理和厂务公开，扎实履行维护职工合法权益和服务职工群众基本职责。探索建立模范职工之家动态复查监管机制。组织集团公司测井工职业技能大赛、年度主题劳动竞赛。深化创新工作室建设及职工创新创效，加强创新成果交流分享。二是强化关心关爱。持续加大投入力度，逐步改善公司边远、高原、海外艰苦地区一线员工生产生活条件，做好一线员工民生工程配套，着力解决员工就医难、住房难、子女入学难等实际困难，努力满足员工对美好生活的需求。完善职工服务体系，推动帮扶关爱常态化规范化。三是抓好青年工作。坚持党建带团建，深化青年五项活动，筹备公司第四次团代会，开展庆祝建团100周年系列活动，加大优秀青年人才培养推荐，引领团员青年做中国石油测井事业建设者和接班人。四是履行国企责任。研究落实燎原村“十四五”暨乡村振兴发展规划实施方案，助力乡村振兴取得新业绩。积极主动融入地方经济建设，在企地协调发展中履行国有企业的政治责任、经济责任、社会责任。五是营造和谐氛围。加强党的二十大、庆祝公司成立二十周年期间维稳信访、安保防恐升级管控工作，持续推进重点目标“三防”建设，常态化开展“反内盗”综合整治工作，对不稳定因素进行风险量化评估，全面提升公司治安防范和管理水平。严格抓好保密管理，杜绝失泄密事件发生。持续加强上下左右各方面沟通交流协调，切实维护好公司和谐稳定发展环境。

各位代表、同志们，九层之台，起于累土；千里之行，始于足下。建设世界一流测井公司的时代画卷，需要我们用奋斗的画笔来书写；壮大中国石油测井事业的伟大征程，需要我们用笃定的脚步来奋进。让我们锚定目标、勇毅前行，拿出“钉钉子”精神，一张蓝图绘到底、一茬接着一茬干，不断开创公司高质量发展新局面，为集团公司建设基业长青的世界一流企业贡献更大力量，以优异成绩庆祝公司成立二十周年，迎接党的二十大胜利召开！

主动担当作为　突出夯基提效　全面完成生产经营各项任务目标

——胡启月在2022年工作会暨党委（扩大）会、四届四次职代会上的生产经营报告（摘要）

（2022年1月18日）

一、2021年主要工作成果

2021年是建党百年，是“十四五”开局之年，也是公司完成专业化重组开启新征程的元年。面对新形势、新任务、新要求，公司上下坚决贯彻习近平总书记重要指示批示精神，认真开展党史学习教育，以建党精神为指引，大力弘扬石油精神和大庆精神铁人精神，全面加强党的建设，牢牢把握党的百年奋斗历史经验，贯彻落实集团公司党组决策部署和中油技服工作要求，坚定理想信念，锚定世界一流，突出责任使命，全力推进“六大战略”“十大工程”“十项任务”“五项机制”，统筹做好生产经营和疫情防控，全面完成了国内外测井专业化重组，各项工作呈现崭新气象。全年完成了集团公司下达的业绩考核指标，荣获集团公司先进集体、质量健康安全环保节能先进企业、科技工作先进单位等称号。

（一）市场开发展现新作为

一是聚焦需求精准对接。走访上游单位 24 家，落实需求建议 395 条，与 13 家单位签订战略合作、关联交易协议，与 9 家油田达成价格不变共识，与集团公司 16 个油气田开展技术交流 1396 次。二是业务增量突破明显。在大庆油田实现测井服务链全覆盖，在长庆油田实现随钻测井工作量同比增长 56.67%，在华北油田实现低效井治理一体化大包服务，在新疆油田、吐哈油田实现地质导向市场突破，海上项目产值同比增长 80.87%，储气库高端测井产值同比增长 84%。海外收入同比增长 44.7%。三是深度融入服务增值。专业人员定点包干融入式服务，参与测井、射孔方案设计，推广高端项目 1.36 万井次、同比增长 44.8%，新业务推介 2081 井次。四是比较优势充分发挥。采取同价质优、同质价优策略，川渝页岩气市占率提高 14%，苏里格市场的裸眼、桥射、生产测井市占率达到 100%，在新疆油田签订市场化运营区块测井、射孔工作量总包协议，在青海油田推进 3 个区块测录射总包作业。

（二）服务保障彰显新担当

一是生产组织更加高效。部署作业队伍 854 支，配置成套装备 1077 套，发挥一体化优势，区域内资源与生产节奏日趋匹配。长庆苏里格、川渝页岩气、冀东油田等市场实行“六统一、三共享”，高效完成 3047 井次任务。重点区域劳动竞赛累计达标井 2051 口，旋转导向工具维保项目 6 个，单井队均作业时间下降 5.1%，测井综合提速 3.45%，桥射联作 2.0 段均提速 5.26%，实现提质提速提产提效既定目标。二是服务方式更加灵活。34 支常规队转型为随钻测井、桥射联作队，满足水平井规模增长的作业需求。在 669 支队伍中灵活组队，完成作业 2.5 万井次。17 支单项作业队升级为综合作业队，队伍利用率提高 2.3%。升级 32 支作业队，智能远程测井突破 403 口，实现传统作业方式变革。三是保障成效更加明显。累计刷新作业纪录 84 项，在大庆古龙、长庆陇东、新疆吉木萨尔页岩油和川渝页岩气区块施工 6734 井次，创造 5060 米水平段旋转导向和存储式测井作业纪录，刷新国内页岩气井最深 7318 米测井纪录。四是作用发挥更加充分。推动快速解释、精细评价、综合研究三个层次工作，在国内外 143 口高产井、发现井中发挥重要作用，老井复查 1.46 万井次，发现潜力层 4716 层，探井、开发井解释符合率分别达到 87.5%、96.6%。收到中油技服贺信 5 封、油田及钻探等单位感谢信 93 封。

（三）科技创新迈出新步伐

一是关键技术推进顺利。175℃高灵敏度声波换能器试验 8 口井，175℃高性能中子管寿命测试超过 400 小时，微电阻率成像等资料处理实现功能升级，智能测井采集系统自动控制时间达到 85% 以上，油基泥浆电成像、介电成像及快速地层测试仪器完成室内试验，智能测导系统试验 10 口井。二是产品研发迭代加速。统一 CPLog 地面系统接口标准，实现多家外部单位产品挂接。建立测井芯片高速采集制造工艺规范，岩密及核磁探头、3D 打印极板实现批量生产，一串测耐温提升到 200℃。三是创新平台逐步完善。通过资源整合打造“平台 + 项目”管理机制，院士工作站挂牌运行，李宁院士及团队首批进站；筹建博士后创新基地，荔参 1 井测井试验基地建设项目前期立项进展顺利。制定创新基金管理办法，支撑 10 项重点实验室基金项目研发。组织召开中国石油测井科技创新大会，发布 CPLog、CIFLog 系列标准，积极构建测井生态圈。四是技术推广成效显著。累计推广 CPLog 成套装备成像测井 2064 井次，三维感应在 5 个油气田推广应用，作业一次测井成功率 100%。偏心核磁解决青海油田、吐哈油田盐水泥浆环境测井难题。FITS 过钻具工艺时效提高 30%。构建中油测井 CNLC 品牌框架体系，公司自主研发的 CPLog 多维高精度成像测井系统亮相国家“十三五”科技创新成就展。累计获省部级科学技术进步奖 3 项，技术发明奖 1 项，集团公司自主创新产品 3 项。

（四）提质增效实现新升级

一是发挥优势挖潜力。加大开源创效力度，全力拓展国内外市场，以新技术、新工艺为抓手升级业务链，增收 10.12 亿元。二是创新升级强实力。感应线圈实现批量生产，首条测井行业自动化加工生产线投产运行；推动物资标准化，互换性提高 5%；强化井筒质量管理工作，带动固井质量检测新技术应用 628 井次，同比增长 53%。三是过程管控聚合力。统筹资源配置，成套装备利用率达到 105.2%，调配仪器 142 批次 1332 支。建立问题反馈处置机制，装备投产时间缩短 25%。四是精打细算强动力。发布定额造价体系 1.0，内部结算运行更加有序。3 家亏损企业均完成阶段性年度目标的 127.77%。技术业务外包、设备租赁费、设备采购费同比压减 13.4%、21.2% 和 9.6%，节支 5.51 亿元。深化财税资金运营管控，直接创效 3.08 亿元。五是改革创新添活力。突出增量和质量考核，有效发挥薪酬分配激励作用。调整本部部门职能、健全辅助保障单元，集团公司内企业间调剂 146 人，公司内部优化盘活 1614 人。57 名工程师在 10 家油气田轮换，人均完成 85 井次作业，工作量同比增长 59%。

（五）安全环保得到新加强

一是过程管控得到全面强化。将安全生产、油气水井质量三年专项整治与常态化隐患治理相结合，升级刻度装置 28 台套，原始资料和成果质量明显提升；投入 1.7 亿元治理项目 220 项，通过技术升级改造，高标准推动测井井控、安全环保设备设施配备，本质安全基础更加牢固；编制重点风险安全防控方案 4 个、QHSE 履职标准 16380 条；制定测井施工防卡注意事项及预防措施，解卡打捞同比减少 78 井次；开展“四不两直”监督检查，查纠问题 1 万余项，清退不合格承包商 10 家；开展群众性质量管理活动，取得小改小革创新成果 258 项。二是健康管理基础不断夯实。关心关爱员工身心健康，试点健康示范小屋 20 个、健康医务室 1 个，规范员工健康体检和接害岗位人员职业健康检查，对 40 岁以上员工开展心脑血管专项筛查，完成全员健康分析报告。三是绿色发展理念持续加强。推广应用胶囊同位素测井，配置 31 套生产测井污水回注系统、13 套污水处理设施及 25 个危废库。四是慎终如始抓实疫情防控。固化防疫经验、织密织牢防控网络，员工疫苗接种率 100%，督导问题整改 132 个，保持国内“零疫情”和海外中方员工“零感染”。

（六）国际业务取得新成效

一是海外业务顺利划转。分步推进完成国际测井业务划转，6 月完成财务资产划转协议签订；整合 4 个单位海外业务，形成非洲、中东、中亚、亚太、美洲五大合作区服务格局。二是市场开拓行之有效。组织召开中国石油海外业务测井技术与应用研讨会，展示技术成果、凝聚发展共识；以 CNLC 品牌统一运营，与长城钻探、川庆钻探等技服成员企业签署联管协议；海外市场投标 164 次，中标 113 次，新签合同额 2.74 亿美元，完成指标 120%。三是服务保障优质高效。尼日尔、乍得和伊拉克等主力区块工作量同比增长 30%，尼日尔项目定向井电缆测井作业一次成功率由 36% 增至 95%，乍得项目成功引入核磁测井，利用测井新技术精细识别哈萨克阿克纠宾探井 AK-7 井的复杂薄层，获得超预期自喷高产。四是管理模式提档升级。实行国际公司统一管理、境外作业区具体实施、大区区域协调的管理模式；跨国装备调剂 13 批次，海外装备利用率同比提升 12%；预防与应急并重，成功应对乍得、巴基斯坦、南苏丹等国家的突发事件；以海外工程师 17 级晋级体系为抓手，海外市场员工当地化率达到 77.6%。

（七）数字转型释放新动能

一是平台功能持续增强。统一数据接入规范，完成历史数据入库 12 万口井。建设测井专业软件云平台，实现集中共享和云端在线协同处理；完成协同办公及无纸化会议系统建设；扩展测井视频会议平台功能，云视频会议系统现已成为内外网多场点实时互动的有利工具。二是以用促建初见成效。建设 EISS 测井生产智能支持系统，贯穿生产经营各管理要素，累计上线登录 68 万次，信息自动流转 8.3 万井次，收录设备数据 4.9 万条、危害因素辨识 2.5 万条、检查表 8.3 万井次，实现对施工作业的全员、全过程、全方位、全天候风险管控。三是深化应用显现优势。测井装备全生命周期管理系统已实现从产品设计、工艺、制造到仓储、销售、运维服务一体化全方位管理，录入产品数据 4952 条、仪器 1216 支；刻度、故障、维修等各类记录 2698 条，完成维保任务 1666 个，运行作业 707 趟；践行“大井控”理念，应用井控预警软件，为钻井方预报工程异常 205 次。

（八）公司治理迈入新阶段

一是业务划转顺利推进。全面完成中国石油国内、国际测井业务统一管理，智能测导项目研发制造业务全部划转至公司，推动华北油田测试业务以及辽河油田射孔业务的划转接收。二是深化改革初见成效。推进公司改革三年行动方案实施，24 项改革任务完成 22 项。整合 8 个单位研发资源，打造北京和西安两个研发高地；整合 7 个单位装备制造业务，在西安、重庆、天津等建设 4 个智能制造工厂；整合装备、工艺、物资管理，形成中部、西部、东部、西南 4 个保障中心；整合专用计量鉴定、质量检验与 QHSE 监督资源，搭建中部、东部、西部区域大区监督架构，组建成立中国石油集团井筒质量检测中心；协调解决问题 131 项，实现资源集约化、管理专业化、运作市场化。三是依法治企深入推进。制修订制度 65 项，综合管理体系正式运行；开展 9 类涉法事项合法合规性审查，增强法律专业保障；高质量推进审计监督全覆盖，审计信息化经验在集团公司推广。扎实开展对标世界一流管理提升行动，建立了符合公司特点的对标指标库。

（九）人才强企激发新活力

一是人才管理机制持续创新。加大人才统筹配置力度，采取公开竞聘方式，完成本部部门和支持保障单元工作人员补充；不断加强公司所属单位党政分设领导体制机制建设，推动落实中层领导人员任期制和契约化管理；推进 13 个企业管理专题项目长负责制；实施岗位分红激励方案，科研技术团队激励岗位实现全覆盖。二是培训工作不断强化提升。举办培训班 107 期、培训 9459 人次；选聘 120 名高级内训师和 48 名实训师，编写 5 大类 77 本培训教材，建立岗位培训矩阵 5 个 67 项；承办集团公司射孔取心工和测井工实训师竞赛，荣获金、银、铜牌 25 块，3 人被授予集团公司技术能手，初步建成中国石油测井专业井控实训基地。三是人才成长通道持续拓宽。建立“揭榜挂帅”机制，招聘项目长 6 名；推荐集团公司技能专家 12 名，选聘公司技能专家和首席技师 82 名，3 人获集团公司“石油名匠”称号；“国产化高温高压钻具切割装置的研制”入选中国石油技能人才创新基金项目，公司荣获集团公司技能人才培养开发工作先进单位称号。

二、2022 年生产经营重点工作安排

主要生产经营指标安排是：完成产值 120 亿元，实现收入 105 亿元、利润总额 3.65 亿元、净利润 2.9 亿元，经济增加值 2.1 亿元以上，计划投资 10 亿元，全员劳动生产率同比提升 8.5% 以上，质量健康安全环保实现“十杜绝”目标，“两金”（应收账款与存货）压控 100%。重点抓好以下工作：

（一）着力分类施策，全面加强市场开发

牢固树立“成就甲方才能成就自己”和“一切为了多打粮食”理念，进一步增强全员市场意识和竞争意识，充分发挥一体化优势，积极抢抓市场机遇、科学应对市场挑战，以技术占领市场，以服务赢得市场，以品牌拓展市场。

做优主体市场。立足“一体两面”定位，聚焦国内外高效勘探和效益开发需求，完善内部市场化机制，实现采集服务的持续提质提效，试行大客户经理制，规模推广应用新技术。一是积极参与集团公司定额造价体系建设，强化不同层级沟通交流，及时掌握油田公司投资调整计划，全方位维护和落实好关联交易、战略合作协议，当好服务油气主力军，实现主体服务市场提质扩容，全年力争集团公司内部市占率 90% 以上。二是围绕高效勘探、新区效益建产和老油气田稳产三项专项行动，做好测井技术服务，积极抓住油气水

井质量三年集中整治期，规模推广和固化特色测井项目。三是加强储气库全生命周期的测井项目优化和装备配套，积极提供全系列服务，力争全部承揽测井工作量。四是西南、新疆、辽河、青海、吉林等分公司要积极促成测井业务总包。西南分公司要加大工作力度，实现川渝页岩气市场合同直签。大庆分公司要确保油田补贴政策落实落地。华北分公司的苏里格服务市场要争取射孔业务的突破，其他 7 个流转区块的依托单位要与属地单位密切配合，确保市场工作量全部承揽。地质研究院与联合分院、解释评价中心要密切配合，通过高质量解释评价服务促进各分公司市场开发。

做大成长市场。要统一思想认识，坚定做大生产测井测试、智能测导、连续油管、区域综合评价和中国石油外部等竞争性市场的信心和决心。认真分析我们的优势和劣势，采用差异化、特色化市场开发策略，找准突破口，集中优势资源，抢抓机遇，快速做大。今年目标是力争实现智能测导和中石油外部市场收入翻番，连续油管、生产测井测试市占率提高 20% 以上。一是生产测井测试市场要瞄准中高端，随着油气田开发进入中后期，市场容量越来越大，一定要选好项目解决油田难点、痛点问题，实现稳油控水。二是天津、辽河分公司要尽快实现智能测导市场突破，其他分公司要实现收入翻番。三是长庆、新疆、西南、大庆要全力抢占连续油管业务市场，待自主装备投产后，实现规模快速见效，进一步带动高端射孔和生产测井业务增长。四是抓好区域综合评价项目市场增长着力点，包括区块综合评价、老井复查、老油田和套损井综合治理等内容，除考核项目实施增加解释评价收入外，也要考核由此带来的作业采集服务收入。五是中油国际作业者市占率要达到 70% 以上，保障好尼日尔、乍得、哈萨克斯坦、土库曼斯坦和伊拉克等重点市场。六是进一步强化中国石油外部市场开发力度，按照“危地不往、乱地不去”和合作共赢的原则，充分利用好国内、国际两种资源，与钻探等中资企业共同拓展外部市场。天津分公司要逐步扩大中海油裸眼测井、射孔市场，塔里木分公司要力争进入中国石化西北局塔河油田市场，吐哈分公司要全力扩大延长气井市场份额。

做强新兴市场。指与公司从事的主体检测技术相关联、相近的业务市场，包括新能源监测检测和非油气市场。要积极跟踪和培育有潜力的新项目和新市场。光纤测井要快速集成国内外优势技术，突出一体化、专业化优势抢占市场，快速形成服务规模。探索以风险投入或测井综合评价、作业工作量投入等方式，参与国内外油田区块风险开发或综合治理等业务。强化测井大数据平台建设与应用，培育数据资源市场。加强与国家、地方资源调查单位合作，培育拓展矿藏勘察、地热、CCUS 等新领域服务市场。

推动市场管理升级。一是加强市场需求分析。完善 EISS 信息系统市场模块功能，及时收集录入目标市场客户、油（气）藏不同时期勘探开发方案、不同阶段技术需求、主要矛盾问题、公司对策措施等信息，建立市场分析模型和指标测算方法，更好服务公司经营决策、科技立项、市场开发等工作。二是坚持市场配置资源。本着“有所为有所不为”的原则，聚焦油气勘探开发需求，优选国内外优势技术项目，按照统一标准快速集成，补齐短板弱项，全面提升 CPLog 装备服务保障能力。发挥一体化专业化优势，完善内部市场机制和“以井为中心”资源配置机制，全面提升公司资源创效能力。三是提升服务品质。完善客户分级分类和网格化管理，优选善沟通、强协调、懂采集、精评价人员试行大客户经理制，融入油田项目中，履行好资源保障、技术推介、成果应用、问题协调、能力提升等职责，及时精准掌握需求，快速协同资源，实施“一项目一策”“一井一策”的差异化、定制化服务，真正为客户提供增值服务，打造中油测井（CNLC）品牌。四是成立工作专班。推动公司智能测导、连续油管、区域综合评价、光纤测井和 CPLog 海外推广五个工作专班，协调推进资源统筹、技术攻关、现场试验、市场开发和配套激励政策，协助各分公司全力拓展市场，考虑到成长市场和新兴市场项目期内盈利难度大，项目考核收入和利润计入完成单位，亏损剔除。五是精准考核激励。突出市场增量考核力度，发挥好工资总额激励作用，按照市场开发工作难度，完善市场有效增量考核办法，确保实现全年任务目标。

（二）着力服务保障，切实履行职责使命

树立“与油气田企业协同推动质量效率变革”的服务理念，切实履行服务油气、保障钻探职责，强化“以井为中心”的生产组织模式，提升服务保障质量效率，提高测井在油气增储上产中的话语权。

强化生产组织，提升保障能力。根据各油气田勘探开发部署，优化资源队伍布局，完善联保区域管理模式，发挥物资装备资源区域共享优势，巩固2小时生产高效保障圈。升级“单井包干”激励机制，将减员增效、提质增效成果直接惠及参与员工，提高全员劳动生产率和资产创效能力。针对重点区域生产服务，制定保障方案，落实领导包井制度，发挥专家技术支持作用。依据作业内容灵活组队配置资源，突出综合测井队和专项队优势。规模应用远程测井和远程技术支持，测井综合时效再提高3%以上。以远程作业支持、作业监督预警和EISS系统应用为抓手，夯实安全生产基础，实现国内外生产组织一体化。

强化解释评价，提升数据价值。在测井大数据平台方面，加快构建测井数据湖（CIFLogDB）——数据集成、服务与共享中心，把与测井综合评价相关的地震、录井、钻井、试油、采油等油藏数据，与测井采集、处理、解释过程中产生的原始数据、过程数据、成果数据集中统一管理，实现与勘探的梦想云等油田数据系统互联互通，要加快各油田历史数据入库，着力打造中国石油统一测井数据平台。在快速解释方面，推进车载岩心实验室建设，实现快速现场服务，满足快速评价需求。在测井大数据平台基础上，实现常规测井协同处理新模式应用，实现井身、固井质量快速智能评价和成果实时提交。在精细评价方面，建立特殊项目处理中心，推进特殊方法集中处理，提升资料处理品质，强化测井地层信息精准识别和精细评价能力；建立风险井和重点探井解释评价中心，集中优势力量，提高风险井和重点探井综合评价水平，参与率要达到100%。在综合研究方面，着力推动老油田测井评价挖潜示范工程建设，发现潜力层、落实见效井、扩大有效区，支持油气田增储上产、夯实产量基础；强化测井地质工程一体化，加大在勘探部署、工程设计领域的参与度，扩展测井业务产业链。完善专家会诊制、区域负责制、个人积分制、案例分享制等制度，加强测井解释成果数据入库，充分利用网络和云服务功能，促进解释信息化高效推进。

（三）着力平台建设，持续提升科技创新

要认真落实公司科技与信息化创新大会精神，聚焦高水平科技自立自强，立足标准先行、强化系统观念，完善“平台+项目”矩阵式管理机制，加大科技研发投入，加快成果转化应用，积极打造测井原创技术策源地和现代产业链链长，大力推进创新型企业建设。

打造统一研发平台，提高研发效率。把基础设施“硬联通”作为重要方向，把规则标准“软联通”作为重要支撑，打造标准统一、性能过硬的高效测井研发共享平台。建立平台标准，统筹推进CPLog、CIFLog标准体系修订完善，按照“标准化、模块化、一体化和系列化”的原则，以“电缆、随钻、存储”等不同测井仪器通用共享复用为目标，重点立项推进新一代智能CPLog测井系统标准研究，研究制定新型网络地面、高速遥传、高速总线和低功耗、高集成、小型化的井下通用电源、通用存储、通用电路和个性化探头等器件标准，实现仪器身份识别、自检、自存储和自动测量，力争下半年发布相关标准。完善平台管理，测井技术研究院要按照新一代智能CPLog标准要求尽快立项，打造测井仪器高效开发平台，做实各研究所、研究室，优化内部组织机构，健全以人员精准考核激励为主要内容的运行机制。通过专业化精益管理，实现技术知识快速积累，建立高质量高效率的仪器开发体系。在此基础上，细化明确完全项目制中项目和平台（所、室）管理职责界面和管理办法，构建以共享研发平台为支撑的高效项目管理机制。加快荔参1井综合试验基地建设，力争上半年开工。利用先进网络技术强化异地协同，全面上线科技管理系统，推进科技精细化管理。

推进十项创新任务，攻关核心技术。做好“十四五”国家油气重大专项立项工作，全面完成国家“1025”专项、“补强能源技术装备短板”和关键技术“卡点”三类重大项目阶段任务目标。积极储备连续波传输通讯、光纤成像测井、去火工起爆、车载岩心实验室、全谱测井新方法等5项技术，引领科技发展。大力攻关CPLog测井仪器环境校正方法研究、直推式200℃/170兆帕快速与成像一串测、随钻远探测电磁波电阻率成像、模块化地层测试器、套后地层评价系列、超深层高效射孔、重点领域解释评价等7项技术瓶颈，发展以3D打印、测井芯片为核心的特色产品制造，做强优势技术。持续提升高温大直径井壁取心器、地层电阻率综合成像、超高温高压小直径测井、测井软件快速自动化处理、第一代智能测导系统、复杂井筒完整性评价技术、水平井流动成像、超深井射孔工艺、复杂储层及非常规油气评价、常规快速测井系列、过钻具成像测井和脉冲中子全谱测井等12项技术性能，提高技术指标。推广应用常规一串测、多维高精度成像、智能远程作业系统、近钻头伽马/电阻率成像及随钻孔隙度测井系列、水平井桥射联作、注采剖面测井等7项技术，形成特色服务能力。

加快智能工厂建设，优化工艺流程。提升加工试验能力，建立完整的制造质量管理体系，健全边界极限条件下试验测试装置，推进工艺技术文件标准化，培育优势特色技术产品系列。提升自动化制造能力，推进数字制造平台的自动化生产线建设，推动机械加工自动化生产线、焊接生产线、射孔弹生产线连续加工及少人值守，促进规范化、信息化和智能化。提升批量产业化能力，做好不同类别产品制造分工协作，用好社会化资源，确保质量可靠、一致性好。试行“五自”经营改革，与市场接轨，推进制造业务转型升级。

完善创新管理机制，增强活力动力。持续完善公司“平台+项目”矩阵式管理机制，共享研发平台，整合优势资源，为仪器开发提供专业共享技术支撑，市场化运作机制服务于各项目；在充分发挥平台优势基础上，推进完全项目制管理，项目经理按照项目任务分别与平台相关单位签订（任务书、责任书）合同，对外合作、物资采购等由平台或业务相关单位统一组织，项目组主要负责应用方法、探头等特殊技术攻关。设立开放创新基金，强化基础应用和卡点技术研究，以博士后工作站为依托，充分利用社会资源，推动基础应用研究和原始创新；吸纳相关学科社会专家充实到基金管理委员会，设立评审专业组，完善日常运行制度；优选基金课题公开竞聘，攻关人工智能、新材料、新型传感器等技术。大力提升行业影响力，积极筹备公司二十周年庆活动，明确责任分工，抓好总结表彰、公司志、数字展厅等12个工作单元任务。充分发挥院士工作站、行业学会协会作用，全力提升测井技术核心期刊国际地位，积极申报创新型科技企业和油气国家级测井重点实验室。构建行业内外交流沟通平台，组织好测井科技高端论坛和新一代成像测井CPLog生态圈联盟大会，策划大型品牌推介会，多渠道扩大品牌效应。

（四）着力绿色低碳，筑牢质量安全基础

加强思想引领，提高政治站位，强化“四全”原则，落实“四查”要求，聚焦“五零”目标，进一步树牢红线意识，杜绝一般A级以上事故，大力推进“绿色企业”行动。一是压紧压实全员安全生产责任。修订完善QHSE考核细则，严格考核标准，增加健康、环境、节能管理考核权重，层层签订全员责任书，全面实施全员QHSE记分管理。引入国际安全评级系统，推进国内外QHSE体系一体化管理。突出施工工艺安全管理，完善放射性等仪器工艺设计、评估及完整性管理程序，杜绝放射源落井责任事故。压实员工健康管理责任，推进健康企业建设，非生产亡人数同比下降10%。二是统筹推进三年专项整治。扎实推进油气水井质量三年集中整治行动，扎实落实基层站队HSE标准化“百千示范工程”建设，优化技术、管理、工作三个层级标准结构，开展员工行为智能AI识别及高风险场所智能监控预警和监督信息化建设，加强EISS系统风险数据应用，推进海外EISS系统应用。三是强化培训监督支持保障。加强监督检测数据应用和闭环管理，充分挖掘和发挥质量安全大数据作用。建立“区域监管+现场监督”的工作模式。分区域、分单位开展全要素、专业化的深入审核。四是持续推进质量计量建设。开展质量提升专项行动，强化产品全生命周期质量管控。完成制造业务API质量体系认证，重视质量计量资质认定升级。充分发挥集团公司井筒质量检测中心职能，搞好井身质量检测、固井质量检测。加强石油工业计量站建设，推进计量“器具管理”向“量值应用”转变，打造智能化计量检验检测体系。五是推进环境保护节能减排。强化“三废”及放射性污染防治，推广污水回注、生活污水处理等先进环保设备。继续推广胶囊同位素、低活度替代高活度放射源，规范放射源运输容器，降低放射源风险等级。开展去火工品射孔技术研究。六是抓实抓细疫情防控举措。坚持“外防输入、内防反弹”总策略和“三个并重”原则，持续关注疫情防控形势，及时更新疫情防控手册，增强应急预案可操作性，加大海外重点地区疫情防控和员工轮换力度，科学做好国内外项目疫情防控工作。

（五）着力深化改革，稳步推进企业管理

持续落实“四个坚持”兴企方略和“四化”治企准则要求，以决战决胜改革三年行动为抓手，扎实推动各项改革任务落地见效，完善公司风险防控体系和市场化运营机制，促进依法合规经营，深入推进公司治理体系和治理能力现代化建设，增强可持续发展动能。

加快改革任务落地。持续巩固改革成果，改革新组建单位要立足业务定位，高标准、高起点谋划高质量发展，突出问题导向、目标导向，持续深化内部改革，强化精益管理，凸显改革成效；要进一步厘清部门、单位之间职责界面、优化业务流程，完善市场机制，提高管理质量和效率；建立完善针对性强的个性化考核指标体系，按专业分类施策，将工资总额增量与单位的市场增量、工作效率效益增量、特别奖励直接挂钩，实现专业化精准激励；及时召开深化改革总结大会，总结改革经验，适时开展改革任务“回头看”。持续优化组织体系，结合基础建设年，全面开展“三定”工作，重新核定机构类别，进一步明确各单位职责定位、规范机构编制和职务名称，聚焦主责主业，对标行业先进明确用工阶段核定标准。持续推进专项改革，抓好国企三年改革行动任务落实落地，确保6月30日以前全面完成。适时推动员工培训、解释评价等资源整合，完善配套相关机制；优选项目适时推进混合所有制改革试点。持续深化“三项制度”改革，完善“三能”机制，促进人力资源有序有效流动。试点财务共享服务中心，提高管理效率，实现减员增效。

提升精益管理水平。投资管理要聚焦公司主营业务、成长业务、新兴业务，突出重点，严格执行投资项目终身负责制，强化项目前期论证、过程管控和后评价效果应用，加强投资效益考核。财务管理要加强预算管理，坚持事前算赢。落实低成本要求，结合信息化手段固化各类消耗定额，依靠科技和管理创新，坚决把成本降下来。装备管理要按照统一标准加快装备优化提升和换装进度，全面提升CPLog装备服务保障能力。要实施资产轻量化、差异化分类管理，强化全生命周期管理，提高利用率。物资管理要加大采购管理信息化建设，集中采购度95%以上、招标率75%以上。提高仓储管理水平，依托社会资源构建高效智能物流体系，缩短供货周期、减少审批环节，物资供应及时率95%以上。推进危险品等储运管理专业化，重点器材物资实施交旧领新，强化废旧物料回收处置，确保依法合规。对标管理要高质量高标准开展对标世界一流管理提升行动，形成全面的指标对标体系，完成好各项既定任务。审计管理要紧盯深化改革、决策落实、财务收支等关键，提升审计工作质量。用好审计检查成果，健全整改长效机制。合规管理要严格合同管理，重点开展境外依法合规经营风险专项排查整改。加强制度建设和业务流程再造。对标五维绩效考核，落实境外社会安全责任。增补完善相关资质，延伸业务链。做好第一批管理项目阶段检查，启动第二批管理项目。

扎实推进提质增效专项行动。深入落实“四精”工作要求，大力开展“转观念、勇担当、强管理、创一流”主题教育，持续向市场要效益，树立全员市场意识，与油田各层级密切开展技术交流，精准掌握需求，加大公司新技术、新工艺、新型工器具的推广应用，强化增量开源。持续向创新要效益，加强研发设计降本力度，提高可靠性，推动源头增效；聚焦五类应用场景，打造公司高质量发展数字新引擎。持续向质量要效益，优化制造工艺流程，加强质量追溯；强化生产准备，提高作业一次成功率；加快推广灵活组队模式，提升服务效率；固化各区域提速模板，加强工程复杂预防。持续向管理要效益，深入挖掘测井全产业链各环节降本增效潜力，加大全员、全要素、全过程管控能力，加强各类风险防范，进一步降低经营成本。持续向改革要效益，通过开放共享、数字赋能，提高人均劳动生产率和管理效率；推进大部门、大科室、大岗位建设，健全协同机制，提升工作效率。

（六）着力基础提升，扎实推进三基工作

按照“企业管理体系化、业务管理制度化、流程管理标准化、基层管理特色化”要求，分类分层、全员量化，突出两级管理部门、项目部、班组小队建设，定标准、建机制、抓考核，构建“三基”工作长效机制，以基础工作提升推动基层管理过硬。

强化基层建设。加强队伍建设，持续优化基层党支部设置，推动党组织有效覆盖基层管理单元，推行党小组和生产班组“两组”融合共建；把 QHSE 标准化站队建设纳入基层党支部重要任务，推进标准化管理、标准化现场、标准化操作；推动“五项职能”落实，深化“五型”创建，促进党建与业务深度融合。加强劳动组织管理，进一步规范项目部分类管理，以人均收入 300 万元 / 年为目标，推进以项目为核算单元的管理模式，强化收入、成本核算；深化岗位管理，结合业务拓展、技术进步、数字转型等新变化，科学设置和划分岗位，完善岗位职责；明确员工上岗资格和条件，加强技术技能考核评价，促进岗位履职；依法规范用工行为，合理安排轮班作业和休息休假，维护员工合法权益。加强信息建设，推进信息化标准、治理、安全、运维四个体系建设。重点推进以测井大数据平台为核心的数据系统，以测井 EISS 为核心的生产经营资源管理系统，以网络化云端化移动化为核心的协同综合办公管理系统建设。加快测井云平台建设，提升基础网络保障能力，扩展网络带宽，满足大型专业软件云端处理应用需求。

强化基础工作。制度管理方面，健全各类业务的标准流程制度和岗位责任制，制定工作手册、清单计划和工作台账，实现制度、规范、流程、标准等上线；以工作量和工作质量为基准，健全考核方式和指标评价体系；建立业绩档案，健全指标纪录管理。流程管理方面，强化教育、监控、审核、问题整改、考核等安全流程管理，有效防范各类安全环保风险；强化计划、采购、租赁、使用、维保、报废等装备保障流程管理，建立装备型号终身负责制，统筹协调高端、稀缺装备，装备利用率要达到70%以上；强化采购计划、实施、仓储、物流、使用、处置等物资流程管理，探索共享仓储，建设自主仓储物流系统。标准管理方面，推进装备系列根据市场格局归一化管理；统一区域工艺技术、作业手册、现场基础管理标准；编制井筒复杂处置手册，建立工程工艺专家库，提升工程复杂应急处置能力。

强化基本功训练。促进意识提升，扎实推进实操训练、师带徒培训，抓好管理人员的党性教育和治理能力提升培训，抓好技术人员的技术创新和科研能力提升培训，抓好技能人员的持证上岗和安全意识提升培训，创新测井井控培训方式，试点“培训学分”，实现培训管理全流程数字化，加强精准培训和培训标准化建设，不断提升人力资源价值。强化能力提升，在重点区域、重点井服务中，开展劳动竞赛、技能竞赛和职工创新创效，营造“比学赶帮超”良好氛围；召开公司基层建设现场推进会，培育公司级示范站队 30 个，形成可推广、可复制的标准模板。强化执行提升，定期组织设备、井控、应急等专项监督检查，查看标准、制度、流程执行情况，巩固一线作业队管理能力。

强化党的建设和文化引领，为生产经营提供坚强保障。加强政治建设，深入学习贯彻党的十九届六中全会精神，坚决落实习近平总书记重要讲话和指示批示精神，统筹谋划推动公司生产经营各项工作。严抓作风建设，严格遵守党的政治纪律政治规矩，严格执行廉洁自律各项规定，主动担当作为，提高各项工作的执行力。大力弘扬石油文化，深入开展石油精神和大庆精神铁人精神再学习再教育再实践再传播，加强企业文化建设，提炼新时代测井文化理念，凝聚干部员工推动高质量发展迈上新台阶的强大精神力量。

赓续奋斗创辉煌　继往开来续华章
同心协力把中国石油测井事业不断推向前进

——金明权在中油测井成立二十周年庆祝大会上的主题报告（摘要）

（2022 年 12 月 9 日）

本次会议的主要任务是回顾总结奋斗历程，分析面临形势任务，擘画未来发展蓝图，用党的二十大精神指导世界一流测井公司建设新实践，动员全体干部员工赓续奋斗、继往开来，联合国内外测井同行同仁深化开放合作、互利共赢，共同把中国石油测井事业不断推向前进，为保障国家能源安全贡献测井新的力量！

一、奋进历程回顾

中油测井自成立以来，我们始终践行“创新测井、服务油气”使命，传承弘扬石油精神和大庆精神铁人精神，以改革创新驱动测井事业不断发展壮大，坚定执着、勇毅前行，自立自强、创新跨越，在保障国家能源安全中，谱写了一曲忠诚担当、兴油报国的奉献赞歌。

二十年来，我们强化党的建设，在引领改革创新发展中走出全新路径。坚决落实集团公司历届党组战略决策部署和中油技服工作要求，坚定走专业化一体化发展道路。专业化重组接续完成。在陕西省、西安市、高新区等各级政府和社会各界的关心关爱，集团公司历届党组的正确领导，总部部门、专业板块的悉心指导，以及兄弟企业和业内同行的大力支持下，中油测井于 2002 年 12 月正式成立，历经 2006 年、2017 年、2020 年持续深化重组，2021 年 1 月全面实现集团公司国内、国际测井业务的统一管理，陆续整合部分油田测试、射孔业务，测井业务链不断拓展、价值链持续提升，规模实力实现跨越式发展，行业话语权、影响力不断增强，成为国内最大、全球第三的专业化测井公司，充分证明了集团公司党组关于测井专业化重组的决策非常正确，测井专业化发展道路非常正确。一体化发展优势凸显。牢牢抓住“油藏研究、施工保障”中心任务、科研生产联合体发展定位，坚持问题导向、目标导向、结果导向，紧跟时代步伐，顺应形势要求，调结构、转方式、促改革，研发、制造、服务、应用“四位一体”业务布局不断完善，内部改革持续深化，业务归核化整合稳步推进，测井事业不断发展壮大。特色化党建把航定向。始终用党的理论创新成果引领和指导专业化改革实践，用改革发展业绩检验党建工作成效，构建起与科研生产相融互促、具有测井特色的党建工作体系，“大党建”工作格局聚合力、添动力、激活力，为测井大发展提供了坚强有力的政治保障。始终把纪律和规矩挺在前面，持续推动全面从严治党向基层延伸、向纵深发展，营造了风清气正、干事创业的良好生态，为测井专业化改革稳步推进创造了积极的发展环境。

二十年来，我们升级服务能力，在保障国家能源安全中贡献测井力量。以满足油田测井技术需求为目标，大力推进服务创新，当好中国测井国家队、服务油气主力军。找油找气展现“大作为”。牢记测井人的责任使命，坚持用先进技术为油气生产全过程提供技术服务，创新形成“十保”测井技术服务系列，全面参与国内重大油气勘探开发和海外“一带一路”能源合作建设，累计完成各类工程技术作业 96.9 万井次，建成中国石油统一测井数据库，管理新老测井数据48.6万口井，创下一大批标志性施工纪录，为集团公司“3个1亿吨”油气生产格局贡献了测井力量。保障大局跑出“加速度”。紧紧围绕国内外油气勘探开发重大项目、重要工程、重点区块，变革生产方式，转变组织模式，优化资源配置，在国内部署11家服务公司69个项目部，海外19个国家设置14个作业区，就近高效的服务保障体系更加稳固。与油气田共建12个联合研究中心，地质工程一体化精准切中油气生产难点。推广应用远程测井，测井生产不断向数字化、智能化求质问效，用户满意度、测井美誉度日益提高。服务战略主动“走出去”。积极响应集团公司号召，走出国门、海外创业，我们用自主测井装备征战五洲四海，深耕中东、中亚、非洲、美洲、亚太五大合作区，累计测井7万余井次，叫响了广受称赞的CNLC品牌。主动开拓集团公司外部市场、反承包市场和产品市场，积极进军地热、可燃冰、干热岩、CCUS、矿藏资源勘查等新业务新领域，为国家新一轮找矿突破战略行动和深地战略实施贡献了测井力量。

二十年来，我们高举创新大旗，在打破国外技术垄断中锻造国产利器。始终坚持科技自立自强，以成套装备为重点，大力推进技术创新。成套装备成为“国之重器”。依托国家油气重大专项和集团公司重大科技项目，凝聚众多科研人员心血和智慧、持续迭代升级的CPLog多维高精度成像测井系统，实现从无到有、从单一到系列的发展，从常规到二维成像再向三维成像的跨越，测得更准、看得更清、探测更远、绿色测井、远程测控正在变成现实，结束了我国先进测井装备长期依赖进口的历史，成为中国石油高端测井主力装备，累计制造仪器2.2万支，节约引进成本数十亿元，大幅降低了油气勘探开发成本，多次亮相国家科技创新成就展，为中国深地科技增添了一张闪亮名片。仪器销售到多个国家，展示了中国石油测井科技硬实力。核心技术取得重大突破。创新科研体制机制，逐年加大科研投入强度，以耐高温测井芯片、高性能中子管、超高温高灵敏度声波测井换能器、智能测导为代表的关键核心技术迭代突破，一批先进技术装备投入产业化应用。先后承担国家油气重大专项、国家“863”计划、国家重点研发计划项目/课题23项，获得省部级以上科技奖励80余项、国家战略性（重点）新产品12项、集团公司自主创新重要产品39项，授权专利1025件，其中发明专利332件，获评首批中国绿色新标杆品牌企业、国务院国资委专项一期任务优秀组织单位，测井技术创新策源地效应逐步显现。智能制造实现全链升级。紧跟国家制造强国战略，在西安市先进制造业强市系列支持政策的推动下，制造规模不断扩大，加速技术装备推广应用，建成4条测井装备自动化加工生产线，智能制造迈上新台阶，年制造能力70套测井装备、180万发射孔弹和50万米射孔枪。今年11月26日，新研发的“先锋射孔”CPPerf射孔弹穿深2258毫米、孔径11.4毫米，再创世界纪录，射孔器材出口到37个国家。中油测井科技引领力、创新力和影响力与日俱增，科技型企业价值不断彰显。

二十年来，我们强化管理创新，在提质增效价值创造中提升经济效益。以提高经济效益为中心，大力推进管理创新，不断向精益化管理迈进。打造高效率管理链。积极探索现代企业体制机制，形成“公司本部管总、研发制造主建、服务公司主战”扁平化、集约化管理架构，建立“公司本部统筹管理+国际公司全面管理+海外作业区组织实施”的海外业务管理新模式，狠抓流程管理、业务管理，大力推进以ERP、EISS为核心的生产经营管理信息化建设，治理体系更加规范完善，管理效率效益逐年提升。打造高效益价值链。深入开展提质增效、管理赋能、价值创造行动，向全员、全过程、全要素要效益，促进企业由“生产型”向“经营型”加速转变，产值由成立之初的6.52亿元跃升到120亿元，累计实现产值917亿元、收入768亿元、利润总额41亿元，上缴税费45亿元，营业收入年均增长15.98%，成为陕西省百强企业、陕西省工业品牌培育示范企业、西安市“市长特别奖”提名奖骨干企业，为国有资产保值增值、地方经济社会发展作出了积极贡献。打造高效能防控链。坚持底线思维，防范重大风险，隐患治理累计投入 8 亿多元，系统完善安全生产、生态环保、合规经营、疫情防控、境外社会安全、综治维稳、员工健康、保密舆情等风险预警与防控机制能力建设，从严从紧压实主体与监管责任，管理基础不断夯实，依法合规治企全面强化，维护和巩固了安定和谐稳定的发展大局。

二十年来，我们推进人才强企，在建强三支人才队伍中激发内生动力。坚持党管干部、党管人才，构建完善“生聚理用”机制，锻造一支忠诚干净担当、能力作风过硬的铁人式队伍。队伍结构优化改善。树牢“德配其位、能岗相适，五湖四海、实干担当”的用人导向，营造“人才创建事业、事业造就人才、企业依靠人才、人才忠诚企业”的良好环境，持续加强三支队伍建设，作业队伍由 149 支增加到 843 支，打造了专家领衔的 4078 名技术人员团队、两级技能专家为主体的 646 名高技能人才队伍，各类人才队伍的专业、知识和年龄结构得到持续优化。员工素质整体提升。三项制度改革、“双序列”改革、人才强企工程形成累加叠进效应，打通国内专业技术人员管理与海外 17 级工程师培训晋级体系，建立国内外专业技术人员晋升双通道，测井人才高地的聚合、放大效应更加凸显。人才梯队建设持续强化深化，海外复合人才队伍尖兵作用更加凸显，职工创新团队引领大众创新创效，青年英才加快成为生力军后备军。典型标杆竞相涌现。与企业共成长，为时代建新功。全国劳动模范李梦春、李鹏，全国优秀党务工作者张自亮，全国五一劳动奖章获得者肖宏、陈小磊、孙建伟，全国五一巾帼标兵刘有霞、刘蓉，中国石油特等劳动模范谢小丽等为代表的先进典型，以及国家、省市、集团公司、中油测井四大类 308 人的劳模方阵，各级各类先进典型、创新团队，共同汇聚成测井群英谱，用实际行动诠释了劳模精神、劳动精神、工匠精神，展现了“测井队伍心向党、我为祖国献石油”的责任担当、昂扬风貌和优良作风，带动广大员工积极投身世界一流测井公司建设。

二十年来，我们坚持凝心聚力，在弘扬石油精神实践中回应时代需求。坚持不遗余力构建和谐测井，群策群力谋发展、专心致志创一流。构筑起精神家园。大力弘扬石油精神和大庆精神铁人精神，坚持开展思想大调查、形势大宣讲、工作大调研、制度大梳理、业务大培训、技术大比武，持续推进文化融合。坚持守正创新、铸魂育人，构建了具有传统特性、石油特点、测井特色、国际特征的新时期测井文化体系，形成了“慧眼识藏、深地逐梦”的测井精神，“专注、创新、责任、共享”的核心理念，以及人才强企观、科技创新观、市场营销观、质量安全环保观、依法合规观、廉洁从业观等完整的文化理念体系，“天南地北测井人、五湖四海一家亲”广受认同，筑牢了广大测井员工共同的思想基础和价值追求。履行好国企担当。坚持以人为本，大力实施民生工程，为国内外一线项目配套建立功能完备的生产生活基地 53 个，累计投入 15.8 亿元用于新建、改造及维修生产生活基地，拨付 2843 万元专款用于扶贫帮困，全方位共享企业发展成果，凝聚力、向心力、战斗力不断增强。积极履行社会责任，帮扶“三县一村”按期脱贫摘帽，建成 30 个基础设施、党建和产业发展项目，消费扶贫直接受益近万人，燎原村成为陕西省脱贫攻坚样板。支持地方建设，累计提供就业岗位 1500 多个，向社会提供工作岗位 3119 个。提升了企业形象。连续 4 年党建责任制考核获评中国石油 A 级，连续 5 年保持中国石油“质量安全环保节能先进企业”，连续 7 年保持“全国文明单位”。荣获全国脱贫攻坚先进集体，陕西省先进集体，改革开放 40 周年中国企业文化优秀单位，集团公司先进集体、科技工作先进单位、先进基层党组织等省部级荣誉 339 项，在发展攻坚、迎战备考中交出了一份务实的时代答卷。

回顾二十年来的奋斗历程，我们更加深刻体会到：必须一以贯之坚持党的领导。充分发挥党组织把方向、管大局、保落实领导作用，把党的领导贯穿科研生产全过程、融入公司治理各环节，筑牢国有企业“根”和“魂”，用高质量党建引领保障高质量发展。必须深化专业化一体化发展。专业化一体化是公司完善技术链、延伸业务链、拓展价值链的必然选择和独特优势。持续推动测井专业化一体化向纵深发展，做强科技创新业务，做精测井装备业务，做优工程技术业务，做深测井应用业务，推动高质量发展行稳致远。必须久久为功致力改革创新。惟改革者进、惟创新者强、惟改革创新者胜。用好改革关键一招和创新第一动力，以改革促创新，以创新促发展，不断推动公司治理体系和治理能力现代化，不断激发高水平科技自立自强的动力活力。必须五湖四海全面开放合作。深化开放合作是高质量可持续发展的必然选择。坚持以更加开放的心态、包容的胸怀、宽广的视野和共赢的理念，汇聚各方力量共同打造“五湖四海、共商共建、合作共赢”的发展共同体和创新生态圈，不断推进“发展规范、分工合作、互信互惠”的测井千亿级产业链建设。必须传承精神打造铁人队伍。石油精神和大庆精神铁人精神是勇往直前、攻坚克难的制胜武器。赓续精神血脉，大力弘扬“苦干实干、三老四严”等石油工业优良传统作风，锻造铁一般的信仰、铁一般的信念、铁一般的纪律、铁一般的担当的“四铁”测井队伍，把“石油工人心向党”的坚定信念转化为“我为祖国献石油”的实际行动。必须以人为本增进员工福祉。员工是企业生存和发展的根本。深入贯彻以人民为中心的发展思想，坚持发展为了员工、发展依靠员工、发展成果由员工共享，不断增强广大测井员工的幸福感、获得感、安全感。

一路走来，中油测井始终与祖国共奋进、与时代同发展，坚持党建引领把航定向，坚持改革创新驱动发展，用忠诚诠释担当，用创新点燃梦想，用奋斗书写答卷，用奉献履行责任，谱写了一部艰苦奋斗的创业史、石油精神的传承史、自立自强的创新史、无私奉献的报国史。

中油测井二十年来的跨越发展，归功于党和国家对石油工业的高度重视、运筹帷幄、引领推动，饱含着陕西省、西安市、高新区政府和社会各界的关心帮助，离不开中国石油党组的正确领导、总部部门和专业板块的悉心指导，得益于兄弟企业、合作伙伴的鼎力支持，凝聚了几代测井人的接力奋斗，公司各级组织、全体干部员工的拼搏奉献。借此机会，我代表中油测井党委、中油测井，对各位领导、专家、嘉宾长期以来的关心、信任、支持和帮助，表示衷心的感谢和崇高的敬意！向公司广大干部员工、离退休老同志及职工家属，表示衷心的感谢和崇高的敬意！

二、面临形势任务

党的二十大对国有企业和能源行业改革发展，提出了新任务新要求。我们要以此作为根本遵循和前进方向，抢抓发展时机，应对风险挑战，奋力推动更高质量发展，加快建设世界一流测井公司。

从国家层面看，保障国家能源安全任重道远。当前，百年变局和世纪疫情相互交织，形势的复杂性、严峻性、不确定性上升。能源行业与国际政治经济金融形势紧密相连，成为东西博弈的重要领域。习近平总书记创新提出“四个革命、一个合作”能源安全新战略，强调“能源的饭碗必须端在自己手里”。我国是世界最大的油气进口国，原油对外依存度超过73%、天然气对外依存度超过43%。作为国内最大的测井公司，我们必须牢记“国之大者”、胸怀“企之要情”，坚决扛起能源报国的时代重任，永做党和国家最可信赖的找油找气先锋，全力支撑保障国家能源安全。

从集团层面看，服务增储上产降本重担在肩。石油天然气短期内在全球一次能源结构中的主体地位不会改变。集团公司党组认真落实习近平总书记对中国石油和中国石油相关工作的重要指示批示精神，着力实施“五大战略”“四大战略举措”，大力提升勘探开发力度，强力推进“七年行动计划”，围绕油气安全稳定供应，加大国内油气资源勘探开发和增储上产力度，多渠道引进海外资源，不断巩固扩大“3个1亿吨”油气发展格局。测井是油气勘探开发的重要一环，被誉为地质家的“眼睛”，我们要认真践行“一体两面”“四个一”理念，全力为油气田提供全生命周期的高质量测井技术服务，优质高效支撑油气增储、上产、降本。

从测井行业看，建强国家队主力军职责所在。随着油气开发对象不断向“深、低、非、老”等复杂领域延伸，地热、干热岩、可燃冰、CCUS

等新能源新领域正在兴起，对测井技术和服务提出更高要求。放眼当前测井行业，斯伦贝谢等国际同行在高温高压测井、随钻测井、数字化服务等方面整体领先，石化经纬自主研发的经纬领航旋转地质导向钻井系统通过鉴定，中海油服研发出具有海洋测井特色的超高温高压电缆测井系统、旋转导向与随钻测井技术装备，一些业内同行也在发展优势测井技术装备。我们必须增强使命意识，积极转变观念，深化改革创新，加大开放合作，汇聚各方力量把中国石油测井事业做强、做优、做大。

从公司发展层面看，加快转型绿色发展迫在眉睫。在碳达峰碳中和世纪大考中，能源行业电动革命、市场革命、数字革命、绿色革命加速演进，能源消费加速向绿色低碳转型，对石油石化行业产生重大影响。集团公司加快布局能源转型，预计在 2035 年左右，实现油、气和新能源“三分天下”；到 2050 年左右，新能源和油气将各占“半壁江山”。我们必须树牢绿色低碳发展理念，与时俱进、加快转型，加快实施公司碳达峰实施方案和绿色企业创建方案，加快布局新能源新业务，找准切入点、发力点和落脚点，加快发展绿色测井，做绿色发展、奉献能源的践行者。

进入新发展阶段，集团公司党组领导高度重视测井技术创新和业务发展，先后作出一系列批示和要求。戴厚良董事长要求，“测井技术定位要高水平、业务定位要中高端，打造一流的技术、一流的管理和一流的人才，实现一流的竞争力”。侯启军总经理要求“中油测井要立足高水平科技自立自强，进一步研发新技术，为集团公司增储上产作出新的更大贡献”“加快打造 CNLC 国际品牌”。焦方正副总经理先后 6 次作出批示，要求“测井要在行业自主创新中走在前列、当好表率，勇做新时代石油科技创新排头兵”，对国际测井业务提出“四个着力”发展方向。中油技服明确提出“中油测井要在 2025 年率先建成世界一流示范企业”，把智能导向研发、制造、维保业务部署到中油测井，将 CNLC 列为中油技服着力打造的三大国际品牌之一；张宝增书记大力支持测井专业化发展，以及中油测井自主研发的 CNPC-IDS 智能导向系统推广应用，多次对中油测井改革创新发展提出具体要求。中国石油测井院士工作站依托中油测井建设，李宁院士及其团队首批进站，以学科建设为核心，打造科技创新领地、成果转化要地、人才培养高地、品牌培育重地、合作交流基地，产学研融合引领测井技术进步和行业发展。我们持续深化创新驱动战略，形成“两院一中心”研发主体和岗位梯次均衡、专业配备完善的科技创新团队。在陕西省政府相关部门大力支持下，中油测井博士后科研工作站获批成立。同时，我们秉持开放合作原则，汇聚各方力量共同做强做优做大中国测井产业链。去年以来，先后承办或主办中国石油测井科技创新大会、海外业务测井技术与应用研讨会、新一代 CPLog 成像测井装备联盟大会、测井科技高端论坛、第二十二届测井年会等行业大型会议，设立面向社会的测井创新基金，测井创新生态圈正在加速形成。中油测井牵头编纂出版中国石油工业首部测井行业史——《中国石油测井简史》，成为打造中国测井生态圈的生动案例。

尽管我们拥有发展的天时、地利、人和，但我们也清醒看到短板不足：主营业务一体化协同发展不均衡，国际化程度不高，高质量发展基础不牢固；原创性、基础性、前瞻性关键核心技术与国外差距较大，高端领军型人才不足；统筹发展和安全、防范风险的能力还需提高；有的干部思想观念、能力作风与世界一流测井公司不相适应；个别基层党组织政治功能和组织功能有待增强；等等。这些问题，我们将在今后发展中统筹解决。

三、发展远景蓝图

当前及今后一段时间，我们要把学习贯彻党的二十大精神作为首要政治任务，做到知行合一、学以致用，把党的新观点、新论断、新思想、新战略、新要求，转化为加快建设世界一流测井公司的具体实践，奋力谱写新时代中油测井高质量发展新篇章。

——锚定一个目标，这是我们的接续奋斗方向

始终牢记习近平总书记“能源的饭碗必须端

在自己手里”的殷切嘱托，认真落实集团公司党组领导对测井改革创新发展的一系列批示要求，锚定“高质量建设世界一流测井公司”目标不动摇，大力实施“六大战略”，系统推进测井业务“十大工程”，持续强化党建工作“十项任务”，建立完善五项保障机制，压茬推进五年主题活动。到2025年实现产值超150亿元，其中国际收入25亿元；到2030年实现产值超220亿元，其中国际收入50亿元。保持产值年均10亿—15亿元的增长速度，稳步推动并全面完成“十四五”和中长期发展规划，把蓝图变成现实，把愿景变成实景。

高质量建设世界一流测井公司，具体要加快实现“七个一流”目标。管理一流，遵循“四个坚持”兴企方略和“四化”治企准则，着力建设架构清晰、层级精简、流程高效、体系完备的治理体系，公司运营能力持续提升，风险防控能力持续增强。技术一流，大力提升装备研发制造能力、业务转型能力、科技创新能力，以技术标准为引领，打造开放包容的测井创新生态圈，持续推进测井数字化转型、智能化发展。服务一流，不断增强高质量服务油气、高效率保障钻探的综合能力，逐步成为油气藏地质工程解决方案的服务商。产业发展能力大幅提升，产业链更加完善，一体化服务能力持续增强。品牌一流，着力打造质量优良、服务上乘、知名度高、影响力大的国际知名测井公司，在全球叫响CNLC品牌。业绩一流，全面提升资产创效能力、市场竞争能力和生产经营能力，努力改善提升“两利四率”，实现“两增一控三提高”。文化一流，大力弘扬社会主义核心价值观，持续完善具有传统特性、石油特点、测井特色、国际特征的测井文化体系，丰富拓展新时代石油文化的内涵和外延，不断增强公司发展软实力。人才一流，加快构建管理、技术、技能、国际化等多维度人才培养体系，聚天下测井英才而用之，打造中国测井行业的人才高地。

——做到“四个坚持”，这是我们的经营管理方略

坚持世界眼光。我们要胸怀天下、放眼世界，用开阔的胸襟、包容的心态、宽广的视野和共赢的理念，大力推进延链、补链、强链，不断提升国际竞争力和品牌影响力，拓展高质量发展空间。

坚持国际标准。我们要瞄准国际前沿、紧盯国际标准，用先进理念推进科技创新、公司治理、队伍培育和文化建设，打造中国测井原创技术策源地和现代产业链链长，增强高质量发展动能。

坚持测井特色。我们要坚持专业化一体化发展，全面形成“主营业务协同发展、国际国内双轮并进”的发展格局，建立与党建“四化”相融互促的“四化”管理体系，夯实高质量发展根基。

坚持高点定位。我们要坚持科技第一生产力、人才第一资源、创新第一动力，积极融入国家战略，持续深化测井改革创新发展，全力打造中国测井创新、人才、文化高地，激发高质量发展活力。

——履行“三大责任”，这是我们的企业价值所在

履行经济责任。我们要从政治高度看待经济问题，完整准确全面贯彻新发展理念，主动服务和融入新发展格局，坚持开源与节流并重，向生产经营管理各环节全要素要效益，全力推动高质量发展，加快建成世界一流测井公司，确保国有资产保值增值。

履行政治责任。我们要深入学习贯彻习近平新时代中国特色社会主义思想，深刻领悟“两个确立”的决定性意义，增强“四个意识”、坚定“四个自信”、做到“两个维护”，坚持“两个一以贯之”，坚决扛起支撑保障国家能源安全重任。

履行社会责任。我们要坚持依法合规治企，积极履行扶贫帮困、乡村振兴、抗疫救灾等社会责任，依法纳税，推进节能减排，倡导绿色环保生产生活方式。持续改善基层一线生产生活条件，着力建设“花园式”厂区，将改革发展成果更多惠及广大员工。

迈入高质量发展新阶段，中油测井将高举习近平新时代中国特色社会主义思想伟大旗帜，锚定高质量建设世界一流测井公司目标，持续推动目标同向、思想同心、行动同步、标准同度、意志同力，持续推进测井科技进步、学科建设、行

业壮大，实现更高质量、更高水平、更可持续发展，书写新时代更加厚重靓丽的“测井答卷”，为集团公司建设基业长青的世界一流企业作出新贡献，为保障国家能源安全贡献测井力量！

专　稿

中油测井完成国企改革三年行动任务

伴随着国企改革三年行动，中油测井贯彻习近平总书记关于国企改革和党的建设重要论述精神，落实集团公司党组决策部署，遵循“四个坚持”兴企方略和“四化”治企准则，围绕“管理体制变革、业务结构调整、市场化经营机制和党的领导优势转化”落实改革任务。自2020年开始，推进完成中油测井成立以来力度最大、覆盖面最广、涉及人员最多的内部专业化改革。

2020年，中油测井推进川渝地区页岩气工程技术服务资源整合，测井装备自动化加工生产线投产，完成首席技术专家聘任和干部工作调整，印发《中层级岗位专业技术人员管理办法（试行）》，专业技术岗位序列改革全面完成。

2021年，中油测井高度重视企业改革工作，统筹谋划，将改革工作纳入中油测井五年主题活动部署，第一年确定为“改革深化年”，深入推进企业改革发展。结合石油测井企业特点和油田勘探开发工作需求，客观分析面临的形势和任务，梳理制约高质量发展的痛点、堵点、难点，与同行企业对标对表。修订《中国石油集团测井有限公司“三重一大”决策制度》，厘清党组织决策与其他机构决策的治理边界，制定前置研究讨论重大经营管理事项清单，构建清晰完备、运行顺畅的协同决策体系。把党的领导写入《中国石油集团测井有限公司章程》，确立党组织在法人治理结构中的法定地位，将党的领导融入治理企业制度化、规范化、程序化管理中。优化管理体制和组织体系，完善以三级管理为主的体制架构，建立实施“公司本部管总、研发制造主建、服务公司主战”的扁平化管理模式，发布年度授权管理清单，明晰职能定位和管理界面，明确改革方向和工作重点。7月，整合完成研发、制造、物装、物采、监督、国际等专项资源，先后整合8个单位的研发资源，成立新的测井技术研究院，形成“两院一中心”（测井技术研究院、地质研究院，射孔技术中心）的研发工作格局；打造“平台+项目”研发模式，设立十大科研项目，突破关键技术瓶颈，落实技术全面共享、知识快速迭代工作；建立测井院士工作站等产、学、研平台，加速科研成果转化。整合6个单位制造业务，成立制造公司，建成测井装备智能化加工生产线，CPLog成套装备进入尼日尔、乍得等市场。整合海外资源，平稳接收长城钻探工程有限公司划转的国际测井业务，同时，整合内部4个单位海外业务，成立国际公司，建立“国际公司—大区—作业区”运行模式，构建国内国际“双轮驱动”市场新格局，打造CNLC测井国际品牌。整合5家单位岩石物理实验资源，为复杂储层解释评价提供方法支撑；成立重点井新技术处理解释中心，助力集团公司国内外重点领域勘探突破。整合保障资源，剥离18家二级单位物资、装备、工艺等业务，成立物资装备公司，统一工艺、技术、物装标准，提升CPLog装备服务保障能力；集中物料采购，将招标业务由物资装备部门划归企管部门，实现“管办分离、采办分离”。整合质量计量监督业务，成立质量安全监督中心，实施全产业链“异体监督”；整合培训和后勤保障业务，构建“大支持、大保障”格局。

2022年，围绕资源整合优化，创新配套机制，深化精益管理，厚植高质量发展新动能。精益市场开发，试行大客户经理制，分级分类管理客户，明确客户经理123名，建立“一对一”客户关系；开拓地热井、干热岩、天然碱、矿藏资源勘查、CCUS等新能源新领域，开发新兴业务市场28个，加快新能源新业务转型发展；公司领导牵头，成立智能测导等5个工作专班，拓展测井技术服务市场。精益生产组织，试点经营型项目部改革，配套7项管理机制和10项管理标准，建立“以井为中心”的资源配置机制，大幅提升单队创效能力；建立三级维保体系和共享机制，装备协调及时率、完好率、满意度超96%，优化提速提效模板30个，桥射联作时效缩短至2.39时/段，大幅提升仪器装备利用率；建立EISC三级智能支持体系，远程支持事故复杂处理46井次，EISS作业信息自动流转9.8万井次，大幅提升信息赋能生产；完成CIFLog换装，统一测井成果图件标准，共建测井联合研究中心，助力74口重点井勘探发现，大幅提升找油找气能力。精益经营管理，落实集团公司“市场化”治企准则，成立定额造价中心，发布定额造价体系2.0在中油测井推广应用，2021年底18家所属单位办理内部结算35.23亿元，推进内部市场化建设向纵深发展。以质效双增、价值创造为主线，深化业财融合，坚持事前算赢，突出市场增量、效益增量与工效挂钩，实现开源增收10.71亿元、节支降耗9.24亿元，财税资金运营创效2.73亿元，竞争能力显著增强。

2022年，是国企改革三年行动收官之年，完成各项改革任务，实现产值121.74亿元、收入105.03亿元，分别较2020年增长28.9%和33.7%，超额完成集团公司下达的考核指标，经营业绩屡创历史新高。安全作业9.7万井次，较2020年增长20.8%。全员劳动生产率37.2万元/人，较2020年度增长15.2%。科研投入强度由4.8%增加到5.14%。制造产能、自动化率分别提升29%和36%。单队作业效率提升16.34%，队均工作量增长12.46%。仪器装备利用率提升17.43%，维保效率增长62.5%。物资集中采购资金节约资金4.74亿元，节约率10.41%。海外市场收入增长32.4%。新一代桥射联作技术获集团公司2022年十大科技进展，中油测井获国务院国资委“专项一期攻关任务优秀组织单位”称号，“强化资源整合深耕公司治理中油测井加快世界一流建设步伐”改革经验做法，入选《中国石油改革三年行动典型案例》(第三批)；中油测井被认定为“中国石油天然气集团公司第三批创新型企业”，先后获“集团公司先进集体”“生产经营先进单位”“质量健康安全环保节能先进企业”“健康企业建设达标企业”等荣誉。2022年7月，集团公司发布2021年度业绩考核结果，中油测井获评A级企业。

（王 瑜 郭永春）

测井装备智能化加工生产线建设

2022年，中油测井已建成测井装备自动化加工线、自动化焊接线、射孔枪自动化加工线、射孔弹自动化加工线。

2019年以来，中油测井认真贯彻落实集团公司工作部署，明确提出“深入贯彻落实新发展理念，推动测井产业变革和高质量发展”，全面安排“装备制造工程”和“数字化转型”重要工作任务，着力开展自动化、数字化、信息化和智能化建设，实施自动化生产建设。分两期实施智能化建设项目研发升级改造，先后投入3000万元，加快建设智能工厂，实现全产品链的数据互联互通，提升产品质量和制造能力，由自动化制造向智能化方向发展。

测井装备自动化加工线。2019年12月自动化加工生产线项目定标，2020年5月，完成整线设计、3D数字化仿真、机械改造、电气改造、控制改造、安全防护等实施方案评审。2020年6—9月，攻克自动加工优化设计、多型号老旧机床改造、高精密装夹系统开发、MES数字化排产与自动化加工集成等难题，9月，完成第一期建设，测井装备自动化加工生产线正式投入使用；2021年6月，实现产线仿真优化、程序自动提取、订单自动派工、加工自动运行，形成全流程数字化和全业务自动化；2022 年装备智能化自动化加工生产线实现仪器零件排产、储运、加工、检测的全流程自动化制造，采用 1 套软件系统“一体”调度，“两条产线”少人值守自动化加工，展现全过程数字化、全工序自动化、主排产智能化特点，生产效率提高 2.5 倍，具备 39 种仪器、289 种零件自动化加工能力。生产效率提高 2.5 倍，具备 39 种仪器、289 种零件自动化加工能力。生产线占地面积 712.5 平方米，有智能立库周转、数车加工、数铣加工和周转 AGV 物流 4 个工作区域。通过自动化技术、工业机器人、信息化技术与传统测井机械加工深度融合，和七轴关节机器人、直交码垛机器人、自动化加工控制软件等自动化装备，实现从材料自动分拣、自动运转、自动上线、自动加工、自动下线入库等全流程 24 小时少人值守自动化加工生产。2022 年 5 月 23 日，中油测井建设的国内首条装备智能化加工生产线在西安产业化基地正式投产。参与建设广州明珞装备股份有限公司等合作单位。

自动化焊接生产线。2020 年，中油测井建成包括一条由 AK-680SP 丝印机 1 台、三星 SM482 贴片机 1 台、BC-350 接驳台 1 台、TN380C 回流焊机 1 台和 ALD515 自动光学检测机 1 台组成的自动贴片焊接线，一条由普通插件线 1 台、SEL-31 选择性波峰焊 1 台和配套接驳台 2 台组成的插件焊接线的自动化焊接生产线。自动化焊接生产线的建成，极大地提高单板焊膏印刷、元件贴片、回流固化、光学检测、插件插装、插件焊接组合焊接效率和质量。中油测井与西安铂力特公司合作，引进 BLT-S400 金属 3D 打印设备，计算机三维设计，堆积黏结制造出实物。5 月 14 日，技术中心自主化增材加工制造第一批微电阻率极板下线，实现 3D 打印从设计、工艺、调试安装到加工操作全流程自主化。2021 年 5 月 14 日，首次实现自主加工 3D 打印一次成型电阻率成像测井仪极板，产品质量和性能达到设计要求；7 月，3D 打印具备金属复杂结构件批量制造能力；经高温高压测试，产品性能指标符合井下恶劣工况测井作业技术要求。在科研实践中，逐步掌握 3D 打印不同体积产品的建模技术和不同材料的打印工艺。

射孔枪自动化生产线。从 2021 年开始，中油测井引进大型车铣复合加工设备，研究重型测井装备零件自动精准加工关键工艺，联调射孔枪自动化加工线工序，建设逐步实现批量自动化加工射孔枪等装备的生产能力。2022 年 8 月 17 日，中油测井在天津建成射孔枪自动化生产线，生产能力从 14 万米 / 年提升到 20 万米 / 年，操作人员从 17 人减少到 4 人，有力保障东部射孔施工作业需求，服务油田开发上产建设。

射孔弹自动化加工线。2018 年，西南分公司在原川庆钻探测井公司建设的基础之上，建成了国内首条具有自主知识产权，实现“安全、提质、降本、增效”四大战略目标的全自动化压装生产线。12 月，第二代全自动压装机器人成功通过 AAA 级民爆安评机构——北京安联国科科技咨询有限公司评审并投产使用。中油测井研制的射孔弹压装工艺将由“一机配两人”向“一人控多机”转变，实现涉爆压装作业机械化替代率 100%。2019 年，立项研究先后实现射孔弹炸药称量装填自动化、药型罩检测自动化、射孔弹传爆孔封贴和壳体编码自动化、射孔弹自动化包装线等粉末药型罩、射孔弹装配两大生产线，自主研发成套装备工业化应用达到国内领先水平，自主核心技术 100%，依托成果获发明授权专利 10 件。2022 年 4 月 26 日，中油测井射孔弹自动化加工线在西南分公司射孔器材有限公司射孔弹厂建成，新的自动包装线在射孔弹打包房内正式投入使用，标志着射孔弹制造从压罩、压装、喷码、包装等系列工序全部实现自动化生产。2022 年 10 月 8 日，中油测井在四川隆昌经济开发区，规划用地 127 亩（1 亩 ≈ 666.7 平方米），计划建设射孔枪及配件 4 条生产线项目正式开工建设。生产线采用全智能化设计，实现射孔器材生产及转运全流程自动化。中油测井拓宽测井装备自动化加工范围，扩大产能，形成电缆测井、存储式测井、生产测井、随钻测井等系列仪器及射孔枪等装备的批量自动化加工能力，稳步跨出自动化生产第一步，正以昂扬的姿态，朝着数字化、智能化更高目标迈进。

（张轶英　谭艺昕　郭永春）

新一代桥射联作技术获集团公司十大科技进展

2022年，中油测井坚守“创新测井，服务油气”使命，服务油田勘探开发工作需要，创新开发的新一代桥射联作测井技术获集团公司十大科技进展。

2022年，推广应用桥射联作技术2.0施工2940口/24058段，在川南页岩气致密气、长庆页岩油致密气、新疆页岩油致密油、大庆古龙页岩油等非常规油气主力区块1320口井/11430段/60579簇。桥射联作单段作业时效由2021年的2.52时/段提升2.39时/段，现场一次射孔能力由单段20簇提升至50簇，同时，降低水平井压裂破裂压力5%以上、提升加砂强度10%以上。4月22日—5月20日，公司“先锋”桥射联作技术2.0分别在四川省石油学会科技评价会认定、中国石油和化学工业联合会科技成果鉴定会鉴定达到国际先进水平。4月26日，长庆分公司在靖51–29H1井桥射联作施工作业，创造亚洲陆上最长水平段（5256米）桥射联作施工作业新纪录。

2017年12月，集团公司实施工程技术专业化重组，集中资源优势，中油测井在射孔施工、射孔弹及配套器材研制生产、射孔工艺技术研究实力进一步增强。成功研发深层长水平段分簇射孔工具及配套工艺和分簇定面、分簇定向射孔器及配套工艺。西南分公司依托国家科技重大专项课题深层长水平段高效泵送分簇射孔技术与工具研究，成功研发井深4500米水平段2000米高效泵送电缆分簇射孔技术，满足特殊井压裂技术需求。2018年，西南分公司研制的定面射孔工艺及工具和可降解套管球座样机，采用三维技术研发弹托式、悬臂梁式两种定面射孔结构，将先锋射孔弹和大孔径射孔弹技术相结合的方式，解决流体泄流及孔道容积难题。生产测井中心与长庆油田公司油气工艺研究院联合研制的可降解套管球座样机，通过室内及现场试验验证。2019年，西南分公司成功研制远程液控插拔式井口快速连接装置、桥射联作测控系统，形成新一代分簇射孔技术；依托集团公司课题模块化分簇射孔技术配套与应用，采取凸轮锁紧结构设计，装置整体承压105兆帕，升级远程投球功能，可同时存放11个球，改进控制单元材料，提高整体性能，解决桥射联作施工现场器材装配复杂、时效低和装配质量控制难等技术问题。生产测井中心研制的电缆液压坐封工具和油管井液坐封工具桥射联作测控系统，坐封工具采用液压和井筒井液压力完成桥塞坐封，相比于传统设计用火药，更安全可靠。2020年，在浙江油田的昭通，西南油气田的威远、长宁等页岩气储层，试验719套模块化分簇射孔器，触点电雷管稳定性满足技术指标要求。2021年，推广应用模块化分簇射孔器最高工作温度150℃，最大工作压力140兆帕，实现仪器一次下井完成18簇射孔作业，提升深层页岩气井多簇射孔能力30%以上。全年推广3000余套。

2022年，成功研发的插拔式井口快速连接装置、井下工具及器材、水平井泵送工艺和模块化分簇射孔器等，逐渐形成以“地面模块化装配、井口快速换装、全井筒高效输送、等孔径多簇射孔”为特点的桥射联作技术。地面模块化装配技术拥有73型140兆帕、80型140兆帕、89型105兆帕、89型140兆帕、89型175兆帕系列模块化分簇射孔器和10号、20号速装和电动液压坐封工具等不同套管尺寸“搭积木式”桥射联作管串快速装配，在川南页岩气、致密气应用220口井/3600段，覆盖率75%，装配时效提升60%、射孔点火成功率99.95%。井口快速换装技术，规避高压区高空作业风险，提升桥射联作换装时效。插拔式井口快速连接装置及不倒防喷管快速换装工具串工艺，具备满足70兆帕、105兆帕、140兆帕不同承压能力的需求，保障重点平台井压裂施工与射孔作业的快速切换。全井筒高效输送技术，以快速控制仪器起下、精细泵送排量、静态起动泵送、泵送“可视化”为核心，有效解决深层非常规油气水平井埋藏深、泵送段长、上倾井斜大，施工输送效率低、安全控制难等问题，全井筒输送时效提升10%，施工复杂度降低 20%。应用连续油管及爬行器输送多簇射孔技术，解决首段及套变井段分簇射孔难题。等孔径多簇射孔技术成功破解加砂压裂孔眼摩阻大、储层均匀改造困难、均衡动用难度大等技术瓶颈，为水平井压裂改造创造有利孔道条件。在长宁—威远页岩气区块，推广 80 型等孔径多簇射孔器 30 口井 /1447 簇，实现 5 英寸厚壁套管水平井与 5½ 英寸套变水平井等孔径多簇射孔，压裂改造效果好。等孔径技术序列入选集团公司自主创新重要产品目录。

中油测井新一代桥射联作技术 2.0，实现桥射联作装备、器材、工具、工艺、软件的全面升级，逐步成为油田储层改造的首选工艺，是非常规油气开采关键技术之一，是油田改造储层提供最优射孔一体化解决方案，有效支撑集团公司非常规油气水平井体积压裂高效实施，推动非常规油气资源勘探开发。

（王　磊　郭永春）

市场开发

国内市场开发

【概述】 2022 年，中油测井围绕“一切为了多打粮食”，扎实推进市场导向战略和市场开发工程，锚定工程技术服务收入“100 亿”目标，全面落实“4235”（4 种市场意识即忧患意识、服务意识、创新意识、竞合意识；2 项关键指标，即单井创效、市场增量；3 个主攻方向，即做优主体市场、做大成长市场、做强新兴市场；5 项保障措施，即市场营销体系化、技术服务品牌化、市场管理信息化、市场考核精准化、市场队伍专业化）市场提升方案，突出“网格化、双驱动、铁三角”工作方法，积极抢抓市场机遇、科学应对市场挑战，市场工作取得新的成效。2022 年，工程技术服务实现产值 101.77 亿元，同比增加 10.04 亿元，增长 10.95%。其中：集团公司内部市场产值 84.08 亿元，同比增加 4.88 亿元，增长 6.16%；国内外部市场产值 4.85 亿元，同比增加 1.86 亿元，增长 62.31%。

【国内市场开发管理】 2022 年，中油测井深入践行“市场导向、油田至上、一体协同、竞合共赢”的市场工作理念。制定“4235”市场提升方案。健全市场网格化责任体系，针对集团内、外主要甲方单位，按照分类分级管理原则，细分 298 个市场工作单元，划分四级客户，逐级明确对应客户经理，与 1411 名甲方人员建立“一对一”客户关系。印发《中油测井市场增量考核办法（试行）》和《市场专项奖实施细则》，开展市场增量考核。加大对竞争市场、成长市场和新兴市场的增量考核力度，明确三大类七方面市场系数，加权测算净增量。紧盯油田勘探开发部署，成立营销团队，优化市场开发单元 69 个，明确专兼职客户经理 71 名。加快市场各类信息的收集入库，开展多维度数据分析，建立业务结构、新技术应用等 10 余种分析模型，为各管理层级提供针对性报表，编制各类市场信息报表 360 份；升级 EISC 市场模块，开发需求管理模块和客户关系数据库，实现信息线上管理。对应清欠项目有针对性地提出有效措施，明确清理目标和清理时限，灵活运用司法诉讼、资产抵债、互欠抹账等方式，完成外部应收账款清欠指标。截至 2022 年底，应收账款（外部）余额控制到 5.92 亿，指标完成率达到 120.96%，连续两年超额完成集团公司下达考核指标。

【国内市场交流】 2022 年，中油测井与各油气田、钻探工程公司及相关单位建立不同层级常态化沟通交流机制，开展各类交流 1752 场次。开展高层交流互访，深化战略合作关系，走访集团公司油气田企业、钻探公司和延长石油等有关单位 27 家，与吉林油田、渤海钻探、西部钻探、安东石油技术（集团）有限公司等 4 家单位续签战略合作协议，与延长石油、延长油矿管理局 2 家单位新签订战略合作协议。开展分公司、项目部级技术交流，掌握各服务区块勘探开发技术难点。收集整理各类需求 226 条，按照 7 大类、41 小类制定措施 506 条，主管部门督办相关单位落实，推动市场提质扩容。围绕油田高效勘探和效益开发交流推介新技术。在长庆油田市场，技术交流 126 次、参与试油气方案讨论 214 次，新技术工作量同比增长 31.02%。完成电阻率成像、偶极子声波、核磁共振、地层元素等成像系列测井 604 井次，创收 7268 万元。在辽河油田了解甲方需求，完成 414 井次脉冲中子氧活化施工任务，实现产值 2460 万元。在华北油田市场的巴彦吉兰泰作业区，超前为甲方设计监测方案，积极参与甲方监测劳动竞赛，全部承揽区域内第一批生产测井 269 口、创收 1766 万元。在青海油田市场，与油田开发处、采油一厂、四厂沟通协商，将测录井及射孔业务，从钻探工程公司长期总包的油砂山中字号、南翼山Ⅰ＋Ⅱ区块中分离出来，单独与采油厂进行结算，测井价格较之前上涨 10%。与浙江油田开展技术交流，先后承揽浙江油田海坝区块、大安流转区块裸眼测井总包合同，中标生产测试及射孔技术服务项目，全年创收7502万元。

【集团公司内部市场】 2022年，中油测井在集团公司内部市场主要服务于大庆、辽河、长庆、塔里木、新疆、西南、吉林、大港、青海、华北、吐哈、冀东、玉门、浙江等16家油气田，为油田提供高端化、差异化、一体化服务，通过新技术推广应用、巩固主体市场占有率、推进专班建设、开展融入式服务等举措，市场规模稳步增长。

编制"一对一"定制式服务保障方案16个、措施521条，参与测井设计，推广新技术应用创效。推介高端成像测井和高附加值射孔工艺技术，提升单井创效能力，推介高端测井项目17082井次，同比增长34.55%。在川渝页岩气市场，推广ThruBit测井技术，在致密气、页岩气领域测井187井次，创收12749万元。在新疆油田市场增加核磁、微电阻率扫描等高端成像测井项目，测井156项次，产值6824万元。在大港油田储气库市场，将测井设计升级为引进成像测井系列，围绕老井完整性检测评价需求，推广完整性检测评价技术（CCFET）、光纤测井、剩余油饱和度等测井项目23口。在辽河油田市场，根据岩性物性特点优选射孔方式，推广超深穿透、定射角、大孔容、带压过油管等高附加值射孔技术，累计实施高附加值射孔1602井次，创收13117万元。在大庆油田市场，介入井位部署论证、梳理目标区块地质特点和评价难点、提出针对性采集方案和措施，加大电成像、偏心核磁、三维感应、岩心核磁扫描等新技术推广，提升单井产值，测井316井次，创收4408万元。在塔里木油田市场，开展铝粉切割技术服务（RCT），新拓展油田非爆切割服务市场，创收801万元。在吉林油田市场，持续推介四中了、PNN、TNIS等测井项目，为油田确定剩余油饱和度分布以及堵水调整、老区挖潜提供重要依据，完成92井次，实现产值1288.03万元。

市场占有率和服务价格整体稳定，集团公司内部市场综合占有率90.39%。在辽河油田宜庆流转区块市场，水平井测井设计中推广高端智能测导服务，中标并实施9口井，市场占有率近50%。在大庆油田页岩油市场，树立桥射联作2.0技术品牌，辐射带动川渝、海拉尔服务市场，新签订合同2.68亿元，占据50%以上页岩油市场份额。在华北油田市场，推进监测业务"归核化"改革，生产测井工作量规模突破，完成3169井次，产值13785万元，市场占有率由46.47%提升至83.32%。

成立5个工作专班，系统推进光纤专班、连续油管专班、智能测导专班、区域评价专班、CPLog海外专班发挥作用。光纤、连油业务市场实现快速增长，高端生产测井、随钻业务规模突破。在长庆油田、西南油气田、华北油田等市场，推广光纤测井技术，光纤专班完成作业65井次、产值2661万元。华北分公司开展现场施工及方案设计，完成作业9井次、产值417万元。连续油管专班完成作业101井次、产值4230万元。在新疆油田市场，培育"连续油管+"测井、射孔和特作技术系列，作业33井次、产值1380万元；在大庆油田市场，建立"连油+通井、扫塞、冲砂"特色服务，创收2072万元，同比增长308.68%。智能测导专班实现产值3.11亿元，同比增长88.86%。在辽河油田随钻业务实现零突破，作业9口井，产值322万元；物资装备公司与中油技服签订一体化智能支持服务合同，创收1510万元。区域评价专班签订合同61份、金额7273万元。地质研究院与属地分公司一体开展老井复查20697井次，区域综合评价带动测井941井次、产值5009万元。

围绕客户需求靠前开展融入式服务，提供技术支撑。在长庆油田页岩油市场，成立页岩油工作专班，升级页岩油水平井测井服务系列，形成6项技术成果，带动全业务链创效，完成测井产值3.80亿元，增量4580万元。在新疆油田市场，派驻14名技术人员入厂办公，及时了解甲方需求，处理现场各类问题，高效率应对油田规模建产。在大庆油田市场，与油田共建测井研究院，"一对一"对接重点勘探开发项目，开展常态化驻厂服务，成立市场开发技术攻关项目组，组建"市场开发+生产组织+解释评价"市场工作团队，驻厂办公 52 次，解释方法培训 11 次、高端测井技术交流 40 次。在华北油田市场，围绕建产区块及老区综合治理方面提出潜力层和挖潜措施，推介测井系列和施工方案，带动测井工作量 56 井次，创收 730 万元。在青海油田市场，以客户技术需求为导向，开展技术融合现场办公。派驻 27 人次，与甲方开展解释评价、设计制作、完井讨论等 116 次，增加科研项目 4 个。在吉林油田市场，解释评价人员参与新工艺、新技术推介，介入地质工程方案设计，加大高附加值技术的应用。

【国内外部市场】 2022 年，中油测井国内外部市场主要包括中国石化、中国海油、延长石油、道达尔和壳牌反承包项目，地方国企、地方民企以及地质调查局等，主要服务业务包括裸眼测井、射孔、生产测井及少量随钻业务。除三大传统外部市场外，中油测井新拓展新疆科林思德、内蒙古博源银根矿业、延安双丰石油、亚美大陆煤层气、中曼石油等地方民营企业 39 个服务项目市场，施工 875 井次、创收 8135 万元。

新开发中国石化华东、中国石化中原总包区块裸眼测井及随钻旋转导向服务市场，以爆炸切割、解卡技术为市场突破口，争取到中国石化应急服务市场，完成各类作业 20 井次，创收 2010 万元。通过招标前技术 + 市场介入，实施差异化竞争，开拓中石化经纬公司旋导市场、中国石化西北局塔河油田及中国石化河南油田新疆宝浪区块射孔市场，创收 216 万元。天津分公司在中国海油市场，完成氧活化吸水剖面、产出剖面、跨隔测压等施工 132 井次、产值 1477 万元。测井服务首次进入中国海油湛江分公司，携手中国海油旗下中油阿特拉斯公司，首次进入天时能源集团裸眼井市场，完成裸眼井测井 12 口，创收 420 万元。

与延长石油、川庆钻探签订战略合作协议，第一期计划实施 83 口水平井，2022 年完成 88 井次测井、3 井次射孔施工。

中标贵州非常规油气测井和录井导向两个服务项目，业务包括测、录、导一体化综合服务，合同金额 921 万元。中标亚美大陆煤层气公司定向及导向服务项目，签订 1200 万元服务合同。与戈壁能源公司签订工程技术服务合同，完成 52 井次测井射孔及桥射联作工作量，产值 194 万元。

【新能源新领域市场开发】 2022 年，中油测井加快布局新兴业务，CCUS 配套测井技术不断完善，地热井、干热岩、天然碱、可燃冰等矿藏资源勘查持续拓展，新兴业务市场开发 26 个。CCUS 推广应用方面，逐步建立二氧化碳驱测井标准系列及评价技术，累计创收 2614 万元。在长庆油田国家级示范项目黄 3 区长 8 地层二氧化碳驱工作量实现大包，带动吸气剖面、剩余油饱和度、井筒完整性评价等工作量增长，完成各类施工 110 井次，实现产值 318 万元。在辽河油田市场，利用 SMSBT、MIT–MTT 组合成像、电磁探伤、USIT 等方法完成井身质量检测 52 井次，创收 607 万元。在华北油田市场，参与油田 CCUS 方案设计，为甲方提供为期 3 年 908 井次、8188 万元的监测方案。在塔里木油田市场，参与油田 CCUS 项目推进，完成生产测井 10 井次，创收 186 万元。在吉林油田市场，参与吉林油田百万吨 CCUS 示范区建设，完成测井、常规射孔、桥射联作 392 井次，产值 2772 万元。矿产资源勘察方面。中标内蒙古天然碱项目，签订合同金额 1694 万元，收到中油技服贺信 1 封。紧跟广州海洋地质调查局天然水合物项目动态，再次中标天然气水合物解释评价研究项目。中标安徽淮南瓦斯治理项目，开展测井、射孔作业，创收 450 万元。与青海省水文地质工程地质勘察院、柴达木综合矿产勘查院等单位开展技术交流，中标“卤水锂矿、钾盐矿”开发测井项目，金额 400 万元。在辽河油田沈北、曙光地区，率先进行地热资源评价，签订的“地下储热有利区块主要热储层测井评价”科研项目，带动老井选层及射孔，创收 480 万元。中国石化绿源项目，继 9 月在河北区块完成首口中国石化绿源项目地热井测井后，又续签 5 口井协议，创收 12 万元。

（孟桂生）

国外市场开发

【概述】 2022年，中油测井面对全球新冠肺炎疫情反复和国际形势动荡的双重挑战，立足“一体两面”，从技术引领、参与竞争、提升服务质量等三个方面认真谋划市场工作，市场开发精准有效，海外业务靶向施策，抓疫情防控和生产经营，深化合作，精准施策，国外市场工作取得良好成效。分包长城钻探、大庆钻探、西部钻探、东方物探（BGP）和中海油服（COSL）大包项目，实现中国石油境外公司项目强强联合。国外市场投标178次，中标147个项目，同比增加22个，增长6.1%。完成签约额3.09亿美元，同比增加0.35亿美元，增长12.8%，较好地完成签约额指标。开展4次满意度调查，收到客户表扬信39封，综合满意度为98.57%。全面完成国际业务市场经营指标，取得良好市场业绩。

【中东油气合作区市场开发】 2022年，中油测井在中东油气合作区主要服务于伊拉克和伊朗，实现产值2.71亿元，同比增长1481万元，增长6%。分包中东油服（OILSERV）为期一年的射孔业务，成为伊拉克钻井公司（IDC）总包项目测井服务商，与斯伦贝谢公司签订合作协议，扩大销售贸易。分包哈里伯顿执行测井合同，收到哈里伯顿公司购买FITS仪器意向函。在伊拉克作业区，首次中标伊拉克米桑油田研究项目，签订米桑61口修井总包合同，测井服务分包合同额约500万美元。与中曼石油公司签订2部钻机的测井分包合同，独家中标哈法亚裸眼井13部钻机测井项目，合同额1949万美元。开展与哈法亚萨迪（SADI）项目改造的合作，承担哈法亚油田4项研究任务。

【中亚油气合作区市场开发】 2022年，中油测井中亚油气合作区主要服务于哈萨克斯坦、土库曼斯坦和乌兹别克斯坦，产值2.37亿元，同比增加1.10亿元，增长87%。在哈萨克斯坦作业区，议标与主动二次投标相结合，提升新签项目价格，平均价格增长50%。开展科研代理项目，创产值6000万元。建议部署的5口井全部获得高产油气流，助力东部成藏带勘探突破和油气规模发现。2022年，土库曼—乌兹别克作业区落实阿克若尔构造带主力小层岩性圈闭面积410平方千米，精细研究投标策略，6月15日，在土库曼斯坦阿姆河市场十年来首次独家中标测井合同，合同期2年，合同额950万美元，结束了多年来与西方大公司分标的格局。乌兹别克斯坦项目部在乌兹别克ERILL大包项目中分包测井射孔作业。在哈萨克斯坦，通过特殊方法深化应用技术推介，继续深耕AMG井位部署，推介自然伽马能谱、RBT、远探测处理等技术，特殊方法采集和解释合同额提高20%，研究成果助力东部成藏带勘探突破和油气规模发现。

【亚太油气合作区市场开发】 2022年，中油测井在亚太油气合作区主要服务于巴基斯坦、印度尼西亚、孟加拉国和泰国，实现产值1.31亿元，同比增加7489万元，增长133%。在印度尼西亚，联合当地钻井公司，成功中标APS钻井公司5口井大包项目，实现大包业务向集团公司外钻探公司延伸，增加产值约100万美元。在孟加拉国，加大拜访甲方频次，积极维护业主关系，以优质服务和务实的价格获取甲方青睐，投标4个全部中标，新签合同额409万美元，保证市场主体地位。在巴基斯坦，成功与联合能源（巴基斯坦）有限公司（UEPL）甲方完成议标，获后续3年测井合同，合同额1500万美元。

【非洲油气合作区市场开发】 2022年，中油测井在非洲油气合作区主要服务于苏丹、南苏丹、乍得、尼日尔、阿尔及利亚和利比亚，实现产值57958万元，同比增加8899万元，增长18%。在南苏丹，市场工作向政府延伸，中标1663万美元的射孔项目；在苏丹，独家中标苏丹6区测井标，签约额771万美元。在尼日尔，全力推动增队伍合同延期方案，实现合同增值 2852 万元；在乍得，综合服务优势赢得甲方认可，扩容增项效果显著，同时中标 5 套 Y-TOOL 采购项目，实现服务贸易业务突破；在阿尔及利亚，通过市场工作前移，安排专人冒着新冠肺炎疫情感染风险远赴前线，与甲方零距离交流，合理制订投标策略，中标阿尔及利亚国家石油公司（Sonatrach）5+2 套设备 3 年期测井技术服务项目，合同额超亿元人民币，实现了高端市场规模性突破，结束了西方公司对该市场长达十余年的垄断，获中油技服贺信。

【美洲油气合作区市场开发】 2022 年，中油测井在美洲油气合作区主要服务于古巴、厄瓜多尔和巴西，实现产值 3185 万元，同比增长 1200 万元，增幅高达 60%。在巴西，助力阿拉姆风险勘探区块增加储量，应用 CIFLog 软件精细处理全系列测井资料，在古拉绍 -1 井复杂岩性地层中，解释油层 90 米，底部的低阻油层已获测试证实，为储量计算和评价决策提供数据基础。

【国外市场交流】 2022 年，中油测井不断完善业务对接机制，加强与集团公司国际部、CNODC 和中油技服等单位的日常工作沟通，对接中油技服所属钻探企业，创新新冠肺炎疫情管控条件下的市场开发模式。组织与中国石油国际勘探开发有限公司（CNODC）哈萨克、哈法亚、迪拜研究院等 18 个项目公司、BP、Petrogas 等海外客户开展技术交流 296 场次，有力支持甲方勘探开发；同时在国际公司现场召开“一对一”海外项目专题市场和经营分析会两轮 15 场次，分解任务指标，靠实措施指导海外作业区圆满完成年度指标任务。

【优化调整海外业务管理架构】 2022 年 11 月 22 日，中油测井调整国际业务机构设置。国际业务按照“公司本部统筹管理 + 国际公司全面管理 + 海外作业区组织实施”的管理模式，撤销国际合作处（外事办公室），由本部部门对国际国内业务实行一体化统筹管理。按照“一个机构、两块牌子”运行模式，依托国际公司设立国际事业部。优化明确国际业务机构职能，原国际合作处（外事办公室）外事、因公出国职能划入办公室（党委办公室、维稳信访办公室），国外合作交流职能划入市场生产处，境外社会安全、疫情防控和健康管理职能划入质量安全环保处。国际事业部统一对口集团公司、中油技服境外业务管理机构，与公司本部部门对接，做好涉外业务管理的具体实施。

【CPLog 首次进入国际市场】 2022 年，中油测井 CPLog 成套设备推广取得突破。2 月 17 日，CPLog 测井成套装备首赴国际市场（尼日尔）出征仪式在产业化基地举行。标志着中油测井自主装备 CPLog 首次正式步入国际舞台。首套 CPLog 测井装备，包括常规测井、放射性测井、声波测井、大斜度水平井井筒作业工具与工程信息测井等 5 大类下井仪器，以及最新地面采集系统。当地时间 5 月 16 日，60397 测井作业队应用中油测井新一代 CPLog 成套装备高质量完成尼日尔 Koulele 油田某井固井质量测井，截至 2022 年 12 月，CPLog 成套装备在尼日尔完成 10 井次作业，获甲方认可，实现海外正式商业化应用。

【中油测井参展印度尼西亚石油展会】 2022 年 9 月 21—23 日，中油测井（CNLC）参加印度尼西亚第 46 届石油展会（IPA），展览在雅加达会议中心举行。中油测井（CNLC）首次参加该展会并荣膺“最佳设计奖”第三名和“最佳内容”提名。印度尼西亚石油展会（IPA）是东南亚地区覆盖最广、影响最大的石油和天然气行业盛会。展会上，中油测井在实物展示的同时，利用声、光、电等多种媒体技术对实施“六大战略”进行全面宣传，多角度、全方位展示中油测井实力和企业形象，进一步在国外市场推广中油测井品牌。参展期间，国际公司印度尼西亚作业区因地制宜，组织多场技术交流，向油公司客户和参展观众重点介绍公司自主研发 CPLog 成套装备，展示超深穿透射孔、FITS 测井，以及油气藏综合评价研究等公司特色技术，与油公司和其他服务商建立沟通合作渠道，提升 CNLC 品牌知名度和影响力。

（王立维）

技术服务

国内技术服务

【概述】 2022年，中油测井打造“高效率生产组织、高效益生产作业、高标准现场管控、高质量生产服务”施工保障体系，实现生产“平稳、均衡、效率、受控、协调”运行的工作格局。有11个技术服务单位，在16个油田，69个项目部，部署872支队伍，完成各类作业96389井次。其中，裸眼测井23931井次，生产测井15031井次、工程测井27347井次、射孔29670井次、录井410口。随钻测井470口，桥射联作2926口/23969。仪器一次下井成功率99.66%、测井一次成功率98.03%、曲线优质率99.34%，单队平均产值同比提高18.3%。

【裸眼井测井】 2022年，中油测井在裸眼测井技术方面取得显著进步，形成自主化成套装备系列，并实现规模应用。针对超深层高温、溢漏同存、井控风险极高等复杂井况下精细刻画复杂储集空间和井旁裂缝带的测井难题，选取高温直推存储式测井、声波远探测和随钻方位侧向电阻率等新技术，应用于塔里木盆地和四川盆地深层碳酸盐岩储层，塔里木盆地满深地区测井采集覆盖率由应用前的60%提升至90%，测井采集一次成功率由67%提高至95%以上。助力塔里木盆地满深72井、满深8井，四川盆地蓬探106、中深103井、潼深11井、潼深7井等一批重点井获得高产和重大发现。针对复杂储层裂缝、孔洞等地质信息探测、识别和精细定量描述等问题，在长庆、川渝、新疆、辽河油田实施微电阻率扫描成像测井614井次，保障庆探16井、蓬深5井、沈32井、车437井等重点井取得突破。在长庆、川渝、青海油田应用偶极子声波测井953井次。成功应用于宜251井、吉153井、板21-24K井，南堡203X33井等重点井。针对低孔、低渗透、低电阻率复杂油气储层，在长庆、吐哈、华北区域广泛推广核磁共振测井，应用449井次，对萨104井、宁206井、吉页5H井等评价效果显著。针对准确反映地层电性各向异性，以及页岩油储层含油层段识别及特殊储层条件下油气储量的计算难题，在川渝、吉林油田、大港油田实施三维感应测井37口井，为中浅203-9-H1井、黑285井、98X1井等提供准确的油气储量计算依据。针对储层矿物含量确定难题，在长庆、西南、吐哈油田实施地层元素测井57井次，为解决黑91-2井、塘气测1井、交56井、珠80井等重点井岩性剖面刻画提供可靠依据。

（王　鑫）

【生产测井】 2022年，中油测井强化提升生产测井技术。井间监测、剩余油饱和度等测井技术持续完善。过套管电阻率、中子寿命、脉冲中子—中子测井系列为主的剩余油饱和度综合测井技术，为剩余油分布研究、水淹层评价、寻找潜力油层提供更加完善的技术手段。在长庆、新疆、西南、辽河油田应用分布式光纤测井16井次，精准测量井下温度变化，实现注采剖面长期监测。完成玉9-15井、玛湖113-H井、宜156井等全井段实时联测、实时传回，实现找漏、找窜、特殊管柱动态监测。针对高浓度盐水和淡水的情况下，评价油水饱和度和孔隙度的难题，在长庆、川渝、辽河油气田应用热中子成像测井16井次。东坝1井、中81井、黄平11-16井等成功应用该项技术识别剩余油、气储量，寻找出水点。为判断注采井之间的驱替关系，分析剩余油分布，在长庆、川渝、青海区域应用井间微地震23口井，为新探1井、大页1H井、柴平4井等注采调整和开发方案制定提供参考依据。针对超低孔隙度（孔隙度为10%）储层含油气饱和度定量评价难题，在长庆、新疆、吉林油气田应用脉冲中子全谱测井133井次，成功为庙20-25-34井、兴华10井、阜53井等划分水淹层等级，判断油气界面，为寻找剩余油气提供可靠依据。在长庆、西南油气田实施广域电磁水驱前缘监测技术监测6井次，采用井电震结合，基于多功能频谱、超微弱电磁反演等技术进行水驱前缘监测，形成储层电性特征剖面，通过定量解释模板预测储层流体，为油田开发井部署、加密调整方案设计提供有力的科学依据。猎鹰（KCLOG）套管井成像测井系统组合扇区声波、水泥密度和光纤陀螺井斜方位测井仪器，解决低密度水泥固井质量评价问题，在新疆、长庆等油气田推广应用。套管井测井工艺、工具日趋丰富。应用爬行器、连续油管等输送方式，形成水平井机械采油过环空一趟测等特色注入、产出剖面技术系列。采用新型封隔器、关井器的优化组合，攻克水平井分层测压难题，形成特色水平井、直井分层测压工艺技术系列。研发、推广测试防溢流装置、测试张力滑轮、弹射式同位素释放器、胶囊式同位素，形成特色安全环保工艺技术系列。推广"注水管柱＋测试"边测边调技术、"采油管柱＋测试"边采边测技术，推动水平井流动成像技术应用。

（高　旭）

【射孔作业】 2022年，中油测井应用定面、定向、等孔径分簇技术，开发泵送软件，桥射联作广泛应用于四川页岩气、长庆油田、新疆环玛湖等低孔低渗致密储层。210℃ 175兆帕射孔技术实现规模化应用，具备8500米超深井作业能力。多功能射孔地面系统整合进入iWAS地面系统。高温高压射孔测试联作技术在中石油西南油气田、塔里木油田、新疆油田等应用57井次，作业成功率100%，利用自主软件完成54井次射孔爆轰压力及管柱受力模拟分析及射孔优化设计，成功应用于宣探1井、蓬深8井等重点井施工。CPPerf"先锋"射孔器材在国内16个油田应用，最大程度穿透底层污染带，有效沟通储层，成为超高温、高压、复杂油气、非常规油气增产利器。

（马江湖）

【随钻测井】 2022年，中油测井随钻测井服务范围已拓展到东、中、西部15家油气田。全年完成470井次作业，同比增长75.29%。在国内中部地区，积极应对作业区域分布零散等客观困难，按照"两点三前一固定"模式组织生产作业，全面借助信息化手段，保障作业量快速增长情况下队伍到位"零延误"；在东部区域，推广"短平快"的方式高效完成施工，大幅缩短建井周期。吉林分公司建立"一对一"融入式市场跟踪服务机制，提前组织仪器、工具、设备入场。强化多方沟通合作，共同解决远程传输配接、信号中断等问题；在西部地区，塔里木分公司积极应对三超井复杂井况，落实"一井一策"精细制定施工方案。川渝页岩气区域严抓随钻作业现场生产和过程管控，以井为中心，协同随钻支持中心工程师灵活组队，有效箱体钻遇率、定向段和水平段日进尺领先国内同行，创造新的"海坝速度"。在长庆油田米36H井、洲探1H井、华H83-4井应用第五代旋转导向测井系统，解决复杂岩性水平井作业问题。在华H151-1、榆探2H井应用随钻测井技术，单井储层钻遇率再上新台阶。在浙江油田川渝海坝区块完成的YS137H2-3井创造川渝海坝区块定向段日进尺440米最高纪录。在YS137H2-5井创造二开周期9.4天最短和水平段日进尺430米最高双纪录，创造新的"海坝速度"。在浙江油田海坝区块承担随钻地质导向的YS137H2平台（5口井）完成，平均完钻井深2582米，平均二开段长2275米，平均水平段长1368米，平均钻井周期13.89天，有力助推昭通国家级页岩气示范区建设。在川渝油田云安012-X11-C1井创造四川盆地生物礁"储层段最长、储层钻遇率最高、测试产量最高"多项纪录。高石103-C1井创造区域灯影组四段储层钻遇率最高纪录，灯影组四段测试获日产100.78万方高产工业气流，是邻井平均产能的7.53倍，实现低渗透区储量有效动用。

（高　旭）

【录井作业】 2022年，中油测井完成录井作业410井次。在青海油田，青海分公司开展100次井筒液位监测应用，成功率100%，为井筒安全提供有效保障。柴909井及时掌握堵漏期间井筒液面情况，优化堵漏方式，节省堵漏周期，保障井控安全。利用随钻测录井数据与邻井进行对比，卡准每一个对比层，准确计算地层倾角，预测目的层垂深，精准进行轨迹调整，在青海油田干柴沟页岩油施工18口水平井全部实现一次着陆成功。通过基岩精细对比、气测分析技术，在牛17

井残积层、风化带、基岩内幕解释多组气层，实现牛东基岩气藏新增含气面积 11.2 平方米，提交预测天然气地质储量 311.89 亿立方米。在水平井内应用近钻头方位伽马成像 + 录井元素，判断轨迹上下切关系，控制轨迹在箱体最佳位置穿行，提高储层钻遇率，利用测录井资料准确判断钻头位置及切层关系，精细轨迹微调，使轨迹尽可能控制在“甜点”位置钻进。

（王 鑫）

【国内新技术新工艺应用】 2022 年，中油测井在长庆油田庄 23-51X 井首次应用 FITS 过钻具可回收保护套工艺，解决了常规泵出保护套测井作业模式单一、卡钻后仪器不能回收、放射性测井风险大的问题；在长庆油田姬平 20-22 井，首次采用“桥射联作 + 微地震裂缝监测 + 油气水三相示踪剂产液剖面”一体化施工工艺，完成长庆油田首口长 8 层前置二氧化碳增能体积压裂试验。在长庆油田德 47 井，实现“裸眼测井 + 生产测井”测井序列在裸眼井的首次应用，推进裸眼测井与生产测井深度融合。在西南油气田云安 012-X17 井，利用智能测导技术，实现总进尺 1760 米、水平段长 1163 米、实钻三块生物礁体突破，为集团公司在四川盆地油气勘探史上首次“一井穿三礁”。在新疆油田 MaHW6274 井，完成首口全井筒膨胀管重构井桥射联作施工，射孔一次成功率 100%，为水平井重复压裂改造提供可靠技术保障。在山西煤层气吉深 15-7 平 02 井，首次采用光纤复合缆挂接四参数测井仪与光纤成像测井系统同时进行测井施工，四参数仪器可以实时提供伽马、磁定位、流体温度、流体压力数据，与光纤数据进行相互验证，提高测量精度。

（马江湖）

【国内作业新纪录】 2022 年，中油测井创造国内一批新纪录。作业创新纪录 53 项，获中油技服贺信 6 封。测井业务方面，在西南油气田宁 209H9-1 井实现最大井斜 117.95 度过钻具存储式作业，在双鱼 001-H6 井实现 9010 米最大井深测井作业；在冀东油田南堡 2-90 井以 210℃井温刷新区域最高纪录；在中国石化胜利油田丰页 1HF 井，实现伽马成像仪器在井底 155℃的高温条件下，单趟作业时长 214 小时，在该页岩油区块作业时效创历史新高。射孔作业方面，在长庆油田靖 51-29H1 井，创桥射联作 5256 米国内最长水平段作业纪录；大庆油田古页 1002H-Q4 井，刷新室外温度零下 32℃最低工作温度纪录；在川渝页岩气，威 204H47-7 井创国内桥射联作施工一次入井 23 级点火（1 桥塞 +22 簇射孔枪）新纪录，宁 209H47-4 井以 3263 米创区域桥射联作施工最长水平段新纪录；在西南油气田龙兴 1 井实现 204.6 兆帕国内最大井底压力的钻具传输射孔，在峰探 1 井首次完成深井 4.5 英寸油管聚能切割任务，成功解决该井井下工程复杂。

【集团公司党组书记、董事长戴厚良连线公司广汉工程作业智能支持中心】 2022 年 8 月 30 日，在中国石油工程作业智能支持中心（EISC）揭牌仪式上，集团公司董事长、党组书记戴厚良，总经理、党组副书记侯启军视频连线中油测井广汉工程作业智能支持中心听取作业区块地质工程一体化工程作业智能支持工作汇报。物资装备公司结合正在施工的威 204H23-3 井，从钻前区域模型建立、风险点确定、A 靶点预测，施工参数与井下工具优选和钻中 24 小时监控、“双甜点”动态跟踪、井下状态实时模型、及时发送风险提示以及钻后迭代地质模型和施工模板 3 个方面汇报钻完井全流程支持工作模式。

（王 鑫）

国外技术服务

【概述】 2022 年，中油测井国外技术服务区域分布在中亚、亚太、中东、非洲及美洲 5 大油气合作区的 19 个国家，有 35 个项目部，部署队伍 100 支。有员工 1141 人，其中，中方员工 236 人，外籍员工905人。完成工作量6873井次，同比增长31.2%。全年实现收入12.76亿元，同比增长32%，实现利润1.52亿元，同比增长561%，完成中油测井下达的各项生产经营任务，实现全年安全生产。

【中东油气合作区技术服务】 2022年，中油测井在中东主要服务国家为伊拉克和伊朗。有8个项目部，21支队伍，测井装备23台（套）；员工209人，其中中方人员60人、外方人员149人。2022年完成工作量994井次。在伊拉克，主要为哈法亚油田、东巴油田、格拉芙油田、鲁迈拉油田、绿洲油田、米桑油田提供裸眼测井、射孔、生产测井、解释评价等各种技术服务。2022年，伊拉克作业区提前预判到火工品供应紧张，跨国协调资源，保障生产平稳运行。

【中亚油气合作区技术服务】 2022年，中油测井在中亚主要服务国家为哈萨克斯坦、土库曼斯坦、乌兹别克斯坦和蒙古国。有9个项目部，25支队伍，测井装备39台（套）；员工402人，其中中方人员58人、外方人员344人。2022年完成工作量2054井次。在哈萨克斯坦5个州（阿克纠宾州、克孜劳尔达州、阿克陶州、阿特劳州和东哈州），为中国石油、中国石化、哈萨克斯坦国家石油天然气股份公司、中国中信集团有限公司、洲际油气股份有限公司、广汇能源股份有限公司和哈萨克斯坦本土私企等25家油公司提供测井、射孔、录井、测试、资料解释与油藏研究的一体化井筒技术服务。在乌兹别克斯坦，服务于五大油气区（乌斯秋尔特、布哈拉—西瓦、西南吉萨尔、苏尔汉河、费尔干纳）；在土库曼斯坦，服务于阿姆河项目、川庆尤拉屯项目、意大利ENI项目。完成中石油重点保供井——土库曼斯坦天然气康采恩3口续钻井，测试日产量连续刷新土库曼斯坦纪录，得到当地政府高度赞誉，并获中油技服贺信。在土库曼斯坦实现4支RDT全球共享，连续9口井成功作业，国内外生产一体化模式赢得甲方表扬；土乌作业区主要业务范围包括测井、射孔、解释评价、贸易销售等业务。在哈萨克斯坦实施远探测声波测井，通过精细评价助力增储，支持重点探区勘探部署，继续组织强力资源，服务哈萨克斯坦AMG公司滚动扩边、新区勘探，强化探区井位论证支持能力。哈萨克斯坦作业区建议部署的5口井位全部获高产油气流，助力东部成藏带勘探突破和油气规模发现。

【亚太油气合作区技术服务】 2022年，中油测井在亚太地区主要服务国家为巴基斯坦、印度尼西亚、孟加拉国和泰国。有7个项目部，19支队伍，测井装备19台（套）；员工178人，其中中方人员34人、外方人员144人。2022年完成工作量580井次。在巴基斯坦，主要为联合能源（巴基斯坦）有限公司（UEPL）提供测井、射孔服务；在印度尼西亚，主要为中国石油Jabung区块、SRMD&JSJB区块、PBL&PIL区块，印度尼西亚国家石油Asset1区块、Malacca区块、Belida区块、Seram区块提供裸眼测井、射孔、生产测井、解释评价服务；在孟加拉国，主要服务于BAPEX公司、BGFCL公司、SGFL公司，提供生产测井、射孔等服务；在泰国，主要为CNPCHK项目、PTTEP项目提供射孔技术服务。

【非洲油气合作区技术服务】 2022年，中油测井在非洲主要服务国家为苏丹、南苏丹、乍得、尼日尔、阿尔及利亚和利比亚。有9个项目部，34支队伍，测井装备36台（套）；员工321人，其中中方人员74人、外方人员247人。2022年完成工作量1234井次。在苏丹、南苏丹，主要为苏丹6区、苏丹2/4区、苏丹25区、苏丹17区，南苏丹3/7区、南1区提供裸眼测井、生产测井、射孔、解释评价、随钻技术服务。在乍得主要为CNPCIC、OPIC、Savannah公司提供裸眼测井、生产测井、射孔、解释评价服务。在尼日尔，主要为CNPCNP、CNPCIN、SIPEX和SAVANNAH公司提供测井、录井、测试、射孔、解释评价技术服务。在乍得，着眼全球抽调特殊方法仪器力保勘探，电成像测井实现探评井全覆盖；依托解释新技术发现多套新含油层系，助力外围Doseo盆地勘探增储超近2000万吨。在南苏丹，致力于精确识别剩余油分布规律，引入PSSL仪器，完成作业18井次；在尼日尔，跨区调拨MIT、MTT及PLT仪器，准确识别项目生产过程中套管状况及储层产状，获甲方高度赞誉。中油测井CPLog装备在尼日尔推广10井次，实现独立商业化作业，国产装备正式亮相国际舞台，海外科技自立自强实现高质量发展；在阿尔及利亚，测井服务合同自2022年10月13日签订以来，全面统筹运作，全速启动作业准备，从13个国家先后动员22单设备和物资，于12月27日，以完全当地化的队伍完成首口固井质量作业，实现该项目当年签约、当年施工、当年创效。

【美洲油气合作区技术服务】 2022年，中油测井在美洲主要服务国家为古巴和厄瓜多尔。有2项目部,3支队伍，测井装备4台（套）；员工17人，其中中方人员6人、外方人员11人。2022年完成工作量102井次。在古巴，主要为古巴国家石油公司提供裸眼测井技术服务。在厄瓜多尔，主要为安第斯公司提供生产测井、射孔、设备租赁等业务。

【国外业务支持保障】 2022年，中油测井立足“一体两面”，紧跟集团公司海外业务体制机制优化调整部署，建立“公司本部统筹管理＋国际公司全面管理＋海外作业区组织实施”的管理模式，同时中油测井成立国际业务支持保障领导小组和工作专班，全方位升级海外生产保障模式，服务质量效率大幅提升。国际业务支持保障领导小组下设8个专项工作组。分别是科技研发组、装备保障组、地质评价组、人力资源组、射孔保障组、增产服务组、随钻业务组、销售贸易组。2022年，国内协调104支仪器支援伊拉克、乍得、尼日尔、印度尼西亚等作业区需求；支持保障组持续优化CPLog成套装备性能，解决问题67项，有效提升装备的稳定性、可靠性和先进性。受俄乌冲突影响，集团公司重点保供井——土库曼斯坦复兴气田3口井面临火工品器材供应困难，中油测井成立工作专班，多方协调资源，克服新冠肺炎疫情影响及火工品运输困难，最终按时保证3口井施工。测试后日产量连续刷新土库曼斯坦纪录，得到当地政府高度赞誉，并获中油技服贺信。

（王立维）

生产运行管理

【概述】 2022年，中油测井围绕“一切为了多打粮食”的主题，在生产组织上精耕细作、在工艺技术上精益求精，全面提高劳动生产率和资源利用效率，持续为高质量发展发挥作用。

【生产组织】 2022年，中油测井对标世界先进企业，锚定工作目标，强化生产组织运行。统筹安排，制订生产计划，细化分解生产任务指标，安排重点工作，在16个油气田部署作业队伍843支，各项生产有序进行。强化统筹协调，加密生产会频次，跨区域调派队伍76支，其中新疆分公司、辽河分公司、大庆分公司、吐哈分公司、华北分公司、塔里木分公司及吉林分公司调往长庆分公司37支，天津分公司、辽河分公司、大庆分公司、吐哈分公司、华北分公司及吉林分公司调往西南分公司17支，天津分公司、物资装备公司调往新疆分公司3支，吉林分公司、华北分公司及西南分公司调往天津分公司3支，物资装备公司调往辽河分公司2支，华北分公司调往大庆分公司3支，物资装备公司调往华北分公司4支，吉林分公司、西南分公司调往青海分公司5支，大庆分公司调往塔里木分公司1支，物资装备公司调往吉林分公司1支。协调解决新冠肺炎疫情、汛期、集中上产等生产任务不均衡等各类问题46项。制订年度重点井保障方案，形成5个方面16条保障措施，落实“一井一策”、领导包井、专家盯井等制度措施，有力保障永探1井、吉2812井、狮303井等重点井建产。在吉木萨尔、宜庆、神木、环庆等11个油田矿权流转区块，加强资源区域共享与技术支持，部署作业队伍31支，完成作业2160井次，为各区块高效勘探开发提供支持。优化运行模式，升级单井包干激励机制，开展灵活组队341支、作业13471井次、节约人员4490

人次，结合生产节奏转型队伍类别，队伍利用率同比提升10%。

【支持保障】 2022年，中油测井统筹服务保障成效显著。装备支持保障方面，成立专项中心，一体化统筹，实现核磁等570余支高端稀缺仪器集中维保，推进特种装备统一协调、集中维修。重点仪器利用率进一步提高，其中Hostile设备完成测井77井次，ESCT取心设备完成测井105井次，三维感应完成51井次，宽动态电成像完成32井次，iMRT偏心核磁完成14井次。实施流转区块生产保障职能划转，进一步巩固优化两小时高效保障圈，累计保障重点井施工570余井次。强化生产调拨，推进仪器设备共用共享，累计调拨设备407批次3154支，重点成像设备1251支，占比39.6%，有力保障千探1井等49井次集团公司重点井及97井次地区重点井施工任务，提升高端测井市场占有率；完成闲置仪器重新配置600多支；跨区域调拨仪器配件328次2331件，盘活长期无动态配件价值500万元。

强化装备维保工作，持续开展装备标准化，规范23个系列、2110种仪器设备标准命名，设备型号与改革前相比减少40%，梳理设备实物25538支（台），初步实现三账统一。完善三级维保体系建设，实现了检修内容规范化、程序科学化、标准统一化，完成154794支次检修任务。加快无效低效装备处置，报废1558支（台），待报废2478支（台）。完成尼日尔、乍得CPLog成套装备推广保障任务，协调装备100余支次。做精高端装备维保，“区域集中维保＋专项集中维保”多层级推进区域维保共享，全年专项中心共集中维保特殊仪器337支次，区域中心集中维保高端设备726支次。创新开展自主维保，细化内部委托维修流程，建立装备维保专家库，共享内部维修资源，技术人员跨区域技术支持60余人次，完成内部委托维修23项，下半年外部委托维修次数和上半年相比降低16.3%。通过国产化替代、技术攻关，自主维修旋转导向电路、液压模块242件，自主维修占比分别为62.5%、75.6%，维保周期分别缩短53.6%、68.0%，6项84件国产化配件，价格降低50%，采购周期缩短75%。

实施物资保障统一归口管理，集中上报年度招标选商计划266个、物资13余万项，签订支出类合同1119份，金额50.93亿元，其中框架合同、代储代销合同549份，金额45.90亿元，占比90.20%。建立互联互通物资储备机制，实现库存物资信息共享，对各区域中心物资实行“集中储备、共享调拨”，提前做好物资储备工作，共分批储备物资5591项，涉及27大类、267品类、2298种、89.45万件，为物资“即需即领”打好基础，智慧超市初步形成。库房规划建设同步推进，结合区域实际不断完善总体规划，打造进口配件库，缩短进口仪器维保周期；靠前服务建设金属材料标准化库房，保障装备制造物料及时供给。

（王　鑫）

【资质管理】 2022年，中油测井规范资质管理，提高作业能力。完成测井资质审核方案编制和审核标准修订。有甲级测井队伍278支，乙级测井队伍280支，丙级测井队伍1支，关键岗位人员和设备与作业队资质相对固定，其他岗位在满足质量、安全生产的前提下，根据生产作业需要灵活配置。既能确保作业能力和施工质量，又可以效控制用工数量，降低作业成本，提高市场竞争力。完成连续油管企业和队伍资质办理。配套连续油管设备，解决在水平井测井、多级分段桥塞射孔联作、水平井动态监测等技术服务中的设备短缺问题，取得集团公司连续油管企业资质，并新增一支连续油管队伍，为业务拓展开启先驱。严格按照集团公司资质标准和要求组织资质申报，完成3个批次337支队伍资质申报工作。完成队伍资质升级、作业能力提升及设备变更，对部分伍进行所属企业变更，满足中油测井机构调整要求。

【井控管理】 2022年，中油测井积极践行“防范胜于救灾”“一切事故都是可以避免的”理念，严格落实集团公司有关井控管理制度。辨识井控风险，压实井控责任，规范井控风险管控流程完善井控制度建设。修订并发布实施《中国石油集团测井有限公司井控管理规定》，推动各工程技术服务单位制定井控管理实施细则。按照集团公司2022年井控工作部署会议、井控检查总结通报视频会议要求，持续推进井控大检查工作。组织各单位继续开展井控自检自查工作，实现项目部和作业队全覆盖。结合新冠肺炎疫情形势，采取“线上+线下”“自查+抽查”的方式，全面排查井控风险和问题隐患，陆续到7家二级单位10个项目部13个基层作业队开展井控管理检查工作，持续提升井控管理水平。提升基层队伍井控意识技能素质。组织各单位针对队长、操作工程师、绞车工等关键岗位，组织电缆防喷装置操作、电缆悬挂器、正压式空气呼吸器佩戴、硫化氢检测等井控技能培训260余场次。加强井控培训能力建设。在测井井控培训部建设过程中，配置井控模拟教学、桌面演练教学、VR模拟教学、HSE实训、井控设备模型展示教学5个模拟教学室，创新开展测井井控培训。提升井控应急管理能力。组织专家团队针对重点区域，建立重点井24小时在线技术支持机制。发挥应急保障支持中心技术支撑作用，实时提供技术支持、监督和决策，发现异常及时预警处置。推进应急（井控）专家队伍建设，发挥集团公司井控专家作用，遴选一批具有丰富一线经验人员重点培养，推动各单位井控专家建设，储备井控技能人才。

（靳敏刚）

【应急管理】 2022年，中油测井建立健全应急管理机制，夯实基础工作，推动应急体系建设。完成中油测井应急资源调查报告、风险评价报告和生产安全事故应急预案的编写及外部评审并发布实施。按照备案要求完成在陕西省应急管理厅和集团公司HSE信息系统的备案审报，完成《中国石油集团测井有限公司突发事件应急预案》2022版宣贯材料的编写。完成中油测井应急领导小组、应急办公室人员调整和职责归位；收集汇总各单位应急演练计划，完成应急演练计划的制定，组织长庆分公司、西南分公司分别完成放射源丢失和防洪防汛应急演练2次。开展2022年度防洪防汛工作部署，下发《关于开展防洪防汛专项检查的通知》，协同质量安全环保处制定防洪防汛分级防控清单，按月收集整理防洪防汛工作总结并上报。完成西部3家所属单位、中部5家所属单位的防洪防汛专项检查和应急管理工作专项检查，并对检查出的问题进行分析，指导做好整改。

（李孜虎）

【承包商管理】 2022年，中油测井以合法合规管理为原则，全面规范承包商管理工作。根据相关要求，结合各单位生产特点及工作实际，制定《中国石油集团测井有限公司辅助业务外包计价标准》，规范各业务外包项目的价格标准，规范承包商项目价格管理。梳理各单位工程技术类在用承包商数量，掌握各项目业务开展情况，重点对在用承包商的准入资质进行核验，明确项目立项审批流程，制定立项审批表，由基层主管部门、安全管理部门、计划管理部门及主管领导逐级审批签字确认。下发工程技术承包商服务自查自改通知，重点对各单位承包商的选商情况、合同签订情况、队伍准入和培训情况及监督检查情况进行监督检查。制订市场生产综合督导检查方案，编制工程技术服务承包商检查表，对15项相关内容进行监督检查，完成对东部、西部8家单位的检查工作。按照集团公司要求，分12期（班）718人，组织开展承包商关键岗位人员HSE培训工作，提升承包商主要负责人、分管安全生产负责人、安全管理人员的业务管理能力。9月中旬，组织内部管理人员在天津分公司开展承包商管理培训，邀请物资装备处、质量安全环保处、企管法规处进行授课，全面宣贯承包商管理要求。修订《中国石油集团测井有限公司承包商管理办法》，明确部门职责，完善工作内容，健全QHSE管理要求。下发征求意见稿，征求各类意见51条，采纳31条、部分采纳3条、未采纳18条，新修订的承包商管理办法由原来的八章三十九条，修订为七章六十条。

（高　旭）

【基建管理】 2022年，中油测井基建业务管理持续夯实。优化基建管理架构。搭建本部部门、专业单位、属地单位分工负责，涵盖论证、设计、实施、验收等全过程的基建管理体系。完善基建管理制度及标准，组织修订基建维修费用项目管理细则等制度，规范基建管理，确保业务合规运行。协调推进海外项目基地建设标准编制，促进国外生产基地的标准化、特色化。加强基建管理队伍建设。重点项目建设扎实推进，通过项目例会，强化实施协调，按月跟踪进度，抓好过程管控。后村综合办公楼、公司数字展厅、产业化基地公寓楼维修等重点项目完工。石油射孔器材及配套件生产线建设项目完成一期基础和部分主体框架。生产生活基地显著改善，18 家单位投入 1.06 亿元，完成 186 个基建维修项目实施，边远、高原、海外艰苦地区生产生活条件不断改善。提升一线基地生产保障条件，完成投入 7858 万元，实施项目 150 个，维修老基地工房、生产办公楼、危险品库等生产用房及室外配套设施，改善国内外 43 个一线基地，满足生产经营需要。改善一线员工生活条件投入 2814 万元，实施项目 36 个，维修改造宿舍、餐厅、文体活动场地及卫生用房等，改善员工住宿就餐、文体活动、健康卫生等方面条件，满足民生工程需要。召开基建工作推进会，开展民生工程大调查，总结形成医疗健康、文体设施、住宿就餐和后勤保障等方面共 222 项 1.5 亿元的民生项目需求和实施方案。

【工艺技术管理】 2022 年，中油测井全面梳理工艺技术标准，围绕重点工作和工作专班，推动工艺精益管理。按照“三基”建设要求，全面梳理工艺技术标准，对现有的 28 项标准及规程进行意见征集和再评审，完善相关标准及规程 13 项。强化工艺改进，改进 FITS 仪器可回收保护套工艺，研制 2.875 英寸 FITS 仪器钻杆保护套工具，放射性测井的安全性、复杂井作业能力进一步增强。深化新工艺应用，在西南、大港等区域，深化爬行器测井射孔工艺，持续优化和集成桥射联作 2.0 技术，水平井作业能力进一步提升。强化提速管理，以工程事故复杂预防为重点优化提速提效模板，共制定涉及 17 个区域的测井提速提效模板 19 个、桥射联作提速提效模板 11 个，桥射联作段均作业时间下降到 2.39 小时，提速 5.16%。加快测井防卡解卡关键技术研究，按照“有效防卡、安全解卡、可靠打捞”原则，组织开展电缆测井防卡解卡工艺及工具优化，聚焦放射性及核磁等重点测井项目及过钻具存储式打捞开展调研 14 次，收集关键问题 289 个，形成工艺优化与配套改进方案 3 个，形成《电缆测井防卡技术规范》《电缆测井解卡技术规范》等规范初稿，形成 FITS 水力泵送施工设计软、数字井筒三维显示软件，助力中油测井由经验施工向科学施工转变。开展桥射联作技术 2.0 集成与优化研究，对工具串及配套设备进行了标准化，对全工序提速工艺及射联作复杂井处置工艺进行了优化集成，制定《桥射联作工器具》《爬行器射孔作业技术规范》等 4 项标准，为桥射联作全工艺工具统一奠定坚实基础。

【EISC 系统建设】 2022 年，中油测井遵循中国石油工程技术作业智能支持中心（EISC）统一架构建设原则，采用统一的技术平台开展测井 EISC 建设，打造中油测井全业务、全要素、全流程的生产经营管理平台；建成有生产作业、安全管控等相关 39 个功能点、应用云化至总部 EISC 平台，支撑总部 EISC 应用。使用 EISC 系统的业务部门或单位涉及人事处、市场生产处、物资装备处、评价信息处、质量安全环保处、财务资产处等 10 个本部单位，以及各分公司、研究院、制造公司、物资装备公司、质量安全监督中心等 17 个所属单位。2022 年，系统访问人数 54984 人，用户登录次数 109 万余人次，日均登录 2998 人次；录入作业工作量 98742 井次，放射源出库申请单 4876 张，放射性源出库量 15799 枚次，填报检查表 781584 张，填报风险隐患 992811 条。

【随钻测导地质工程一体化技术研讨会】 2022 年 11 月 3 日，中油测井承办中油技服鄂尔多斯盆地随钻测导地质工程一体化技术研讨会，会议在西安召开，中油测井、中油技服长庆油田服务保障协调领导小组、各钻探公司及东方物探等驻长庆区域 7 家单位 42 人参会。会议传达中油技服一体化协同发展和“五统一六共享”（统一市场开发、统一资源配置、统一生产组织、统一工程技术、统一商务运作，管理资源共享、队伍资源共享、设备资源共享、技术资源共享、后勤保障资源共享、应急资源共享）的工作要求，明确在鄂尔多斯盆地开展地质工程一体化技术研究工作的目的和意义，对下一步工作进行安排部署。中油测井副总经理石玉江出席会议并作交流发言。针对下一步工作，石玉江提出5点建议及工作要求。建立高效支撑模式，融合物探、测井、录井、钻井、试油等专业，发挥各自优势，组建多学科一体化团队，形成“靠前+集中”服务模式。共享数据资源，要建立统一数据库、统一软件平台，共享历史数据和基础资料，共用地质模型，实现数据实时互联互通，提高决策效率。要加大自主装备的试验和推广力度，通过规模化市场服务扩大产值，有效降低高端随钻服务成本，促进自主高端装备逐步成熟。建设示范工程，要率先在钻探企业苏里格风险合作区和致密气、页岩油项目，优选区块或平台进行示范应用，体现出效率效果并得到油田和服务企业认可后逐步推广。建立共赢商业模式，通过提供优质服务，使油田获得效益；做好定额造价，建立技服与油田以及技服企业内部共赢的可持续发展商业运营模式。中油测井及川庆钻探相关单位在会上汇报水平井随钻测导装备技术及区域地质评价工作开展情况。

【东部资源共享中心】 2022年5月10日，中油测井东部资源共享中心天津分公司成立，总经理胡启月、副总经理陈锋出席揭牌仪式。

东部资源共享中心是推进区域资源共享，变革生产组织方式，提升资源利用效率的重要手段，更是落实中央“创新、协调、绿色、开放、共享”发展理念的有力实践。东部资源共享中心重点工作是建立区域资源共享平台，推进区域资源集约化管理、专业化运行，提升资源利用效率，提高全员劳动生产率；资源集约配置提高利用效率，集中力量办大事；探索和尝试组织体系优化、生产方式变革，打破原有“人员—机构”相对固定的组织模式，实现人机分离、灵活配置，提高劳动效率；作为试点单位，东部资源共享中心要坚持稳中求进，绘制“路线图”“进度表”，实现精准“挂图作战”，在人员设备协调、管理基础配套、信息技术支持、劳动政策方面下实招，使跨地域的共享服务与远程支持成为助力高质量、高效率发展的新动力。

2022年5月10日，中油测井东部资源共享中心天津分公司揭牌成立（郭海涛　摄）

（王　鑫）

综合应用

解释评价

【概述】 2022年，中油测井聚焦国内重点领域和海外五大合作区，创新超深层复杂碎屑岩、缝洞型储层、页岩油气、复杂岩性储层、低对比度油层等评价技术，成功解释天湾1井、大页1H井、岭页1H井等一批高产井、发现井，获集团公司油气勘探重大发现奖1项。聚焦油气田“压舱石”工程，开展油气田老区测井评价挖潜。持续打造“一体两面”工作典范，与新疆油田共建测井联合研究中心，成立区域综合评价、长庆页岩油、新疆水平井、乍得解释评价等工作专班，支撑保障油田重点难点攻关。深化“靠前+集中”生产组织模式，成立重点井新技术集中处理解释中心，实施“双井长负责制”“专家会诊制”，保障风险井、重点井解释评价。创新岩石物理井场服务模式，建成以全直径岩心核磁共振为核心的车载实验平台。统一测井成果图件标准，建设中国石油统一测井数据库，历史数据入库完成率94.2%。统一CIFLog-LEAD 4.0软件，集成分散在各单位的特色方法模块，行业鉴定达到国际先进。

2022年，裸眼井解释15778井次（国际996井次），同比增长3%；套管井解释31456井次（国际1148井次），同比增长0.93%；探井解释符合率87.96%，开发井解释符合率97.14%。

（季尔涛）

【重点井解释评价】 2022年，中油测井贯彻落实集团公司三年改革行动方案，持续深化内部专业化改革，在地质研究院成立重点井新技术处理解释中心，发挥“靠前+集中”优势，建立高效保障油田生产的工作流程，推进长庆分公司、天津分公司、辽河分公司、吉林分公司等重点井、裸眼井新技术、套管井新技术集中处理解释。创新超深层复杂碎屑岩、缝洞型储层、页岩油、复杂岩性储层、低对比度油层等评价技术，在风险勘探领域，助力油气田在塔里木富东1井、四川东坝1井、准噶尔南缘天湾1井、渤海湾保清1X井和辽河坳陷葵探1井取得突破。在集中勘探领域，助力油气田在塔里木盆地玉科—富满、博孜—大北，河套盆地扎格构造带，柴达木盆地牛中—牛东取得重要进展，拓展油气勘探的新区带新层系。在非常规领域，助力油气田在四川大页1H井、鄂尔多斯岭页1H井、准噶尔玛页1H井、吐哈吉7H井等获高产油气流。在海外巴西阿拉姆、乍得、哈萨克斯坦等油气合作区，应用CIFLog软件平台，一体化处理测井新技术数据，发挥国内测井经验优势，完成产能准确预测并获得试油证实，助力海外勘探取得重大发现，为中国石油海外油气权益产量保持1亿吨以上稳产发挥作用。

2022年6月29日，中油测井在地质研究院成立重点井新技术处理解释中心（叶志云　摄）

（季尔涛）

【区域综合评价】 2022年，中油测井成立区域综合评价工作专班，主要开展老井再评价和油藏综合评价工作。以规模复查，高效建产为目标，建立领导小组协调问题，专家提供技术支持的双把关管理模式，协同助力专班工作推进；发挥联合办院及驻厂办公优势，与油田建立常态化沟通机制，采取“线下+线上”，形成“室内+现场研究”的靠前工作模式，多方式开展技术交流，多学科一体化推动专班工作开展；利用数据共享及协同支持平台，强化数字化过程管理，提升管理时效；试点“风险合作，利益共享”合作模式，通过科研攻关带动采集工作量，提供找水堵漏等治理建议，增加套后饱和度等测井项目，实现增收。建立测井、地质、油藏、工程等多学科一体化的“点—面—体”综合评价挖潜技术流程和规范，深化油藏研究，推动老油田挖潜见实效，推进专班工作规范化开展。在16个油气田95个区块完成复查33854井次，发现潜力层7286层，措施1225口井，实现科研收入5296万元；在长庆、塔里木、新疆、大港、辽河、海外等油田重点区块开展油藏综合评价，签订油藏综合研究课题12项，落实科研经费1056.34万元，累计带动剩余油饱和度、核磁共振、电成像、阵列声波、套损检测、井筒完整性、动态监测等测井项目1128井次，实现产值6606万元。

（盖龑秋）

【岩石物理实验应用】 2022年，中油测井承担“中国石油主要领域陆相页岩油测井岩石物理评价方法研究”，建立统一实验标准；针对页岩、煤层等岩样取样、测量困难问题，与西安理工大学合作研发数字钻设备并配套力学参数处理方法，钻进过程中测量岩石力学参数，钻完即测完。在国内率先开展基于深度卷积神经网络和语义分割非常规复杂岩石组分智能分割与孔隙类型的智能精细识别，处理时效提升50%。针对陆相页岩油、超深层碳酸盐岩等重点勘探领域，开展岩心测试分析2160块/11690块（次），为油气藏认识与评价提供岩石物理实验基础。

（赵建斌）

【新能源新业务解释评价】 2022年，中油测井建立光纤测井处理解释方法及应用流程，开展基于正演的DTS采集方案设计方法、DTS测温数据校正方法、变梯度地温计算方法等研究，具备定向井、水平井处理能力，与安东石油技术（集团）有限公司签订解释合同200万元，全年处理38井次。开展“琼东南盆地天然气水合物储盖层高精度物性研究与实验分析”研究，主要通过测井资料精细解释评价和岩心实验研究，获取水合物储盖层岩石力学参数、高精度物性参数以及微观结构参数，实现水合物储盖层高精度物性评价，为研究区水合物的成藏研究和勘探开发提供依据。

【解释评价工作会】 2022年2月21日，中油测井召开2022年解释评价工作会，总经理、党委副书记胡启月出席会议并讲话，副总经理石玉江作解释评价工作报告，副总经理陈锋主持会议。会议肯定2021年解释评价工作取得的成效，指出2021年解释评价业务围绕“改革深化年”要求，明确工作思路、健全管理制度、强化技术攻关、主动交流推介，面对勘探开发难题不退缩，矢志为国找油找气，有力支撑了国内外油气勘探开发，促进测井采集作业增长，实现“十四五”良好开局。会议对2022年解释评价工作作出安排，强调要持续加强解释评价基础工作、持续攻关复杂目标关键技术、持续推动测井服务价值提升，强化解释评价各项制度落地执行，要求解释评价人员要勇当找油找气主力军、市场开发先锋队，推动中油测井解释评价综合服务能力迈上新台阶。会议表彰2021年中油测井勘探开发测井贡献奖获奖团队、解释评价先进集体和个人。

（李尔涛）

评价技术

【概述】 2022年，中油测井创新发展深层复杂碎屑岩评价技术，深化完善缝洞型储层评价技术，持续攻关页岩油气评价技术，丰富提升低阻油层识别技术，创新形成铝土岩储层评价技术。CPLog偏心二维核磁反演算法改进、LEAD 4.0平台地层组分分析模块改进与应用、光纤温度校正技术助推CPLog光纤装备现场应用、创新纹层定量表征技术助推国产电成像在页岩油气“甜点”评价规模应用等7项成果获中油测井现场应用金点子奖。发表论文99篇，获授权专利22件，软件著作权

14 项，参与建立企业级标准 14 个。通过测井地质工程一体化评价，精细三维地质建模，优化水平井轨迹设计，助力页岩油规模化效益建产。

（季尔涛）

【复杂碎屑岩储层】 2022 年，中油测井针对塔里木盆地库车北部构造带侏罗系深层复杂储层利用测井资料环境校正、电阻率多因素校正、核磁孔隙结构及烃源岩综合评价技术，对迪北 5 井提出试油建议，获日产气 12 万立方米，日产油 4.9 立方米，支撑库北区块预测储量 500 亿立方米申报，打破库北地区致密气勘探十多年的沉寂。在塔里木盆地博孜—大北区块创新利用反射系数、水平应力差、斯通利波衰减结合电成像来评价深层裂缝性储层的有效性，助力博孜 102-3 井有利层段优选，为塔里木库车深层油气藏增储上产提供技术支撑。

（罗少成）

【页岩油（气）】 2022 年，中油测井梳理不同类型页岩油成藏机理，厘清 3 类页岩油“甜点”类型及主控因素的差异性，确定差异化评价思路；通过 M—N 交会技术、最优化解释评价技术识别隐蔽储层、计算组分参数；基于微电阻率成像测井纹层精细处理评价宏观结构；形成一套以现场全直径核磁及井下多维核磁为核心的页岩油气分类识别及精细表征技术，完善多维核磁 T2 截止值静态分析法，实现页岩油孔隙度及页岩气有机孔定量表征技术；创新建立模拟压裂焖井过程的岩心“饱油渗析 + 二维核磁”联合的可动性评价方法，形成页岩油动静态可动性综合评价技术，初步解决不同赋存状态页岩油气识别和评价问题；考虑地下孔隙空间流体赋存状态，创新建立页岩含气量计算新方法，对吸附气进行含水性校正，对游离气进行吸附相校正，计算结果与保压取心含气量吻合程度在 90% 以上；技术系列在长庆油田、新疆油田、浙江油田等开展应用，支持长 7_3 页岩油、大安区块深层页岩气勘探突破及储量提交。

（张凤生）

【缝洞碳酸盐岩储层】 2022 年，中油测井以塔里木盆地深层白云岩储层为目标，基于岩心和电成像资料明确深层白云岩储层非均质性的影响因素及表现形式，从天然裂缝的发育度与尺度、孔洞的发育度与连通性以及缝洞组合搭配关系等 3 个方面优选反映储层品质好坏的敏感参数，综合考虑白云岩储层的储集性、渗透性和裂缝因素，建立多参数储层品质评价模型及分级评价标准；通过配套岩石物理实验明确了白云岩储层的岩石力学特征，建立储层动静态弹性模量、三应力及破裂压力的计算方法；从起裂、启缝和延展 3 个过程对岩石的可压裂性开展分析，优选影响岩石强度、裂缝复杂度、裂缝延展度的测井表征参数，形成以储层可压裂性为核心的工程品质评价方法及分类评价标准，支撑塔里木盆地白云岩年度风险探井的解释评价和试油选层，为深层、超深层碳酸盐岩的解释评价积累经验。

（姚军朋）

【低阻低饱和度储层】 2022 年，中油测井针对鄂尔多斯盆地平凉北地区油藏类型多样、孔隙结构及油水关系复杂、油水识别困难等问题，构建非均质性砂泥岩渗透率建模技术，创新形成测录井综合流体识别技术、核磁标准谱测井流体识别技术、阵列声波测井双因子流体识别技术等流体判识方法，新井解释符合率在原解释符合率基础上提升 8.94%，有效提高复杂油水层判识能力。在鄂尔多斯盆地玉门探区形成多敏感参数融合评价技术，助力环庆 924 井在三叠系长 8 获 17.28 米^3/日高产工业油流。针对玉门探区低阻油层建立完整的参数计算体系，2022 年探评井及开发井解释应用 119 口，解释符合率 86.1%，实现低阻油层测井解释从半定量到定量的转变。针对鄂尔多斯盆地宁庆区块致密气藏，利用阵列—感应联测和多尺度小波能量谱等评价技术，应用于探评井 5 井次 7 层系，均获高产工业气流，夯实宁庆区块具备 3 亿立方米年产能的基础。

（罗少成）

【铝土岩储层】 2022 年，中油测井针对新领域陇东太原组铝土岩储层岩性复杂、孔隙类型多样、气水关系复杂等难题，创新形成基于 GR-AC 包络面积、Fisher 判别、层次聚类自动判别的含铝岩储层岩性定性和全剖面矿物组分定量识别技术，解决了岩石矿物组分计算难题，岩性识别准确率

90%，落实陇东铝土岩有利面积共7000平方千米。应用变胶结指数的电成像孔隙度谱提取定量表征技术和基于核磁的铝土岩孔隙结构定量表征方法，形成铝土岩储层有效性定量评价技术和分类标准，为甜点段优选提供依据。基于铝土岩储层含气性主控因素分析，创新构建岩性均质性指数，形成多因素评价储层含气性方法及流体识别标准，有效支撑铝土岩重点区域勘探，助力城3-17-22井获超百万立方米高产工业气流，助推区块勘探新突破；助力铝土岩水平井完成测试求产，无阻流量高达353.4万米^3/日，创鄂尔多斯盆地上古生界最高无阻流量纪录。

（郭笑锴）

【车载实验平台快速解释】 2022年，中油测井建成车载岩石物理实验室，研制全直径岩心核磁共振设备，配齐5套设备，国内率先建成车载实验平台，其中核心设备全直径核磁完成现场应用验证，具备全直径岩心一维核磁测量和二维核磁连续测量的能力，测速8分/米，最小回波间隔0.2毫秒，高于俄罗斯及华油合创设备。在华北巴彦、长庆陇东页岩油完成8口重点井303米岩心，创效400余万元。

（刘　鹏）

【地质工程一体化】 2022年，中油测井发挥测井高精度、多属性优势，强化技术攻关优选测井储层参数补齐井震结合建立三维地质模型技术短板，迅速建成中油测井具备现场服务能力的井震结合三维地质建模团队，通过井旁地质品质快照、多属性RGB透视等技术，支撑长庆、青海油田13个平台41口水平井高效钻井，测井Ⅰ类和Ⅱ类油层钻遇率80.6%，优质储层平均钻遇率提升2个百分点。通过三维地质模型实时指导地质导向作业，有效提升川渝地区优质储层钻遇率。

（李　震）

解释评价管理

【概述】 2022年，中油测井强化解释评价基础工作，推进规范管理，新制定4项管理制度，完成CIFLog-LEAD 4.0软件统一换装，完善数据平台，持续打造中国石油统一测井数据库，全面推进业务标准化、规范化建设，促进解释评价服务水平不断提升。

【管理体系】 2022年，中油测井夯实解释评价基础工作，强化制度建设，制定《解释评价考核实施办法（试行）》，实行关键指标量化考核，增大增量考核权重，实施分类考核，发挥考核指挥棒作用，推动公司解释评价工作质量、效率不断提升；制定《中国石油岩石物理实验管理实施办法（试行）》，规范中油测井岩石物理实验管理，提升实验方法工艺研究与应用、实验装备研发、支撑油藏研究等方面能力水平，发挥岩石物理实验的基础性作用，推进岩石物理实验工作高质量发展；制定《中国石油集团测井有限公司软件管理办法（试行）》，规范软件需求申报、研发、引进、授权、归档和核销报废等管理流程，加强软件合规管理，强化督促检查，促进中油测井数字化转型、智能化发展；根据业务调整新形势制定《重点井和新技术集中处理解释管理办法》，厘清责任，发挥合力，突出“集中＋靠前”，提升重点井和新技术处理解释水平，提高生产运行效率和服务保障能力。

【解释评价支持保障】 2022年，中油测井承办股份公司、油田公司各类测井专题研讨会18次。在油气勘探方面，通过测井精细识别和精准评价油气层，有效助力塔北富满、长庆环西、巴西盐下等国内外重点领域勘探突破，积极服务于油气储量、产量评价。在油气开发方面，开展油气田开发老区测井评价挖潜工程，加大老井复查力度，为油田发现潜力层、落实见效井、扩大有利区提供技术支持。在工程服务方面，与钻井、压裂深度结合，积极拓展以水平井、非常规油气开发为重点的测井工程参数应用能力；与注采同测等业务结合，有效提升生产测井大包服务能力。聚焦需求难点，开展复杂储层测井响应机理研究，完善地区解释评价标准，攻克“六油三气”重点领域和海外五大合作区勘探开发一批地质工程瓶颈，获集团公司 2022 年度油气勘探重大发现成果一等奖，连续第 4 年在集团公司油气勘探年会做专题报告，首次在集团公司油气田开发年会做专题报告。

（季尔涛）

【历史数据入库】 2022 年，中油测井围绕中国石油统一测井数据库建设，制定数据入库规范和历史数据治理规范，统一测井成果图件标准，组织 12 个所属单位完成 49.4 万口井历史测井数据入库，历史数据入库完成率 94.3%。西南分公司测井数据入库完成率为 100%（表 1）。

表 1　2021 年及以前测井数据入库情况一览表

序号	单位名称	总井数（口）	已入库（口）	入库率（%）
1	长庆分公司	134831	127223	94.36
2	西南分公司	8649	8649	100.00
3	新疆分公司	59297	59291	99.99
4	天津分公司	14601	13668	93.61
5	辽河分公司	42005	40177	95.65
6	大庆分公司	143396	131039	91.38
7	吐哈分公司	10226	9493	92.83
8	华北分公司	28121	28057	99.77
9	塔里木分公司	4382	4043	92.26
10	青海分公司	13696	12022	87.78
11	吉林分公司	40106	36061	89.91
12	国际公司	25011	24717	98.82
13	合计	524315	494446	94.30

（张弘恕）

【解释软件集成】 2022 年，中油测井成立 CIFLog-LEAD 4.0 软件专项工作组，统筹编制工作方案，由测井技术研究院、地质研究院和 12 家分公司投入 130 名骨干，采用集中办公、定期研讨、按周通报、按月总结等措施，累计解决问题和需求 614 项，集成各分公司 59 个在用模块，形成 CIFLog-LEAD 4.0 统一软件版本，实现成图规范统一内置、常规处理模块统一、成像处理模块统一、生产测井固井质量评价模块统一；开展软件操作培训、脚本开发培训两次，各单位 100 余人次参加。CIFLog-LEAD 4.0 软件安装 450 套，测试 3000 余井次，试投产 616 井次，正式应用 521 井次。

加载模块

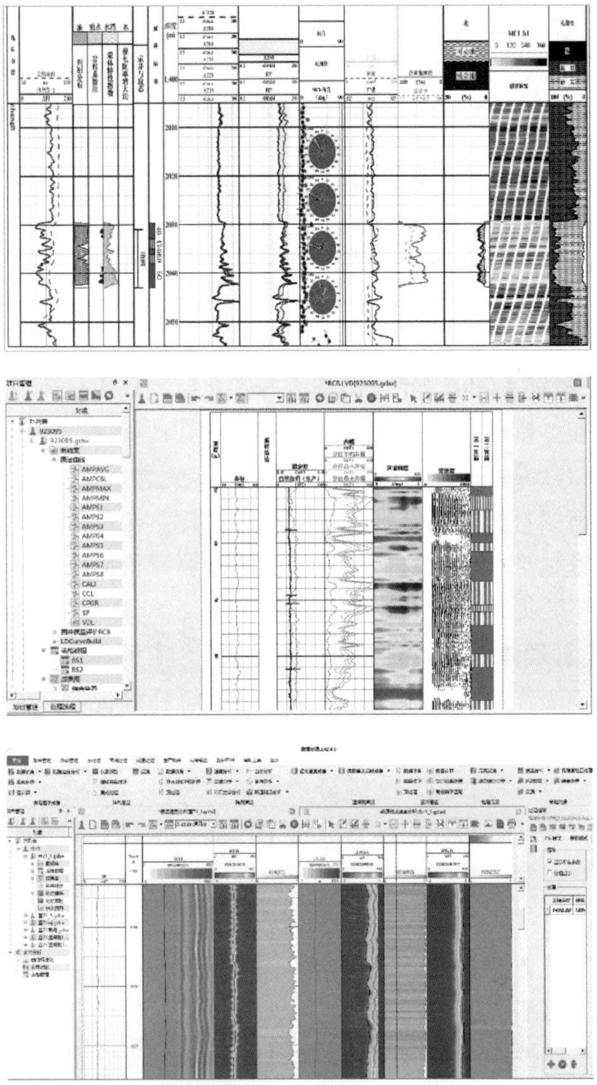

CIFLog-LEAD 4.0 测井处理解释软件界面

（季尔涛）

技术研发

装备研发

【概述】 2022年，中油测井围绕测井技术难题，攻关关键核心技术，研制成套装备，科技创新迈出新步伐，助力油田高效勘探、效益开发。形成205℃声波换能器试验样机，高性能中子管打靶超500小时；CNPC-IDS智能测导、175℃@20h一串测、CIFLog-LEAD被认定国际先进；230℃/170兆帕高温高压小直径系列形成深井作业能力，FITS过钻具成像测井填补国内空白；“先锋”射孔弹打靶穿深2258毫米，通过API标准认定，再创世界纪录，射孔器材承压指标提升至245兆帕；建成车载快速岩石物理实验室；公司设立面向测井创新基金。受理授权专利242件，登记软件著作权23件，获省部级科学技术进步奖11项、自主创新产品8项，新一代桥射联作技术获集团公司2022年十大科技进展。

（万　磊）

【裸眼井测井装备研发】 2022年，中油测井针对复杂和非常规油气勘探开发需求，高端成像测井技术需要向测量精度更高、井况适应能力更强的方向发展。通过3年技术攻关，对标世界最先进的测井装备技术水平，打造一套体系完备的高端成像测井装备，占领国内外市场，满足参与国际竞争对高端测井装备的需求。随着油气勘探开发向着更隐蔽、更复杂、超深层、超致密及非常规油气转变，水平井和大斜度井成为主要井型。为满足油田“提速提效”总体要求，坚持在高性能“一串测”、高温高压小直径和过钻具存储式三个方向进行技术迭代。

全域测井装备研制包含三维电阻率成像测井仪器现场试验、油基钻井液高分辨率电阻率成像测井仪器研制、宽频介电测井仪器研制、多频油基钻井液微电阻率成像仪器研制、CPLog地层成像系统集成配套与适应性研究、多维高精度成像测井装备升级研究及现场试验和阵列成像系列升级研究。

多维高精度成像测井装备，完成三维感应和方位侧向共计完成现场试验57口井；形成一套大斜度井和高陡构造地层电阻率准确求取软件模块；完成了解释图版及作业规范编制；通过产品定型评审及AP-TP、操作手册等工艺化文件；完成方位远探测声波总体技术方案，并修复1支仪器。阵列成像系列升级研究方面，微扫推靠器方案设计技术文件1个；耐200℃高温微扫及阵列侧向电路总计2套；可控源地层元素测井仪标准井试验及试验报告1份；高精度偏心核磁探头数值模拟测试报告1份；小直径微扫采集处理软件1个。宽频介电测井仪器优化后原理样机天线及T型天线各1套及测试对比分析报告2份；形成电路、机械、刻度、资料处理优化方案各1套；形成宽频介电测井电路、机械设计图纸各1套。油基钻井液高分辨率电阻率成像测井仪器，研制形成复阻抗测量极板电路；20套极板探测器及推靠器、信号汇总存储电子线路系统；实现复阻抗快速成像处理方法。

快速测井装备研制与配套包括CPLog快速成像测井系统、超高温高压测井系统、过钻具测井系列、高性能快速成像一串测和测井工程复杂预防及关键技术等方向研究。完成175℃/20小时一串测系列定型；FITS-57系列样机升级，满足175℃/140兆帕电缆测井，共推广560余井次。完成高温高压小直径10口井现场试验，2套阵列声波声系和2套阵列侧向电极系制造完成。FITS-57常规系列形成2串高温样机，通过高温测试；过钻具成像样机实现现场试验，阵列侧向满足实测环境175℃正常运行，形成可回收钻杆保护套作业规程初稿1项；完成接口标准编写，由于投资渠道调整，接入联调与试验正常顺延半年。完成1套可控套铣打捞一体化工具研制，试验2井次；完成1套FITS泵送施工设计软件研制，测试3井次。

（宫　璇）

【随钻测导装备研发】 随钻智能地质测导技术与装备是油气层勘探开发提速提效重要手段之一。中油测井部署在未来几年将智能测导发展成主营业务。2022年，中油测井成立智能测导工作专班，聚焦市场、技术、规模、潜力4个着力点，明确智能测导技术与装备主导地位，启动随钻智能地质测导装备技术研究。根据市场需求与国外三大油服随钻仪器对标，系统整体功能上分为旋转导向、地质导向、地层评价3大系列。包括高性能测导平台、智能旋转导向研制与技术、随钻边界探测装备研发和随钻地层评价系列等研究方向。

高性能测导平台1.0通过现场16井次作业，实现产品定型，通过产品鉴定，形成小规模制造能力（表1）；

表1 2022年测井联盟装备接入情况一览表

接入情况	装备类型	生产厂家	技术指标	测量参数
已完成	近钻头伽马	六合伟业	155℃/140兆帕，6.75英寸	近钻头伽马、井斜
	近钻头伽马	合创	155℃/120兆帕，6.75英寸	近钻头伽马、井斜
	近钻头伽马	中科院	155℃/120兆帕，6.75英寸	近钻头伽马、井斜
	电磁波电阻率	APS、自主	155℃/140兆帕，6.75英寸、4.75英寸	相位差、幅度比
	Orbit导向头	斯伦贝谢	175℃/140兆帕，6.75英寸	方位伽马、井斜
阶段完成	随钻声波	中科院	155℃/140兆帕，6.75英寸	横、纵波时差

智能旋转导向成功替代进口装备，最大造斜率15度/30米，最高工作温度165℃，通过集团公司成果鉴定，鉴定委员会认为，该成果整体达到国际先进水平，进入制造阶段，主要部件国产化替代率达92%；近钻头伽马完成6口井现场应用，形成产业化资料，成功接入3家近钻头装备，形成作业能力，完成山西煤层气现场作业；随钻地层评价系列研究方面，声波仪器通过试验验证，具备作业能力，可控源中子通过岩性校正，提高高孔隙度测量精度，侧向电阻率进行高阻测量、测速、处理时效技术升级，在西南油气田、长庆油田、塔里木油田成功应用，得到用户认可。

2022年7月，中油测井声波钻铤强度通过测试（周璇 提供）

（熊焱春）

【生产测井装备研发】 2022年，中油测井通过“技术研发+集成挂接”模式，完善注产剖面、井筒完整性评价、套后剩余油评价、光纤测井等4类生产测井技术系列，初步形成完整的生产测井系列化装备与技术布局，满足油田基本需求。

复杂及非常规油气动态监测技术研究。形成1套超小尺寸通用采集和公共传输平台并应用到PLT仪器研制；完成石英压力磁定位等4种直径43毫米高精度注产剖面一串测（PLT）研制；完成直径43毫米脉冲中子氧活化水流测井仪机电设计，形成设计图纸18张；完成流动成像仪器改进，并完成现场试验1井次；完成预置式产液剖面测井工具优化设计与加工，完成水平井测井试验1井次；完成230℃/230兆帕超高温高压电子压力计机电设计；完成14种第三方仪器集成挂接。

井筒完整性评价测井系列装备。超声电磁扫描成像测井仪完成传感器模型仿真；完成直径43毫米阵列高分辨电磁探伤测井仪样机研制及标准井试验，开展与iWAS系统及高速遥传挂接；完成CEST固井质量与套损检测声波扫描测井仪现场试验3井次；内涂层检测仪现场应用6井次。其中，油井、水井4井次，储气库2井次。

套后储层评价与井间测井装备。形成井场多源数据采集传输模块样机2套，基于云服务的智联平台1套；形成注采同测动液面测量仪2套，现场试验8井次，解释成果作为正式资料提交；封装感器样机4支，耐温耐压175℃/80兆帕；完成井间声波成像测井仪现场试验 2 井次，有效监测压裂全过程；基于交流电相位信息的连续过套管电阻率已完成实验室物理模型测试，完成机电设计；43 毫米小直径全谱测井仪机电设计与投图，快中子探测器完成测试。

光纤测井关键技术研究。完成光纤 iWAS 系统 1 套，准备测井应用；完成 ACME 分布式光纤采集软件，申请著作权 1 项；完成光纤三参数仪及解调模块研制，具备测井能力；完成 1 套裸光纤测井工具与工艺；完成光纤测井实验平台及光纤多相流模拟装置设计。

（屈　凡）

【射孔器材研发】 2022 年，中油测井射孔领域针对常规油气及老油田射孔增产、非常规油气射孔高效支撑压裂、“两极”（极端井况、极限工况）条件下的高效射孔、“多样化”油气藏的“个性化”射孔、射孔技术的数字化转型和智能化发展、“绿色”（去火工）射孔需求，依托各级科技项目，取得 3 项重大技术突破，即 127 型“先锋”超深穿透射孔器采取双锥双弧四组合射孔弹药结构，高比重粉末药型罩材料及制造工艺，API 注册穿孔深度突破 2258 毫米，创造世界穿深纪录。

2022 年 10 月 20 日，中油测井“先锋”超深穿透射孔器 API 注册穿深突破 2258 毫米（西南分公司　提供）

分簇射孔实现升级换代，桥射联作技术 2.0 实现定型并达到国际领先水平；超高压射孔器耐压指标升级至 245 兆帕，达到国际先进水平。形成天然岩心加工技术、人工岩心径向压制技术、射孔弹爆炸侵彻闪光 X 光照相技术、超深井工程复杂处理技术、去火工射孔高能电子激发起爆技术、去火工模块化电动坐封技术、海上高碱性环境下射孔器及联作新技术等 7 项技术进展。

（唐爱武）

【核心技术研发】 2022 年，中油测井承担国务院国资委专项、补强能源技术装备短板、关键技术“卡点”三类 5 项重大项目，包括超高温高灵敏度声波换能器、200℃测井仪器主控芯片研制、175℃ /200 小时测井高性能中子管研制、230℃ /170 兆帕超高温高压小直径测井系列现场试验、随钻远探测电磁波电阻率成像测井仪器研制。

研制超高温高灵敏度声波换能器。175℃换能器实现产品定型，完成产品鉴定，与中科院上海硅酸盐研究所、海鹰企业集团合作，开展产业化能力建设，完成 10 套 175℃声波测井换能器产品制造。205℃换能器、低频单极换能器研制成功，形成电磁式声波换能器设计方案，制作 2 套试验样机，开展 4 口井现场试验。

单极发射换能器

多极接收换能器

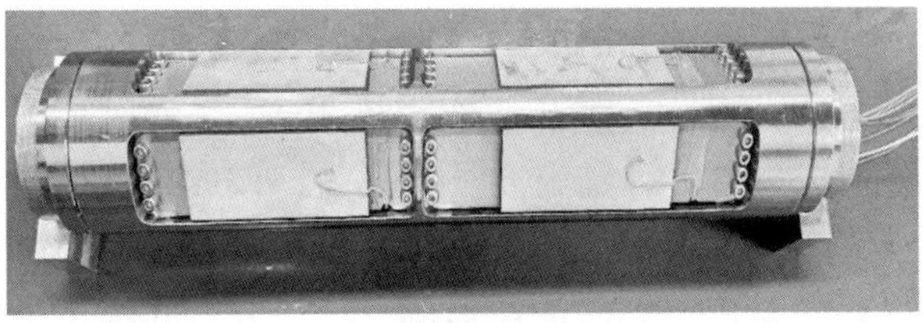

偶极发射换能器

2022 年 7 月，测井技术研究院研制超高温高灵敏度声波换能器（周璇　提供）

研制 200℃测井仪器主控芯片。突破新封装工艺，测井仪器主控芯片具备高 / 中 / 低速全频域采集能力。制造完成基于 MCM 技术、耐 200℃的低速和高速采集芯片各 5 片。建立净化实验室，具备芯片拆封、镜检、手动绑定焊能力，设计加工完成芯片高温工装、测试软件，建立芯片功能、温度实验测试系统。通过 200℃高温长时间高可靠工作测试。

研制 175℃ /200 小时测井高性能中子管。完成 175℃ 500 小时 25 毫米中子管研制，寿命时长达到 818 小时，各项性能指标达到国际先进水平；完成 175℃ 200 小时 40 毫米中子管试制，耐温达到 175℃，中子产额达到每秒 3 亿中子数；完成中子管高温性能检测平台建设，设计指标国内领先。

2022 年 9 月，测井技术研究院研制高性能中子管（周璇　提供）

230℃ /170 兆帕超高温高压小直径测井系列现场试验。超高温高压小直径测井系列遥传伽马、井径连斜、中子和声波仪器在塔里木轮深 2 井成功完成 9500 米长电缆现场试验，实现测井采集数据长时间可靠传输。12 月，超高温高压小井眼仪器在塔里木、天津和华北区块完成 10 口井现场试验，创小直径测井系列仪器最高温度 213℃、最高压力 147 兆帕，最大井深 8110 米新纪录。

研制随钻远探测电磁波电阻率成像测井仪器。宽频大功率放大电路的宽频、大电流激励和高温稳定性取得突破。完成第一支远探测样机天线系统注胶前的整机调试和金属板界面测试。研制成功具备 30 米探边能力的随钻远探测样机，通过 140 兆帕压力测试、盐水、淡水的电阻率标定和测试，远探测配套软件及测试装置研制成功。

（万　磊）

【新一代桥射联作技术获集团公司 2022 年十大科技进展】 2022 年，中油测井新一代桥射联作技术，获集团公司 2022 年十大科技进展。5 月 20 日，“先锋”桥射联作技术在中国石油和化学工业联合会科技成果鉴定会上鉴定为达到国际水平。该技术是以“模块化多功能射孔管串、自动化插拔式射孔井口、全井筒高效输送工艺、等孔径多簇射孔”为主要特征的新一代桥射联作技术，自动化程度高、井下泵送复杂大幅减少，射孔后改造更加均衡，在国内各大油气田规模应用，显著提升压裂改造效果。

（唐爱武）

【“先锋”射孔弹创穿孔深度世界纪录】 2022 年 11 月 26 日，中油测井“先锋”127 型超深穿透射孔弹穿深数据经美国石油学会（API）见证员现场确认，平均穿孔深度 2258 毫米，孔径 11.4 毫米，创造穿孔深度世界新纪录，并在美国石油学会网站公布。“先锋”射孔弹技术以数值仿真指导、射孔弹爆炸侵彻闪光 X 光成像诊断、室内打靶测试验证三者有机结合，突破特殊药型罩结构、超高比重金属粉末材料、高精度模具加工、射孔弹压装装配工艺等关键核心技术难题，有效金属射流提升 20%，射流断裂时间延长至 300 微秒，射流穿孔动能提升 30%。

（唐爱武）

系统研发

【概述】 2022 年，中油测井以建设数字中国石油测井为目标，推进数字化转型，整合研发资源，开展 iWAS 智能化地面系统研究、公共技术平台开发，持续研发统一测井数据采集软件、测井处理解释软件，打造电缆测井、存储测井、随钻测井和射孔高效研发平台。CNPC-IDS 智能导向系统 V1.0”，在集团公司科技管理部成果鉴定会认定为“成果达到国际先进水平”。

（万　磊）

【iWAS 智能化地面系统】 2022 年，中油测井 iWAS 地面系统完成生产测井及射孔取心现场试验共 63 井次，裸眼井现场作业 73 井次，实现产品定型，通过中油测井投产验收；iWAS 地面系统通过小批量试制，定型生产 10 套，并投产应用；完成全功能版本采集软件平台开发。完成国内国际一体化 iWAS 地面系统优化升级方案，完成 2 套样机研制，一体化 iWAS 地面系统通过 CNAS 认证的环境测试和第三方功能测试，在标准井、生产井开展现场试验，通过中油测井投产验收。完成模块化遥传测试平台搭建，完成兆级遥传和井下仪器网络总线技术验证，开展标准井试验。完成统一采集软件测试版。

【公共技术平台开发】 2022 年，中油测井系统梳理公共技术平台清单及界面，对重点技术平台优先制定具体开发方案。完成异地协同设计平台、机械和电子标准化设计平台建设、标准化电路器件和通用机械部件入库并实现试运行。异地协同设计平台搭建并于 12 月 1 日正式上线运行，完成 66 项标准化电路器件和 3 大类通用机械部件入库。编制完成小型化低功耗电路平台研发和工艺规范，通过平台及其工艺标准实现 3 套低功耗通用电路的试制，用在随钻伽马成像和常规连斜仪器上，通过替代验证和标准井试验。移植 FATFS 文件系统和 USB 大容量存储驱动模块，实现仪器 U 盘式免驱动的数据即插即用。突破更小空间电磁兼容设计、高热导率材料优选、管壳 & 基板一体化烧结工艺等关键技术，完成高低速采集芯片开发配套厚膜电路测试装置；基于优化后的 200℃高集成测井芯片系列，开发阵列感应主控采集模块，进行测井芯片（ V2.0 ）性能测试。

（黄光宇）

【测井应用软件】 2022 年，中油测井测井数值模拟系统 LogSIP2.0 上线应用，测井装备数字孪生应用系统形成数字化仪器设计、数字化刻度和数字化质控应用场景原型设计，建立感应仪器数字仪器设计算法 42 种及 1 套数字化地层模型标准。新一代智能采集软件 LogInsight，集合现有采集软件产品优势，研发设计全新的数据采集与处理架构，支持多种作业类型及远程测井模式，形成测试版。完成风险（重点）探井测井专家支持系统 LogESS 主体功能研发，实现多源数据接入、一体化数据管理及专业软件集成，构建专家协同工作环境。完成国内 506 口、海外 12 口重点井数据的管理，在福海 1X 井、千探 1 井等 5 口井会诊中发挥数据支撑作用。水平井测井导向决策系统 GESteer，形成包含实时数据传输监控、地质导向、钻后处理等功能的水平井测井导向决策系统 1.0 测试版本。构建完整随钻侧向电阻率处理流程，形成仪器快速配套处理能力，测试 6 井次，促进仪器测速由 7 米 / 时提升至 20 米 / 时，达到 4 小时内提交成果图的要求。油田测井集成应用系统 LogIAS，以数据流贯通业务流，实现测录井施工、质量监督、处理解释、油田研究等多部门协同工作，在青海分公司、新疆分公司、天津分公司等 7 家分公司试应用。云计算应用系统 LogCloud，完成云监督场景设计，初步实现云通讯、云存储、云可视化、云应用 4 种服务中间件并应用。

（范宇翔）

基础研究

【概述】 2022 年，中油测井持续推行“平台 + 项目”管理机制，博士后科研工作站获批建设。前沿储备技术研究进展顺利。举办测井科技高端论坛，召开人工智能发展规划讨论会、中油测井科技大会。构建中国石油测井 CNLC 品牌框架体系，开展测井技术标准研究，持续完善测井重点实验室建设和测井技术试验基地建设。首次统筹测井评价需求，开展测井油藏与地质研究，全面支撑集团公司年度重大发现井测井解释评价。

（陈玉林）

【岩石物理实验】 2022 年，中油测井创新页岩油气储层实验测量理念，完善页岩油气非常规岩石物理实验技术，在页岩油储集性与可动性实验表征取得突破；完成数字钻样机研制和基础对比实验，研发数字钻设备并配套力学参数处理方法，形成便携式数字钻样机 1 台。完善页岩孔隙度实验方法，确定泥页岩气测孔隙度平衡压力与平衡时间，以“氦气 + 核磁共振”建立不洗油盐、无损的 SRA（Shale Reservoir Analysis）岩石物理实验分析技术体系，测样成功率从不到 45% 提至 100%，实现数字岩石智能化处理与表征。

（宫　璇）

【前沿储备技术研究】 2022 年，中油测井前沿储备技术研究项目进展顺利，完成 FITS 过钻具伽马、伽马能谱、岩密仪器校正图版及数据库的开发。完成两种侧向仪器、两种直径（大仪器直径 90 毫米 / 直径 100 毫米、过钻具仪器直径 55 毫米）三类校正图版。研发偶极远探测新处理算法、自适应速度分析、优化纵波层析，核磁水谱分析和二维快速反演以及微电阻率成像纹层识别、裂缝定量分析等 9 项技术，形成初步覆盖近场和远探测的全息声波测井应用软件。调研装置 100 余套，形成中油测井内部物理模拟平台档案手册；核磁大功率激励源发射模块研制成功、脉冲电火花激励源现场试验取得阶段成果；175℃换能器实现产品定型、205℃换能器、低频单极换能器研制成功，形成电磁式声波换能器设计方案。地层测试器完成 1 口井高温高压试验，验证仪器的耐温耐压性能；在陇东标准井完成 1 口井的试验，完成 5 个点位的几十次功能测试，达到预期试验目标；完成方波供电和对称供电消磁方案设计及地面验证；在内蒙古二连区块完成 2 口井测试，共取心 33 颗合格率 100%。

（陈玉林）

【测井技术标准研究】 2022 年，中油测井依据 CPLog 测井技术研发标准顶层设计分类分层级梳理出的标准体系清单及计划安排，系统编写测井技术标准体系，形成 CPLog 和 CIFLog 接入规范、新一代总线标准、新一代电缆传输设计标准、CPLog 和 CIFLog 设计标准、CPLog 测井装备产品标准，完成异地协同平台、机械和电子标准化设计平台建设及运行，建成测井技术标准体系。按标准完成机械三大类标准件、通用件、紧固件的入库、电路 66 种元器件以及国家、行业、集团公司和企业相关设计标准入库。编写和发布 CPLog 包括系统、电路、机械、软件类 43 项设计规范。发布的 CPLog 和 CIFLog 接入规范，实现电缆、存储、随钻等不同系列下井仪器的软硬件统一接入标准。基于接入规范，完成 14 种生产测井特色仪器的挂接，同时裸眼井、随钻、存储等系列仪器方面也在开展相关仪器挂接，初步体现打造测井生态圈优势互补、合作共赢的优势。

（黄光宇）

【测井重点实验室建设】 2022 年，中油测井推进测井重点实验室建设。成立国内唯一的射孔技术研究实验室；参与低渗透油气勘探开发国家工程中心实验室建设；作为第一家地区公司，入选集团公司云游实验室科普宣传活动；调整测井重点实验室成员，成立管理办公室、聘任学术带头人；组织申报 1 项集团公司实验室完善建设项目；评估完成集团公司重点实验室与试验基地第三轮运行，在全集团公司 34 个实验室排第 4 名，评估成绩优异。

【测井技术试验基地建设】 2022 年，中油测井推进测井技术试验基地建设。逐步完善各类标准井、刻度井、试验井管理，为测井仪器推广试验、标定提供有利的基础条件平台保障。设计完成荔参 1 井可行性报告和声波各向异性、三相流、无感加温工房、半空间刻度、随钻水平井试验平台方案。评估完成集团公司重点实验室与试验基地第三轮运行，在集团公司 20 个试验基地排第 8 名。

（陈玉林）

【油井油藏与地质研究】 2022 年，中油测井首次统筹测井评价需求，设立“测井油藏与地质研究”科技攻关项目。围绕岩石物理实验、重点井解释保障、井震结合油藏研究、老油田复查挖潜、评价方法集成 5 个方向开展攻关。实验领域取得“国内率先建成车载实验、合作研发实验室数字钻样机、完善页岩孔隙度实验方法、揭示页岩孔隙演化及甜点规律、创新页岩油含油性可动性实验技术、基本实现数字岩石智能化处理与表征”等系列进展和成果。解释领域取得“电成像纹层结构定量分析、二维核磁弛豫补偿处理、油基钻井液条件下核磁盲源分离流体识别”等系列成果。油藏领域补齐“井震结合精细地质建模、差异化三维属性建模、多属性 RGB 透视模型表征、老油田评价挖潜一体化应用系统”等系列技术和工具短板。年度科研攻关，打造近原位岩石物理实验利器，支撑页岩油勘探开发、股份示范靶区规模挖潜、集团公司年度 19 口重大发现井解释。

（宫　璇）

装备制造

制造基础

【概述】 2022年，中油测井坚持以创新驱动、高端引领、信息化基础支撑、技术发展为主线发展装备制造业务，持续强化精益管理和服务型制造，持续加快装备制造信息化和自动化生产线建设，持续发展制造核心技术自主化和先进制造技术特色化，持续优化质量控制和产品管理，为高质量、可持续发展提供产品保障。在制造公司设西安制造厂、华北制造厂、天津制造厂和重庆仪器厂。西安制造厂有数控加工中心、车铣复合加工中心、五轴数控加工中心、数控车床、数控深孔钻镗床等机械加工设备，自动化焊接生产线、自动上板机、自动丝印机、三维焊膏检测设备、贴片机、选择性波峰焊机等焊接设备，自动化测井芯片组装生产线、点胶粘片机、自动键合机、平行缝焊机等芯片封装设备，有检验检测设备和生产调试设备，共71台。华北制造厂拥有生产调试设备、机械加工设备、生产辅助设备13台。天津制造厂有射孔枪长枪自动化生产线、短枪自动化生产线、射孔枪管加工、焊架加工、射孔枪接头加工等设备24台。重庆仪器厂拥有加工钻井仪表配件以及点火开关等各种类型产品的机械加工设备和焊接设备24台。在西南分公司设四川石油射孔器材有限责任公司，有射孔枪管加工、弹架加工、射孔枪接头加工、射孔弹药型罩压制和射孔单压装等设备51台。

【生产线建设及运行】 2022年，5月23日，中油测井装备智能化加工生产线在西安建成，装备自动化生产迈向新阶段。紧密结合装备制造特点，优化产业布局，精心组织建成测井装备智能化加工线、自动化焊接线、射孔枪自动化加工线、射孔弹自动化加工线等4条自动化生产线并均已投产。其中测井装备自动化加工线实现仪器零件全流程自动化制造，生产效率提高2.5倍，智能化生产线工作量占比达36%；自动化焊接线能代替10—12人手工焊接；天津射孔枪自动化加工线已具备12大系列、167种型号的射孔枪自动化加工能力，生产效率提高2倍；射孔弹自动化线已实现全自动压罩、压装、射孔弹标识、射孔弹药型罩检测、炸药称装等一体化作业，生产效率提高30%。

【装备制造信息化应用】 2022年，中油测井制造信息化实现数字化赋能。全面推进数字化转型、智能化发展，依托集团公司信息化统建项目，深化及推广测井装备全生命周期管理子系统应用，在EISC系统下建立以PDM为核心的产品数据管理系统，以MES为核心的制造执行系统，各系统互联互通，实现科研管理智能化、制造管理智能化，促进装备制造管理水平提升。石油测井装备全生命周期管理平台被评为“西安市2022年工业互联网试点示范项目”。

【3D打印技术】 2022年，中油测井持续深化3D打印技术应用。通过训练，机器人熟悉掌握模型设计、工艺仿真、性能测试全流程打印能力，取得断面原位修复和一体化打印2项创新成果，成功应用在破损的钻铤、井壁取心仪部件修复和9件FITS-57补中源舱一体化成型制造，居国内石油行业领先水平。

【测井芯片车间】 2022年，中油测井测井芯片取得新突破。封测工艺技术用于1501伽马采集厚膜

2022年5月23日，中油测井装备智能化加工生产线在西安产业化基地竣工（张轶英　提供）

电路自主封装，性能指标与外购电路一致，为下一步厚膜电路再制造积累经验。自动化测井芯片组装生产线配备设备14台，包括芯片清洗、目检、点胶粘片、固化、键合、封装等设备，能够生产高速采集测井芯片和伽马信号采集电路。

【测井装备智能化加工生产线竣工】 2022年5月23日，中油测井“测井装备智能化加工生产线”竣工仪式以现场与直播互动方式，在西安产业化基地举行。与广州明珞装备股份有限公司合作建设，测井装备智能化加工生产线能实现仪器零件排产、储运、加工、检测的全流程自动化制造，能够采用1套软件系统“一体”调度，“两条产线”少人值守自动化加工，展现全过程数字化、全工序自动化、主排产智能化特点，生产效率提高2.5倍，具备39种仪器、289种零件自动化加工能力。

（王　鲁）

制造产品

【概述】 2022年，中油测井装备制造产品主要以CPLog测井装备为主，涵盖随钻测井装备、生产测井装备、桥塞与射孔装备及仪表等5大类20小类300余种产品。制造测井仪器650台（套/支）、射孔弹158.73万发、射孔枪49.68万米，完成返厂大修仪器865支，实现制造产值15.3亿元，同比增长16.7%；外销收入2.47亿元，同比增长2.46%，累计推广各类仪器22000多支。其中CPLog测井成套装备销往俄罗斯、伊朗、加拿大等国家；“先锋”系列射孔弹等几种产品达到国际领先水平，射孔器材销往美国、土库曼斯坦、泰国等37个国家。

【测井装备】 2022年，中油测井CPLog测井装备类主要产品为智能测井采集系统、快测系列、小井眼测井系列、高温高压测井系列、过钻杆测井系列、智能测导系统、成像测井系列、射孔取心系列、套管井地层评价系列、井筒完整性评价系列、生产测井系列、测井工艺工具及桥塞等产品。制造测井装备电缆测井类地面系统16套，CPLog仪器391支。CPLog成套装备已累计制造推广应用425套，下井仪器22302多支。制造过钻具测井类ThruBit过钻头存储式测井仪12支，FITS-57过钻具存储式仪器182支。制造生产测井类地面系统9套，注采剖面测井系列、工程检测测井系列、固井质量评价设备和工艺工具等井下仪器40支。

【射孔器材】 2022年，中油测井射孔器材类主要产品为射孔弹、射孔枪及配套产品。主要市场为中油测井内部自供，外销以中石化经纬公司、国内部分民营企业、海外市场为主。CPPerf先锋射孔技术集成6大系列37类射孔技术、14大系列130余种射孔产品，正式确立为中油测井技术品牌。其中127型射孔弹以2258毫米的成绩刷新世界穿深，射孔器材最高承压指标达到245兆帕的世界最高水平，制造射孔弹158.7327万发，射孔枪496.8千米。

2022年4月1日，中油测井FITS-57过钻具测井仪器试验成功（李伟　摄）

【产品销售】 2022年，中油测井强化营销管理，促进外销收入增长。坚持“世界眼光”，积极主动开拓市场、建章立制、精准施策，全年实现外销收入2.47亿元。其中面对国内外疫情封锁的“新常态”，射孔器材公司克服重重阻力，出口美国、厄瓜多尔、马来西亚、泰国、印度尼西亚、科威特、沙特阿拉伯、伊拉克、埃及、苏丹、尼日利亚、阿塞拜疆、俄罗斯等国家，出口射孔弹 12.90 万发，出口射孔枪 20.13 万米，出口产值 12000 万元。测井装备在国际市场销售有所突破，依托电成像、阵列声波等成像仪器为代表的 CPLog 测井装备良好口碑，在俄罗斯市场成功签订 2400 余万元订单。

（王　鲁）

制造管理

【概述】 2022 年，中油测井装备制造业务贯彻集团公司及中油测井管理工作要求，以信息技术与制造技术深度融合的数据化、网络化、智能化制造为主线，全面部署装备制造工程和数字化转型工作，着力开展信息化、自动化、智能化建设，开发 3D 打印、自动化加工等先进制造技术，探索装备制造与服务方式转变，提高制造质量和效率，推动装备制造工程转型升级。

【精益管理】 2022 年，中油测井深入推进精益管理，系统提升整体水平。从优化工艺流程、作业标准化、生产计划管理、在制品管理、“6S” 管理、目视化管理、班组管理等方面持续推进，系统提升。建成国内石油行业首条测井装备全流程智能化加工线，单班次生产人员从 8 人缩减到 3 人，良品率达 99.9%；自动化焊接线新增自动丝印、自动刷膏功能，新形成过钻具电路自动焊接和光学检测能力，提升电路板焊接质量及检验检测效率；电源模块检测、放射性探头检测、极板装配、线圈绕制等一批自动化设备投产应用。

【产品管理】 2022 年，中油测井强化产品管理，提升产品质量。严控新产品小批量试制转产业化鉴定环节，综合审查产品的制造生产工艺、工装与产品测试设备等各种技术资料的完整性，现场试验的区域和施工井口量、取得测井曲线的质量，仪器的稳定性、可靠性、可制造性，对于特殊产品增设一项可维修性。完成 11 种仪器 4300 张仪机械图纸和 870 张电路图纸的标准化，60 种仪器 AP/TP 与工艺文件的编制，48 种仪器 AP/TP 文件电子化上线，完成图纸关键尺寸原始检测数据记录和非关键尺寸复核性模板的编制与试用定稿，进一步完善工艺标准与检验标准。

【制度建设】 2022 年，中油测井强化制度建设，夯实管理基础。落实集团公司和中油技服有关制造业务管理总体要求，进一步加强中油测井制造业务管理，结合制造业务改革后生产经营实际，修订《中国石油集团测井有限公司制造管理办法》，工作管理界面更清晰，职责更加明确，促进公司研发、制造、服务、应用四位一体有效运行，实现高质量发展。

（王　鲁）

生产保障

装备管理

【概述】 2022 年，中油测井持续深化装备管理业务改革，推进强基固本再提升，不断向标准化、集中化、专业化、精益化、数字化走深走实。中油测井按照“三个三分之一”（测井装备更新、升级、淘汰各三分之一）原则，推进测井装备换装升级。国内国外装备配置持续优化，推进装备统一标准化，加大装备推广力度，持续加强装备标准化、专业化、自动化、信息化建设。

【装备配置】 2022 年，中油测井统筹优化、调整装备资源配置。以需求和效益为导向，高度关注重点区域、重点项目、重点工程装备需求，落实领导走访油田调研的装备需求，制定装备保障“工作清单”，完成率 91.5%。落实国际业务装备支持保障，协调乍得、阿尔及利亚、伊拉克等 9 个作业区装备需求。落实国内长庆页岩油、川渝页岩气、华北巴彦、塔里木富满、大庆塔东、辽河复产上产、新疆水平井等区域装备需求，科学统筹、配置装备资源保障油田服务需求。打造国内、国际装备双体循环、双向流动格局，实现国内、国际跨区域装备协调利用 421 批次 3218 支（串），装备利用率同比提升 17.43%。根据区域需求特点，统筹装备配置调整，将同类型装备区域集中，累计完成装备配置调整 748 支，实现各区域测井装备类型不超 3 种。

【装备统一标准化】 2022 年，中油测井按照“三个三分之一”原则，推进测井装备换装升级，全面推广自主 CPLog 装备应用，促进测井装备统一标准化，提升服务保障能力和海外竞争能力，扩大自主 CPLog 品牌知名度和影响力。全年完成 23 套 53 串 CPLog 装备验收投产，并制定 2023 年 iWAS 地面系统的配套计划。同步推进辅助工具、工器具标准统一，制订马笼头标准化实施方案并落实，推进器材及工器具标准化配置。加大技术淘汰、性能落后测井装备的报废处置力度，全年淘汰 SKH、SKD、2530 等系列仪器 46 套 1993 支，加速测井装备统一进程。

【装备推广】 2022 年，中油测井加快推进 CPLog 175℃ /20h 系列仪器、FTIS 存储式仪器、76 小井眼设备及高端成像仪器等自主装备的规模化应用，全年完成 1756 井次工作量。推进 8 台电驱绞车配套应用，推动网电直驱绞车技术方案研究。推进智能测导、连续油管专班 建设，通过优化装备配置扩大市场占有率。随钻测导推广工作量 541 井次，同比增长 131.2%，在集团公司市场占有率达到 19%；完成连续油管工作量 101 井次，同比增长 156%。

【装备创效】 2022 年，中油测井深挖潜力，不断提高装备服务创效能力，持续提升装备管理效益。调剂国内、国际富余设备 3 批次 166 支（台 / 套），完成长期低效及闲置设备重新配置 137 支（台 / 套）。盘活闲置放射源 18 枚，节约投资资金 755.2 万元。合规开展装备租赁计划，装备租赁总金额同比下降 10.9%。落实装备资产轻量化管理，全年报废低负效装备资产 3645 项原值 44496 万元。推行装备维保共享建设，LOGIQ 高温高压小井眼、ESCT 旋转取心工作量同比提高 26% 以上。

【装备信息化】 2022 年，中油测井突出创新驱动数字转型，建成以 MRO 为核心的装备运维子系统以及以管理为核心的 EISC 装备管理模块，并在中油测井范围内开始推广应用。与生产运行紧密结合，支撑公司灵活组队等生产经营模式发展，促进装备全生命周期专业化、精细化管理，以装备管理业务信息化服务公司装备研发、制造、服务、应用全流程。

【装备“四化”项目管理】 2022 年，中油测井落实中油技服装备“四化”（标准化、专业化、自动化、信息化）建设要求，以基础建设为主导，实施公司“四化”建设方案，完成 4 类 10 个项目，形成中油技服管理规范 2 项、中油测井 SOP 文件 3 个，远程测井系统完成 799 井次应用，实现西南、中部、西部区域维保修共享，建成 EISC 装备管理模块。持续夯实装备标准化基础，发布装备操作及配套规范 11 项（表 1）。

表 1　2022 年中油测井发布装备操作及配套规范一览表

序号	编　号	名　称
1	CJSOP GS 121—2022	测井智能化作业系统车辆综合布线操作规程
2	CJSOP GS 122—2022	测井智能化作业系统操作规程
3	CJSOP GS 123—2022	测井智能化作业系统维修保养操作规程
4	CJSOP GS 124—2022	车载数据中心安装操作规程
5	CJSOP GS 125—2022	电驱动绞车维护保养操作规程
6	CJSOP GS 126—2022	智能绞车控制软件操作规程
7	CJSOP GS 127—2022	测井智能化作业系统小队作业规程
8	CJSOPGS 129—2022	多极子声波成像随钻测井仪现场使用操作规程
9	CJSOPGS 130—2022	放射源仪器关键节点检查规范
10	CJSOPGS 131—2022	测井装备标准化命名规范
11	CJSOPGS 132—2022	测井复杂处置工具配套规范

【装备引进】 2022 年，中油测井引进测井装备 449 支（台 / 套），其中国内装备 282 支（台 / 套）、国外装备 167 支（台 / 套）。引进 Sondex、俄罗斯维吉尼斯中高端生产测井仪器满足国际公司等生产测井技术服务需求，引进三一重工测井车辆满足长庆分公司、新疆分公司、华北分公司、天津分公司和吉林分公司实际需求，引进贝克休斯等公司的存储式仪器、高端特殊仪器补充特殊项目测井实力，引进录井仪、车载岩石物理设备等满足公司业务补链、延链、强链需求。

【新一代 CPLog 成像测井装备联盟大会】 2022 年 8 月 10 日，中油测井在西安召开新一代 CPLog 成像测井装备联盟大会，全国从事测井技术研发、装备制造的 92 家国有企业、军工企业、民营企业、外资企业的 150 名代表参会交流。

2022 年 8 月 10 日，在中油测井在西安召开新一代 CPLog 成像测井装备联盟大会上，中油测井与参会企业签订联盟协议（叶志云　摄）

会议通报新一代 CPLog 成像测井装备联盟建设构想，分析测井技术装备现状，展示新产品新技术，同心构筑装备联盟框架，发布《CPLog 测井系统接入规范》。30 多家企业进行新技术交流、新装备展示，达成合作共识。中油测井与所有参会企业单位签订联盟协议，积极构建测井创新生态圈，打造测井千亿级产业链。

（廖远兴）

物资采购与供应

【概述】 2022 年，中油测井物资装备工作贯彻集团公司及中油测井物资工作要求，牢固树立“一切成本皆可降”理念，深入推进“四精”（精打细算谋经营、精耕细作优生产、精雕细刻严管理，精益求精提技术）管理要求，聚焦主责主业、突出提质增效，着力推动物资管理业务向优，全面完成物资保障工作。

【物资采购管理】 2022 年，中油测井持续优化工作流程、完善体制机制，全面完成集团公司下达的归口业务年度考核指标。物资管理方面实现两级集中采购度 99.95%、资金节约率 10.39%、库存周转 17.78 次、物资网上采购率 100%、制造商直采率 84.98%。发挥规模采购优势，全面实施集中采购。严格执行一级物资集中采购结果，实施采购 76685.33 万元。组织二级物资集中寻源 476 次，计划金额 390853.56 万元，节约资金 40624.45 万元，超额完成“采购资金节约率 5%”既定目标。规范开展电商采购，满足零星采购需求。根据“扩大非生产物资电商采购”总体要求，持续推进非生产物资电商采购。实现企业商品池统一管理，梳理原商品池 32 万项商品，综合对比价格，经审核后形成商品目录并进行动态管理。全年电商采购累计下单 5908 次，累计采购金额 18531.92 万元，采购总额居集团公司第 3 名。

【商务管理】 2022 年，中油测井完成 2021 年度已发生交易的 629 家物资供应商考核，包括一级物资供应商 67 家，二级物资供应商 562 家。严格控制新增贸易商和代理商，全年制造商直采率 80% 以上。梳理库内物资编码，清理无效编码 196718 条并上报进行冻结。编制下发物资分类及描述规范标准，规范物资编码管理。

（杨育民）

【物资仓储管理】 2022 年，中油测井持续推行“零库存”管理，加快积压物资处置，报废低效无效存货 9964.92 万元，完成库存结构优化。依托物资装备公司专业化管理，持续推进物资共享和集中储备，提升物资交付时效。印发《关于规范废旧物资管理工作的通知》，形成《废旧物资回收目录》及《交旧领新目录》，明确中油测井废旧物资处置业务划分原则；督导各二级单位修订废旧物资管理实施细则、与物资装备公司完成《废旧物资处置代办协议》签订及废旧物资交接；开展废旧物资管理专项审计联合监督检查项目。

（和　俏）

【物资管理信息化建设及应用】 2022 年，中油测井完成智能仓储 WMS 系统三期功能开发，完善库存可视化、代储代销出入库、库存物资统计分析等功能。重点开发国际业务功能，涵盖需求计划提报、国内采购、当地采购、第三国采购、国内统购发运、第三国和作业区结算等国际物资采购全流程业务。建立物资商城供应链系统，导入物资字典库、集采结果及合同台账明细，实现物资计划物料的自动匹配，合同额度自动扣减、预警，缩短审批流程，提升计划的准确性和执行效率。

【制度建设】 2022 年，中油测井持续推进公司物资管理制度建设。按集团公司物资供应管理“1+N”制度体系建设要求，修订《物资供应管理规定》《物资采购管理办法》《物资供应商管理办法》制度 3 项；制定《物资供应质量管理办法》《境外物资采购管理办法》和《物资品类管理办法》制度 3 项，物资供应管理“1+N”体系建设不断完善。

（杨育民）

信息化建设

数字化平台建设与应用

【概述】 2022年，中油测井落实集团公司、中油技服数字和信息化工作部署，以建设“数智中国石油测井”❶为目标，遵循“价值导向、战略引领、创新驱动、平台支撑”总体原则，坚持“六统一”（统一规划、统一标准、统一设计、统一投资、统一建设、统一管理）管理要求，加快实施数字化转型战略，全面推进信息建设“5327”❷工程，加速业务与信息技术深度融合，建设以EISC为核心的生产经营管理系统，以大数据平台为核心的数据资源管理系统，以协同办公系统为核心的综合办公系统，助力公司生产经营提质提速提效。

（刘　蕾）

【生产经营管理系统】 2022年，中油测井持续开展测井EISC建设及深化应用。推进系统功能拓展，实现与中油技服EISC的互联互通，建立“以井为中心”的全流程QHSE信息化考核，推进放射源管理模块一体化功能集成，成功接入隆昌源库放射源管理系统视频监控和看板，统筹推进数字化源库、智能化源罐、数据化作业建设，逐渐建立管理标准化、现场标准化、操作标准化体系。系统集成17个子系统，完成9万余井次作业信息

经营管理	生产管理	综合管理	基础设施	信息安全
工程技术ERP应用集成	测井生产智能支持系统	企业信息门户	北斗建设应用	终端安全管理系统
人力资源管理系统	健康安全环保系统	电子邮件系统	工业互联网建设	身份管理与认证
FMIS系统	测井岩石物理实验平台	档案管理系统	测井广域网建设	敏感数据审计系统
司库系统	统一研发平台	科技信息管理系统	测井数据湖建设	网络安全全域建设
财务共享服务平台	数字化制造平台	中油即时通讯	测井云平台建设	网络安全体系建设
资产EAM系统	智能采集平台	合规平台	无纸化会议及云视讯	DMZ区域建设
综合统计管理信息系统	大数据平台	党建平台	视频会议系统	
电子采购2.0	智能解释平台	审计管理信息系统	IT运维管理建设	
投资项目一体化系统	EISS配套项目建设	三重一大管理系统		
MDM系统	装备制造信息化2.0	OA办公自动化		
BPM系统	员工健康管理系统	测井协同工作平台		
合同管理系统	智能井下实验室	测井移动APP应用		
客户管理系统	行车安全监控管理系统	测井网		
管理运营平台	测井数据库系统	西南培训系统		
协同办公系统	远程测井系统建设			
	测井安全生产监控系统			
	车载数据中心			

集团统建
公司已建/在建
数字化重点项目

2022年，中油测井信息化项目配套情况

❶ 按照“科学规划、夯实基础，以用促建、稳步提升，强化保障、持续发展”的工作思路，统筹做好信息化规划计划，有序开展智能化场景建设，认真抓实数字化运行保障，扎实推进测井网质量提升，集中实施数据综合治理，逐步完善信息化管理体系，推进数字化全面深度应用、智能化典型示范建设

❷ 构建“五类场景”：从研发、制造、服务、应用、管理运营五个方向推进数字化应用场景建设；聚焦“三条主线”：围绕以EISC为核心的生产经营管理、以测井大数据平台为核心的数据管理、以协同办公为核心的综合办公管理三条主线，加快数字化、网络化、智能化建设；筑牢“两个基础”：建设测井数据湖、测井云平台，为数字化提供高效数据和一体化服务支撑；打造“七个平台”：建设测井岩石物理平台、统一研发平台、数字化制造平台、智能采集平台、测井大数据平台、智能解释平台、智能决策平台等七个数字平台。

自动流转，当年累计登录近 130 万人次。持续推进测井装备全生命周期管理系统建设。根据业务整合情况进一步进行系统优化，增加科研、制造、物料采购及仓储配送、设备管理及设备租赁等流程功能。实现各子系统与 ERP、DNC、车载数据中心、AP/TP 系统的应用集成，通过产品研发数据流、生产制造数据流、仓储管理数据流、装备维保及管理数据流实现数据互联互通，实现产品设计、工艺、制造、仓储、销售、运维服务一体化全生命周期管理。中油测井智能化制造能力持续提升。初步建成测井智能工厂，形成数字化仿真、信息化管理、自动化加工、自动化检测的制造能力，支撑年产 100 套测井装备产业化制造，并投产建成测井装备自动化加工线、自动化焊接线、射孔枪自动化加工线、射孔弹自动化加工线等 4 条产线。持续推进远程测井示范应用，加速推动特殊项目远程测井，初步建成“井场测井装备、实时数据中心、远程作业平台”三大远程测井系统环境支撑模块，重点打造“远程技术支持、远程控制与采集、远程资料提交”等应用场景，开展远程测井队伍升级，在 16 家分公司具备远程测井队伍达 68 支，完成作业 1202 井次。完成集团公司 ERP2.0 应用集成项目验收，配合做好集团公司大集中 ERP 规划调研工作，开展 ERP 系统与条码集成等配置测试工作，按中油测井改革方案完成培训中心和生产服务中心机构系统整合工作，创建订单 23 万余条。

2022 年，中油测井的测井生产智能支持系统（EISC）综合看板

（代明忠）

【数据资源管理系统】 2022 年，中油测井持续推进测井大数据平台建设，发布《CIFLog 测井大数据平台接入规范》。建立基于微服务架构的数据中台和业务中台，全面统一新软件的技术体系，在研的采集、解释软件及 web 应用系统共 9 个（套）软件实现架构统一。完善集团公司统一测井数据库测井数据入库管理规范，开展规模性历史测井数据治理入库工作，在大数据存储、高效访问、高安全性等方面实现创新，国内外测井数据总量 50 万口井，历史测井数据入库率 94%。打通系统与测井 EISC、勘探开发梦想云、油田 A1、A2 等第三方系统的数据通道，多专业数据共享取得阶段进展，实现青海油田、吐哈油田钻井、试油、生产等数据接入并治理 2.3 万口井。创建“风险（重点）井专家支持系统、油田测录井集成应用系统”等综合应用场景，创新“数据平台 + 专业软件”的集成应用技术，形成跨区域、跨部门、跨时间的单井—多井一体化工作协同环境。按照集团公司数据治理专项行动工作要求，推进数据专项治理工作，梳理测井业务数据资源目录，确认业务流程框架 33 个，业务对象识别 45 个。

（刘　蕾）

【多级协同办公系统】 2022 年，中油测井围绕以 EISC 为核心的生产经营管理、以测井大数据平台为核心的数据管理、以协同办公为核心的综合办公管理“三条主线”，开展多级协同办公系统配套建设。强化业务顶层设计，落实“企业管理体系化、业务管理制度化、流程管理标准化、基层管理特色化”要求，统筹开展平台建设、推广。建成会议管理、工作督办、用印审批、招标计划管理、海外投标管理、标准化管理、请销假管理、IT 资源申请等 56 项功能 446 个流程，所属单位配套建设考核绩效管理等 267 个流程，与中油测井统一配套业务形成互补。强化系统集成、一体化应用，与中油即时通信、移动平台等系统深度融合，增强应用便捷性，日均发起各类流程 330 条，流程运行平均时长 37 小时，活跃用户覆盖两级机关全体人员、技术专家及基层项目部主要人员，日访问量逾 2700 人次。开展智慧测井蓝图系统建设。依托集团公司统一身份认证及勘探开发梦想云基础架构等信息化成果，建成中油测井数字化转型、智能化发展的工作推进、成果发布、业务处理的统一工作平台，实现测井大数据、EISC、装备全生命周期管理、协同办公等31个系统（含子系统）的统一身份认证、安全单点登录、业务集中处理、数据综合查询，跨系统集成165个管理驾驶舱、报表等页面，加速异构系统融合、页面集成及数据共享，实现全业务信息高效掌控。

（白　辰）

信息基础设施建设

【概述】 2022年，中油测井不断加强基础设施建设，夯实数字化转型基础。持续改进测井广域网3.0，扩容链路带宽500兆，新增节点6个，推进WiFi6、5G、北斗导航系统建设，形成“两地三中心”（北京市的中国移动数据中心和西安市的长庆油田数据中心、中油测井数据中心）云数据中心建设方案，完成重要视频会议室建设及会议保障工作。

（刘　蕾）

【基础网络建设】 2022年，中油测井持续推进测井广域网3.0建设，组织并分析网络传输测试，针对发现的问题完成西南、新疆、青海分公司，物资装备公司，培训中心等12处网络节点的建设及改进工作，各节点长途链路带宽达4.9千兆比特每秒，协调跨单位共享接入节省网络费用。完成公司产业化基地WiFi6建设，部署网络接入点166个，为会议室、洽谈室和办公区域提供灵活便捷的网络接入方式。完成VPDN无线网5G双域建设，形成4G、5G和内、外网的双网双域访问。实现视频会议有线、WiFi互为主备，5G为应急的网络环境。推进国际公司海外作业区网络接入和远程支持监督中心的建设工作。

（钮　顺）

【数据中心建设】 2022年，中油测井根据信息化建设现状及“十四五”信息化规划需求，参考借鉴政府机关、金融行业等的数据中心建设运行体系，实地考察电信运营商及长庆油田数据中心，形成一套以同城双中心加异地灾备中心的“两地三中心”的实施方案，方案可兼具高可用性和灾备备份的能力，建成后将提升本地运行中心环境，提升无灾情况运行稳定性。2022年形成具体技术方案，并推动实施。

【云平台建设】 2022年，中油测井推进云平台建设。开展集团公司边缘计算节点配套建设需求分析、可行性研究，编制测井云平台升级建设可行性研究报告，完成云平台资源池应急扩容工作，扩容90太字节存储、100太字节备份，对现有资源进行整合，临时扩充33%计算资源，通过多种方式有序应对大数据平台资源不足问题，实施DMZ云平台加固改造。全年高可靠承载104台虚拟服务器，实现主要信息系统云化部署、集约管控。

（梁锐知）

【视频会议系统】 2022年，中油测井按照视频会议系统“一主两备”（主用系统宝利通，备用系统小鱼易连、腾讯会议）的要求，持续优化、升级本部视频会议系统。完成科研楼报告厅、会议室视频会议系统建设。按照集团公司涉密会议室配套建设要求，编制中油测井涉密会议室建设方案并启动实施。高质量完成“三基”工作现场推进会、新一代CPLog成像测井装备联盟大会、测井科技高端论坛、集团公司董事长戴厚良线上视察隆昌源库和广汉旋转导向维保中心、中油测井二十周年系列活动等重要会议保障任务。全年完成各级各类视频会议支持保障1130场次，全力保障疫情期间公司各类会议的顺利召开。实现视频会议系统内网千兆，外网百兆，18个基层单位89个分会场同时召开会议。

（陈义祥）

信息化管理

【概述】2022年，中油测井健全信息化管理体制机制，修订《中国石油集团测井有限公司信息化管理办法》等6项制度，参加集团公司网络安全及信息系统应急演练，完善信息系统应急保障体系，加强信息化合规管理提升服务水平，完成信息系统运维工作。获集团公司第二届网络安全攻防大赛优胜单位奖，两支参赛队伍分获二等奖、三等奖。“基于5G双域专网的油气开采智慧测井”项目获全国第五届“绽放杯”5G应用大赛智慧能源专题赛决赛一等奖。测井装备全生命周期管理系统被西安市工业和信息化局评为“西安市2022年工业互联网试点示范项目”。

第五届“绽放杯“5G应用征集大赛智慧能源专题赛

荣誉证书

获奖项目：基于5G双域专网的油气开采智慧测井项目

获奖等级：一等奖

牵头单位：中国移动通信集团陕西有限公司

联合单位：中国石油集团测井有限公司、中移（上海）信息通信科技有限公司、中国移动通信集团有限公司、中国移动通信集团设计院有限公司、华为技术有限公司

主要完成人：李雄伟、钮顺、代明忠、余卫东、樊琦、马朝霞、张婷、滑维鑫、蒋宇佳、种曼、王伟、马良、黄迪、何骄阳、杨小孟

“绽放杯”5G应用征集大赛组委会

二零二二年九月

证书号:2022-24-1

2022年9月，中油测井“基于5G双域专网的油气开采智慧测井项目”获第五届“绽放杯”5G应用征集大赛智慧能源专题赛一等奖

【信息化规划与体系建设】2022年，中油测井持续推进数字化转型、智能化发展。发布《中国石油集团测井有限公司数字化转型总体实施方案》，编制信息化建设中长期高质量协同发展规划，制定信息化年度18项重点工作计划。成立中油测井信息“孤岛”和数据治理工作组，积极参加集团公司数据治理专项行动工作，定期召开EISC等项目建设例会，推进中油测井数字化转型场景落地落实。修订《中国石油集团测井有限公司信息化管理办法》，加强信息化管理，加快数字化、网络化、智能化发展；制定《中国石油集团测井有限公司网络与信息安全事件应急预案（试行）》，建立健全公司网络及信息系统安全突发事件应急组织体系和工作机制，提高突发事件综合应对能力；修订《中国石油集团测井有限公司计算机网络运行管理办法》，加强网络设备和信道的质量管理，保障网络安全可靠运行；制定《中国石油集团测井有限公司数据中心管理实施办法（试行）》，提升数据中心服务能力，做到有章可循、有规可依；修订《中国石油集团测井有限公司视频会议管理办法》，保障公司视频会议高质量运行；制订《中国石油集团测井有限公司信息化工作考核实施细则》，完善公司信息化工作考核体系及激励约束机制，推动信息化工作高质量发展。

2022年10月，中油测井在西安召开EISS系统推进会

（刘　蕾）

【信息安全管理】2022年，中油测井加强网络安全工作动态管控，建立网络安全态势感知体系，提升网络安全事件快速应对能力。加强信息系统定级备案和等保测评工作，落实网络安全等级保护制度，完成测井大数据平台、装备全生命周期管理、协同办公系统的预定级工作。做好重要时段、关键场所、重点环节的网络安全隐患排查、风险评估、措施落实、问题整改等工作，完成关基演练、党的二十大等重要时期的网络防护工作，网络安全宣传周、网络应急演练、网络安全通报

处置等工作，确保无重特大网络信息安全事件发生。

（钮　顺）

【信息化运维与应急保障】 2022年，中油测井加强信息化管理与服务工作。开展年度网络安全和数据中心检查工作，审核所属各单位信息化项目技术方案。推进软件合规管理工作，完成1500套神州网信政府版操作系统替换工作。开通及延期VPN系统访问权限546人次，保障新冠肺炎疫情期间员工居家办公顺利。完成办公自动化系统、门户网站、CNPC邮件系统、集团公司AD域、VPN系统运维管理。解决各类信息化运维事件近1.3万个，持续提升各项信息系统运维管理水平。

2022年，按照CNLC品牌建设要求，建成英文网站PC端及手机端，实施域名过户、集团审批、工信部备案，英文网站域名变更为www.cnlc.cn，中文外网网站域名变更为cnlc.cnpc.com.cn。公司内网主门户以及本部处室、所属单位、铁人先锋、各类专题等网站全面升级至集团内网门户2.0平台，内网门户域名变更为cnlc.eip.cnpc。新建11个专题网站，改版中油测井主门户及5个处室门户，全面完成门户网站敏感信息清理工作。对OA系统PC端、移动端及测井移动应用平台实施统一身份认证、报表定制等19项升级改造。解决软件兼容性、移动端AD域认证停用等历史留存问题，提升系统易用性、安全性，提高公文流转效率。更新用户使用手册，规范系统管理员日常运维工作。根据内控体系工作要求，梳理ERP系统用户权限行项目31906条，删除离岗及长期未使用帐号84个，梳理出假互斥帐号134个，保证系统合规运行；完成网络设备、DNS、DHCP服务器等设备配置备份。

2022年，中油测井推进信息系统应急保障工作，落实集团公司工作要求，参加工程技术ERP系统应急演练，集团公司广域网、网络安全应急演练。定期组织公司网络安全、视频会议等应急演练，有效保障信息系统平稳运行和业务的连续性。

（白　辰　代明忠　钮　顺　梁锐知）

质量健康安全环保与节能

QHSE 体系管理

【概述】 2022 年，中油测井贯彻落实集团公司、中油技服 QHSE 及国际业务社会安全工作部署，按照“企业管理体系化、业务管理制度化、流程管理标准化、基层管理特色化”工作要求，对标国际标准，推进国内、海外 QHSE 一体化管理体系建设，强化落实归口要素业务管理职能，建立健全全员安全生产责任制，质量、健康、安全、社会安全、环保、节能等工作总体平稳有序运行，QHSE 各项指标有效控制，保证 QHSE 管理体系的充分性、适宜性和有效性。

【QHSE 责任制】 2022 年，中油测井按照“三管三必须”（管行业必须管安全、管业务必须管安全、管生产经营必须管安全）和“全员安全生产责任制”要求，按照横向到边、纵向到底、不留死角的原则，构建以“有感领导、直线责任、属地执行”为主体责任落实和“专业监督和执纪监督”相结合的责任管理体系，结合目标指标、要素运行、岗位风险及任务措施，形成四维责任清单；管理人员突出要素、职责、任务和行动计划，操作人员突出要素、职责、任务及风险防控措施。做到安全管理与业务工作同落实、同检查、同考核，打通安全生产责任落实“最后一公里”。同时将“两个理念、一个信念”（“一切事故都是可以预防和避免的”“防范胜于救灾”理念，坚定“杜绝生产安全亡人事故”的必胜信念）融入全员岗位责任清单，提升安全理念意识。全年签订责任清单 11721 份，追责问责 61 人，推动全员安全生产责任落实。

【QHSE 体系审核】 2022 年，中油测井贯彻落实集团公司、中油技服审核工作部署和“一体化、差异化、精准化”审核要求，配合完成集团公司一年两次、五个阶段的体系审核，发现并整改问题 284 项。6 月，开展上半年体系审核，实行“专项检查＋问题追溯＋培训指导”方式，聚焦薄弱环节，明确审核专题，按季度开展滚动审核。12 月开展下半年体系审核，实行“全要素审核＋安全评级＋考核验收”方式，实施“全要素、全流程、全覆盖”的综合性审核评级，共发现并整改问题 1235 项。邀请挪威船级社（DNV）开展认证审核和对标提升，通过挪威船级社（DNV）第一次监督审核，发现并整改问题点及观察项 79 项，持续保持管理体系的有效性。做好审核“后半篇”文章，持续规范问题整改流程和方式，总结形成“一对标、五分析、三看、三把关”[1] 整改模式；制修订公司级管理制度 38 项，编制测井 HSE 标准化作业程序 32 项，明确管理职责，规范管理流程；对履责不到位的责任人进行考核，及时开展人员能力评估，确保岗位人员能岗相宜，实现 QHSE 管理的持续改进和螺旋上升。

【QHSE 体系管理评审】 2022 年，中油测井中油测井 QHSE（质量安全生产）委员会办公室全面总结、分析和评价 QHSE 及社会安全管理体系运行、实施、保持情况，中油测井 QHSE 委员会成员评审 2022 年度 QHSE 方针目标、体系运行、责任落实、能力意识、制度执行、基础工作、监督考核等方面运行情况和质量健康安全环保节能工作短板和薄弱环节，指出 2022 年质量健康安全环保管理基础进一步夯实，QHSE 体系运行充分、有效，风险可控性明显提升，文件适用性更强，体系运行更加有效，履职尽责更加到位，QHSE 业绩更有成效。QHSE 管理体系运行与现有管理水平相适应，但在责任落实、规程执行、过程控制方法及员工能力意识方面不能满足现代化管理和高质量发展要求，重大风险隐患还没有根本消

[1] 一对标：细读条文，查找标准依据；五分析：从制度规程、责任落实、资源配置、教育培训、检查考核五个方面系统分析，深挖根本原因；三查看：看责任落实情况、看措施精准情况、看台账建立情况；三把关：把好问题整改验证关、把好问题整改质量关、把好问题整改成效关。

除，应持续整改，结合实际提出15项改进建议，即深化QHSE体系运行，加大新版管理体系宣贯实施，加快完善EISC系统QHSE功能模块，实现质量安全关键控制环节监控智能化、自动化、信息化；强化QHSE责任落实；强化安全依法合规底线，修订公司安全生产管理和隐患项目治理细则；优化否决性指标；强化制度规程执行力提升；强化职工技能升级；推进全供应链过程预防管理；持续加强健康管理；加大科技兴安力度；加强海外社会安全管理；加强监督检查，严格工艺纪律执行检查；抓好装备换装，提高装备可靠性；持续抓好疫情防控；加强新业务、新领域安全管理；推进安全文化建设。并将15项改进建议纳入各业务管理2023年重点工作内容。

【国内外QHSE体系融合】 2022年，中油测井发布《中国石油集团测井有限公司QHSE管理手册》（CNLC/QHSE—2022（F1.0）及国际业务社会安全管理程序，实施国内、海外一体化QHSE管理体系手册中英文版。按照“共性兼容、个性互补、全面覆盖、整合优化”的原则，开展国内外QHSE体系和社会安全一体化管理体系融合，建立“两册三标一规范”（“两册”指QHSE管理手册；工程技术服务、研发制造、解释评价、物资装备以及海外项目5个专业基层单位运行指导手册；“三标”即标准化作业、标准化管理、标准化现场；“一规范”指规范岗位作业指导书、作业计划、现场检查表/隐患排查表、QHSE责任制清单、应急处置卡），实现国内、海外QHSE管理体系“一本管理手册、一套体系文件、一体化管理”目标，从理念上、责任上、要素上、形式上、内容上进行全面融合，解决了国内、海外多套体系并行导致运行不统一，实现国内外体系统一认证。结合公司基层管理薄弱环节和实际专业特点，编制《基层单位QHSE体系要素与业务融合指导手册》，指导各基层单位分类建立运行手册，推进基层管理特色化。修订45项QHSE管理制度、55个管理流程，转化企业管理标准3项，制度体系进一步优化。

（张馨月）

质量与计量

【概述】 2022年，中油测井坚持以油气水井质量三年集中整治行动为重点，强化研发、制造、服务和应用过程质量控制，开展制造单位制造API质量认证工作，严格生产过程质量监督检查，鼓励开展群众性质量活动，杜绝了质量事故，质量计量工作整体平稳有序。

【质量综合管理】 2022年，中油测井制修订质量管理规定等制度7项，完善制度体系，编制“三高井”、储气库井固井质量升级检测方案，满足油田升级检测需求；通过管理项目、QC活动、“五小”成果等方式，攻关解决仪器故障率高、解释符合性低、工具方法效果差的问题，提升产品和服务质量；针对华北分公司XSY2井、SY2井陀螺测井解释错用原始数据质量事件和监督检查问题，组织开展测井质量大讨论、大调查和大检查活动，查补质量管理漏洞，提升公司测井质量服务水平。

（赵喜亮）

【井筒质量】 2022年，中油测井持续推进油气水井质量三年集中整治行动，部署实施52项具体行动措施，完成阶段性整治目标。上报集团公司井筒固井质量数据12967井次，统计上报及时率100%，配合调取测井解释成果图131井次，核实固井检测井身质量及井径扩大率数据120余井次。

【计量管理】 2022年，中油测井规范21类测井仪器、9种刻度装置校准管理要求。在集团公司组织下，向国家市场监管总局提交筹建全国石油专用计量测试技术委员会石油测井分技术委员会申请，推荐李安宗为产业计量专家库专家。编制完成随钻地质导向仪器区域刻度中心建设方案，计划建设长庆、西南、东部、西部等4个区域刻度中心。

【群众性质量活动】 2022年，中油测井组织QC小组注册并开展活动354个，质量信得过班组创建87个，《提高FITS泵出测井密度曲线优等品率》等4项QC成果获甘肃省一等奖，《降低井壁取心作业点火故障率》等3项QC成果获山西省二等奖，《提高核磁共振测井孔渗参数计算准确率》获新疆维吾尔自治区质量管理成果三等奖；华北分公司《提高多臂井径解释准确率》等3项成果分别获集团公司质量管理成果二等奖、三等奖；辽河分公司解释评价中心北部室等3个班组获集团公司“质量信得过班组”称号。

【制造API质量认证】 2022年，中油测井组织开展制造API Q1质量体系认证工作，制造公司天津制造厂2022年3月进行第一次年度复审并于9月通过审核，制造公司重庆仪器厂2022年11月15日通过API认证，制造公司西安基地2022年10月完成API认证审核。通过API认证，识别到关键质量控制点，完善纠正和预防措施，提升质量风险管控水平。

（刘君华）

健康管理

【概述】 2022年，中油测井牢固树立“大健康”理念，将职业卫生健康管理与员工健康管理同部署、同落实、同考核。没有新增职业病病例，职业病危害因素检测率、职业健康检查率均为100%，员工非生产亡人数量同比下降5.89%，通过集团公司健康企业达标验收。

【员工健康管理】 2022年，中油测井提出“11236”[1]健康工作思路，编制“十四五”后三年健康工作方案。建成西安区域重病就医医疗通道，累计提供服务192人次。全面推进“1+X”（固定体检项目和自选体检项目）模式健康体检，健康管理平台员工建档率99.5%。建立基层领导干部健康风险包保责任制，一对一联系人员440人。41个健康小屋发挥监测作用，累计提供健康监测服务超1.4万人次。

【职业健康管理】 2022年，中油测井全面开展职业病危害因素辨识，完成职业病危害场所检测点检测166点次，职业病危害因素检测率达到100%。按照国家标准要求，对接害岗位人员开展岗前、岗中、离岗职业健康体检，完成3707人职业健康体检，职业健康体检率100%。开设健康专题网站，加强职业病防治宣传。组织员工参与国家职业健康传播作品征集活动，天津分公司制作的《职业健康防护歌》获国家职业健康传播作品征集活动三等奖，中油测井被评为集团公司职业健康优秀组织单位。

（邢　军）

【疫情防控】 2022年，中油测井将新冠肺炎疫情防控作为常态化工作，实施生产经营全过程精准防控，修订发布2次疫情防控方案，1次疫情防控指南，编制疫情防控预案2次，召开12次疫情防控会议，有效应对西安、北京、天津、重庆、新疆、吉林、大庆等多轮疫情，生产生活场所未发生聚集性疫情。疫情防控经验在集团公司内部分享2次。针对放开社会面管控的新形势新要求，以保障员工生命安全和身体健康为中心，第一时

[1] “11236”指“一个目标”即建成集团公司健康企业，单位健康管理水平及个人健康素养持续提升，员工的幸福感、获得感、安全感显著增强。“一条主线”，即创建集团公司健康企业。“两个责任”，即强化健康基础保障，履行单位健康管理主体责任；提升员工健康素养，履行自我健康第一责任人责任。“三项重点工作”，即建立健全健康管理制度，规范健康管理；完善健康管理平台，实现健康管理信息化、数字化、智能化；构建以应急药箱和急救包为主的作业队应急服务，以健康小屋和除颤仪AED为主的项目部健康监测服务，以卫生所和属地医院为主的单位普通疾病就诊服务，以中心城市优质医疗资源为主的公司重大疾病医疗服务的“四级医疗服务体系”。“六项专项行动”，即健康知识普及行动、合理膳食行动、运动健康行动、健康环境创建行动、重大疾病防治行动、职业健康保护行动。

间发布优化调整“十条措施”，提前做好抗原、药品、口罩等应急防疫物资储备，有序应对疫情冲击。

（计　玮）

【境外项目人员健康管理】 2022年，中油测井推进监测、预警、防控和救治“四位一体”的境外医疗保障体系建设，配备新冠应急药品和相应医疗设备，规范海外员工个人健康档案数据上报制度，重点关注基础性疾病群体，累计更新328人次健康监测和改进数据。按照“一人一策”实现29名海外超期半年以上员工清零。

（邢　军）

安全管理

【概述】 2022年，中油测井围绕“防风险、保安全、迎二十大”主线，落实集团公司、中油技服工作部署和要求。秉持“一切事故都是可以预防和避免的”“防范胜于救灾”理念，围绕重点风险管控和隐患治理，加强安全教育培训和监督检查，安全生产总体平稳有序运行，安全管理信息化建设水平不断提高，全年未发生突破集团公司和中油测井安全环保责任书指标事故事件，并获集团公司“质量健康安全环保节能先进企业”称号。

（姜　乔）

【安全教育培训】 2022年，中油测井主要领导、主管领导带头登台授课，专题解读安全生产法主要负责人七项职责，开展落实主体责任和“两个理念、一个信念”安全意识教育等培训，在中油技服安全感知度调查排名提升到第二位。开展“安全总监说安全”活动，18家二级单位分享安全工作心得。开展安全生产培训“走过场”专项整治工作，对各岗位培训学时进行规范，发现并解决培训的针对性以及师资、课件和效果评估等方面问题33项。构建岗位员工“55533”[1]安全能力模型和领导干部安全发展能力评估模型，培养35名HSE培训师，完成114个课件开发，开展培训项目25个，培训9510人次。聘请第三方开展三级正以上管理人员安全环保能力评估524人次。在基层推行“六个一”[2]健康安全主题会、四环节（班前识别风险、班中防范风险、交班提示风险、班后总结风险。）管理活动1.1万次，提升全员健康安全意识。

（王永刚）

【重点风险防控】 2022年，中油测井围绕放射性物品、民爆物品、交通、井控、吊装等五大风险，持续强化风险管控能力。编制放射性物品、民爆物品、交通安全、井控以及吊装作业等5个重点业务专项风险分级防控方案。放射性物品方面，更新智能源罐452个，增加北斗短报文功能，推广应用胶囊同位素作业8821井次。民爆物品方面，在西南分公司建成投产射孔弹自动化打包生产线，操作人员由6名减少至1人；开发完成民爆物品信息管理系统，可实现民爆物品储存、运输、使用、退还等全过程信息化管理，在西南分公司试运行。交通方面，以“培训+评估”方式对2316名驾驶员开展防御性驾驶考核，为2671辆车安装主动预警监控系统。现场作业（井控）

---

[1] “5”懂“5”会“5”能“3”第一“3”提醒，即懂法规标准、懂制度要求、懂工艺技术、懂设备原理、懂危险特性；会生产操作、会异常分析、会设备巡检、会风险辨识、会应急处置；能遵守工艺纪律、能遵守操作纪律、能遵守劳动纪律、能制止他人违章、能抵制违章指挥；第一次把事情做对、在巡回检查时第一时间发现问题、在应急情况下第一反应是正确的；发现同事健康异常征兆提醒，发现同事不良习惯提醒，发现不及时就诊或吃药提醒。

[2] “一学”指主题日学习10分钟健康安全应知应会知识；“一述”指每个人叙述本岗位的风险，叙述本岗位的安全职责和防范措施落实情况；“一查”指查思想、查纪律、查管理，查自己或他人的健康不良习惯、查不安全意识或行为，查安全生产纪律执行情况等；“一报”指主动排查并报告身边隐患或未遂事故事件信息；“一议”指针对本岗位工作，提出工作做法或建议，或者岗位上工艺技术小改小革建议等；“一做”指人人都做安全员，班组轮流当安全员，组织班组学习、检查、隐患排查等。

方面，开展井控专项检查，发现并整改问题1268项，建成中油测井EISC三级智能支持体系，建立由30人组成的复杂处置专家队伍，提供现场技术支持46井次。吊装作业方面，全面开展吊装资格能力确认及培训，实施吊装分类管理，规范吊装程序步骤，实施旁站监督。完成安全生产三年专项整治150项重点工作，开展危险化学品、城镇燃气、房屋建筑物、实验室等专项整治活动，排查整改隐患518项。召开4次升级管理工作部署会，研究部署升级管控工作，发布国内及境外安全生产升级管控方案，制定党的二十大等特殊重点时段15个方面192项升级管理措施清单和8项禁止作业清单。

（姜　乔）

【安全监督检查】 2022年，中油测井以安全大检查为抓手，成立以主要领导为组长的安全生产大检查领导小组，编制《中国石油集团测井有限公司贯彻落实15条措施暨安全生产大检查方案》。围绕重点时段、重点部位、重要领域升级管理和十五条措施落实，强化监督检查。领导班子带队检查32次，承包点检查28次，发现并整改问题138项，确保党的二十大等特殊敏感时段安全生产平稳受控。全年监督检查发现并整改问题2万余个，扣减安全生产记分2934分。

（张　利）

【安全隐患治理】 2022年，中油测井安全隐患治理重点围绕安全生产、城镇燃气、危险化学品、房屋建筑物等专项整治和各级审核检查发现问题，下达隐患治理资金20306万元，治理项目235项。其中：资本化项目106项，资金10487万元；费用化项目129项，资金9819万元。改善放射性仪器刻度和储存条件，提升放射源监控系统，实现剂量检测、卫星定位及全流程管控；治理民爆物品库区周边山体落石、库区防护设施老化等安全隐患，规范桥射联作民爆物品现场存放条件；改善生产生活基地安防监控、消防用电和生产办公房屋安全状况。

（侯文平）

【境外社会安全管理】 2022年，中油测井针对海外项目管理特点和主要风险，修订风险评估报告26个、安保方案29个、应急预案13个，发布风险预警18次。发布国际业务社会安全管理程序文件，完善境外项目三级作业文件83个。举办两期国际业务社会安全管理培训班，86人次参加，有效提升管理能力。编制海外业务监督方案，完成海外7个作业区、9个国家的第一轮远程监督。投入183万元，开展海外项目信息化建设。乌兹别克斯坦作业区作为试点单位，首家成功接入集团公司海外应急指挥平台，得到集团公司国际部的表扬。国际业务未发生管理原因造成的员工被绑架或致死事件，在集团公司年度社会安全五维绩效考核初评得分超过90分，继续保持集团公司社会安全管理卓越级水平。

（何柏峰）

【事故事件管理】 2022年，中油测井修订《中国石油集团测井有限公司HSE事故管理规定》和《中国石油集团测井有限公司生产安全事件管理规定》，规范事故、事件上报、调查流程。召开生产安全事故事件通报视频会，通报2018年以来事故及典型事件。收集汇总HSE信息系统中2007—2022年录入的秋冬季事故事件案例并分享给各单位。2022年通过HSE信息系统上报生产安全事件628起，全年未发生一般B级及以上工业生产安全事故。

（侯文平）

【科技兴安】 2022年，中油测井编制“互联网+安全生产”实施方案，通过科研项目、信息化建设推动公司QHSE管理数字化专项、智能化发展，提升本质安全水平。持续开展放射源安全技术研究与应用，胶囊同位素特色技术工艺推广应用4285次，成功研制175℃ 500小时25毫米高性能中子管及175℃智能稳产中子发生器，建立全套的生产工艺及标准规范，为大规模产业化应用奠定基础。制订EISC平台QHSE模块建设计划，收集汇总系统运行建议56条，优化完善模块功能11项，参与中油技服EISC平台建设，成功将放射源模块接入中油EISC平台，一体推进放射性物品、民爆物品、行车监控、智能AI等系统及健康平台与EISC系统的融合，优化专业系统，实现数据共享功能共用。

（李华锋）

环境与节能

【概述】 2022年，中油测井深入贯彻落实习近平生态文明思想，对标绿色企业标准，围绕污染防治、节能节水等要求开展工作，全年未发生突发环境事件和生态环境违法违规事件，实现节能116.6吨标准煤，节水178立方米。

【环境保护宣传】 2022年，中油测井围绕“绿色低碳，节能先行”“落实‘双碳’行动，共建美丽家园”开展主题宣传活动，自制沙画《绿色的梦》，用讲故事的形式展现节能生产生活方式。把绿色理念与《企业文化手册》《员工手册》相融合，调动全体员工的积极性，鼓励其提出合理化建议，为生态环境保护工作奠定群众基础。协助雁塔区生态环境保护委员会开展“4·15”全民国家安全教育日核与辐射安全宣传教育活动，向社会民众普及核与辐射安全防护知识，介绍中油测井智慧天眼（SmartEye）移动放射源智能管控平台、环保型胶囊同位素等核安全技术，接待群众咨询70余人次。

【污染防治】 2022年，中油测井组织开展生态环境隐患排查治理，排查整改生态环境隐患31项。治理“三防”措施未落实、第三方危废处置单位资质过期等固废管理隐患9项。治理桥射联作现场危废合规处置、仪器及车辆清洗废水达标排放等方面环境隐患12项。

【温室气体排放】 2022年，中油测井建立健全温室气体排放管控记录、温室气体排放计量及监测体系，制订并实施温室气体排放监测计划，保障温室气体排放数据真实准确完整。在产值同比大幅增长16%前提下，综合采取优化产业结构和资源能源结构、采用先进生产工艺技术和装备、淘汰落后产能、提高资源能源利用效率、加强生产经营过程排放控制，全年温室气体排放量7.48万吨，超额完成集团公司下达的温室气体排放量考核指标。

（周子剑）

【节能减碳与节水管理】 2022年，中油测井开发5.9米新型测井源车及测井工程车，促进节能减排，缩减源车及工程车长度，从源头上实现减重、减车、减人、降油耗，完成长庆、西南等地区路试，待批量投产应用。开展电驱绞车现场应用投产试验，力推装备绿色能源代替，在西南等地区开展电驱动测井绞车试验，实现绞车油驱向电驱转变。

（刘君华）

【绿色企业创建】 2022年，中油测井对标绿色企业标准，建立碳达峰模型，制定碳达峰路径，编制公司“十四五”碳达峰实施方案和绿色企业创建方案，明确提升合规管理水平、打造绿色产品与服务、应用绿色低碳技术推进节能减排、强化污染治理与减量升级、培育绿色低碳文化等5项重点任务，全面开展绿色企业创建工作。

（周子剑）

标准化工作

【概述】 2022年，中油测井落实“三基”工作推进会会议精神，以及2022年度QHSE工作安排，按照“企业管理体系化、业务管理制度化、流程管理标准化、基层管理特色化”工作要求，将“以党支部建设为核心的基层建设、以岗位责任制为中心的基础工作、以岗位练兵为主要内容的基本功训练”与工作实际深度融合，以加强基层建设和基础工作为重点，查缺补漏，强基固本，夯实基层队站（班组）QHSE 标准化建设工作基础；在集团公司科技管理部和中油技服有关部门的指导和帮助下，贯彻落实国家标准化发展纲要精神，以集团公司标准化政策为引领，探索研究国际标准培育项目，加强沟通交流，强化监督考核，测井标准化各项工作得到有效落实，持续提升公司标准化工作水平。

【标准化管理】 2022 年，中油测井在标准制修订方面，编制企业标准制定项目计划，完成《盐穴储气库盐岩地层测井资料处理与评价规范》等 40 项中油测井企业标准发布和备案工作；完成《连续管测井作业技术规范》《工程技术现场安全检查规范第 2 部分：测井作业》等 5 项集团公司企业标准和《电法测井仪刻度规范》《复杂岩性地层测井数据处理解释规范》等 6 项石油行业标准评审工作。在标准立项方面，完成 2023 年《测井数据记录标识符号》《固井质量检测仪刻度方法》《电缆测井与射孔带压作业技术规范》等 6 项行业标准和《测井绞车使用和维护规范》《岩心可压裂性实验分析流程及规范》2 项集团公司企业标准立项工作。在标准复审方面，按照集团公司 2022 年企业标准复审计划安排，完成《工程技术业务计量器具配备规范第 4 部分：测井》《随钻测井采集资料质量规范》等 5 项集团公司企业标准复审工作。在标准实施监督方面，根据集团公司《关于做好 2022 年重点标准实施工作的通知》要求，和评价信息处相结合，实施《2022 年集团公司重点标准实施工作方案》，全面落实 Q/SY 01128—2020《录井资料采集处理解释规范》、Q/SY 10838—2021《应用系统身份认证与密钥管理集成规范》标准的实施，完成预定目标，重点标准实施取得实效。

【基层队（站）QHSE 标准化建设】 2022 年，中油测井推进基层队站 QHSE 标准化建设，以井为中心，将质量、健康、安全、环保等方面的管理要求融入生产流程，“上面千条线，下面一根针”，持续提升基层队站 QHSE 标准化建设水平。以业务管理制度化为中心，根据中油测井 QHSE 一体化管理体系建设要求及生产经营实际情况，组织修订《中国石油集团测井有限公司“五型”作业队（班组）创建及 QHSE 标准化建设实施细则》，将基层班组 QHSE 标准化建设与基层党建“三基本”和“三基”工作有机融合，加强党建引领，厘清职责界面，细化管理要求，进一步提升制度执行力，夯实基层班组 QHSE 标准化建设管理基础。以流程管理标准化为主线，组织完善基层班组 QHSE 标准化建设工作流程，统一建设标准，规范操作流程，有效推进流程管理标准化建设。以基层管理特色化为重点，按照中油测井“三基”工作推进会要求，推进基层管理特色化建设。对原有《测井队 HSE 标准化建设标准》《测井危险品管理站 HSE 标准化建设标准》等 4 个建设标准进行修订，新增《仪器制造 QHSE 标准化建设标准》《食堂 QHSE 标准化建设标准》等 20 个建设标准；新增质量管理、能源管理两大主题，同时将“职业健康管理”主题变更为“健康管理”，增加健康体检、健康干预、公共卫生、劳动保护用品等管理内容，职责更加明确，考核更加精准，作业班组 QHSE 标准化建设更加有力。

（牛宏斌）

企业管理与监督

公司法人治理

【概述】 中油测井由中国石油集团油田技术服务有限公司单独出资，不设股东会，设执行董事1名，为公司法定代表人。中油技服依照《中华人民共和国公司法》《中华人民共和国企业国有资产法》《企业国有资产监督管理条例》等法律和行政法规履行出资人职责。中油测井设立中国石油集团测井有限公司党委，党组织关系隶属中共陕西省委。2022年，中油测井根据《中华人民共和国公司法》和《中国共产党章程》，按照集团公司股权划转工作安排和公司发展需要，组织修订《中国石油集团测井有限公司章程》(简称《章程》)，12月30日获中油技服批复，主要修订内容有：变更股东。股东由中国石油天然气集团有限公司变更为中国石油集团油田技术服务有限公司。更改英文名称和简称。将公司英文名称和简称“China Petroleum Logging Co., Ltd.(简称CPL)”更改为“China National Logging Corporation(简称CNLC)”。修改经营范围。根据国家规范经营范围表述的要求、地方监管部门要求和公司业务发展需要，修改原经营范围，使用经营范围规范表述词条，并新增“住宿服务、认证服务、广告发布、期刊出版、出版物零售”等条目。自2022年12月13日起启用新版营业执照。根据二十大党章，完善“党组织在公司中发挥领导核心作用，把方向、管大局、保落实，依照规定讨论和决定企业重大事项”等内容，将党委章节由第六章调整到第五章。施行总法律顾问制度。明确总法律顾问“负责公司法律管理工作，统一协调处理经营管理中的法律事务，全面参与重大经营决策，领导公司法律事务机构开展相关工作，推进企业依法经营、合规管理”的职责。

2022年，中油测井党委以习近平新时代中国特色社会主义思想为指导，深入学习宣传贯彻党的二十大精神，全面落实“疫情要防住、经济要稳住、发展要安全”的要求，认真落实集团公司党组决策部署，以政治建设为统领全面推进党的建设，坚决履行全面从严治党主体责任，突出政治引领，坚决做到“两个维护”。加强理论武装，不断坚定理想信念。强化政治担当，全面加强党的领导。聚焦基层基础，强基固本筑牢堡垒。深化人才强企，全面提升队伍素质。持续正风肃纪，营造良好政治生态，为推动世界一流测井公司建设提供坚强的政治保证。

【中油测井党委会】 2022年，中油测井公司党委在集团公司党组的正确领导下，坚决贯彻落实全面从严治党主体责任，党建引领作用充分发挥，为推动世界一流测井公司建设提供坚强的政治保证。召开党委会35次，第一时间召开党委会，学习贯彻党的二十大精神和习近平总书记重要指示批示精神，建立完善督查落实机制，按照PDCA工作闭环，持续跟踪问效，全年学习“第一议题”36项，研究形成具体举措127项，扎实推动习近平总书记重要指示批示精神和党中央重大决策部署在公司落地生根。对贯彻落实习近平总书记重要指示批示精神情况开展“回头看”，梳理落实内容85项，及时查漏补缺，推动工作走深走实。严格执行前置决策程序，研究决策“三重一大”事项141项，严格执行向集团公司党组请示报告制度，规范做好各类重大事项的请示报告。决策内容涉及贯彻落实党的路线、方针、政策，干部队伍建设规划，精神文明建设，机构调整，干部任免，研发、制造重点项目，市场开发，国内国外技术服务，年度资金预算，乡村振兴等方面。压紧压实主体责任。对照落实全面从严治党主体责任5个方面22项工作要求，细化四大类重点工作任务，动态销项管理，规范责任履行。制定《加强对“一把手”和领导班子监督的任务清单》，细化量化监督重点、措施和职责。2022年，中油测井获国务院国资委专项一期攻关任务优秀组织单位、集团公司生产经营先进单位、质量健康安全环保节能先进企业、健康企业建设达标企业、中国石油首届技术技能大赛测井工竞赛团体一等奖、第十届全国品牌故事大赛一等奖，通过国家高新技术企业认证、入选陕西省工业品牌培育示范企业，连续4年党建工作责任制考核获评中国石油A级，连续7年保留“全国文明单位”称号。

【中油测井执行董事会】 2022年，中油测井召开执行董事办公会8次，传达国家、集团公司、中油技服重要会议精神，听取并审议审议落实集团公司勘探年会、开发年会服务保障及市场开发措施，审议中油测井授权管理清单编制意见，审议《企业管理专题项目管理办法》，审议产业化基地品牌形象展示方案、公寓楼维修改造方案，审定“三重一大”事项范围外的决策事项、项目安排、资金运作、视觉形象、品牌建设等其他重要经营管理事项。督办年度重点工作推进落实。审定、修订各业务管理办法，推进“合规管理强化年”及综合治理工作。筹备新一代CPLog成像测井装备联盟大会、测井高端论坛等重要会议、中国石油驻陕企业协调组党的二十大精神宣讲会暨工作座谈会。推进国内国外市场工作落实。筹备庆祝中油测井成立二十周年系列庆祝活动。审定“五个任重道远”问题对照检查报告。审议单井包干管理办法。研究审定2022年本部职能部门合规责任清单、管理创新成果评审、领导调研、市场开发奖项申报以及健康管理实施方案等。

【总经理办公会】 2022年，中油测井召开总经理办公会11次，推进落实集团公司决策部署和中油技服工作要求，发挥“五统一”合力，有序推进生产经营和疫情防控，部署国内外市场开发、技术服务，推进科研、制造计划实施。推进技术服务和市场开发，走访集团公司油气田、钻探及有关单位27家，与延长石油等6家油气田签订战略协议。围绕主体市场提质扩容、成长市场规模增长、新兴市场稳步拓展逐步完善市场机制，编制定制式服务保障方案，突出市场增量考核，健全网格化责任体系。分类分级管理客户，试行大客户经理制，明确客户经理，建立“一对一”客户关系。优化提速提效模板，形成就近高效稳固的服务保障体系。建立EISC三级智能支持体系，远程支持事故复杂处理。成立重点井新技术处理解释中心。研究建立4大共享研发平台，发布CPLog成套装备、CIFLog测井软件技术标准体系，部署配套7个业务机构、10个实验室，加速推进平台核心技术迭代积累。推进科创中心、荔参1井平台建设。推进建成中国石油统一测井数据库，国内首条测井装备智能化加工线投产。建立院士工作站管理制度，建立博士后科研工作站、射孔技术研究实验室。发布国内外一体化中英文版QHSE管理体系手册。筹建全国石油专用计量测试技术委员会石油测井分技术委员会。制订碳达峰实施方案和绿色企业创建方案。推进完成培训后勤业务整合，组建5个人力资源共享中心，完成重组单位流程梳理再造，境外机构调整及管理权交接。推进基层党建“三基本”建设与“三基”工作有机融合，组织召开公司、本部两级“三基”工作现场推进会，建立统一的组织管理、岗位标准化、培训资源、考核晋级和证书管理体系。

（王涯菲）

组织人事管理

【概述】 2022年，中油测井深入学习贯彻习近平总书记关于做好新时代党的建设、干部人才工作的重要思想，深入学习宣传贯彻党的十九届六中全会精神，迅速掀起学习党的二十大精神热潮，深入贯彻落实集团公司、中油技服工作部署及系列会议精神，按照集团公司组织人事工作要点、“人才强企工程推进年”活动安排及基层党建“三基本”建设与“三基”工作有机融合方案，党管干部、党管人才全面加强，组织体系更加优化，干部人才数量质量稳步提升，人力资源价值不断提高，人才发展机制持续健全，为中油测井率先建成世界一流示范企业提供坚强组织人才保障。

【人事制度改革】 2022年，中油测井认真学习习近平总书记全面深化改革的重要思想，按照改革三年行动部署，落实集团公司“人才强企工作推进年”活动部署及集团公司、中油技服三项制度改革要求，聚焦改革主要矛盾和重点任务，推进落实公司人才强企工程实施方案和人力资源数字化转型，通过明确时间节点，落实责任人，强化协调督导，实行挂图作战，全面完成6方面17项重点改革任务。深化三项制度改革，优化提升组织体系，完成机构职数“四个10%”（二三级机构、中层和基层领导人员职数各10%）压减任务。持续锻造“三强”干部队伍，推动任期制和契约化管理实现全覆盖高质量，推进干部“能上能下”，管理人员退出比例提高至10.50%。统筹配置人力资源，组建5个区域人力资源共享中心，优化人力资源配置，加强劳动用工管理，推进员工“能进能出”。持续深化分配制度改革，完善考核机制，规范专项奖励办法，强化精准激励，推进薪酬“能增能减”。推进技术技能人才队伍建设，聚焦“人才专项工程”和“生聚理用”机制，营造人才发展良好环境，提升人力资源价值。

（李廷园）

【领导班子建设】 2022年，中油测井全面落实新时代党的组织路线，全方位、多层次、立体式开展“人才强企工程推进年”系列活动，与深化改革、科技创新、夯基提效、生产经营等全面融合、一体实施。全年调整中层干部140人次，占总职数的83.33%。调整干部中，提拔职级及进一步使用37人次，交流调整67人次，序列转换12人次，退出岗位24人。所属单位40岁左右班子成员占比27.3%，同比提高6个百分点；新提拔2名“80后”班子正职，所属单位40岁左右班子正职占比7.5%，同比提高5个百分点，两级班子功能结构持续改善。

（王安立）

【人才强企工程】 2022年，中油测井深入贯彻落实中央人才工作会、集团公司党组人才强企工程战略部署及“人才强企工程推进年”活动安排，将人才工作列为“基础建设年”确定的“市场、科技、管理、人才”四大重点工作之一。发布2022年人才强企工程重点工作任务推进计划，明确44项87条具体工作任务。承办中国石油首届技术技能大赛测井工竞赛等活动，系统推进研发业务“平台+项目”管理、制造业务转型升级、服务业务能力提升、解释业务创新发展、区域资源集约共享，加速培养市场、管理、科技、解释、技能、国际、后备、新业务等八类人才，坚持精准激励，不断健全专项奖励、科研激励等绩效考核分配机制，实现“人才强企工程推进年”主题活动与常态工作互融互通，全力打造中国测井行业人才聚集高地。

（付　浩）

【人才队伍建设】 2022年，中油测井党委不断创新人才机制，全面推进人才队伍建设。培育攻坚克难型技术人才，持续推进专业技术岗位序列改革，按照测井业务归核化发展要求梳理完善专业技术职级体系、规范第三层级专业技术岗位设置，打通海外17级培训晋级体系与国内专业技术岗位任职体系；增补中油测井首席专家3人、中油测井高级专家3人、一级工程师11人，组建院士、首席专家领衔的科技创新团队11个，探索“技术领衔团队”管理机制，组建由技术总师管理、中层级专业技术人员参加的技术领衔团队；获批设立博士后科研工作站，精准引进关键核心岗位高校毕业生110人，引进高精尖缺人才41人、高层次人才5人、“三新”业务专业硕士研究生8人，与重点院校联合培养在职工程博士

5人；实施“青年科技人才培养计划”、制定《国际化人才战略储备方案》，储备集团公司、中油测井两级55名青年科技人才培养人选，储备国际化人才57名。修订印发高技能人才管理实施细则和职业技能等级认定实施细则，全面推行岗位管理和评聘分离。通过毕业生招聘、社会化引进、退役士兵安置等途径引进操作技能岗位131人，组织认定技师28人、高级技师18人、特级技师40人、首席技师5人，技师及以上占比达到15.2%；按照“成熟、后备、接替”3个层级培养储备青年高技能人才150人，1名“85后”入选“石油名匠”重点培养对象；开展高技能人才跨企业交流活动1次，打造集团公司技能专家（劳模工匠）工作室2个，企业技能专家工作室8个；开展“双师制”培养14人，签订“名师带高徒”协议118份；承办集团公司首届测井工技术技能大赛，参加中国石油第二届创新大赛等4项赛事，获团体奖5项、个人奖27项，中油测井获评测井工大赛团体一等奖和优秀组织奖。中油测井获集团公司2018—2022年员工教育培训先进单位。

（完颜红兵　张　蕾　樊军强）

【组织机构管理】 2022年，中油测井系统推进机构改革，健全精干高效组织体系。制定组织体系优化意见，系统谋划组织体系优化目标任务，到2025年建立简约高效、扁平精简的组织机构。推进支持保障工程建设，整合培训中心（党校）和生产服务中心，实行培训和基地一体化运行，压减1个二级单位。实施区域纪检业务集中管理，依托属地单位成立区域派驻纪检组，履行对区域内派驻单位监督、执纪和问责职能。优化本部职能配置，理顺法人企业和境外分支机构职责分工，调整基建管理等职能。

（李廷园）

【劳动用工管理】 2022年，中油测井持续从严从紧控制人力资源总量，推进员工“能进能出”。首次下达各单位员工总量控制计划，实行员工总量控制指标考核，年底员工总量11083人，同比下降3.1%，员工总量和劳务用工数量均控制在上级下达计划范围内。全年新增员工236人，其中公开招聘各类毕业生和引进成熟人才174人、政策性安置符合政府安排工作条件退役士兵5人、辽河油田射孔业务划入57人；自然减员585人，其中退休529人（含提前退休73人）、解除终止劳动合同56人。开展用工总量研究。承办中油技服劳动用工专题座谈会；到西南油气田、川庆钻探学习混合所有制改革经验；借鉴兄弟单位好做法，开展一线生产劳动用工调研、西安片区员工劳动合同核查。优化人力资源配置。紧跟市场生产需求平衡人力资源，通过人力资源配置平台调剂及区域人力资源共享中心统筹协调，实现集团公司内部跨企业劳务输入125人、劳务输出4人，多措并举优化盘活公司员工1593人。

（桂林海）

【薪酬绩效管理】 2022年，中油测井进一步完善考核分配体制机制，持续构建差异化工资总额决定机制，推动科技高水平自立自强和公司高质量发展。按照所属单位当年收入、利润同比完成情况差异化分配增量工资。根据集团公司要求完成薪酬结构优化调整工作，提高岗位（技）工资及高级管理人员的岗位薪酬标准。出台专项奖励管理办法，规范科技创新等6类专项奖励设置、审批、发放程序及要求。加大科研创新激励，进一步加大薪酬与市场化薪酬接轨力度。围绕中油测井十大科技创新项目设置3000万年度奖励基金，用于科研相关人员激励及项目成果转化创效奖励；申报并实施科技型企业岗位分红激励，1139人分红2476万元；申报并实施科技领军人才及团队人员工资单列，领军人才及团队人员薪酬达到55—100万元。强化人工成本峰值管理。建立人事、财务、工会、社保及住房公积金等多部门协调管控机制，定期跟踪分析，强化峰值计划管理和考核，促进提质增效。

（朱西林）

【组织人事基础管理】 2022年，中油测井用“讲政治、重公道、业务精、作风好”引领队伍，建设政治过硬、公道正派、精通业务、作风严实的新时代测井组织人事干部队伍。系统梳理组织人事“三基”工作14个方面32条标准规范，推动54项任务清单落实落地。编写“党建工作丛书”，组织开展发展党员、党费党组织工作经费、选人用人、薪酬兑现、劳动用工、人事档案6类专项检查，推动完成问题整改120余项，对责任落实不力的组织、个人追责问责。及时沟通协调解决涉及“三定”、双序列改革、干部选任、人力资源共享、社保薪酬等与广大职工密切相关、广受关注的问题。高质量完成集团公司教育培训评估工作。中油测井干部人事档案专项审核工作受到集团公司党组组织部通报表扬。

（侯　峻）

【人力资源共享管理】 2022年，中油测井按照人才强企工程行动方案，推进区域人力资源共享。按照先试点后推广的原则，组建5个区域人力资源共享中心，依托所属单位在北京、天津、重庆、西安和克拉玛依设立国际、东部、西南、中部和西部5大区域人力资源共享中心，将中层级专业技术岗位人员、操作工程师和新引进员工共273人纳入各共享中心管理，初步建立共享中心管理、各二级单位使用和培养、培训中心负责人员培训的人力资源管理新模式。

（李廷园）

【干部人才挂职锻炼】 2022年，中油测井党委深入贯彻落实党的二十大关于建设堪当民族复兴重任的高素质干部队伍总体要求，贯彻落实集团公司人才强企工程推进年活动部署，研究制定《干部人才挂职管理实施细则》，按照程序组织开展挂职锻炼人选的推荐选派和组织实施。10月31日，启动首批干部人才双向挂职锻炼，20名高级主管、三级正副职、二三级工程师开展基层单位间、本部到基层、基层到本部挂职锻炼，提前谋划预备队、战略预备队的定向储备，为优秀年轻干部提供广阔的学习锻炼、施展才华的空间。

（王安立）

【制度建设】 2022年，中油测井按照“合规管理强化年”工作部署，开展人事组织规章制度梳理工作。4月，印发《“三定”工作实施方案》《组织机构设置规范》，以直线职能制为基本结构模式，灵活运用分公司制、矩阵式管理，改进与重构公司组织机构设置，从全面清理优化职能配置入手，科学合理设置机构，强化流程管理，增强协同配合，提升组织效能，推动进一步深化人事分配制度改革。8月，印发《专项奖励管理办法》，强化专项奖励的重点激励、精准激励、补充激励职能，有效促进中油测井重点工作、重大项目的开展。12月，修订《高技能人才管理实施细则》《职业技能等级认定实施细则》，为打造适应高质量、可持续发展的高技能人才队伍，规范和加强职业技能等级认定，优化技能人才评级体系，不断完善制度保障。

（侯　峻）

【领导干部大会】 2022年7月29日，中油测井召开2022年领导干部会议，传达集团公司2022年领导干部会议、集团公司工程技术业务暨中油技服2022年年中工作推进会议精神。会议强调，转变思想观念、查找问题短板、增强责任意识，凝聚起新形势下推进法治企业建设、提高企业管理水平的思想共识、行动自觉和工作合力。落实“基础建设年”部署，超前谋划市场工作，强化科技攻关，严格防控各类风险，着力深化企业改革，持续推进人才强企等重点任务。巩固A级企业成果，推动法治企业建设和企业管理水平迈上新台阶，庆祝中油测井成立二十周年，迎接党的二十大胜利召开。领导班子成员，首席技术专家、总经理助理、安全副总监，本部部门正副职、高级主管，所属单位领导班子成员、技术专家、一级工程师、十大项目经理、助理副总师、本部及基层单位负责人参加会议。

【中层干部培训班】 2022年2月8—13日，中油测井党委举办中层领导人员、中层级专业技术人员培训班，领导班子成员全部登台授课，围绕学习党的十九届六中全会精神，贯彻集团公司2022年工作会议、党风廉政建设和反腐败工作会议及

2021年领导干部会议、组织部长会议、科技与信息化创新大会等系列会议精神，开展形势目标任务责任宣贯。党委书记、执行董事金明权讲授《学习国学知识，弘扬传统文化，推动世界一流测井公司建设》，激励全体学员学用结合、知行合一，从中华优秀传统文化中汲取营养，不断提升自我素质和修养，为推动世界一流测井公司建设贡献智慧力量。

（王安立）

【“三定”工作】 2022年，中油测井全面开展“三定”工作，规范组织机构设置，发布《中国石油集团测井有限公司组织机构设置规范》，规范机构设置职能配置，建立分级分类的机构、职能设置和领导职数、人员编制配置标准。二级单位本部部门控制在5—8个，除年营业收入10亿元及以上二级单位保留1个外，其他单位不设附属机构，对生产经营型三级单位要求1亿元产值（收入）或10支队伍及以上的机构设置标准。规范领导职务称谓，严控领导职数和管理人员编制，二级单位本部部门控制在70人以内，每个三级单位管理人员（含基层领导）一般不超过8人。各单位通过系统分析组织体系现状和问题，对标对表，综合考虑市场、业务发展等因素提出“三定”工作目标任务，制订实施计划、工作措施并组织实施。“十四五”前两年，本部部门精简至13个、二级单位压减至18个，二级机构、三级机构、中层和基层领导人员职数分别压减8.82%、10.99%、10.16%和10.55%。

（李廷园）

规划计划

【概述】 2022年是“十四五”发展关键之年，中油测井规划计划工作贯彻集团公司发展计划部、中油技服工作部署，落实中油测井“三会”精神和“基础建设年”工作要求，完整、准确、全面贯彻新发展理念，锚定建设世界一流测井公司目标，高水平完成发展规划、投资管理、新能源新业务管理及统计评价工作，全年下达投资10.13亿元，投资完成率98.54%，申报政府奖励190万元。

（张进国）

【规划管理】 2022年，中油测井按照中油技服《中国石油集团测井有限公司“十四五”发展总体规划审查意见》，对规划研发投入强度、全员劳动生产率、人均收入等指标进行优化调整，编制发布《中国石油集团测井有限公司“十四五”发展规划纲要》，明确“三步走”发展目标，到2021年高质量发展布局基本完成；到2025年产值超150亿元、国际收入25亿元，率先建成世界一流测井公司；到2030年产值超220亿元、国际收入50亿元，全面建成世界一流测井公司；到2035年产值超300亿元、国际市场收入占比达到50%，世界一流测井公司地位更加稳固；提出大力实施市场导向、创新驱动、精益管理、人才强企、数字转型、国际发展六大战略，推进测井业务“十大工程”，加强党建工作十项任务，建立完善五项保障机制，推动战略规划实施。以“十四五”发展规划纲要为统领，组织完成14个（专业）专项规划、18个所属单位规划的修改完善并批复实施。按照集团公司发展计划部要求和规划编制大纲，紧扣中油测井“十四五”发展规划，锚定世界一流测井公司目标，全面对标世界一流，积极践行“一体两面”“四个一”理念，突出高质量协同发展，编制《中油测井中长期高质量协同发展规划》。3月、8月在西安开展两期规划投资、综合统计业务培训班，宣贯集团公司及中油测井“十四五”发展规划，累计参加培训122人次；设计制作印发“十四五”发展规划宣传海报和《“十四五”发展规划简明读本》1500余册，发送至各级管理人员，深化广大干部员工对中油测井“十四五”发展部署的认识。印发国家相关部委、地方政府“十四五”规划汇编摘要，为中油测井市场拓展、生产经营等提供参考。

（张进国）

【投资管理】 2022年，中油测井坚持实施“严谨投资、精准投资、效益投资”原则，严格按照集团公司投资计划和公司年度投资计划实施方案，分6批次安排下达投资10.13亿元。其中，工程技术服务项目3.97亿元、占39.19%，长期待摊项目4.7亿元、占46.40%，安全环保隐患治理项目1.04亿元、占10.27%，科技项目0.42亿元、占4.15%。投资业务合规管理方面，严格按照集团公司“严肃财经纪律、依法合规经营”综合治理专项行动统一部署和投资问题专项治理相关要求，编制中油测井投资问题专项治理实施方案。以项目为载体，围绕“四个抓手”建立项目“四查”工作机制，在中油测井范围内深入开展投资问题专项治理，整改4个方面15项问题。

投资计划编制方面，根据集团公司、中油技服工作部署，结合中油测井业务发展情况，编制上报中油测井2023年业务发展和投资框架建议计划。9月，召开业务发展及投资建议计划对接会，本部相关部门、中油测井首席技术专家、十大项目经理及各单位40余人参加，按照对接讨论结果，编制中油测井2023年投资计划实施方案。项目前期管理方面，规范项目评审、审批程序，按项目类别开展可行性研究报告审查。编制非安装设备可行性研究报告范本3套、投资项目经济评价表1套。推进投资执行进度方面，通过周协调、月跟踪、季度通报的方式加快项目投产增效。召开投资项目推进会2次，通报投资执行情况，针对存在问题提出解决措施，全年投资完成率98.54%，全面完成集团公司考核指标。

（温庆伦）

【项目管理】 2022年，中油测井开展项目前期评估论证，严格项目可行性审查，重点审查项目的必要性和效益指标，组织开展测井车辆、连续油管、重点测井仪器、解释信息化、实验与仪器制造等重点项目可行性研究评审，项目质量进一步提升。

非安装设备项目，围绕保障集团公司增储上产，聚焦主营业务、成长业务，重点向内部制造、国际业务、新兴发展业务倾斜，推动连续油管、光纤测井、地层测试器、车载实验室等重点项目落实落地，连油＋测井作业101井次实现产值4229万元，CCFET项目基本实现当年投产当年收回成本，存储式测井仪器收益持续向好，技术服务能力进一步提升。实施“创新驱动”战略，强化关键核心技术攻关和科技成果推广应用，投资1030万元开展230℃/170兆帕超高温高压测井系统现场试验，助力科技创新取得新成就。安全环保项目，秉持“以人为本、质量至上、安全第一、环保优先”理念，围绕生产测井和射孔现场工程、业务数据采集、车辆、现场安全管控、应急指挥等功能需求，投资2494万元为作业队安装车载数据中心，实现作业支持、突发事件、应急处置及事故追溯功能。

（付　瑞）

【新能源管理】 2022年，中油测井融入国家“绿色低碳”战略，加快推动测井业务绿色低碳转型，编制《碳达峰实施方案》，制定不同业务、不同能耗的降碳路径，有力有序有效推进碳达峰工作。开展清洁能源替代能力项目研究，编制分布式光伏资源评估报告和项目建议方案，助力中油测井实现“双碳”目标。按照集团公司“清洁替代、战略接替、绿色转型”三步走总体部署，加快新能源新业务布局，编制《新能源新业务发展规划》，统筹推进优势业务“补链延链强链”工程。服务于新一轮找矿突破战略行动，编制全国各省市矿产资源相关规划摘要汇编，供各单位及本部各部门在市场拓展、生产经营过程中参考使用。

（王铁永）

【业务管理】 2022年，中油测井在后评价工作方面聚焦重点项目，组织对过钻头存储式测井仪器、5700短测快速平台测井仪、连续油管车等项目统一开展后评价工作，其中详细后评价项目16个、简化后评价项目9个。对后评价报告反映的典型性、普遍性、倾向性问题及时进行研究，总结项目投资管理8个方面工作亮点，查摆问题15个，并针对性地制定整改措施和改进建议35条，为拟投资项目提供决策参考，提升投资管理水平。在统计工作方面，坚持真实、准确、完整、及时工作原则，定期发布中油测井统计月报、年报，完成国家、地方、集团各类统计报表300余张，完成地方政府各类统计调查10余份。加强监测重点专项工作及新能源新业务发展，增设《重点专项工作及新能源新业务套表》，形成月报制度定期发布。对公司百元收入营业成本开展专项分析，通过与国际油服公司的对标，寻求问题与差距，并针对性地制定提升措施，确保完成集团下达的考核指标。协调组织相关部门，完成中油测井高新技术企业认定工作。组织申报陕西省“亩均论英雄”综合改革评价领跑者、西安市稳增长超产超销项目、西安市工业互联网试点示范项目、西安市研发奖补投入项目、高新区技改投资等奖补项目，申报奖补资金190万元。落实陕西省国资委要求，将主要经营数据接入“国资在线”监管平台，并按月度填报主要经营数据。编制2021年度统计评价汇编，评价公司、各业务板块、各单位的经营情况，为生产经营管理提供支撑。编制申报材料参加“2022年西安市100强企业”评选，中油测井入围西安市100强企业第32名。

2022年11月4日，中油测井取得高新技术企业证书（林枫　提供）

（张进国　林　枫）

【制度建设】 2022年，中油测井根据《中国石油天然气集团公司战略规划管理办法》有关规定，结合公司实际，制定印发《中国石油集团测井有限公司中长期发展规划管理办法》，规范发展规划管理工作，保障规划有效落实。根据集团公司、中油技服《投资管理规定》，组织修订《中国石油集团测井有限公司投资管理规定》。新版《投资管理规定》，进一步明确部门职责、明晰管理范围、强化前期工作、规范流程节点，取消专门事项一章，相应管理要求纳入可行性研究等相关章节。

（张进国　温庆伦）

【建设世界一流研究项目】 2022年，中油测井为贯彻中央全面深化改革委员会关于加快建设“产品卓越、品牌卓著、创新领先、治理现代”的世界一流企业工作部署，落实集团公司提出的“测井技术定位要高水平、业务定位要中高端，打造一流的技术、一流的管理和一流的人才，实现一流的竞争力”“在建设世界一流的征程中，测井公司要先行一步，积极发挥示范引领作用，2025年率先建成世界一流示范企业”相关要求，中油测井与北京北大纵横管理咨询有限公司合作开展建设世界一流测井公司相关问题研究，与斯伦贝谢等6家单位开展全面对标，建立“七个一流”（管理一流、技术一流、服务一流、品牌一流、业绩一流、文化一流、人才一流）31项二级指标的评价指标体系及指标标准，研究制定世界一流测井公司建设路径及目标，针对短板弱项从7个方面提出改进措施21项、管理提升建议（案例）15个，形成并印发建设世界一流测井公司相关问题研究报告，助推高质量建设世界一流测井公司。该研究内容同时申报了中油技服软科学研究课题。

（温庆伦）

科技管理

【概述】 2022年，中油测井建立4大研发共享平台，发布CPLog成套装备、CIFLog测井软件技术标准体系，配套7个业务机构、10个实验室，加速平台核心技术迭代积累。推进科创中心、荔参1井建设。科技管理系统全面上线。统筹实施十大科技创新项目，“揭榜挂帅”选聘10名项目经理，推动“平台+项目”管理，实施科技岗位分红，科发投入强度达到5%。成立射孔技术研究实验室，完善院士工作站运行机制，建立博士后科研工作站。2022年，中油测井落实集团公司科技管理工作部署，管理在研科研项目（课题）96项。其中，国家项目（课题）1项，集团公司项目（课题）27项，专业公司（技服）项目（课题）4项，陕西省级项目（课题）1项，公司项目（课题）63项。全年开题36项课题（国家级1项，集团级3项，专业公司级1项，公司级31项）；组织验收27项课题（专业公司级1项，公司级26项）；科研项目计划落实率100%。

（黄光宇　万　磊　张宇昆）

【国家级科技项目】 2022年，中油测井完成国家重点研发计划“地下及井中地球物理勘探技术与装备”项目绩效评价，项目成功研制井中重力/磁力、激发极化、井间/地井/井地电磁、造岩元素等7种仪器和1套地面采集传输系统及综合处理解释软件平台，形成国内首套3000米以浅的地下及井中探矿装备。编写《“十四五”国家“稳油增气”重大专项重点任务梳理和接续方案》，申报完成国家重点研发计划“深地声学探测器测试应用”课题的立项。

（熊焱春）

【集团公司科技项目】 2022年，中油测井在研集团项目（课题/专题）49个，其中2022年开题立项3项，结转46项。12月，“重大工程关键技术装备研究与应用（二期）”课题，“近钻头伽马电阻率成像随钻测井系统研发”通过验收；阶段检查完成“测井岩石物理与前沿储备技术研究”“测井核心装备与软件平台研制”2个集团公司前瞻性基础性项目；5项关键核心技术科技攻关项目通过集团公司年度综合成效评估；重大工程技术现场试验项目“复杂超深井安全优快钻完井技术集成与试验”完成阶段检查。

（万　磊）

【中油技服科技项目】 2022年，中油测井完成“智能导向系统研发（二期）”3项新开项目立项开题；验收完成“智能导向系统应用试验与完善”项目；自验收完成“威远、苏里格风险作业区块工程地质一体化智能支持技术先导试验”“CPLog桥射联作系统优化与集成”2项到期项目。

（熊焱春）

【中油测井重大科技项目】 2022年，中油测井在研公司级科技项目63个，涵盖平台、装备、软件、解释等四个领域。结转“新一代CPLog测井系统设计标准研究”“储气库全生命周期测井关键技术研究”等32个课题，立项“公共技术平台开发”“随钻地层评价系列优化升级与集成配套、超深井、海上和前沿射孔技术研究”等31个课题，验收完成“页岩油测井评价关键技术研究与应用”“连续型过套管电阻率测井关键技术研究”等26个课题。在研课题中，投入经费不低于3000万的公司级科技项目课题12个。在2023年继续开展相应的研究内容，其中经费超过5000万的CPLog地层成像测井系统集成配套与适应性研究、iWAS地面采集与传输系统优化升级和应用、阵列成像系列升级研究、复杂及非常规油气动态监测技术研究及应用等5项。

【科研经费管理】 2022年，中油测井设立十大科技创新项目，统一管理国家、集团公司和中油技服项目科技经费预算。1月11日，印发《中国石油集团测井有限公司科技项目管理办法》，配套开发科技系统综合管理平台，分解科研项目牵头单位负责课题任务，编制经费预算。中油测井科技总投入73461万元，含集团开票收入19449万元，研发投入54012万元。研发投入中含国家级15万元、中油技服级4794万元、中油测井级39929万元、分公司级9274万，投入强度5.14%，完成年度预算目标的102.99%。相对于2021年研发投入40241万元，投入强度4.36%，增加研发投入近1.4亿元。

（贾明宾）

【科技成果转化】 2022年，中油测井印发《中国石油集团测井有限公司科技成果转化创效奖励办法（试行）》，奖励科技项目产生的新技术新产品，通过开展外部销售、内部使用和服务转化所进行的创效活动，以及中油测井承担横向科研项目提供技术服务所进行的创效活动。推荐西南分公司"超深穿透射孔器及射孔工艺配套技术"科研项目，获批集团公司科技成果转化创效奖励。

【知识产权】 2022年，中油测井优化完善知识产权管理体制机制，修订《中国石油集团测井有限公司科技成果与知识产权管理办法（试行）》，完善科技成果评价机制，促进知识产权保护，激发科技创新活力，推动科技成果转化应用，增强核心竞争力，扩大测井品牌影响力，维护公司合法权益提供制度支撑。按照集团公司管理要求，各单位配备知识产权管理岗位人员，加强专利申请审核审批工作。根据集团公司《关于下达2022年专利申请计划指标等有关事项的通知》，2022年度专利申请计划指标为申请总量上限160件（含2021年转结数量30件），实用新型专利申请量上限8件，发明专利申请占比下限95%。实际完成专利申请228件（集团公司知识产权管理办公室成立后，放开申请上限），实用新型1件，发明专利占比为99.6%。A类专利52件，B类专利96件，C类专利80件，专利占比A∶B∶C为23∶42∶35，超额完成任务目标。

【科技奖励】 2022年，中油测井加强科技成果申报高级别奖励工作，获省部级科学技术进步奖11项，技服公司科技奖励3项。陕西省科学技术进步奖4项。其中，三等奖3项；"15米一串测测井仪器研究与应用"获二等奖"鄂尔多斯盆地油藏测井综合评价技术及应用""水平井测控与评价技术研究与应用""可控中子源伽马全谱测井技术与装备研制应用"三等奖。集团公司科学技术进步奖2项。其中，"川南页岩气新一代压裂技术及应用"获一等奖，"轮南地区深薄油藏滚动开发关键技术研究与应用"获三等奖。石油和化工联合会奖4项。其中，"核磁共振测井仪及应用"获技术发明奖二等奖，"深层裂缝性砂岩储层测井关键技术研究及应用"获科学技术进步奖一等奖，"随钻电磁波测井多尺度成像关键技术与产业化应用"获二等奖，"储层改造分段压裂可溶封隔技术研究与应用"获三等奖。"柴达木盆地复杂岩性油气藏测井评价关键技术及应用"（参与）获2022年中国发明协会创业创新奖一等奖。技术应用奖1项。"桥射联作技术2.0及工业化应用"获中油技服科技科学技术进步奖一等奖、"国产成像测井精细处理解释技术及应用""高性能测井传感器研制与规模应用"获中油技服技术应用奖。

（唐爱武）

【科技交流】 2022年，中油测井加大科技交流合作力度，3次与中国石油大学（北京）、长江大学、东北石油大学等高校交流。3次与来访的长庆油田研究院、大庆油田、中石化经纬公司等单位开展科技合作交流会。先后2次组织低功耗小型化测井仪器研发技术研讨会、过套管声波电阻率新技术交流会等技术专题交流会；2次组织低渗透国家工程实验室工程类重点研究方向研讨会、院士到测井重点实验室交流会等科技平台交流会议。通过加强科技交流，促成引进1名高层次专家，签订4项战略合作协议。

（陈玉林）

【科技管理平台】 2022年，中油测井完成科技管理综合平台（一期）建设，利用数字化手段为分析和决策，提供大量实时的基础数据和统计分析工具，同时实现多维角色管理；形成涵盖科研项目管理、成果管理、综合管理、报表管理等的科技系统综合管理平台总体架构，其中科研项目管理模块，围绕单项目内部管理流程、基础数据、业务数据、数据分析等搭建信息系统，实现项目全生命流程管理。信息化平台建设，提升管理效能。

【品牌管理】 2022 年 2 月，中油测井 2022 年品牌建设业务专题会在西安召开。会议系统分析 2021 年品牌建设工作，总结品牌建设经验做法。会议提出以中油测井成立二十周年庆活动为契机，加大宣传工作力度，结合基础建设年主题，加强以中油测井品牌“规范化”和“可视化”为重点的工作目标。7 月 15 日，召开中油测井品牌视觉形象宣贯会，会议发布中油测井视觉形象手册（试行）、国内标识应用规范、CNLC 境外项目标识规范。更新中油测井中英文门户地址，统一 CNLC 邮箱账户名称。发布品牌建设管理先进表彰办法，选树一批在品牌建设工作中的先进集体和个人，总结一批可复制的成功经验。按照《中国石油集团测井有限公司视觉形象手册》，完成所属单位及三级单位的中、英文名称标牌替换，规范办公基地大门、办公楼宇、会议背景墙、办公和会议用品等场景；规范测井生产车辆国内与海外两个版本外表面涂装标准、尺寸、色号、方位等技术参数，实现品牌“规范化”和“可视化”管理；对境外办公场地、车辆、会议室等场景，在条件成熟的情况下，完成 CNLC 新标识替换，落实品牌标识海外视觉形象应用。参加 2022 年中国国际服务贸易交易会、印度尼西亚国家石油协会第 46 届石油会展等高层次展会，《铸造国之重器、探寻油气密码》演讲作品获第十届“全国品牌故事大赛”全国总决赛一等奖。参加陕西省工信厅活动，获“2022 年省级工业品牌培育企业”。

（范宇翔）

【学会管理】 2022 年，中油测井作为中国石油学会测井专业委员会和陕西省石油学会依托单位，联合举办测井高端论坛、第二十二届测井年会、射孔年会、油气田勘探开发国际会议等大型科技交流活动。组织各二级单位参与 UPC 测井技术国际学术研讨会、油气 AI 与新能源国际会议、中国储气库科技创新与产业发展国际高峰论坛等科技交流会议 11 次。组织参加中国石油天然气集团有限公司科学技术协会、《石油管材与仪器》理事会等学会协会的年度会议 2 次。全年在各类学会协会发表论文 400 多篇，组织申报科技奖励 7 项。

（陈玉林）

【测井创新基金】 2022 年 1 月，中油测井启动创新基金项目，面向测井技术研究院、地质研究院、西南分公司 3 家单位，发布通知征集开放基金。2—3 月，整理征集问题和需求，组织评审会，首席专家技术把关，确定 10 项“卡点”问题，作为第一批测井创新基金。5 月，按照平台支撑和项目依托，结合投入经费，对 10 项基金细化考核指标及交付成果，确定 9 项基金，形成立项计划，测井创新基金支持测井应用基础与前沿储备技术研究项目。第一批测井创新基金项目研究内容主要涉及电路、方法和算法的基础研究。8 月，通过“立方石油”“石油圈”“油气双创”“西电双创”等网络媒体途径，发布 7 项测井创新基金项目申报公告，从厦门大学、哈尔滨工业大学等高校，收集 6 个项目 19 份有效申报意向。采取公开招标、竞争性谈判的方式，最终确定 5 个测井创新基金项目，预算总金额 216 万元。

（贾明宾）

【科研成果认定和鉴定】 2022 年，中油测井 210 兆帕 /210 ℃超高温超高压射孔器（型号 89DP25Y16–210）、模块化分簇射孔器（型号 73 毫米 /140 兆帕型、80 毫米 /105 兆帕型、89 毫米 /105 兆帕型、89/140 兆帕型、89/175 兆帕型）、小直径过钻具测井仪（型号 FITS–B57）、多级射孔选发开关（型号 ISMP4601、ISMP4602）、宽动态微电阻率成像测井仪（型号 MCI6575）等 5 项产品获批集团自主创新重要产品，“MRT6911 多频核磁共振测井仪”“3DIT6531 三维感应成像测井仪”“MCI6575 宽动态微电阻率成像测井仪”等 3 项产品入选陕西省重点新产品。“CNPC–IDS 智能导向系统”“175 ℃ @20 小时一串测”等 2 项科技成果通过集团公司组织的成果鉴定，认定国际先进。“CSNT2451 陶瓷中子管产品”“RGSS2230旋转导向系统”“FITS-55过钻具测井仪器”“iWAS智能测井采集系统（型号iWAS18100）”“89DP25Y16-245超高压射孔器”“HPAT高性能声波测井换能器”“移动式全直径岩心核磁共振测量仪”等7项产品通过中油测井自鉴定。

（唐爱武）

【中国石油测井院士工作站】 2022年，中油测井印发《中国石油集团测井有限公司院士工作站管理办法》，明确院士引进、年度任务制度、日常管理运行、年度评估等要求。签订院士进站协议，明确院士进站工作时间、成果转化要求、评估周期等。院士工作站承担的3项集团公司项目获省部级科学技术进步奖一等奖1项。

（陈玉林）

【博士后科研工作站】 2022年10月24日，中油测井博士后科研工作站成立，人事处（党委组织部）是博士后工作归口管理部门，负责制定博士后工作管理制度并组织实施；科技处负责对博士后科研项目进行统筹配套。工作站设置在测井技术研究院，有员工2人，负责落实博士后工作站相关政策制度及站内日常管理及服务保障工作。依托中国石油测井重点实验室、测井技术试验基地和射孔技术实验室等先进技术创新平台，设置基础性前瞻性创新基金和应用性攻关性课题，突出解决“卡脖子”技术。与国内14所综合性大学、石油特色院校达成联合培养意向，构建中国石油测井企校协同创新联合体。聘任高校教授和公司首席专家作为兼职博士后导师，安排博士后进入公司级科技创新团队，科研项目纳入十大科技创新项目统一管理。支持参与集团公司级以上重点领域、重大专项、前沿技术研究，在机械设计（液压控制、力学仿真、旋转导向等）、电路设计（高频电路采集、微弱信号处理等）、计算机（软件、人工智能算法等）、油气地质学（测井资料处理、油藏综合评价等）等专业方向为博士后提供科研必备的设施条件和发展空间。

（郑　昊）

【测井十大科技项目】 2022年，中油测井聚焦市场需求和产品应用、突出关键核心技术和现场应用问题攻关，明确涵盖国内外装备、软件、解释评价等测井十大科技创新方向，根据十大科研攻关方向设置十大项目，项目研究周期为2022—2024年。十大科技项目分别为测井技术标准研究与公共技术平台开发、全域测井装备研制与配套、测井大数据平台研发、快速测井装备研制与配套、随钻智能地质测导装备研制与配套、生产测井装备研制与配套、射孔技术装备研制与配套、测井油藏与地质研究、测井应用基础与前沿储备技术研究、海外测井技术配套研究。2022年，按阶段推进项目进展，主管领导按月推动项目，不定期深入项目组协调解决重大问题；主要领导按季度听取进展汇报；党委听取项目半年汇报。十大项目实行月报制度。根据科研项目管理办法，将十大项目的课题认定为应用基础、装备软件、解释评价、推广应用四类。考核分为季度评估和年度考核，季度评估权重占30%，科技处组织季度评估；年度考核的权重占70%，根据“集团总部三分之一、油田企业三分之一、公司内部三分之一”的3个三分之一的原则，组建评委会，完成年度考核。2022年12月21日，组织集团公司总部、油田企业、中油测井内部14人组成评审专家组，依据项目考核汇报和年度考核评分标准对十大项目进行年度考核。

（贾明宾）

【制度建设】 2022年，中油测井制订科技管理制度11项，包含项目管理、科技奖励、成果与知识产权、新技术推广、科技平台管理和品牌管理等。

2022年9月27日，中油测井召开十大科技项目汇报会（叶志云　摄）

规范集团公司、中油技服和中油测井各类科研项目的立项、实施、经费、验收、审计和后评估工作；科技奖励增加基础研究奖、先进科技工作者、创新团队、奖励人数和奖励金额等；根据科研工作实际，对产品外部销售、内部服务和横向科研创效，分别设计奖励额度和比例，促进科研转化创效；规定知识产权和成果申报时间节点和统筹组织方式，明确新技术推广的组织、实施等内容，明确院士工作站管理、运行和考核机制，发布品牌建设和奖励实施办法。

（黄光宇）

【中国石油学会第二十二届测井年会】 2022 年 12 月 8—9 日，中油测井中国石油学会第二十二届测井年会以线下加线上直播的方式在西安召开，在中油测井、中石化经纬公司、中海油服、中国石油勘探院设线下分会场。中油测井党委书记、执行董事金明权出席开幕式并致辞，总经理、中国石油学会测井专业委员会主任胡启月讲话。中石化经纬公司执行董事、党委书记、总经理吴柏志，中海油服油田技术事业部副总经理黄琳出席大会并致辞。中国工程院院士李宁作题为《高举发展学科旗帜，共建中国测井生态圈》的交流报告，指出发展地球物理测井学的重要性，提出发展措施和建议。测井技术编辑部发布《测井技术》2020 年度优秀论文，石油工业出版社发布系列测井图书和新书预告。长江大学副校长郭海敏，斯伦贝谢公司首席岩石物理专家赵先然，分别就测井人才培养、测井技术新进展作专题报告。会议发布主题报告 6 篇，交流科技论文 117 篇，中油测井 42 篇论文获奖（表 1）。行业内外专家学者共 600 多人线上线下参加会议。

（陈玉林）

表 1　中油测井获中国石油学会第二十二届测井年会论文奖项一览表

序号	获奖单位	论文名称	奖　项	论文作者
1	地质研究院	磁电混合井孔时域电磁远探测理论方法研究	一等奖	肖占山　胡海涛　方朝强　齐　超　袁彩华　姚春明　邵　琨　闫俊杰
2	物资装备公司	相控雷达成像测井仪器中收发天线系统设计	一等奖	李国英　嵇成高　张崇军　于刚刚　杨铁成
3	测井技术研究院	随钻方位电磁波电阻率成像测井仪研制及应用	一等奖	陈　鹏　王　珺　张文秀　和丽真　杨国华　卫一多　祝环芬　李文博
4	测井技术研究院	随钻方位电磁波电阻率成像快速反演算法研究及应用	一等奖	王　珺　陈　鹏　耿尊博　周　强　尤嘉祺
5	测井技术研究院	中国石油统一测井数据库建设与应用	一等奖	周　军　石玉江　张　娟　段先斐　于文茂　余长江
6	地质研究院	基于二维核磁共振实验的页岩油组分分布特征研究	一等奖	韩　雪　程道解　李振林　缑艳红　祇淑华　程　亮　刘学锋　刘　鹏
7	华北分公司	利用核磁谱特征评价页岩油孔隙流体的新方法	一等奖	刘国强　蔡文渊　袁　超　祇淑华　蔡　军　张　伟　王少卿　于伟高
8	西南分公司	利用反射波能量评价储层有效性的方法及应用	一等奖	齐宝权　贺洪举　黄　宏　刘　航　何　丽　韩红林　苗　清　余广艺　郑小川
9	地质研究院	改进的混积型页岩油储层孔隙度计算模型	一等奖	隋秀英　张凤生　杨　帆　赵　莉　王慧博　高树芳
10	西南分公司	深层碳酸盐岩缝洞型储层有效性测井评价方法	一等奖	张树东　黄　宏　贺洪举　刘　航　任兴国　王勇军　王学琴　苗　清

续表

序号	获奖单位	论文名称	奖　项	论文作者
11	测井技术研究院	基于多物理场耦合的声波测井换能器数值模拟与设计	一等奖	黄　飞　王国平　陈文辉　杨　帆　强毓明　万　磊
12	测井技术研究院	随钻电磁波测井前探距离影响因素数值模拟	一等奖	田园诗　朱　军　牒　勇　鲁　晔　刘　刚
13	测井技术研究院	iMRT 偏心核磁测速确定方法及应用	一等奖	朱万里　陈　涛　万　磊　刘建辰　李　哲　宗　飞
14	地质研究院	页岩油储层岩石物理实验技术现状及发展方向	一等奖	张哲豪　李　新　赵建斌　张永浩　刘　鹏　罗燕颖
15	国际公司	融合自适应形态滤波与主成分标记连通域的电成像缝洞自动识别方法	一等奖	李曦宁　程晓东　李剑平　魏　娇　吴嘉鹏　郭　凯
16	测井技术研究院	水平井中三维感应测井响应分析与资料处理应用	二等奖	陈　涛　白　彦　田　豆　邢光龙　宋青山　陈　亮
17	测井技术研究院	基于开窗同轴线模型的宽频介电天线快速高精度建模及仿真研究	二等奖	贺秋利　陈　涛　卢春利　孙钦涛　孙七零　杨　哲
18	物资装备公司	大直径钻进式井壁取心仪实现钻压可控研究	二等奖	牛延吉　蔡井维　嵇成高　王献军　李卫强　张　峰
19	测井技术研究院	测井大数据平台可视化系统设计与实现	二等奖	陈小磊　周　军　余长江　段先斐　于文茂　曹先军　吴　越
20	测井技术研究院	一种随钻电磁波仪器信号采集处理技术	二等奖	和丽真　王　珺　杨国华　李文博　郭庆明　祝环芬　阳质量
21	大庆分公司	泥浆脉冲波辅助判断技术在缆（绳）打捞中的应用	二等奖	尹立山　陈　朋　安铁文　王金龙　吴庆滨
22	测井技术研究院	测井工艺技术的发展综述与探析	二等奖	张炳军　宋　宇　马正江　谢昱北　杨新宏　高　峰
23	国际公司	基于样本库构建—机器学习的裂缝型储层有效性评价方法——以乍得花岗岩潜山油藏为例	二等奖	郭海峰　程晓东　孙利国　倪国辉　金宜捷　汪文湛　庄　维
24	华北分公司	老油田开发水平井测录导地质工程一体化技术与应用	二等奖	祇淑华　李　昆　张媛媛　赵政权　王　琦　徐蜀文　郭海生　魏敬彬　郭　森　刘志刚
25	大庆分公司	热中子成像测井技术在压裂效果监测中的应用	二等奖	樊玉秀　王　天　王滨涛　韩　琳　任　莉　赵永忠　图　亚　王　静
26	辽河分公司	阵列声波评价储气库大直径套管固井质量	二等奖	傅永强　陈建波　刘可可　王天雨　麻　超　金　鑫
27	西南分公司	利用测井资料分析水平井复杂构造方法——以YJ1H 井为例	二等奖	吉　人　齐宝权　罗　文　张树东　苗　清　贺洪举
28	地质研究院	页岩油储层孔隙结构多尺度联合表征及评价	二等奖	方朝强　肖占山　李慧莹　赵建斌　夏　阳　魏　博　郑秋实
29	长庆分公司	分布式光纤精细找漏测井方法	二等奖	牛步能　刘　平　魏宝军　陈绪龙　杜　旭　张晶宇

续表

序号	获奖单位	论文名称	奖 项	论文作者
30	地质研究院	东道海子凹陷双重孔隙介质储层产量主控因素与产能预测	二等奖	吴 伟 刘海明 高衍武 谢晓庆
31	青海分公司	柴达木盆地干柴沟地区页岩油储层特征及“甜点”区优选	二等奖	吕云霞 徐永发 张程恩 李 俊 于 娜 周向国 叶高鹏 朱 飞
32	西南分公司	三维感应测井技术在低阻火山岩储层气水识别中的应用	二等奖	贺洪举 苗 清 黄 宏 赵 娜 方 石 何 丽 刘 航
33	西南分公司	电阻率极化模拟识别裂缝法在川南龙马溪组页岩储层勘探中的应用	二等奖	黄 毅 齐宝权 张树东 阳大祥 董李红 王 伦 李会庚
34	地质研究院	超深层盐下凝析气藏复杂地层水成因机理及分布规律研究	二等奖	程道解 徐思慧 虞 兵 蔡德洋 缑艳红 别 康 谢晓庆
35	吐哈分公司	胜北洼陷致密砂岩气储层分类方法研究	二等奖	曾博洁 林茂山 高成全 张永军 吴 都 滕 涛 王成荣
36	大庆分公司	双孔隙介质碳酸盐岩破裂压力模型研究与应用	二等奖	夏 雪 李晓辉 李晓峰 张翠华 张 冉 董 磊 于 翔
37	测井技术研究院	CSNT2451 中子管性能及测井应用	二等奖	李 兵 岳爱忠 刘 炯 麻惠生 鲁 宁 刘泽威 张晓蕾 宫 璇 李 冰 董 斌
38	测井技术研究院	基于多通道传感器的随钻泥浆压力波信号处理方法	二等奖	梁 耀 郭怡潇 李安宗 吴 显 杨 亮 张嘉庆
39	国际公司	西非断块型复杂油气藏油水层识别方法研究	二等奖	侯秋元 黄 亮 杜旭东 计 然 张丽华 王 坤 张莉莉
40	华北分公司	海南福山油田测井地质一体化综合评价研究与应用	二等奖	罗安银 潘 冬 张培园 熊 葵 代红霞 李 琴
41	华北分公司	动态监测技术在储气库生产运行中的应用	二等奖	蔡文渊 孟 骞 宁卫东 卢 静 王英杰 牛思雨 万 莉
42	新疆分公司	吉木萨尔混积型页岩油“甜点”富集机理与含油性评价方法	二等奖	蔺敬旗 曹志锋 张金凤 王先虎 张 凯 周炬锋 徐 睿 刘洁梨

（丛 慧）

【测井科技高端论坛】 2022 年 9 月 15—16 日，中油测井承办测井科技高端论坛在西安和北京两地召开。会议以“开拓思路创新引领打造中国测井生态圈”为主题，由中国石油学会、陕西省科学技术协会、陕西省石油学会联合举办。参加会议的有中国工程院院士李宁，高校院所、石油石化企业、互联网企业等 45 家单位领导、专家、教授等 150 人。中油测井党委书记、执行董事，陕西省石油学会理事长金明权致欢迎辞。陕西省科学技术协会调研员赵文娟、中国石油科技管理部副总经理钟太贤、长江大学校长冯征、中国石化经纬有限公司副总经理张波、中海油田服务股份有限公司副总裁卢涛代表致辞。李宁院士作《渗透率测井——推动测井科学发展的历史机遇与挑战》报告，强调构建中国石油测井生态圈既是大智慧，是推动学科发展的大举措，要砥砺奋进，共迎中国测井璀璨的明天。中油测井副总经理陈锋以《开放联合、创新测井，打造中国石油测井技术创新策源地》为题，介绍中油测井发展历程、研发制造服务能力、科技成果以及测井技术新进展，讲解测井技术发展面临的新需求、需要的新突破问题。会上，33位专家教授站位测井技术前沿，分享电法、声波、核与核磁、光纤、生产与工程测井、射孔、软件与人工智能、解释评价、远程传输、工业品设计、传感器等各自研究领域的研究进展和发展趋势。

（范宇翔）

【中油测井科技形势报告会】 2022年4月12日，中油测井以视频形式举办科技形势报告会。党委书记、执行董事金明权作题为“科技创新的形势与任务”专题报告。总经理、党委副书记胡启月主持会议，领导班子成员出席会议。首席技术专家，总经理助理、安全副总监，本部部门负责人及工作人员，所属单位领导及有关人员1408人，在66个主分会场参加会议。会上，金明权结合科技工作辉煌发展历史、当前复杂严峻内外形势、集团公司“十四五”及中长期科技创新与信息化工作部署、当前科技工作面临的实际问题，作系统研究分析。

2022年4月12日，中油测井召开科技创新的形势与任务专题报告会（叶志云　摄）

（万　磊）

财务资产管理

【概述】 2022年，中油测井财务管理工作深入贯彻落实集团公司党组和中油测井党委各项决策部署，坚持以市场为导向、以效益为中心，把握“价值创造、赋能发展”职责定位。深化提质增效价值创造行动，打造中油测井本部“三基”样板间，编制并发布《会计基础工作规范和重点业务操作指南》与《定额造价体系1.0（下册）》，推进基层党建“三基本”和“三基”工作有机融合、党建和财务工作深度融合、业务和财务双向融合。

【提质增效专项行动】 2022年，中油测井落实提质增效和低成本发展战略，实现开源增收10.71亿元、节支降耗9.24亿元，其中财税资金运营创效2.73亿元。加强顶层设计，实施提质增效举措，着力提升价值创造能力，精准落实32项提质增效任务。设立提质增效专栏，定期通报工作进度，及时总结工作成效，发布工作简报10期、动态30篇，选树典型案例53个，营造全员提质增效良好氛围。建立提质增效长效机制，研究制定中油测井《提质增效专项奖励实施细则（试行）》，严格落实考核兑现，突出正向激励、精准激励，进一步激发各级干部员工提质增效积极性和创造性。推进亏损企业治理，坚持分类施策、一企一策，制定亏损子企业减亏、扭亏、合理回报的时间表、路线图和任务清单，全面完成年度治亏目标。

【预算管理】 2022年，中油测井持续推进全面预算管理，优化绩效考核模式，预算管理由“行政式”向“自选式”转变。强化预算过程管控，完善月度、季度预算指标执行、分析、考核、预测和预警工作机制，预算执行率100.03%。完成共享服务平台预算控制中心的上线运行和推广应用，实现预算的实时监控、预警提示和自动拦截，进一步增强预算管理的规范性和严肃性。

【会计核算】 2022年，中油测井持续规范会计核算，研究制定《会计基础工作规范和重点业务操作指南》，规范 155 项重点业务操作流程，梳理 71 项财务相关规章制度，明确会计基础工作 78 条考核标准，实现会计业务处理流程化、附件资料标准化、凭证摘要规范化、自制表单模板化，组织多位高校教授和资深行业专家评审《会计基础工作规范和重点业务操作指南》，并一致通过。

【财务转型】 2022 年，中油测井自主开发财务大数据系统，搭建财务数据仓库，建立 44 个财务模型，多维度绘制企业画像，编制《财务参考》2 期，为管理层决策做好参谋。全面推广项目（区域）核算和综合效益评价，将收入、成本和利润核算到项目、区域等管理单元，建立评价体系，最大限度挖掘基层创收增效潜力。持续健全三级成本效益对标管理机制，逐级逐项分析成本结构和变化趋势，对标补短精准发力。为科研项目承担单位配备 6 名科研财务助理，深度参与科研项目全周期经费管理，与科研人员共同完成中油测井十大科技项目的立项预算编制。

【定额造价管理】 2022 年，中油测井完成定额造价体系建设，发布《定额造价体系 1.0（下册）》，制定 3 个系列 4 个等级维保价格、3 大类 96 项仪器销售价格和 3 大类 27702 项招标限价标准，为开展对外业务、规范招标采购行为提供有力依据。

【资金管理】 2022 年，中油测井持续深化资金集约化管理，优化境内账户管理架构，压减账户数量，境内资金集中度达 97%，实现资金集中创效 1.21 亿元。强化境外资金管控，一国一策制定汇率风险防控措施，超前规划境外资金收支路径，采取一系列保值增值措施对冲汇率波动风险，及时锁定汇兑收益。建立内部银行机制，推动资金市场化运作，强化内部资金有偿使用原则，推行流动资金内部贷款，突出现金贡献考评，优化资源配置，传导经营压力，提升资金运行效率。

【“两金”压降】 2022 年，中油测井加快结算进度，开展常态化结算清欠通报，强化责任落实，加速资金回笼，应收账款余额同比减少 4.82 亿元，其中中国石油内部单位应收账款余额同比减少 4.57 亿元，压降 61%。

【税收政策与管理】 2022 年，中油测井采取“内外组合、五级联动”网格化管理模式，推进减税降费组合式支持政策落实落地，确保政策红利应享尽享，累计增加净现金流 4.91 亿元，增利 1.44 亿元，研发费加计扣除工作经验在集团公司内分享交流和推广应用。

【资产管理】 2022 年，中油测井高效开展资产分类评价，全面理清资产家底，研究制订资产结构优化方案，建立健全低负效资产盘活激励约束机制，报废低效无效设备原值 9.03 亿元、净额 0.19 亿元，在集团公司物资调剂平台发布低效无效存货原值 1.24 亿元（已全额提取减值准备），进一步夯实资产质量。

【财务基础管理】 2022 年，中油测井推进一流财务管理体系建设，完善中油测井财务管理的“四梁八柱”，丰富中油测井财务管理内涵。打造本部“三基”样板间。举办中油测井本部“三基”工作推进会，财务“三基”特色经验做法作为典型经验，在中油测井本部部门和基层单位全面推广，并先后接待共享西安中心、陕西销售、陕西省税务二分局等 12 批次 200 余人开展工作交流。召开中油测井基层财务“三基”工作座谈交流会，助推“三基”工作向基层财务延伸。

【财会队伍建设】 2022 年，中油测井财务系统设立 13 个党员示范岗，建立“四位一体”责任制考评机制，举办财务负责人和业务骨干培训 2 次，会计实务讨论和财务制度宣讲 41 次，安排基层财务人员 8 人次进行“沉浸式”岗位学习，不断提升财务队伍整体素质。根据年龄结构加快财务人才梯队建设，选配 8 名业务负责人，突出“事上练、石上磨”，加快年轻干部成长。建立“AB 岗”互补机制，使财务人员由“专业型”向“全能型”转变。

（柳岳辰）

企管法规

【概述】 2022年，中油测井企管法规工作贯彻集团公司各项决策部署和工作要求，落实“改革三年行动收官之年”“合规管理强化年”和中油测井“基础建设年”安排，围绕依法合规治企、改革与管理创新、招标合同管理、内控风险体系建设等工作，深入研究落实。取得事后合同率明显降低，改革评估经验在集团公司分享，管理创新获奖等级新突破等成绩，推进企业管理和法治建设在公司改革发展中发挥应有作用。

（冯俊贵）

【法律事务】 2022年，中油测井围绕公司投资计划、预算调整、“三重一大”决策制度、海外子公司设立等50项决策，提出合法合规性审查建议。审核战略框架协议、高层次人才引进协议、纠纷案件处理、制度流程等59项。对674处房产问题开展调查，作出调查报告。提供法律专业指导，处理软件、图片、文字等知识产权法律风险，针对外包安保人员诉中油测井健康权纠纷案、诉中油测井债权转让合同纠纷案等组织业务沟通，提出处理意见。定期通报案件纠纷情况，2022年底未结案件4件，同比减少50%。开展普法教育，制定并组织实施“八五”法治宣传教育规划和2022年普法工作计划；组织参加集团公司“八五”普法、依法合规管理等网络专题培训；首次举办依法合规治企培训班，培训企管法规系统业务骨干60人；组织28名业务人员参加法律职业资格考试培训。开展法治知识宣传，上线运行依法合规治企和强化管理专题网页，9月举办“法治在我心中”演讲比赛。

（刘兰樱）

【深化改革】 2022年，中油测井核实改革工作中24项71子台账任务，组织召开改革工作推进会，改革三年行动任务提前两个月完成。组织开展改革任务评估研究与实践问卷调查，96%的员工对公司改革充满信心，改革评估研究课题获中油技服管理创新成果一等奖。报送改革总结和经验交流材料20余篇，入选集团公司典型案例2篇、改革实践专栏刊发2篇，中油技服经验分享3篇，形成改革三年行动“四个一”（一本改革案例集、一份改革评估报告、一套改革画册、一部改革视频）有形化成果。组织经营型项目部改革，选取长庆分公司安塞项目部、大庆分公司中区项目部试点。推进法人清理处置和亏损企业深化改革，“一企一策”制订总体方案和8个专项实施方案，完成集团公司法人清理处置和亏损企业深化改革工作任务。完善剥离移交业务服务保障机制，按月报告剥离移交业务沟通协调情况，完成剥离移交业务后评报告。开展混合所有制改革研究，对83项国家相关政策和18项集团公司政策分析研究，调研走访12家集团公司内外部企业，形成初步工作成果。

2022年4月，中油测井在西安召开改革三年行动和对标提升行动推进会（叶志云　摄）

【合规管理】 2022年，中油测井开展“合规管理强化年”活动，召开3次专题会议，部署、推进、总结依法合规治企工作，确保“合规管理强化年”活动取得实效。强化合规制度建设，建立完善安全环保、合同招标、投资管理、工程技术、市场管理等 13 个领域 328 项规章制度，实现每一项业务都有对应的管理制度。建立合法合规审查清单、合规职责清单、重要岗位合规职责清单，合规工作联络机制；建立合规风险清单、合规义务清单、合规流程清单，开展经营业务合规管理问题排查，全年没有发生重大合规风险事件；开展合规监督检查，完成 18 家单位“六化”（决策管理规范化、企业管理体系化、业务管理制度化、流程管理标准化、监督检查常态化、法规培训经常化）落实及合规工作情况查验，发现问题 46 个；开展合规管理培训，组织党委理论中心组专题学习《中央企业合规管理办法》，开展“合规管理强化年”工作讲解、新入职员工合规管理培训。组织党委理论中心组专题学习《中央企业合规管理办法》，开展“合规管理强化年”工作讲解、新入职员工合规管理培训，合规意识更加牢固。

（王　瑜）

【内控与风险】 2022 年，中油测井围绕“强内控、防风险、促合规”目标，完善 5 家新建单位内控体系和内控组织机构，升级海外业务内控管理手册 1.0 版，建立海外业务内控管理组织机构。组织年度内控手册修订，新版内控手册涵盖 373 个基本业务流程（重要流程 212 个），437 个风险（重要风险 258 个），关键控制点 322 个。建立重大经营风险防控体系，制定《重大经营风险事件报告实施细则》，完善重大经营风险事件分类及认定标准和报送机制。编制中油测井重大风险监督检查计划和管控方案，将风险管理和业务管理有机融合。聚焦核心业务和关键控制，组织本部和各单位内控体系评价测试、自我测试，完成集团公司年度内控自我测试任务。评估确定价格波动、市场需求、地缘政治经济和安全、技术与工艺、道路交通安全、竞争、放射源安全、资金流动性 8 项风险。全年未发生重大经营风险事件，内控与风险管理运行有效。

（金朝晖）

【合同管理】 2022 年，中油测井强化合同全过程管理，落实集团公司《合同管理规定》，完善中油测井管理办法、梳理系统运行流程、细化系统操作指南、按季度分析通报合同签订和履行情况，2022 年事后合同率 0.047%，同比下降 38%，示范文本使用率 87.29%，同比提高 33.37%。开展合同管理突出问题综合治理，贯彻落实集团公司《关于开展合同管理突出问题专项治理的意见》，在优化业务流程、强化业务培训、加强监督考核等方面多向发力，制定合同管理负面清单、合同审查风险提示清单等多份操作规范。

【招标管理】 2022 年，中油测井推进集中采购，建立以年度计划为主、月度计划适当补充的招标项目计划管理运行机制，合并所属单位间同质同类项目，避免项目拆分和规避招标，降低企业运行和采购成本。11 月，中油测井成立专项整治工作领导小组，组织制定印发《中国石油集团测井有限公司招标业务突出问题专项整治工作方案》，推进“1485”工作思路，即明确一个目标、重点整治四方面内容、狠抓八项整治措施、落实五项工作要求。针对 2020—2022 年实施的招标项目开展问题排查，发现各类招标业务问题 108 项，组织制订整改计划，明确整改措施和责任人，强化问题整改落实，依据集团公司员工违规行为处理规定进行追责问责 9 人次。

（杨德山）

【管理创新】 2022 年，中油测井承担“实施区域资源共享的探索与实践”集团公司管理创新研究与实践项目 1 项，9 月完成中期检查，11 月完成年终验收，获集团公司 2022 年管理创新研究与实践优秀项目，项目推动建章立制 20 项（10 项人力资源管理制度、4 项队伍协调机制、6 项远程测井管理规定）。组织申报中油技服管理创新成果，《“四维改革”激发活力效率迈向高质量发展的实践与创新》和《从赋能到使能：测井装备制造数字化转型应用与实践》2 项成果分别获中油技服一等奖和三等奖。组织申报中国石油企业协会管理创新作品，获优秀成果三等奖 3 项，论文三等奖 5 篇、优秀著作 1 项。推动管理创新工作信息化，完成管理创新成果总结线上申报与成果初评、中期检查。组织中油测井2022年度管理创新成果和管理专题项目验收，审定一等奖3项、二等奖5项、三等奖7项。完成2023年管理创新项目立项，审定立项项目16项。

（王　瑜）

【对标管理】 2022年，中油测井完成集团公司对标世界一流管理提升工作，通过对标管理，制定制度流程11项、规范标准4项、编制方案18项，编撰专业规划2项。推动对标工作常态化，建立中油测井强化对标管理工作方案和对标指标库，推动中油测井与国际油服公司、国内油服公司、技服内部企业及中油测井纵向、中油测井内部单位五个维度对标管理工作。按照集团公司发展能力评价工作要求，从发展能力评价体系分析、评价结果及主要问题、原因分析及改进措施、相关建议4个方面，编制中油测井发展能力评价提升方案。

（冯俊贵）

【工商事务】 2022年，中油测井根据集团公司统一安排，启动中油测井股东变更事宜。向中油技服报送公司章程修订意见并于2022年11月25日获批。主要修订内容包括：变更股东，股东由中国石油天然气集团有限公司变更为中国石油集团油田技术服务有限公司；更改英文名称和简称，将中油测井英文名称和简称“China Petroleum Logging Co., Ltd.（简称CPL）”更改为“China National Logging Corporation（简称CNLC）”；修改经营范围，新增“住宿服务、认证服务、广告发布、期刊出版、出版物零售”等条目。2022年12月9日，经西安市市场监督管理局高新分局变更登记，完成中油测井股东注册信息变更、法人营业执照更换和公司新章程备案。中油测井新增7项新商标注册申报工作，1项新的CNLC商标申请和6项西南分公司先锋系列商标申请。

【企业管理专题项目】 2022年，中油测井制定《企业管理专题项目管理办法》和《关于进一步加强企业管理专题项目管理的意见》，明确项目各环节管理要求。建立项目在线月报检查机制，收集32个专项2023年经费预算，推动项目管控信息化。组织2次专题项目长选聘工作会，遴选21个专项30位专题项目负责人。督促依托单位与项目长完成任务书签定，完善项目实施方案，细化管理考核细则。组织一季度例会暨第二批专项启动会，通报第一批专项，启动第二批17个管理专项。组织“上半年企业管理专题项目工作会”，总结半年项目进展情况，新增4个项目。落实项目考核评估，按照月度评估（40%）、年度考核（40%）、依托单位评价（20%）的考评标准，确定10项优秀管理专题项目。

（王　瑜）

【综合管理体系】 2022年，中油测井将国际社会安全体系纳入体系手册，优化体系文件，发布综合管理体系手册（2022版）。加强体系信息化建设，全面应用综合管理体系信息平台，将体系手册文件、规章制度文本全部上传至信息平台，方便各级人员查阅。开展体系深入应用，对长庆分公司等18家单位开展“现场+远程”督导，7次开展体系理论宣贯。

（冯俊贵）

【制度建设】 2022年，中油测井印发制度136项，其中新建50项、修订86项，废止106项。修订《中国石油集团测井有限公司规章制度管理规定》，明确制度制修订程序，明确制度合规性审查内容，形成制度管理长效机制。开展制度合规性“三查”（审查制度是否有立项计划、是否履行制修订程序、内容是否符合规章制度编写规范），完成136项制度的审查，制度审核率100%。建立海外业务规章制度清单，形成包含集团公司、中油测井、中油测井所属单位三个层级的海外业务规章制度，全年制定下发10项海外业务制度。开展制度管理培训宣贯，开展培训8次，各层级制度管理人员全覆盖。开展制度数量优化，现行328项制度全面覆盖中油测井生产经营各项业务，实现近3年制度数量每年压减10%。

（周茂荣）

审计工作

【概述】 2022年，中油测井以习近平新时代中国特色社会主义思想为指导，认真贯彻落实集团公司审计工作部署和要求，依法全面履行审计监督职责，聚焦主责主业，扎实做好常态化“经济体检”，为高质量建设世界一流测井公司提供审计监督服务保障。全年完成集团公司授权重大审计专项2项，集中开展经济责任、经营成果、基建工程、境外项目、合同在线、重点科研项目和其他专项7类137个审计项目，审计单位覆盖率100%，审计资金82.41亿元，审计发现典型问题283个，现场督导立查立改问题230个。取得直接经济成果845.98万元，其中基建工程审减716.48万元、挽回各类损失129.5万元。出具审计意见书10份，呈报专题报告及管理建议书7份，提出两级管理建议90条，处理违规追责问题2件，有效发挥审计监督服务和参谋助手作用。

【重要审计项目】 2022年，中油测井重大政策落实审计方面，受集团公司委托，全覆盖开展2019—2021年能耗管理专项审计和合同资产专项审计，披露问题16个，提出管理建议5条，项目成果通过集团公司验收。以复核评价绩效合同落实、经营指标完成为基础，实施5家单位2021年经营成果审计，督促整改问题33个，问题金额6225.48万元。规范权力运行和反腐倡廉审计，坚持“任中为主，离任必审”原则，实施领导人员离任经济责任审计10项，发现问题65个，提出管理建议21条，现场督促立查立改问题69个。按照集团公司部署，组织设租寻租问题专项整治，自查重大投资项目532项、重大工程建设项目165项，自查覆盖率100%，发现风险点2个，全面完成专项整治工作。经营管理提质增效审计，实施基建工程结算审计106项，审计资金10586.23万元，审减716.48万元，审减率6.77%。以集团公司审计、巡视反馈及集团公司通报风险清单为重点，开展物资、服务合同实时在线审计，突出事中审计整改时效，及时督促整改问题24类99项，取得直接经济成果58.52万元。开展提质增效专项审计，审计发现问题2个，立查立改问题9个，提出管理建议6条，夯实提质增效工作成效。推进集团公司、中油技服级科研项目审计全覆盖，完成集团公司级科研项目经费审计5项，审计资金11456.77万元，审计发现问题4个。开展重点安全隐患治理项目审计，发现问题19个，问题金额4419.27万元，提出审计建议3条，现场督促立查立改问题9个，对9家所属单位开展废旧物资管理专项审计，深入21家三级单位实地盘点，发现问题9个，提出管理建议6条，促进废旧物资规范化、精细化管理。开展党费、党组织工作经费，工会经费，乡村振兴帮扶资金3类专项审计，审计专项资金3531.68万元，督促整改问题26个，提出管理建议6条。境外资产安全规范运营审计，完成境外作业区领导人员离任经济责任审计1项，作业区管理效益审计3项，抽审国际公司11个职能机构、伊拉克南部作业区等18个作业基地，发现问题21个，提出管理建议16条。

【审计管理】 2022年，中油测井夯实审计“三基”工作，落实中油测井“基础建设年”工作部署，将18项重点任务按“定人、定点、定时限、定目标”逐一落实。优化管理职责界面，梳理规范职能定位，形成审计处负责审计链条的“头尾”、审计中心负责审计链条“中间”管理模式，梳理完善8项岗位工作职责，落实岗位责任制。推行台账管理工作机制，按期对账销号，确保重点工作安排落实落地，审计问题整改按期推进。举办审计实务培训班1期，开设审计实务、数字化审计、审计整改与违规追责等11门课程，拓宽审计工作思路。以提质增效、废旧物资管理等新领域审计项目实施为契机，探索开展研究型审计，审前深入调查，实现“一审一案”，审中强化问题导向、成果意识，提出优化管理对策建议76条。强化事中审计，以加强审计关口前移为目标，开展合同在线审计，突出事中审计整改时效，及时督促24类99项问题立查立改。加强实践经验总结和审计理论研究，《物资采购管理专项审计》获集团公司优秀审计项目三等奖，《基于“三化”要求的审计整改长效机制探析》《应用大数据技术方法推深做实研究型审计》获集团公司优秀审计论文二等奖。落实集团公司《关于进一步加强审计整改工作的通知》要求，健全“工作报告”“贯通协同”等7项工作机制，审计整改制度化、规范化水平不断提升。梳理发布《重点整改问题对照检查清单》，对18家单位114项重点问题进行两轮“回头看”检查，一对一指导整改责任单位查找问题、推进落实，夯实整改成效。持续跟踪《原执行董事、总经理李剑浩离任经济责任审计》后续整改落实情况，报送后续整改报告2期，完成审计整改闭环。配合主管业务部门完成2项集团公司巡视反馈问题整改，报送纪检监察组五中心《关于对集团公司党组巡视反馈问题整改情况的汇报》并通过巡视整改验收。处理违规经营投资追责问题和线索2件，责任追究4人，提醒谈话4人，处理处罚4人，发挥以追责促合规的正向作用。

【审计数字化】 2022年，中油测井深化应用大数据审计，补充、更新大数据基础数据，迭代优化审计预警模型35个，利用模型筛选66条疑点，实现精准定位、靶向发力，建立的审计综合分析评价模型，在集团公司审计数据仓库建模大赛中获得三等奖。深化大数据审计研究，由“业务驱动”转为“集中分析、系统研究、发现疑点、现场核实”的数据驱动型审计，形成了集数据挖掘、清洗、风险评估、经营画像、发现模型为一体的大数据审计运用体系。优化审计项目管理和作业流程，扩展模型应用场景，强化对非现场审计阶段作业支持，固化审前数据分析流程，助推工作职能由“风险导向确认型审计”向“战略咨询型审计”转变。

【制度建设】 2022年，中油测井持续完善基础制度、工作制度、审计规范、工作流程“四个层次”的审计制度体系，梳理审计制度及规范，修订发布审计管理制度6项、工作流程38项。制订印发中国石油集团测井有限公司《审计项目计划管理实施细则》《经济责任审计管理办法》《基本建设项目审计实施细则》《科技项目审计实施细则》《审计整改工作实施规定》《审计档案管理实施细则》6项制度。系统梳理法律法规、内部审计准则、审计管理制度、集团公司及公司管理制度五个层面制度规范，持续动态更新发布《审计法律法规及规章制度库》，为依法依规审计奠定基础。

（李　明）

行政管理

【概述】 2022年，中油测井按照集团公司综合管理部的要求，贯彻落实党中央、集团公司党组、中油技服、陕西省委、省政府工作部署，落实“第一议题”制度，推进政治建设、文秘督办、文书机要、会议会务、业务接待、综合事务等业务工作落实，管理、指导所属单位办公室（综合办公室）业务，履行机关“五项”职能，保障日常办公运行良好。

（白松涛）

【政治建设】 2022年，中油测井党委第一时间召开党委会，学习贯彻党的二十大精神和习近平总书记重要指示批示精神，建立完善督查落实机制，按照PDCA指质量管理的4个阶段，“P”即Plan（计划），“D”即Do（执行），“C”即Check（检查），“A”即Act（处理），工作闭环，持续跟踪问效，全年学习“第一议题”36项，研究形成具体举措127项，扎实推动习近平总书记重要指示批示精神和党中央重大决策部署在公司落地生根。对学习贯彻习近平总书记重要指示批示精神情况开展“回头看”，梳理落实内容85项，及时查漏补缺，推动工作走深走实。编制《党的二十大精神学习宣贯方案》，举办专题辅导讲座，从下到上组织召开3场次务虚会。对照落实全面从严治党主体责任5方面22项工作要求，细化四大类重点工作任务，动态销项管理，规范责任履行。制定《加强对“一把手”和领导班子监督的任务清单》，细化量化监督重点、措施和职责。修订完善《“三重一大”决策制度实施细则》，建立《党委前置研究讨论重大经营管理事项清单》，进一步细化明确决策事项范围，规范决策程序。

（白松涛　王涯菲）

【文秘督办】 2022年，中油测井办公室落实“基础建设年”安排部署和领导对办公室系统的系列工作要求，转观念、抓重点、夯基础、提效率，起草向集团公司、地方政府、油田钻探的交流汇报，以及重要会议材料、纪要、课件、致辞、贺信等各类材料210份近100万字，牵头起草的汇报材料4次得到集团公司领导批示。加强信息报送管理，优化栏目内容，编发《公司信息》16期，集团公司《值班信息》《企业动态》录用21条，用稿量在集团公司排名前40。清单化、表单化梳理上级会议精神和文件要求及重点安排，线上督办重点事项1237项，推动改革创新重点任务扎实开展。落实党群工作例会制度，推动年度党建工作任务落地。规范事项提报流程，加强议题前置性审核，负责35次党委会、8次执行董事办公会、11次总经理办公会、10次党群工作例会的会议会务工作，审议重点事项387项，研究“三重一大”事项141项，起草纪要54份。克服新冠肺炎疫情等因素影响，策划调研交流活动，协调公司层面走访油田钻探27家、调研基层单位30余次、形成调研报告10份、整理问题及需求清单202条。结合集团公司有关规定及实际，制修订深入学习贯彻习近平总书记重要指示批示精神落实机制、贯彻落实中央八项规定精神实施细则、各单位党委向公司党委请示报告重大事项规定等6项制度，建立工作台账10份，编制文字写作、调研、督办、信息等标准化手册4份，召开办公室系统“三基”工作推进会进行全面宣贯。

（陈　凡　白松涛）

【文书与机要】 2022年，中油测井严格执行中央、陕西省委和集团公司对公文和印章管理规定，遵循“统一归口、分类办理、规范高效、安全保密”的原则，规范公文的登记、流转、保存、归档等工作，做到公文制度化、审文精细化、用章流程化。做好集团公司专网系统和内网电子公文系统的使用、运行、管理和维护等工作，全年文书与机要工作以零差错完成陕西省、集团公司和中油测井收文、发文工作，收文3241份，发文3016份。按照标准印信管理，刻制印章5枚，废止印章4枚。落实“基础建设年”工作安排，修订发布中油测井《公文管理办法》《印章管理规定》，修订《普通密码管理细则》及密码工作岗位职责、密码工作人员管理规定等6个细则。梳理收发文等12个工作流程，15个工作台账，20个工作表单。细化考核标准，从公文、机要、印章、OA系统4个大项，规范行文、发文数量等7个具体考核项，百分制细化考核标准。完成OA系统PC端升级，增加OA系统使用情况统计月报、年报功能，修改公司各类会议纪要模板，新增迁移114个系统用户，在OA系统中新增中油测井QHSE委员会、监督执纪工作专题会议纪要、国际事业部行政文件等6个发文流程，新增“测井公司党委发”等9个公文代字并规范发文代字使用。按照集团公司保密密码办关于密码精准管控二期建设项目工作统一要求，完成公司机要室、纪委办公室智能载体柜和办公专网终端设备购置及安装。申请将公司专网接入点升级至机密级，将18家所属单位纳入专网秘密级接入点。机要设备实行周安检、月上报制度，累计完成安检52次月报12次。完成密码传真设备第10次秘钥更换。机要文件管理以严格标准、确保安全原则，统一管理、分级负责，定期清查核对，全年收机要文件571份，清退机密级文件49份，发涉密文件12份。收专网邮件141份，发送专网邮件334份，报送信息132期、重大事项报告12次。

（王笑菲　张婷婷）

【信息工作】 2022年，中油测井紧跟集团公司重点工作部署，全面客观展示市场开发、科技创新、管理提升、人才强企等各方面工作成效，编发《中国石油集团测井有限公司信息》20期，上报集团公司132条，直通集团公司党组领导和总部部门。集团公司录用27条，在140家单位中排名37。中油技服录用64条，排名第3。成为传递测井声音、发挥参谋助手作用的主渠道，为集团公司、中油技服、中油测井等各级领导了解情况、指导工作、科学决策提供有力支持。完善制度机制。参考上级信息工作相关制度，结合信息工作实际，修订完善信息工作管理办法，起草信息编辑规范，提升信息管理规范性，形成科学高效的信息工作管理模式。根据基层信息被不同层级录用的权重，建立面向价值创造的信息工作评分模型，每季度向基层通报信息工作情况，年底表彰信息工作先进单位8家、先进个人22名。优化工作流程。依托协同办公平台，全面运行“信息工作”版块，实现对信息报送、审批流程全面优化，提升保密水平，极大地提高各级信息处理和上报实效。指定专人报送，全过程负责信息的采编、审改。及时督办落实批示精神，明确责任单位、责任人，抓好贯彻落实，形成信息工作管理闭环。全年通过信息化平台处理基层信息1053条，确保每条信息有价值、可追溯，推动信息工作管理由局部管控向全生命周期管理转变。强化队伍建设。组建45名专兼职信息岗位队伍，加强信息专兼职人员的培养，组织83名基层办公室专兼职信息工作人员参加集中业务培训，调训5名基层信息工作骨干开展为期3个月的专题轮训，促进信息写作质量的提升。

（葛文帅）

【外事管理】 2022年11月22日，中油测井撤销国际合作处（外事办公室），外事、因公出国职能划入办公室（党委办公室、维稳信访办公室）。全年办理因公出国立项团组101个207人次，办理因公护照46本、销毁过期因公护照761本。新冠肺炎疫情期间，对因公出国人员报批跟踪管理，保障境外员工倒班轮换工作正常运转。严格控制派出一般性临时出国团组，做到“非必要不出境”。严格出国人员资质审查，重点关注有基础病或存在健康隐患的员工，严格体检、疫苗接种等出国要求，加强出国人员新冠疫情防控知识教育和旅途防护培训，签订《出国员工健康承诺书》，提高出国员工自我防护意识，有效控制出国管理风险。规范出国管理基础工作，组建外事管理团队，18家二级单位各设立1名专兼职外事管理员，及时传达集团公司、中油测井最新文件、通知要求及疫情航班动态信息。

（胡慧琳）

【业务接待管理】 2022年4月，中油测井为进一步规范业务招待活动，修订《业务招待管理办法》，本次修订主要明确对商务、外事及其他公务招待活动的归口管理部门，调整制度文本格式。7月，根据本部组织机构职能调整，重新修订《举办和参与庆典、研讨会、论坛、展览的管理办法》，进一步规范举办和参与各类庆典、研讨会、论坛、展览等活动的组织流程和管理规范。严格按照业务招待管理办法和举办和参与庆典、研讨会、论坛、展览的管理办法办会办展，新一代CPLog生态联盟圈大会、测井技术高端论坛、《中国石油测井简史》工作研讨会以及中油测井成立二十周年庆祝大会等大型会议，本部召开各类会议1510场次均按照标准管理运行。

（宋政龙）

【综合事务】 2022年，中油测井修订《公务用车管理办法》《人员异地交流期间周转住房管理办法》《办公室行政综合岗管理手册》《本部部门合规职责清单》和办公室岗位工作制度合规管理注意事项，合规开展办公室各项工作。规范各单位及所属三级单位办公基地大门、办公楼宇、会议背景墙品牌标识和一体化测井车及工程车辆涂装。合理配置办公房，完成地质研究院办公场地申请，解决培训中心产业化基地服务保障人员46人的临时办公室，配齐10名首席技术专家的办公用房、办公设备和办公家具。保障公务车运行、办公设备和办公用品需求。

（王红卫）

保密工作

【概述】 2022年，中油测井坚持党管保密原则，学习贯彻党的二十大精神和习近平总书记关于保密密码工作的重要指示批示精神，贯彻落实集团公司党组以及中油测井党委保密密码工作要求，先后8次在中油测井“三会”、党委会、本部党委扩大会及保密委员会等重要会议上，对保密工作作出安排部署，确保各项保密任务要求落到实处。在围绕中心、服务大局中筑牢坚强屏障，有效保护国家秘密和中油测井商业秘密安全。获陕西省“保密工作通联先进集体”称号,1人获陕西省“保密工作通联先进个人”称号。保密密码工作保持安全可控、稳步提升、持续向好的发展态势，为加快建设世界一流测井公司提供坚强保障。

【保密技术】 2022年，中油测井按照集团公司保密密码工作整体部署，统筹推进本部涉密办公专网密码机、终端设备和运行系统的升级更换安装，协调部署18家所属单位涉密办公专网接入工作。8月，针对网络敏感信息违规传输事件多发的情况，采取技术封闭手段，有效杜绝微信、QQ等互联网即时通信工具违规传输敏感信息行为。

【保密教育】 2022年，中油测井开展“4·15”全民安全教育日、“保密宣传月”等活动，通过答题、展示、讲座、检查、志愿服务5项内容，宣传保密常识、保密意识。组织《筑牢保密防线》《网络保密管理》等专题讲座4次，中油测井两级保密委主任开展保密专题课讲授活动20场次，累计参加各类保密培训教育5089人次。发挥传统媒体与网络新媒体融合效应，制作“保密故事大家讲”微视频，征集保密文案、宣传海报作品78项，择优向集团公司选送作品5项，组织10917人次观看保密系列纪录片《无声的功勋》，组织铁人先锋平台网络保密知识答题等活动3次，参与人数约10000人次。

【监督检查】 2022年，中油测井进一步规范涉密人员管理，梳理更新14名涉密人员数据，建立涉密人员管理台账，明确中油测井国家秘密定密责任人，组织密码管理人员、信息系统建设及维护人员参加“喜迎二十大”机要密码知识学习竞赛活动，对岗位变动和新提任二级副及以上领导干部做好保密提醒工作，组织签订任前保密提醒书、保密责任书各130份。开展专项检查，针对互联网即时通信工具违规使用开展专项检查，自查微信群755个，微信公众号43个，视频公众号6个，在用微信小程序32个，及时解散微信工作群300余个。开展敏感信息专项整治，对中油测井本部14个、所属单位18个门户网站进行全覆盖清查，清理敏感信息800余条，运用“自动检测”与“手动排查”相结合方式，现场检查办公电脑2703台，彻底消除敏感信息安全隐患。开展违规事件整改落实，针对集团公司监测发现的4起违规传输敏感信息事件问题，保密办公室深入调查、分析问题原因，通过中油即时通平台向全体员工发布保密工作提示，开展专项行动，整顿本部部门及所属单位微信泄密违规事件，6882人参与自查，三级副及以上党政干部及重点涉密人员覆盖率100%。

【制度建设】 2022年，中油测井进一步强化保密制度建设。健全涉密载体销毁机制，落实日常收发文登记管理、文件借阅传阅管理，及时清退机要文件36件。建立敏感信息资料销毁台账，全年销毁敏感信息及涉密资料7.09万份。健全保密工作制度，规范《对外合作保密协议（模板）》，制修订中油测井《保密管理办法》《违规传输敏感信息处罚实施细则》《涉密计算机及涉密移动存储介质保密管理实施细则》等制度4项，有效推进保密工作制度化、标准化、流程化。健全保密工作考核机制，将各单位保密工作开展情况纳入年度经营业绩考核，全面加强硬考核、严兑现，发挥考核的激励奖惩作用，压实责任链条。

（宋政龙）

档案史志

【概述】 2022年，中油测井档案工作学习贯彻习近平总书记重要批示精神，落实集团公司、中油公司决策部署，围绕中心、锚定一流，突出档案治理体系、档案资源体系、档案利用体系、档案安全体系建设，紧扣“高质量、高效率、零差错”工作目标，持续推进档案管理、史志编研、档案数字化等重点工作，确保“2022基础建设年”档案工作取得新业绩。

2022年，中油测井有18个基层档案管理机构，专职档案人员90人，兼职档案人员109人；档案库房总面积为10019.37平方米，馆藏全部纸质档案734906卷、1687882件，排架总长度49546.1563米；档案管理系统保管数据3787212条，数据储存总量3001.466吉字节。中油测井档案馆2009年12月成立，主要负责制定公司档案管理办法、标准及实施细则；接收、整理本部档案资料；推进档案管理体系、资源体系、安全体系和利用体系建设；参与重大建设项目、重要设备（仪器）及重大科研项目归档资料的验收；开展史志年鉴和大事记等档案资源编研。有工作人员8人，其中女性4人；均为本科及以上文化程度，其中研究生学历2人，平均年龄43岁。档案馆建筑面积470平方米，其中库房面积175平方米，总排架长度374米，室藏9大类24000余卷（件）档案。

【档案制度】 2022年3月25日，中油测井印发《中国石油集团测井有限公司年鉴编纂管理办法（试行）》和《中国石油集团测井有限公司大事记编写工作管理办法（试行）》，建立年鉴工作制度化、规范化和长效化机制。2022年4月27日，印发《关于修订中国石油集团测井有限公司档案工作考核评分明细的通知》，发布《中国石油集团测井有限公司档案工作考核评分明细表（2022）》，开展体制机制、管理职能发挥、宣教工作、基础业务管理、档案安全、史志年鉴大事记编纂和创新发展评价，结果纳入年度档案工作绩效考核。

【档案管理】 2022年6月8日，中油测井印发《关于调整非常设机构设置及组成人员的通知》，成立档案工作委员会，委员会办公室设在办公室（党委办、维稳信访办）。编制完成《中国石油集团测井有限公司档案管理工作手册》《中国石油集团测井有限公司史志编纂工作手册》，从岗位职责、工作内容、管理制度、业务流程与工作标准、工作方法、关键术语和重点工作等方面对档案史志业务进行规范。梳理档案收集整理、档案保管、档案借阅利用、档案统计、档案编研、档案数字化、档案鉴定和销毁、史志编纂工作流程等8个业务流程，完成《中国石油集团测井有限公司内部控制管理手册（2022版）》档案管理业务流程图及风险控制文档更新升级。完成合同管理系统与档案管理系统集成应用系统配置与用户培训，2022年9月，融合系统正式上线试运行。

【档案归档】 2022年，中油测井推进归档确认制落实，档案编目案卷级23454.54万条、文件级7534.37万条。归档纸质档案21719卷33936件。归档电子档案8056.43吉字节，其中文书类电子档案7293件87.56吉字节、数码照片1177张8.82吉字节。归档实物档案294件。

【档案利用】 2022年，中油测井严格按照档案借阅利用流程开展档案利用业务，通过在线或其他利用方式，开展档案利用24529人次、316227件次，实体档案无借出无丢失。

【**存量档案数字化专项工作**】2022年，中油测井为加快实现档案数字化转型，按照数字档案馆建设要求，开展存量档案数字化工作，第一批实施单位16家。制订存量档案数字化实施方案，明确工作筹备、工作准备、数字化加工、总结提升等4个阶段工作任务；批复费用预算396.64万元。全年数字化扫描6041129页，完成总工作量的47.2%。

【**档案培训**】2022年4月2日，中油测井办公室牵头举办办公室业务视频培训班，档案馆宣贯中油测井档案、大事记和年鉴制度规范。2022年5月15日，中油测井市场生产处牵头举办基建管理培训班，档案馆宣贯基本建设项目档案管理制度。

（蔡成定）

【**中国石油测井简史**】2022年11月24日，中国石油测井行业第一部发展简史《中国石油测井简史》出版发行。该书由中油测井倡议发起组织编撰，中石化经纬有限公司、中海油服油田技术事业部、延长石油、大庆油田、中国石油勘探开发研究院、中国石油大学（北京）、中国石油大学（华东）、东北石油大学、西南石油大学、长江大学、西安石油大学和石油工业出版社等单位参与编撰，中国工程院院士李宁为该书编撰工作做指导。《中国石油测井简史》采用编年体、纪事本末体等体裁，按章、节、目依次编排，由序、上下编、大事记、卷首照、随文图等组成，共50万字。该书以中国石油测井技术发展和应用为主线，辅以各时期测井机构和产学研发展两条辅线，结合模拟测井、数字测井、数控测井、成像测井4个发展阶段和测井行业标志性事件，将中国石油测井行业83年发展历史分为1939—1949年、1949—1958年、1958—1978年、1978—1998年和1998—2021年5个时期，上编记述行业的发展一脉相承，下编对中国石油、中国石化、中国海油、延长石油和石油高校的测井事业发展记述脉络清晰。全书纵述史实，重记述、轻评价、慎定论，所应用资料和收录的大事记条目考证印证严谨，收录反映测井技术、装备、历史事件、科技成果等方面图片240张，部分历史照片弥足珍贵。封面以测井技术发展的4个时期测井曲线的重要特征为设计元素，采用软精装，彩色印刷，装帧精美。

该书历时近一年编撰而成，2021年12月中油测井制订编纂工作方案，得到行业内100多位老领导、老专家的积极响应和大力指导。2022年4月13日，召开编委会第一次会议暨编纂工作启动会，48家单位89名领导和专家以现场和视频的形式参加会议。会议确定编委会、编写组人员名单建议草案及职责、进度安排。参与单位设14个小组，共50余名人员。中油测井从各所属单位抽调8名编纂人员组成编写组集中办公。编写组先后到11个档案馆、图书馆查阅资料2300余份，收集有关单位的史志、年鉴和大事记30本，查阅《测井技术》所有合订本及《中国石油科技概览》丛书，购买有关测井的历史书籍107本，整理有关文件资料2600余份240余万字、照片3000余张。访问、咨询有关老领导、专家230余人次，召开编写组全体讨论会9次，9批次征求690人次意见建议800余条，开展10轮次稿件修改、校对和审核。9月16日，编委会以现场和视频的形式在北京、西安3个会场举办工作研讨会。对初稿进行深入讨论和交流，提出下一步工作要求。11月24日，《中国石油测井简史》《中国石油集团测井有限公司志2002—2021》发行仪式暨座谈会以现场+视频的方式在西安召开，面向全社会发行。中国工程院院士李宁，以及来自23家单位的115名领导、专家和代表，25位编写组成员，在北京、青岛、燕郊、西安等地14个会场参会，中油测井党委书记、执行董事金明权，老领导李剑浩为《中国石油测井简史》《中国石油集团测井有限公司志2002—2021》揭幕。

【**中国石油集团测井有限公司志**】2022年11月24日，《中国石油集团测井有限公司志2002—2021》（简称《公司志》）出版发行。该书是中油测井成立20年来编纂的第一部志书，系统梳理中油测井发展脉络和历史沿革，全面记述中油测井在技术、装备、服务等方面的辉煌业绩。该书遵循志体，按照“四位一体”主体业务特点和企业管理结构，横分门类，共设置八篇57章214节，字数1000千字，辅以总述、大事记、附录、卷首照和随文插图等，采用章节体，篇、章、节、目层层相辖，志体严谨、分类合理、归属得当、逻辑严谨，是记述中油测井发展历程的资料性文献。技术研发和装备制造篇以各测井系统类型分类，纵不断线，脉络清晰；技术服务篇以作业类型分类，突出作业特点；综合应用篇以油田区域分类，突显技术特色。在机构沿革篇创新设置整建制重组进入的13个单位历史沿革一节，追溯至成立之初，以示不忘本源。

该书历时4年编纂而成。2018年4月，中油测井研究决定启动《公司大事记》《公司志》和《宣传册》编纂工作，成立史志编纂委员会，设立史志编辑部。2019年5月，举办《公司志》编纂培训班，开始资料收集整理。2020年初开始设计《公司志》大纲，6月调整断限下限从2017年12月到2020年12月，年底完成资料长编。2021年4月，党委决定将编纂出版《公司志》作为庆祝中油测井成立20周年的重要工程之一，调整《公司志》断限为2002—2021年。7月，《公司志》编纂列为公司软科学研究项目，按项目化管理运作，建立工作激励机制。从各单位抽调29人集中办公，编写第四篇、第五篇初稿，其他篇采取灵活方式开展初稿编写工作。10月15日起，从长庆、西南、天津、辽河、吐哈、塔里木分公司和国际公司等所属单位先后抽调7人，从党群工作处抽调1人，开始分纂工作。12月，决定增编《公司志》简本，用于对外交流和宣传，要求在二十周年庆祝时发布。12月23日起，西安市新冠肺炎疫情实行33天封控管理，7名被隔离在酒店抽调同志，克服一日两餐等生活工作困难，夜以继日地开展工作直至春节前夕才返回家中，有力地保障分纂工作进度。2022年4月22日，史志编委会组织召开《公司志》简本第七次编纂工作会议，评审总纂稿，提出修改意见，形成审定稿。7月6日，召开《公司志》简本的专家评审会，明确下一步修改方向。11月24日，《公司志》简本与《中国石油测井简史》同时发行，成为中油测井成立二十周年系列庆祝活动的一项重要内容。

【中国石油集团测井有限公司年鉴】 2022年，中油测井党委落实集团公司提出“一企一鉴”工作要求，决定在中油测井成立二十周年，启动《中国石油集团测井有限公司年鉴》（简称《中油测井年鉴》）编纂工作。4月27日，印发《关于开展中油测井年鉴（2022）编纂工作的通知》，起草下发《中油测井年鉴编写大纲》，6月，年鉴编辑部完成资料的收集和整理工作，完成第一稿。先后组织4轮修改，2022年底完成初稿。《中油测井年鉴》初稿共设置17个类目，客观记述市场开发、技术服务、综合应用、技术研发、装备制造、企业管理及改革创新等方面的基本情况和重要事项，全面展示中油测井为建设世界一流测井公司所作出的努力和取得的成就。

（李华溢）

维稳信访与安保综治

【概述】 2022年，中油测井持续落实国家、集团公司、属地政府政策工作部署，稳步推进平安企业建设，不断夯实“三基”工作，完善工作流程，推动解决员工群众合理合法诉求，实现维稳信访“三个绝不允许”和安保防恐“三个坚决防止”的工作目标，全年实现来信办理数量和来访接待总量“两个持续下降”，进京访、群体访、治安刑事案件和内盗案件“四个零发生”。

【维护稳定工作】 2022年，中油测井坚持“东部重维稳，西部重防恐，中部重平安，境外重社会安全”的工作主线，完成北京冬奥会冬残奥会、全国“两会”等重点阶段维稳安保重大政治任务，先后两次获集团公司通报嘉勉。坚持做好重大事项稳定风险评估“前置门槛”作用，围绕培训后勤业务整合、区域人力资源共享、优化调整海外业务体制机制、退休人员社会化管理等重点领域、重大事项，实施稳定风险评估42项，为深化改革发展营造和谐稳定氛围。组织开展深化改革过程中不稳定因素调查研究，探索建立以“四梁八柱”（“四梁”指体系全面融合、流程全面优化、风险全面受控、管理全面提升；“八柱”指分析异同、建立架构、风险评估、报告与监控、宣传培训、监督与改进、考核与责任追究）为核心的风险防控体系。全年组织开展“四重”（重点人员、重点群体、重点领域、重点问题）不稳定因素大排查103次，排查出不稳定人员24人，实现排查率和掌控率100%。

【信访工作】 2022年，中油测井信访工作依照信访工作标准、流程，处理群众来信来访、听取职工意见，处理涉及职工群众切身利益的热点问题。组织开展《信访工作条例》宣传月活动，积极推动《信访工作条例》进基层、进班组、进岗位，上报6部作品参加国务院国资委《信访工作条例》网络正能量作品创作大赛，获集团公司通报表扬。确定11名公司级涉稳人员，全部建立不稳定人员基本台账，夯实“五级责任”。

【治安防恐】 2022年，中油测井推进重点目标达标建设工作，对标梳理重点目标，确定32个安保防恐重点目标，其中一级6个、二级23个、三级3个，全部提前完成达标建设。梳理出36个临时危险品库，全部按照要求开展“三防”建设。1人入选集团公司安保防恐专家库，3人获集团公司安保管理体系审核员资格认证。建立完善8项“反内盗”长效工作机制，24项具体工作措施，针对能耗管理和废旧物资管理开展检查和“回头看”专项审计，深刻把握“不敢盗、不能盗、不想盗”的内在逻辑联系，逐步实现“三不盗”同步推进、同向发力。

【制度建设】 2022年，中油测井建立国务院“互联网+督查”平台转送问题线索办理流程，完善信访工作流程，印发《中国石油集团测井有限公司内部治安管理办法》，为内部治安管理提供根本遵循。

【平安企业创建】 2022年，中油测井抓住维稳信访、安保防恐和国际业务社会安全管理3项重点工作，持续完善制度体系建设、责任体系建设、稳控体系建设、安防达标建设体系建设，推动平安企业建设走深走实。

（张　迁）

社会保障管理

【概述】 2022年，中油测井所属各单位根据属地管理原则及参保所在地要求，按时办理入职、退休增减变动，转移、社保费缴费等各项社保业务。其中，本部负责在陕参保的物资装备公司、地质研究院、制造公司、测井技术研究院（西安）、质量监督中心、培训中心、本部部门的参保缴费等整体业务；其他分公司社会保险有关业务依托分公司所在地油田社保部门办理。

【社会保险】 2022年，中油测井所属各单位按照参保所在地要求，按时办理各项社保参保缴费、缴费基数调整、工伤认定鉴定等社会保险业务，全年平均参保人数11270人，缴纳基本保险资金6.15亿元，办理员工退休529人（含提前退休73人）。

【补充医疗保险】 2022年，中油测井全部员工参加企业补充医疗保险，按属地管理原则，缴费比例和享受待遇有所不同。3月，国际公司原在陕参加补充医疗保险人员转到北京参加补充医疗，实现补充医疗和基本医疗参保地一致。中油测井与中意人寿保险有限公司陕西省分公司签订企业补充医疗保险团险合同。在陕参保在职和退休人员 1754 人由中意人寿承保，初期保费 917.7 万元，在基地、长庆坊、后村和马家湾多个服务点为参保人员理赔收件和赔付办理 20 多场次，理赔率 89%，中意人寿为参保人员提供健康义诊和线上健康讲座。

【重病保障项目】 2022 年，是集团公司实施重病保障项目的第二年，中油测井社保中心和各油田社保中心负责参保人员重病理赔资料理赔支付审核。按照集团公司重病保障项目关键业务运行计划，完成每月缴费提报。2 月，按照集团公司工作安排，完成当年 17726 人重病保障项目参保，截至 2022 年底，完成 295 人 558 件核销，核销金额 382.3 万元，减轻参保患病人员经济负担。通过即时通、宣传手册等形式开展重病保障项目宣传，及时将集团公司和中意人寿组织的邀请国内知名专家健康讲座和健康答题等各项活动信息通知到所属单位。

【企业年金管理】 2022 年，中油测井根据集团公司企业年金关键业务运行计划按月进行相关业务，保证企业年金各项业务顺利进行。落实《中国石油集团天然气集团有限公司企业年金管理细则》规范企业年金操作业务。按照集团公司年金系统创新业务办理模式，再造业务线下办理流程，实现业务资料系统上传、分离存储和 OCR 识别校验，实现员工及家属 App 自主办理业务，提高员工业务办理便捷性、业务管理员业务办理高效性。推进企业年金账管系统（石油年金）和石油年金 App 上线运营，实现资料一次上传、集中管理、审核快捷。月均 11350 人完成企业年金缴费，单位个人缴费金额 2.1 亿元。办理个人账户新增 45 人，个人账户修改 404 人，个人账户转出 399 人，死亡支付 39 人，退休支付 434 人，支付方式变更 8 人，重新参加 8 人，自愿暂停 5 人。

（徐　洋）

离退休人员管理

【概述】 2022 年，中油测井在集团公司离退休职工管理办公平台管理离退休人员 1320 人，其中，离休干部 2 人、退休职工 1123 人、其他群体退休 195 人。离退休人员的管理工作在集团公司离退休职工管理办公平台中油测井架构下，中油测井负责管理长庆分公司、西南分公司、国际公司、测井技术研究院、地质研究院、制造公司、物资装备公司、质量安全监督中心、培训中心（党校）等单位的退休人员信息。其他分公司退休人员依托属地油田，人员信息在属地油田架构下管理，发生的费用由分公司与属地油田结算。

【退休人员社会化管理工作】 2022 年，中油测井落实落实 2021 年 2 月 26 日集团公司退休人员社会化管理工作领导小组会议精神，结合地方政府常态化移交工作的进展和要求，按照《西安地区退休人员常态化移交方案》持续做好常态化移交工作。截至 2022 年底，完成 75 名自管退休人员的常态化移交工作，并将 2021 年前退休人员 369 份退休人员纸质人事档案移交至“幸福之路”西安市国有企业档案管理服务中心，标志着中油测井西安退休人员人事档案移交工作完成。

【离退休职工待遇落实】 2022 年，中油测井注重离退休职工的待遇落实工作。全年发放离退休人员集团公司“三节”慰问金 9094 人次 785.92 万元；企业“三节”慰问金 1234 人次 107.06 万元；企业其他群体 4273 人次 369.19 万元。培训中心发放生活补贴、集团（公司）过渡年金 5261 人次 140.67 万元；发放企业过渡年金 368 人 40.18 万元。长庆分公司发放生活补贴、集团（公司）过渡年金 5116 人次 124 万元；发放企业过渡年金

276人18万元。长庆分公司完成539户退休人员的采暖费报销，收取668张票据，报销金额93万余元；231名家属子女医保保费报销金额8万元；546人补充医疗门诊2563张票据，报销金额160万元；237名家属及子女门诊药费报销，收取800余张票据，报销金额45万元；报销家属住院费10人次。组织566名退休人员体检。定期联系空巢、失独、孤寡、重病等人员32人次，困难帮扶35人，大病救助2人，慰问住院退休职工160人，走访慰问生活困难家庭126人次。培训中心发放422人的节日慰问金共计148万元，各类统筹外费用273万元；完成退休人员310人2022年度养老保险待遇资格认证工作；协助完成35名退休人员独生子女补助金的办理；组织535名退休人员进行健康体检、采暖费报销。协助中意保险完成退休人员补充医疗报销等工作。培训中心积极开展补充医疗和重疾保障工作。完成离退休人员集团公司重病保障项目新政策的宣贯及企业补充医疗报销工作。提交重病人员2人的报销申请。开展集团公司重疾保障项目中e家园App中家庭成员信息添加维护工作。报销门诊住院、慢性病费用345人次。定期摸排高龄、鳏寡、久病卧床等服务对象，完成离退休群体的帮扶和入户慰问工作36人次7.2万元。按照工会新的帮扶标准，完成困难退休人员的摸底建档工作，困难帮扶5人，大病帮扶6人，发放帮扶金8万元。丧葬困难帮扶8人，发放帮扶金6.4万元。对独居、空巢、患病等特殊群体老人，电话慰问115人次。

【离退休职工活动开展】 2022年，中油测井组织开展“奋斗新征程喜迎二十大”主题征文活动，征集摄影作品25件，稿件45篇，视频4个，书画作品6幅，诗朗诵1个。在《石油金秋》报发表8篇，在集团公司离退休职工管理中心（老干部局）优秀作品评选活动中，2篇作品获一等奖，3篇作品获二等奖，11篇作品获三等奖，中油测井人事处被评选为优秀组织单位。长庆分公司组织“五一”“十一”两次文体活动，参加人数350人次。培训中心（党校）组织退休人员舞蹈兴趣小组参加庆祝中油测井成立二十周年职工文艺节目视频展演，获三等奖；完成离退休人员“建言二十大”调研工作，访谈12人，并提交两份调研报告。

（梁　远）

党建、思想政治工作与企业文化建设

党建工作

【概述】 2022年，中油测井党委坚持以习近平新时代中国特色社会主义思想为指导，深入学习贯彻党的二十大精神，认真落实集团公司党组决策部署和中油技服党委工作安排，不断强化党建“十项任务”，严格落实党建工作责任制，继续深化基层党建“三基本”建设与“三基”工作有机融合，基层党组织凝聚力、创造力、战斗力持续增强，公司在集团公司2021年度党建工作责任制考评获得A级。

2022年3月21日，中油测井党委理论学习中心组集体学习会（叶志云　摄）

2022年，中油测井有基层党委19个，基层党总支22个、党支部247个。党员总数5879人，其中在岗党员5717人，女党员1131人，35岁以下党员1008人，少数民族党员226人。

（宋德静）

【“三基本”与“三基”有机融合】 2022年，中油测井贯彻集团公司提升基层党建工作质量推进会议精神，以“基础建设年”为抓手，召开推进基层党建“三基本”建设与“三基”工作有机融合座谈会，择优选树11个“示范党支部”，着力打造有机融合“样板间”。举办2022年度党建基础工作培训班，667名基层党务干部参加培训。编写出版“基层党建丛书”，进一步夯实基层党建基础。总结上报《以“四化”管理推进基层党建“三基本”建设与“三基”工作有机融合》典型经验，在集团公司第27期《党建工作情况》通报。

【基层党组织建设】 2022年，中油测井党委严格落实“四同步、四对接”（在深化企业改革中，认真落实党的建设同步谋划、党的组织及工作机构同步设置、党组织负责人及党务工作人员同步配备、党的工作同步开展，实现体制对接、机制对接、制度对接和工作对接）要求，与“三定”机构调整、公司改革资源整合同步优化组织设置，确保党组织健全率、党员班组覆盖率保持100%，“六有”（有设施、有标志、有党旗、有书刊、有电教设备、有制度）党支部阵地建设覆盖率67.1%。发挥科研生产一线党组织优势，构建“党建联盟、市场联拓、技术联动、生产联保、安全联防、经营联管”的“六联”保障机制，91.6%的基层行政班子成员进入支部委员会，生产班组和党小组两组“融合共建”率达到81.3%，985人实现“双培养一输送”（把党员培养成骨干、把骨干培养成党员，把党员骨干输送到重要岗位），打造基层党建新格局。

（严　冬）

【党员发展】 2022年，中油测井各级党组织认真贯彻《中国共产党发展党员工作细则》《陕西省发展党员工作规程（试行）》，党委组织部主办、西南分公司承办1期发展对象培训班（视频），111名发展对象全部通过培训并取得结业证书。全年发展党员109人，陕西省委组织部下达指标完成率99.1%。新发展党员中，科研、生产一线党员92人，占84.4%；工人党员13人，占11.9%；女党员22人，占20.2%；35岁及以下党员62人，占56.9%；本科及以上文化程度党员93人，占85.3%；少数民族党员8名，占7.4%。

【党委书记抓基层党建述职评议】 2022年2月，中油测井党委召开2021年度所属单位党委书记抓基层党建述职评议会议，西南分公司等15家单位的党委书记重点围绕提高基层党建质量、履行第一责任人责任等内容述职。通过采取述职汇报、现场提问、民主测评及领导点评等方式，交流经验、压实责任、提升能力。各单位党委坚持推动述职评议向基层延伸，实现基层党支部书记现场述职全覆盖，激发基层党支部书记抓党建强业务的内生动力。

（王　晨）

【党建互联共建】 2022年，中油测井落实集团公司关于开展党建工作协作区工作部署，参加华中华东党建工作协作启动会、理论联学会，与湖北销售党委签订结对共建协议、共同履行党建轮值小组职责，从共建党委、党建部门、结对支部3个层面，制订党建互联共建工作计划，优选6个党支部开展结对活动。按照“区域协同、资源共享、优势互补、整体提升、共同发展”的思路，推动中油测井所属基层党委互联共建全覆盖，先后制定下发《关于开展公司党建工作协作区工作的通知》《关于加强党建互联共建工作的通知》，将所属18个基层党委划分为5个党建协作区，因地制宜、务实有效开展党建互联共建工作，推动联建党组织之间优势资源联享、党建活动联办、科研生产联动、党员队伍联建、企业文化联心。

【党建责任体系建设】 2022年1月，中油测井党委印发《党建工作责任制考核评价实施细则》，优化“技术服务、研究制造、支持保障”分类及考核指标设置，进一步完善差异化考核机制。连续第四年运用“铁人先锋”平台开展线上党建工作责任制考核，完成2021年度19个二级单位党委党建工作责任制考核，10个单位评价为“A”类，8个单位评价为“B”类,1个单位评价为“C”类，考核评价结果纳入各单位年度业绩考核，与领导班子和领导人员年度综合考评、绩效挂钩。

（王岩峰）

【党建研究】 2022年，中油测井党委围绕“基础建设年”部署，深化“党建课题+案例”研究，召开党建课题中期推动会，起草印发《党建研究课题报告撰写规范》，全年完成党建研究课题18项、案例44项，编印《中国石油集团测井有限公司优秀党建工作成果汇编》。“以系统观念提升国企党建工作质量的探索与实践”“党支部委员履行党建‘一岗双责’评价标准及运行机制研究”“党小组和生产班组‘两组’融合共建实践研究”等3项课题成果分别获集团公司2022年度优秀党建研究成果一等奖、二等奖、三等奖。

（宋德静）

【党建信息化建设】 2022年，中油测井党委推进海外员工参与第一阶段“铁人国际”移动端上线应用，实现海外员工全覆盖；进一步深化“铁人先锋”平台中油测井绩效考核功能应用，开展绩效考核功能二期优化；全面完成2.0环境党建内网门户的站点搭建及数据迁移；参与集团公司党建信息化平台3.0共青团业务功能建设专题研讨班，组织各级管理员参加两期集团公司党建信息化平台深化应用培训班。全年在平台开展及录入支部党员大会2199次、支部委员会2829次、党小组会2864次、党课613次，党员党费线上缴纳率达97.39%，办理党员组织关系转接165人次。

（李雪松）

【党建工作交流】 2022年，中油测井党委书记、执行董事金明权《坚持和加强党的全面领导，加快推进世界一流测井公司建设》体会文章在《中国石油石化》“聚焦二十大”栏目刊载。“‘智慧党建’科学考评体系促党建责任落实”“深化‘生聚理用’厚植人才沃土”等2个案例获国企党建创新优秀案例。“‘四融四合’推动党建质量提升”“‘五联共建’提升红色生产力”等案例在集团公司“铁人先锋”刊载。《中油测井“四融四合”党建模式应用实践》案例通过国企业管理创新成果复审并通过公示。

（宋德静）

【本部党建】 2022年8月，为进一步理顺中油测井本部党委职能，将本部党委及党的建设职能从党群工作处调整至党委组织部。持续深化理论学习，按月发布学习目录，统一开展本部红色教育，每季度组织1期本部大讲堂。健全本部党的组织，明确4位党委委员分工及联系支部。健全本部青年工作机构，成立党委书记任主任、14名青年骨干为成员的青年工作委员会。选齐配强党支部领导班子，按期完成 11 个党支部换届选举；适应本部工作人员动态调整，及时增补 19 名支委、3 名党支部书记。推动巡察本部党委反馈问题整改，研究制定 418 项工作措施，通过建立问题清单及销项制度，逐项整改不留死角，举一反三标本兼治，全部完成巡察反馈的 6 个方面 21 个问题。建立部门、党支部议事机制，坚持"党建 +"主题党日，部门业务、支部工作一体化述职评议，推动本部业务与党建工作有机融合。打造本部"三基"建设"样板间"财务资产处，选树标准化示范党支部人事处（党委组织部）。

（张新宇）

【制度建设】 2022 年 5 月，公司党委制定《中共中国石油集团测井有限公司委员会加强对"一把手"和领导班子监督的任务清单（试行）》，明确党委、党委书记、党委副书记、纪委书记、党委委员分别履行监督职责的具体任务内容。8 月，印发《关于进一步规范基层党支部书记培训的工作任务清单》，对中油测井所属单位党支部书记培训的总体要求、重点内容、运行实施、组织领导有关方面工作作出进一步规范。9 月，印发《中共中国石油集团测井有限公司委员会关于充分发挥党员先锋模范作用的实施方案》，建立健全 8 项党员发挥先锋模范作用配套机制。11 月，依据集团公司党建协作区建设工作要求，研究制定《关于开展公司党建工作协作区工作的通知》《关于加强党建互联共建工作的通知》，推动党建工作理论联学、资源联享、业务联动、活动联办、队伍联建、发展联促。

（严　冬）

党风廉政建设

【概述】 2022 年，中油测井两级纪检机构坚决贯彻落实集团公司纪检监察组、中油测井党委各项工作部署，发扬伟大建党精神，坚持严的基调、严的措施、严的氛围，围绕中心服务大局，一体推进不敢腐、不能腐、不想腐，发挥监督保障执行、促进完善发展作用，为中油测井取得业绩新纪录贡献纪检力量。

【党风监督】 2022 年，中油测井纪委全程跟进公司党委学习"第一议题"36 项，向集团公司纪检监察组报告"第一议题"执行情况 15 次，做到在思想上、政治上、行动上始终同党中央保持高度一致。组织 6 轮新冠肺炎疫情防控检查，发现思想麻痹松懈、措施执行不严等问题 43 个，以监督实效凝聚防疫合力。督导安全生产十五条硬性措施落实，发现交通管理、生产运行等方面问题 24 个，以有力监督夯实安全基础。围绕"合规管理强化年"专项工作要求，实地督查 14 家二级单位，提出改进建议 37 条，树立全员合规、主动合规、实质合规理念。围绕"基础建设年""改革三年行动"等任务要求，联合开展"三基"工作清单督查，全程跟进培训业务和后勤资源整合，构建"决策、执行、监督"三位一体的治理体系。落实"反围猎"专项行动工作要求，组织各单位排查识别外协管理、科研管理方面的"围猎"风险 67 项，完善防控措施 104 条，提高对廉洁风险的感知、预测和防控能力。将 15 个联合监督项目融入日常管理全过程，发现事后合同、违规报销等问题 270 个，提示性约谈 31 人次，挽回经济损失 30 万元，推动业务部门最大限度地把专业优势、职能优势结合起来落实"一岗双责"。

【巡察组织与管理】 2022 年，中油测井纪委推动召开党委会研究巡察工作 10 次、召开巡察动员部署会 1 次，切实把巡察工作作为落实全面从严治党主体责任的有力举措。全年完成 1 家二级单位的常规巡察，2 家二级单位和本部党委的巡察"回头看"，巡察基层党（总）支部 19 个，听取专题汇报 11 次，开展个别谈话 125 人次、民主测评 164 人次，召开基层员工座谈会 4 场次，发现问题 32 个，高质量完成巡察全覆盖任务。深化

"一责任三把关"整改责任落实机制和"三位一体"成果运用机制，指导召开巡察整改专题民主生活会，协助制订巡察整改方案，推动上下贯通、一体整改。从"廉洁从业""一岗双责"等13个方面开展指导帮促、送训上门，推动被巡察单位党风廉政建设工作上水平。围绕"四个落实"巡察监督重点，制定公司政治巡察模块化清单，以"清单化"推动巡察任务的"有形化"。

【作风建设】 2022年，中油测井纪委严肃查处2起违规操办婚丧喜庆事宜问题线索，给予4人组织处理，坚决制止大操大办、借机敛财等违纪行为。严肃查处1起赌博问题，给予1人党内警告处分，加强党员干部"八小时以外"行为约束。严肃查处1起违规收受礼品礼金问题，给予1人党内警告处分，严防电子红包等隐形变异问题反弹回潮。深入开展违规吃喝问题专项治理，联合办公室、审计、财务多部门靶向纠治，发现"超标准接待"等问题隐患43个。外延式开展住房租房、津补贴发放问题专项检查，摸清费用报销、房屋租赁等实际情况。从体检费用标准执行、食堂刷卡就餐执行等5个方面查找责任盲区，发现"就餐资格审查不规范""体检费用超标"等问题83个，给予2人组织处理，不断探索监督向下延伸的有效路径。推动两级党委召开违规吃喝问题专项治理座谈会，征集意见建议52条，纠正一顿饭、一瓶酒是小事小节的错误思想。组织学习关于违规吃喝方面政策解析、漫画图解等，运用"5W2H"分析法教育引导党员干部认清吃喝过程中的风险点位。先后下发3期强化节日节点正风肃纪的工作通知，传达学习集团公司纪检监察组通报的"四风"问题典型案例，用身边事警示身边人，教育党员干部引以为戒、免蹈覆辙。

【纪律审查】 2022年，中油测井纪委共受理信访举报和问题线索25件，同比下降13.8%，其中重复件4件，处置问题线索20件，立案5件，给予22人次党政纪处分，同比上升175%，给予72人次组织处理，同比上升16.1%，收缴违纪款项359万元，发出"一函两书"25份，始终保持惩戒力度不减。重点查处废旧物资、科研物料、住房租房、党员发展等方面问题线索，做到发现一起、查处一起，发挥案件查办治本作用。将以案促改作为落实"合规管理强化年"的重要手段，推动责任单位转变思想作风，强化专项治理，实现管理联动，规范废旧物资管理办法及处置流程；督促责任单位强化对出库物料的过程管控，抓好科研经费、科研人员的监督管理，形成科研成果、科研设备"全生命周期"管理机制；协助相关部门修订异地交流人员周转住房管理办法，明确用房使用标准，严格审核资格条件，真正让制度"带电生威"。严肃处理涉及恶意举报的2家供应商，对3件检举控告进行适当了解，最大限度减少对企业生产经营和干部个人影响。组织领导干部观看"利剑啸歌"警示教育片，推动两级领导班子成员学习"警示录"，对党委管理干部、挂职锻炼干部、新入职员工进行集体廉政谈话，教育广大党员干部做到心中有责、心中有畏、心中有戒。

【队伍建设】 2022年，中油测井成立西安区域派驻纪检组，综合运用走访、调研、督查、谈话等方式，下沉监督力量、前置监督触角，全力落实纪检体制改革举措。对纪委办公室（党委巡察办）内设机构进行调整，成立综合管理、信访与审理、案件监督管理、党风监督、巡察管理5个内设机构，改变以往职责交叉、一人多岗、杂而不精的状况。统一使用两级纪检力量，创新本部后方与执纪现场"两端组队"、东部力量与西部力量"交叉组队"、纪检机构与业务部门"混编组队"3种监督执纪模式，实现专业力量的有效整合及高效配置。先后举办纪检、巡察干部业务培训班，有计划、分批次开展东部、西部地区纪检干部轮训调训，突出学用结合、以学促干，有效提升队伍履职能力。向兄弟单位输送纪检干部1名并担任纪委书记重要岗位，推选3人参加集团公司党组巡视，选拔优秀年轻干部充实纪检队伍，树立纪检干部先进典型，为纪检干部成长进步创造条件。采取建立廉政档案、开展谈心谈话、评查内部案件等措施，加强对纪检干部的日常管理监督，保证队伍纯洁可靠。

【制度建设】 2022年，中油测井以"基础建设年”为契机，修订《中共中国石油集团测井有限公司委员会党风廉政建设责任制考核实施细则（试行）》，推动党委主体责任和纪委监督责任同题共答、通向发力；修订《中国石油集团测井有限公司规范领导干部配偶、子女及其配偶经商办企业行为办法》，促进领导干部廉洁用权、廉洁齐家；修订《所属单位纪委书记述职评议考核实施细则》，强化日常考核和年度考核相贯通结合；制定《关于明确违纪违法和内部违规处理职责分工的通知》，划清职责权限，强化追责问责；制订《中国石油集团测井有限公司党委巡察人员管理办法》，优化巡察人员“选育管用”工作。制订《被巡察党组织落实巡察整改主体责任实施细则（试行）》，增强被巡察党组织抓整改的坚定性、自觉性和创造性；制定《关于认真学习贯彻〈中共中国石油天然气集团有限公司党组关于加强对“一把手”和领导班子监督的实施细则〉的通知》，促进“一把手”监督常态长效。优化完善信访线索处置、谈话函询、初步核实、立案审查、案件审理、巡视整改、巡察组织管理、内部巡察整改等8项“全周期管理”工作流程，形成衔接顺畅、运转高效的工作体系。制定案件质量评查“问题库”与“四风”检查负面清单，着力提升案件质量和纠治“四风”的能力水平。

【集团公司党组巡视】 2022年，中油测井党委组织召开巡视整改专题民主生活会，对照党组第三巡视组反馈意见，制定《中油测井党委关于集团公司党组第三巡视组巡视反馈问题整改实施方案》，将巡视反馈的4个方面9类24项问题细化分解成46个整改任务，明确责任领导、责任部门和完成时限，做到任务到人、责任到岗、要求到位。成立巡视整改工作领导小组，建立巡视整改例会、台账、通报和验收“四项机制”，组织召开巡视整改推进会3次、整改验收会2次，制修订制度45项，挽回经济损失5.687万元，追责问责9人次，严查快办8个巡视移交问题线索，13人受到组织处理，确保发现的问题件件有回音、事事有着落。把“当下改”和“长久立”结合起来，以务实的态度、坚定的决心和高质量的政治监督，推动完成集团公司巡视反馈问题整改。

（苏　昊）

思想政治工作

【概述】 2022年，中油测井党委以习近平新时代中国特色社会主义思想为指导，深入贯彻党的十九大和十九届历次全会精神，坚决贯彻落实集团公司、中油技服决策部署和中油测井“三会”工作安排，把握正确的政治方向、舆论导向和价值取向，着力加强思想政治理论学习，着力强化新闻舆论引导能力，着力推动测井文化兼容并蓄，大力弘扬石油精神和大庆精神铁人精神，为推进高质量发展，营造良好的舆论氛围和发展环境。

（刘大龙）

【思想政治教育】 2022年，中油测井党委落实“第一议题”制度，学习贯彻习近平总书记重要讲话和指示批示精神。两级党委第一时间组织全公司集中收看党的二十大直播，深刻领会党的二十大精神的详细内容和思想内涵。采取个人自学、辅导讲座、专题调研、体验式学习等多种形式，组织党委中心组学习10期，中心组成员结合各自分管工作，谈思想、谈思路、谈未来、谈措施、谈发展，撰写专题发言材料16篇，提出推动落实的具体举措和解决问题的有效办法，增强系统谋划工作的能力。

（刘　伟）

【企业宣传】 2022年，中油测井党委打造多维矩阵，强化舆论宣传，营造高质量发展氛围。在国务院国资委宣传局平台展示中油测井社会形象报道，在集团公司、陕西省总工会进行宣传先进交流，分享好经验、提升影响力。组办“中国石油开放日”活动，邀请当地媒体及石油高校师生走进中油测井，在集团公司专题网页展示；积极参加省委主办的“喜迎二十大奋进新征程——高质量发展看陕西”省情考察活动，邀请陕西省网信办、省网络名人走进中油测井，提升企业形象、拉进公众距离。在《中国石油报》报系头版头条等重要版面发布报道13篇；在《中国石油报》等媒体发布成果业绩等专版6个；在《人民日报》、中央电视台、新华网等央媒，以及国家级、省部级主流媒体发布报道802篇；在集团外媒发布报道1008篇；完成“战疫保产”“‘三基’工作”“党的二十大精神宣贯”等专题宣传12个，在中油测井“一网一微”开设“共历改革”“测井记忆”“新闻会客厅”等7个系列报道及视频号专期；完成中油测井二十周年宣传片摄制、历路文集与画册编制及专题宣传网页制作。发布新版新闻宣传工作管理办法及编辑规范，改版中油测井网页，规范业务流程。全面开展中油测井融媒体建设，打造新型传播平台，推进企业新闻宣传转型升级。落实舆情管控，构建联动监测体系，实现监测手段提档升级，全年无重大舆情事件发生。

（杨　倩）

【意识形态】 2022年，中油测井党委严格落实意识形态责任制，专题研究意识形态工作，编写党委2021年意识形态工作汇报并上报集团公司党组。下发《关于加强意识形态工作落实的通知》，促进意识形态工作提升。开展意识形态联合监督检查，及时发现存在问题并督促整改，推动意识形态责任制有效落实。作为国有企业代表在陕西省工会作意识形态工作经验交流。做好统一战线工作，联系服务相关统战人员15人次，及时了解情况、听取意见、交流感情、促进共识。

（叶志云）

【主题教育】 2022年，中油测井党委开展第二十次“形势、目标、任务、责任”主题教育活动，两级党委理论学习中心组开展主题教育学习225次，各单位查摆问题1233个，整改1068个。加强典型经验总结交流，在主题教育专题网页发布典型做法30个，集团公司主题教育简报对中油测井主题教育活动给予高度肯定。

（刘　伟）

企业文化

【概述】 2022年，中油测井党委成立企业文化建设工作领导小组，确定工作机制、明确职责分工。持续宣贯集团公司新版《企业文化手册》《员工手册》。组织召开中油测井文化引领专项工作部署暨企业文化建设启动会，传达集团公司文化引领工作方案，编制并宣贯《中国石油集团测井有限公司文化引领工作实施纲要》，明确工作规划，部署重点任务。下发《中国石油集团测井有限公司企业文化建设工作管理办法》，建立中油测井企业文化建设成效测评体系，规范工作内容，督促改进提升。围绕《全国文明单位测评体系》及陕西省文明单位创建要求，策划开展文明创建活动24项，下发《文明实践行动实施方案》等文件7份，编制“网上清明”等单项计划23份，在实际创建中以条块结合方式分解落实，塑测井形象、树行业新风，实现属地范围内全覆盖。

【企业文化建设】 2022年，中油测井党委从优秀传统文化特性、红色石油文化特色、测井行业文化特点、先进国际文化特征4个方面入手，经过组织准备、理念萃取、意见征集、打磨完善、研究发布5个阶段，通过现场调研、问卷调查、资料研读、会议研讨等形式，打造文化理念体系，明确行为规范体系，编制中油测井新版《企业文化手册》《员工行为手册》，提升文化软实力。加强主题策划，制作中油测井形象宣传视频片6部，编印形象宣传画册2个，编印《测井文化》2期。

（刘大龙）

【文明单位创建】 2022年，中油测井党委巩固

"全国文明单位"，深化精神文明创建成果。编制道德讲堂运行计划 3 份，举办道德讲堂 2 期（累计 51 期），"高新文明"公众号等媒体报道道德讲堂建设成效。开展"中国好人"素材线索征集、为"陕西好人"点赞活动，报送文明单位创建资料 31 类 269 份，在陕西省创建常态化工作中排名靠前。高质量完成陕西省文明创建常态化考核指标，获陕西省委文明办、西安市高新区党工委文明办通报表扬。

（刘　伟）

【品牌文化宣传】 2022 年，中油测井党委加强品牌打造，展现品牌形象，以 CPLog 多维高精度成像测井系统研发应用为主题创作的《铸造国之重器探寻油气密码》演讲作品，获第十届"全国品牌故事大赛"总决赛一等奖。参加陕西省"中国品牌日"活动，讲述"先锋射孔"品牌故事。公司 2 部企业宣传片、5 部微电影作品，在"首届全国石油石化行业微影视平台"展播，进一步提升中油测井的传播力及美誉度。规范标识应用，编撰发布《视觉形象手册》，新增及修订规范内容共 159 项，包括基础设计系统 44 项、应用设计系统 87 项、CNLC 视觉形象系统 28 项，加强标识标准化管理，促进品牌标识统一。

【测井展厅建设】 2022 年，中油测井展厅于 11 月 1 日正式揭牌开馆，总面积 650 平方米，是国内测井领域首个数字化展厅。展厅围绕弘扬石油精神和大庆精神铁人精神，展示石油行业的历史成就和发展历程，突出强调石油测井人在艰苦环境中不断取得的技术突破和重大成果。立足石油测井行业属性，以历史性、知识性、思想性、趣味性、实用性为指导，将史料展示、实物讲解等传统展览形式与视频影像、魔屏互动、CAVE 沉浸体验等数字化形式相结合，丰富石油宣教形式，深化石油精神教育效果。展厅记录世界测井技术发展历史，溯源我国测井行业发展变迁历程，以科普视角，从测井是什么、能做什么、作业流程等知识点出发，用史实、影像和实物讲述测井技术发展历史。集中呈现中油测井成立二十年来，积极打造国产测井成套装备，实现测井技术从落后到追赶、从学习引进到自主跨越的艰辛历程。突出展示中油测井近年来面向国家油气勘探开发重大需求，自主研发出具有世界先进水平的系列测井装备，为保障国家能源安全，支撑国家"深地"战略实施，作出的测井贡献。制定并下发《中国石油集团测井有限公司测井展厅管理办法》，明确各部门管理职责，组建了拥有 15 名专兼职人员的讲解管理团队。将展厅升级维护费用纳入部门年度预算，持续投入日常运维、增补、完善及提档升级工作，确保展厅的展示内容始终保持前沿性和吸引力。

（邢　帅）

【中油测井成立二十周年系列庆祝活动】 2022 年，中油测井成立 20 周年之际，党委以重要节点为契机，策划以科技创新、形势任务教育、群众性文体活动、史志编撰、老领导座谈等为主要内容的 10 项纪念活动。12 月 9 日，举办中油测井成立二十周年庆祝大会，各级政府部门、集团公司、专业板块、兄弟企业、合作伙伴、业内同行和社会各界朋友发来贺电、贺信 68 件。高校院所、石油石化企业领导专家，中油测井领导班子、老领导以及广大干部员工现场参会或直播观会。

联合中国石油、中国石化、中国海油、延长石油等公司的测井单位和科研院所，中国石油大学（北京）、中国石油大学（华东）、东北石油大学、西南石油大学、长江大学和西安石油大学等院校，历时 11 个月编纂出版中国石油工业测井行业第一部发展史，成为中国测井界的一个标志性大事件。举办"光影墨香魅力测井"书画摄影展首展。历时 6 个月，在全公司范围内征集书画摄影作品 585 幅，择优评选展出书法作品 60 幅、绘画作品 60 幅、摄影作品 160 组。设计布置展区长 54 米、宽 15 米，总计面积约 800 平方米。举办"启航新征程"职工文艺汇演。历时 1 年，18 家单位和本部选送高质量作品 20 个，其中三分之二以上作品为原创，全部由员工出演。以"慧眼识藏、深地逐梦"为主题，围绕"双十工程"，编纂印制纪念画册，用图 400 余幅。开展"奋斗二十载、一起向未来"征文大赛。征集征文作品 360 篇，遴选优秀作品 56 篇，并收录优秀图文作品，编制成历路文集。围绕测井精神、公司使命、核心理念、品牌标识等内容，设计制作国家邮政局发行的专题邮折、印章石、诗篇石、文化主题墙、定制测井仪器笔、CNLC徽章、测井车造型U盘等系列文宣品，策划设计合影墙、签名墙、许愿墙，营造浓厚的文化氛围和喜庆的活动氛围。

（刘　伟）

工会工作

【概述】 2022年，中油测井各级工会组织以习近平新时代中国特色社会主义思想为指导，发挥工会政治优势、组织优势、制度优势、资源优势、群众优势，以迎接宣传贯彻党的二十大为主线，坚决拥护“两个确立”、做到“两个维护”，着力构建联系广泛、服务职工的工会工作体系，认真履行维护职工合法权益、竭诚服务职工群众的基本职责，团结动员广大职工在推动高质量发展、创造高品质生活、建设世界一流测井公司中发挥重要作用。

（郑福荣）

【劳动竞赛】 2022年，中油测井两级工会组织围绕岗位练兵、工程创优、技术创新、安全生产、质量提升、队伍建设等6个方面，组织开展“喜迎二十大·奋进新征程”主题劳动竞赛。1人获2022年度陕西省劳动竞赛优秀组织个人。组织完成中油测井年度劳动竞赛总结评比表彰；协调完成办公室、规划计划、企管法规、审计、宣传和人事等业务系统劳动竞赛表彰。开展岗位练兵技术比武，突出全员性、注重实用性，以“师带徒”活动、技能竞赛等平台载体，从实战出发以赛促培、以赛促学，有效提高职工岗位技能操作水平。组织中国石油首届测井工技术技能大赛，获团体一等奖、个人获4金8银12铜。2022年陕西省技术工人待遇评审工作中获奖励技能提升4人、取得国家专利6人。

【创新创效】 2022年，中油测井工会强化职工创新创效活动，制定《中国石油集团测井有限公司职工创新创效活动管理办法》，组织召开职工创新工作推进会，首次以现场+直播的形式举办职工创新成果展，18个会场423人共同观摩一线职工的创新创造。制作创新成果专题片、创新成果集，评选表彰职工优秀创新成果28项、创新项目23项、合理化建议18项、先进操作（工作）法20项，复核命名和首次命名公司创新工作室22个。强化职工创新工作室创建达标晋级，刘春斌创新工作室、朱军创新工作室、牛承东创新工作室通过陕西省示范性创新工作室实地考察验收。与长庆油田、宝鸡石油钢管、宝鸡石油机械等创建创新工作室联盟获陕西省总工会表彰，王琦工作室被命名为陕西省能源化学地质工会劳模和工匠人才创新工作室，刘春斌工作室被命名为集团公司劳模和工匠人才创新工作室。

【困难帮扶】 2022年，中油测井工会做细精准帮扶，丰富和拓展帮扶工作方式方法，改进帮扶工作机制，修订完善《中国石油集团测井有限公司帮扶管理办法》《中国石油集团测井有限公司帮扶工作档案管理实施细则》。加强帮扶资金管理，为18家单位核拨帮扶资金414.38万元，全年各级工会累计实施生活帮扶、助学帮扶、大病帮扶等各类帮扶716人次，支出340.97万元。做好上级帮扶申报工作和相关慰问活动，西安高新区为5名生活困难、3名重大疾病员工帮扶2.3万元；陕西省能源化学地质工会为25名困难职工、5名大病职工共计帮扶4万元。陕西省总工会、陕西省能源化学地质工会到中油测井开展现场慰问，为职工发放170余份慰问品。加大工会互助保障宣传，扩大职工参保受益面，全年累计参保1.3万人次100.9万元，理赔934人次93.6万元。中油测井工会获陕西省职工互助保障工作模范工会，天津分公司、大庆分公司获陕西省职工互助保障工作先进集体，2人获陕西省职工互助保障工作优秀工作者。

（李　明）

【普惠服务】 2022年，中油测井工会制定“我为员工群众办实事长效机制”实施方案，落实办实事项目，扩展服务广度。全面推进职工健康小屋建设、健康体检和专项健康筛查、健康状况评估、健康讲座等工作，积极助力健康企业建设。坚持开展工会会员探视、送清凉和外部市场、艰苦岗位、海外员工慰问，开展交友联谊、女职工春风送暖、“六一”特别关爱活动。新冠肺炎疫情期间，工会组织140万元放心蔬菜等生活物资发放到3500余名封控员工家中。组织开展元旦、春节等节日慰问活动，为各单位工会下拨补助费用25.3万元；为各单位工会、本部工会19家工会下拨2022年送温暖（普惠性慰问）经费补助464.32万元。长庆分公司“助力健康企业发展”项目获陕西省能源化学地质工会创优项目二等奖。推进“工会办实事当好娘家人”活动，中油测井产业化园区、西南分公司、物资装备公司先后组织暑期托管惠及员工70余人。主动与地方部门沟通，协调解决12名员工子女入学转学问题。积极做好党组信箱的来信反馈及职工来访，使职工群众暖心放心。各项工作得到陕西省总工会调研组称赞。

（郑福荣）

【典型选树】 2022年，中油测井中油测井工会大力弘扬劳模精神、劳动精神和工匠精神，做好劳模培育、选树，组织中油测井劳动模范、巾帼标兵等个人集体评比表彰。完善中油测井劳模先进专栏，推送劳模感言，印发《中国石油集团测井有限公司评先选优工作管理办法》，开展各级劳模疗养及生活状况调查，坚持重大节假日劳模走访慰问。强化先进宣传、劳模宣讲，营造学有榜样、赶有目标、超有方向的良好氛围。4人获集团公司先进工作者，谷学博获陕西省劳动模范，刘春斌获陕西省产业工匠人才，2名女工和2个集体分获陕西省、集团公司巾帼标兵和标兵岗。

（李　明）

【权益维护】 2022年，中油测井工会贯彻以职工代表大会为基本形式的企业民主管理制度，做实权益维护。加强提案办理全过程和重点环节管理，四届四次职代会6件立案提案全部办复。组织职工代表讨论审议《中国石油集团测井有限公司岗位分红激励方案》《中国石油集团测井有限公司单井包干管理办法》等3项制度，开展“聚合力·促发展”职工代表优秀提案征集表彰，代表履职维权能力得到全面提升。《关于开展40岁以上员工健康专项检查的提案》获陕西省优秀职工代表提案。坚持平等协商沟通机制，中油测井工会代表职工方与企业方协商签订《集体合同》《女职工专项集体合同》《工资集体协议》。开展“安康杯”竞赛，引导职工主动参与企业治理。新疆分公司获陕西省厂务公开民主管理工作先进单位、西南分公司1人获先进个人。组织开展员工思想大调查，覆盖18家基层单位，问卷调查参与14740人，参与率100%。收集各类问题意见建议805项，汇总梳理出63个方面235项，形成《中国石油集团测井有限公司2022年员工思想大调查问题建议清单》，逐项明确责任领导、责任岗位，制定针对性改进措施，为职工知情权、参与权、表达权、监督权提供有力保障。截至2022年12月30日，落实完成41项，正在组织落实74项，列入2023年工作计划组织实施的120项。

【助力乡村振兴】 2022年，中油测井坚守“两条底线”，狠抓落实，做好防返贫动态监测及帮扶。及时调整工作领导小组，形成每周例会有交流、每月工作有总结的学习工作模式，各层面到村调研督导13次，解决实际问题20个。通过建章立制、规范生产，将食用菌基地建成紫阳县示范园。坚持一业突破多业并举，全面实施食用菌深加工、生态养殖、康养民宿重点产业。积极筹建食用菌院士专家工作站，培育一批技能型农民队伍。捐赠燎原村帮扶资金260万元、电脑57台、废旧钢管60吨及其他办公物资等折合价值32万元，定向捐赠东木镇新冠肺炎疫情防控物资11万元。探索股权合作联合经营等合作方式，扶持7个农民合作社共同发展。通过资源入股、园区务工、代购代销等方式，将全体农户有效嵌入产业发展的全链条，带动农户持续增收。消费扶贫530万元，持续巩固脱贫攻坚成果、全面推进乡村振兴。创建东木镇首个“省级党建示范村”。实践探索“三联”工作机制，帮带燎原村走“村集体合作社+

农民专业合作社＋农户”的发展路子。开通公众号、视频号、抖音号，发挥新媒体矩阵宣传作用。2022年驻村工作典型经验入选全国乡村振兴优秀案例，驻村工作队获陕西省驻村帮扶考核优秀单位。

（郑福荣）

共青团工作

【概述】 2022年，中油测井共青团及青年工作以习近平新时代中国特色社会主义思想为指导，围绕共青团陕西省委和集团公司团委安排部署，落实中油测井党委工作要求，紧扣高质量中心工作任务，提升团组织的组织力、引领力、服务力，凝聚团员青年。开展具有石油测井特色的工作。

【青年思想教育】 2022年，中油测井团委深化青年思想政治建设，开展线上学习答题活动，学习党的二十大精神；集中收看庆祝中国共产主义青年团成立100周年大会直播盛况，举办学习贯彻习近平总书记在中国共产主义青年团成立100周年大会上的重要讲话精神座谈会。开展青年精神素养提升工程，制定印发《中国石油集团测井有限公司青年精神素养提升工程实施方案》，团委书记讲授《清澈的爱只为油气》主题团课，开展青年对标“大讨论”60场次，举办“躺平”“佛系”思辨会34场次，学习讨论覆盖率100%。在“青春测井”公众号开办“青·学习”系列微团课10期。推荐1名青年入选集团公司第二期“青马工程”学员。举办中国石油西北片区驻陕单位“青马工程”第一期联合培训班，集中培训20名学员，培养一批青年政治骨干。

【“青字号”品牌建设】 2022年，中油测井团委提升青年素养，带领青年岗位建功，服务青年成长成才。举办中油测井2022年青年学术交流会，评选发布测井方法及装备研发应用、测井解释及综合评价成果一等奖4个、二等奖6个、三等奖10个。开展青年科技创意大赛，申报中油测井青年科技创意项目44个，3个创意项目参加集团公司青年科技创意大赛，获二等奖1个和三等奖2个。组织65个作业队（班组），开展“青年安全生产示范岗”创建活动。创建中油测井青年文明号33个，继续认定中油测井青年文明号22个。开展中油测井第一期“青年讲师团”成员遴选及培训，推荐1名青年入选集团公司“青年讲师团”；举办中油测井青年讲师团启动仪式暨首场宣讲会，200余名团员青年参加学习宣讲。

2022年9月27日，中油测井青年讲师团启动仪式暨首场宣讲会在西安召开（叶志云　摄）

开展青年思想状况与青年发展问卷调研，1645名青年员工参与答题调研，形成调研报告，创新工作思路，适应青年需求。建立单身青年信息库，组织153名青年参加集团公司石油青年婚恋观问卷调查。与长庆油田、陕西销售公司团委联合举办西安片区单位青年联谊活动。参加集团公司“礼赞建团百年、筑梦青春韶华”庆祝建团100周年青年文化作品创作大赛，选送《红色模样》等9个作品获奖；中油测井团委获“优秀组织单位”。举办中油测井“礼赞二十载、青春向未来”青年演讲大赛，19名青年参加演讲，宣传中油测井发展成果，凝聚青春力量。在陕西省西安市新冠肺炎疫情暴发期间，组建34名团员青年参加抗疫青年志愿服务队，支援高新区疫情防控一线，赢得地方政府和员工的赞誉。3个基层团组织获“集团公司五四红旗团委”、1 个团支部获“陕西省五四红旗团支部”，2 人获集团公司“优秀共青团员”、1 名团干部获“优秀团干部”；1 名团干部获陕西省“优秀团干部”，2 人获“优秀共青团员”。评选表彰 40 名中油测井第九届十大杰出青年和青年岗位能手。

【团组织建设】 2022 年，中油测井推进党建带团建，召开共青团中国石油集团测井有限公司第四次代表大会暨庆祝建团 100 周年表彰会，选举产生共青团中国石油集团测井有限公司第四届委员会。印发《关于加强新时期青年工作组织建设的通知》，探索建立中油测井两级青年工作组织，规范新时期团青组织管理。成立中油测井青年工作委员会，印发《中共中国石油集团测井有限公司委员会青年工作委员会管理实施细则》，设立中油测井青年工作委员会办公室，办公室设在党群工作处（党委宣传部、企业文化部、工会、团委）强化青年工作管理。推广“智慧团建”和“铁人先锋”信息化平台，实现团员青年在线学习常态化。

（陈月阳）

荣誉录

总　述
市场开发
技术服务
综合应用
技术研发
装备制造
生产保障
信息化建设
质量健康安全环保与节能
企业管理与监督
党建、思想政治工作与企业文化建设
荣誉录
机构与人物
所属二级单位概览
大事记
统计数据
附　录

省部级荣誉

表1　2022年中油测井获省部级先进集体

序　号	荣誉名称	获奖单位	授予单位	获奖项目
1	第五届“绽放杯”5G应用征集大赛智慧能源专题赛一等奖	牵头单位：中国移动通信集团陕西有限公司 联合单位：中国石油集团测井有限公司、中移（上海）信息通信科技有限公司、中国移动通信集团有限公司、中国移动通信集团设计院有限公司	工业和信息化部信息通信发展司	“基于5G双域专网的油气开采智慧测井项目”
2	第二届职业健康传播作品评选全国三等奖	天津分公司	国家卫生健康委办公厅、全国总工会办公厅	职业健康防护歌
3	2022年中国石油和化学工业优秀出版物图书奖二等奖	中国石油集团测井有限公司	中国石油和化学工业联合会	测井井控技术手册（第二版）
4	工业生产者价格统计调查工作先进单位	中国石油集团测井有限公司	国家统计局西安调查队办公室	
5	陕西省职工互助保障工作模范工会	中国石油集团测井有限公司	陕西省总工会	
6	陕西省职工互助保障工作先进集体	天津分公司、大庆分公司	陕西省总工会	
7	陕西省总工会工运研究成果三等奖	中国石油集团测井有限公司	陕西省总工会	关于工会推动党史学习教育走深走实的实践探索
8	陕西省巾帼标兵岗	长庆分公司解释评价中心石油开发室	陕西省总工会	
9	陕西省能源化学地质工会劳模和工匠人才创新工作室	王琦工作室	陕西省能源化学地质工会	
10	陕西省优秀职工代表提案	中国石油集团测井有限公司	陕西省厂务公开民主管理协调小组办公室	关于开展40岁以上员工健康专项检查的提案
11	陕西省厂务公开民主管理工作先进单位	新疆分公司	陕西省厂务公开民主管理协调小组	
12	陕西省能源化学地质工会创优项目二等奖	长庆分公司	陕西省能源化学地质工会	助力健康企业发展
13	陕西省驻村帮扶考核优秀单位	中国石油集团测井有限公司驻村工作队	中共陕西省委组织部、中共陕西省委农村工作领导小组（省委实施乡村振兴战略领导小组）办公室、陕西省农业农村厅、陕西省乡村振兴局	

表 2　2022 年中油测井获省部级先进个人

序　号	荣誉名称	获奖人员	授予单位
1	工业生产者价格统计调查工作先进个人	林　枫	国家统计局西安调查队办公室
2	陕西省劳动模范	谷学博	陕西省总工会
3	陕西省产业工匠人才	刘春斌	陕西省能源化学地质工会委员会
4	陕西省巾帼标兵	吕云霞	陕西省总工会
5	陕西省厂务公开民主管理工作先进个人	蒋　刚	陕西省厂务公开民主管理协调小组
6	陕西省职工互助保障工作优秀工作者	张本欣　廖　艳	陕西省总工会职工互助保障管理委员会、中国职工保险互助会陕西省办事处

集团公司级荣誉

表 3　2022 年中油测井获集团公司级先进集体

序　号	荣誉名称	获奖单位	授予单位
1	创新性企业	中国石油集团测井有限公司	集团公司
2	集团公司质量健康安全环保节能先进企业	中国石油集团测井有限公司	集团公司
3	集团公司健康企业创建验收达标企业	中国石油集团测井有限公司	集团公司
4	集团公司 2022 年度油气勘探重大发现成果一等奖	长庆油田分公司（牵头） 中国石油集团测井有限公司	集团公司
5	集团公司生产经营先进单位	中国石油集团测井有限公司	集团公司发展计划部
6	集团公司第二届网络安全攻防大赛团队二等奖	中国石油集团测井有限公司测井精英团队	集团公司数字和信息化管理部
	集团公司第二届网络安全攻防大赛三等奖	中国石油集团测井有限公司测井风采团队	
7	“1205 专项”一期优秀组织单位	中国石油集团测井有限公司	集团公司关键核心技术攻关领导小组
8	集团公司资质管理先进基层单位	中国石油集团测井有限公司长庆分公司	集团公司井控和工程技术资质管理领导小组
9	集团公司资质管理先进企业	中国石油集团测井有限公司	集团公司井控和工程技术资质管理领导小组

表 4　2022 年中油测井获集团公司级先进个人

序　号	荣誉名称	获奖人员	授予单位
1	中国石油天然气集团有限公司生产经营先进个人	刘　晖	集团公司生产经营管理部
2	集团公司党组巡视工作先进个人	周　广　赵长胜	集团公司党组巡视工作领导小组

续表

序　号	荣誉名称	获奖人员	授予单位
3	集团公司第二届网络安全攻防大赛优胜奖	梁锐知	集团公司数字和信息化管理部
4	集团公司 QHSE 先进个人	李明慧　王振平　荆三红　杨永杰　郭　磊　侯文平　张柏元　张馨月　刘　晗	集团公司质量健康安全环保部
5	中国石油天然气集团有限公司资质管理先进个人	高　旭　徐　静	集团公司井控和工程技术资质管理领导小组
6	集团公司井控工作先进个人	张志江　许思勇　米　硕　陈　雄	集团公司井控和工程技术资质管理领导小组

行业荣誉

表 5　2022 年中油测井获行业集体荣誉

序　号	荣誉名称	获奖单位	授予单位
1	第十届全国品牌故事大赛一等奖	中国石油集团测井有限公司	中国质量协会
2	中国企业文化研究会 2022 年度企业文化与经营管理深度融合典型经验	中国石油集团测井有限公司	中国企业文化研究会
3	第 46 届印度尼西亚国家石油展“最佳设计奖”和“最佳内容奖”提名	中国石油集团测井有限公司	印度尼西亚国家石油协会
4	甘肃省质量管理小组活动优秀企业	长庆分公司	甘肃省质量协会
5	甘肃省质量管理小组活动一等奖	长庆分公司陇东项目部水平井先锋保障 QC 小组	甘肃省质量协会
6	甘肃省质量管理小组活动一等奖	长庆分公司苏里格项目部三人行 QC 小组	甘肃省质量协会
7	甘肃省质量管理小组活动一等奖	长庆分公司苏里格项目部机动 QC 小组	甘肃省质量协会
8	甘肃省质量管理小组活动一等奖	长庆分公司定边项目部 60115 队 QC 小组	甘肃省质量协会
9	甘肃省质量管理小组活动一等奖	长庆分公司环江项目部深蓝 QC 小组	甘肃省质量协会
10	甘肃省质量管理小组活动一等奖	长庆分公司榆林项目部燎原 QC 小组	甘肃省质量协会
11	甘肃省质量管理小组活动一等奖	长庆分公司靖吴项目部风行 QC 小组	甘肃省质量协会
12	甘肃省质量管理小组活动二等奖	长庆分公司解释评价部试井解释 QC 小组	甘肃省质量协会
13	甘肃省质量信得过班组	长庆分公司陇东项目部 C4589 队	甘肃省质量协会
14	甘肃省质量信得过班组	长庆分公司陇东项目部 C4710 队	甘肃省质量协会
15	甘肃省质量信得过班组	长庆分公司安塞项目部 C4586 队	甘肃省质量协会
16	甘肃省质量信得过班组	长庆分公司靖吴项目部 C4566 队	甘肃省质量协会
17	陕西省能源化学地质系统劳模和工匠人才创新工作室	西南分公司王琦创新工作室	陕西省能源化学地质工会
18	新疆维吾尔自治区表现突出质量管理小组	新疆分公司岩石物理实验室 QC 小组	新疆维吾尔自治区质量协会
19	新疆维吾尔自治区表现突出质量管理小组	新疆分公司测井处理评价方法 QC 小组	新疆维吾尔自治区质量协会

续表

序　号	荣誉名称	获奖单位	授予单位
20	新疆维吾尔自治区质量信得过班组	新疆分公司 C1476 队	新疆维吾尔自治区质量协会
21	新疆维吾尔自治区质量信得过班组	新疆分公司实验方法监测组	新疆维吾尔自治区质量协会
22	新疆维吾尔自治区质量信得过班组	新疆分公司 C3524 队	新疆维吾尔自治区质量协会
23	新疆维吾尔自治区第八次质量信得过班组管理成果三等奖	新疆分公司 C3524 队	新疆维吾尔自治区质量协会
24	天津市设备规范化管理 5A 级别单位	天津分公司	天津市设备管理协会
25	辽宁省质量科技成果二等奖	辽河分公司 C4158 队 QC 小组	辽宁省质量协会，辽宁省总工会，辽宁省科技协会，共青团辽宁省委员会
26	辽宁省质量科技成果二等奖	辽河分公司计算机室 QC 小组	辽宁省质量协会，辽宁省总工会，辽宁省科技协会，共青团辽宁省委员会
27	2022 年辽宁省质量科技成果二等奖	辽河分公司西部项目室 QC 小组	辽宁省质量协会，辽宁省总工会，辽宁省科技协会，共青团辽宁省委员会
28	大庆市 2022 年度“健康企业”	大庆分公司	大庆市卫生健康委员会、大庆总市工会
29	黑龙江省优秀质量管理小组一等奖	大庆分公司质量安全环保科 QC 小组	黑龙江省质量协会
30	黑龙江省优秀质量管理小组一等奖	大庆分公司二项目部工艺 QC 小组	黑龙江省质量协会
31	黑龙江省优秀质量管理小组一等奖	大庆分公司探井室 QC 小组	黑龙江省质量协会
32	新疆维吾尔自治区第 44 次质量管理小组活动评比三等奖	吐哈分公司解释评价中心静态解释室	新疆维吾尔自治区质量协会
33	新疆维吾尔自治区第 44 次质量管理小组活动评比三等奖	吐哈分公司解释评价中心动态解释室	新疆维吾尔自治区质量协会
34	新疆维吾尔自治区质量信得过班组	吐哈分公司解释评价中心静态解释室	新疆维吾尔自治区质量协会
35	新疆维吾尔自治区质量信得过班组	吐哈分公司生产测井项目部 C2712 作业队	新疆维吾尔自治区质量协会

表 6　2022 年中油测井获行业个人荣誉

序　号	荣誉名称	获奖人员	授予单位
1	甘肃省质量管理小组活动优秀推进者	长庆分公司张全恒	甘肃省质量协会
2	甘肃省质量管理小组活动优秀推进者	长庆分公司王亚东	甘肃省质量协会
3	甘肃省质量信得过班组建设先进个人	质量安全环保处李华峰	甘肃省质量协会
4	甘肃省质量信得过班组建设先进个人	长庆分公司胡荣维	甘肃省质量协会

中油测井公司级荣誉

表 7　2022 年中油测井集体荣誉

序　号	荣誉名称	获奖单位
1	先进集体	长庆分公司靖边项目部、陇东项目部、苏里格项目部，西南分公司测井项目部、射孔项目部，新疆分公司测井第一项目部、射孔第二项目部，天津分公司测井项目部、射孔项目部，辽河分公司解释评价中心、宜庆项目部，大庆分公司海塔项目部、东区项目部，吐哈分公司玉门油田项目部，华北分公司巴彦项目部、山西项目部，塔里木分公司市场生产部，青海分公司测井项目部，吉林分公司川南测井项目部，国际公司印度尼西亚作业区、土库曼—乌兹别克斯坦作业区、苏丹 / 南苏丹作业区、伊拉克作业区，测井技术研究院软件开发所、旋转导向研究所，地质研究院解释应用中心，制造公司西安制造厂，物资装备公司旋转导向维保中心，质量安全监督中心东部监督分中心，培训中心教务部
2	“双文明”先进作业队（班组）	长庆分公司 C4590 作业队、C1635 作业队、C4616 作业队、C4610 作业队、C4623 作业队、C4629 作业队、C4711 作业队、C4563 作业队、70101 作业队、C2555 作业队、C4775 作业队、C4796 作业队、天然气勘探室、陇东民爆库管理组、苏里格工艺组、靖边服务队，西南分公司 C1361 作业队、C3420 作业队、C4390 作业队、C3417 作业队、机械厂枪管班工程设计室、探评室，新疆分公司 C1460 作业队、C1473 作业队、C1452 作业队、C3510 作业队、C3525 作业队、C3513 作业队、LG131 作业队，天津分公司 C1259 作业队、C3298 作业队、C2283 作业队、C1278 作业队、大港油区评价研究室，辽河分公司 C1186 作业队、C4195 作业队、C1195 作业队、探评室女子装炮队，大庆分公司 C4003 作业队、C4052 作业队、C1068 作业队、工程应用评价室、生产服务站服务队，吐哈分公司 C3714 作业队、静态解释室，华北分公司 C4665 作业队、C4657 作业队、C4667 作业队、C4672 作业队、C4769 作业队，塔里木分公司 C1744 作业队、C3399 作业队，青海分公司 C3721 作业队、L11094 作业队、C1728 作业队，吉林分公司 C4123 作业队、C4115 作业队，国际公司 57379 作业队、CPLog 作业队、57360 作业队、60408 作业队、60388 作业队、60405 作业队、油藏综合评价研究团队，测井技术研究院解释评价组、试验与技术支持室，地质研究院裸眼井新技术处理室，制造公司华北制造厂工具车间、装备成套部常规仪器生产车间，物资装备公司中部中心长庆靖边仪修组、西南中心测井仪修组、随钻支持中心测导三组、物资供应中心科研制造物资保障组，质量安全监督中心西部监督分中心监督组，培训中心产业化基地基建维修与运维班
3	先进基层党组织	长庆分公司靖边项目部党支部、西南分公司测井项目部第二党支部、新疆分公司测井第二项目部党支部、天津分公司生产测井项目部党支部、辽河分公司危险品管理中心党支部、大庆分公司解释评价中心勘探测井解释室党支部、吐哈分公司鄯善项目部党支部、华北分公司本部党支部、青海分公司录井（随钻）项目部党支部、吉林分公司解释评价中心党支部、国际公司苏丹 / 南苏丹作业区党支部、测井技术研究院院士（博士后）高层次人才工作站党支部、地质研究院油藏动态研究所党支部、制造公司西安制造厂党支部、物资装备公司旋转导向维保中心党支部、质量安全监督中心中部监督分中心党支部、培训中心（党校）本部党支部、公司本部人事处（党委组织部）党支部
4	示范党支部	长庆分公司靖边项目部党支部、西南分公司四川石油射孔器材有限责任公司第一党支部、新疆分公司测井第二项目部党支部、天津分公司大港生产测井项目部党支部、辽河分公司危险品管理中心女子装炮队党支部、大庆分公司解释评价中心勘探测井解释室党支部、塔里木分公司测井项目部党支部、青海分公司花土沟录井（随钻）项目部党支部、国际公司解释研究中心党支部、地质研究院复杂岩性研究所党支部、公司本部人事处（党委组织部）党支部

续表

序　号	荣誉名称	获奖单位
5	青年文明号	长庆分公司生产技术科、随钻测控项目部、解释评价中心天然气勘探室、榆林项目部、西南分公司测井项目部 C1376 作业队、射孔项目部 C3408 作业队、解释评价中心油气评价研究所、射孔技术中心工具研发室、新疆分公司测井第二项目部 C1452 作业队、测井准东项目部 C1460 作业队、测井第七项目部 C3524 作业队、测井第五项目部 C4468 作业队、测井研究所油藏动态研究组、天津分公司大港生产井测井项目部 C2304 作业队、解释评价中心外部项目评价研究室、辽河分公司解释评价中心东部项目区；大庆分公司测井研究院页岩油评价室、吐哈分公司鄯善项目部 C1717 作业队；华北分公司测井七项目部 C4683 作业队、解释评价中心冀中组、塔里木分公司射孔项目部 C3400 作业队；青海分公司解释评价中心油田开发室、吉林分公司解释评价中心综合解释室、国际公司尼日尔作业区、苏丹 / 南苏丹作业区 2/4 区测井项目、伊拉克作业区哈法亚测井项目、测井技术研究院测井芯片平台研究室、软件开发所大数据平台研究室、地质研究院油藏动态研究所、制造公司成像仪器生产组、物资装备公司西部中心塔里木项目组综合仪修一班、培训中心测井井控培训部教务组、工程师管理中心采集技术支持组

表 8　2022 年中油测井个人荣誉

序　号	荣誉名称	获　奖　人　员	
1	劳动模范	徐文远　吉　兆　冷亚育　王继西　赵　云　赵自民　姜　英　黄　科　卫一多　刘李春	
2	“双文明”先进个人	长庆分公司	何秋凯　张　健　冉晓军　王　钊　张信勇　张恩鹏　左东星　何西攀　马明哲　张　帆　丁　凡　李　冰　张晶宇　刘　平　任小锋　陈鸿傲　关　峰　刘拥军　张学龙　徐　宁　刘静华
		西南分公司	王浩全　张清彬　杨登波　向　闪　吴焕龙　吴玲敏　曾　帅　范　贤　马自强　王　伦　程　圆
		新疆分公司	方金川　夏　辉　李作阳　石志强　郭文强　齐彦皓　周炬锋　杨星星　胡雪峰　曹　瑾
		天津分公司	马　鑫　杨宝童　冯正猛　赵　磊　郑树振　高　峰　屈翠侠　沈亚双
		辽河分公司	贾志红　李　波　齐德鹏　胡天然　腾　朔　万吉庆　谢小丽　衣贵涛　王　瑞
		大庆分公司	由立志　陈　朋　屈　威　张　磊　翟云龙　吴道伟　王　昊　王　天　李园媛
		吐哈分公司	曾　军　陈学昌　袁　阳
		华北分公司	张　宁　冯　雷　陈琪涅　李建舟　韩　龙　张　宁　陈　瑶
		塔里木分公司	崔传国　米　硕　羊东旭　班文博
		青海分公司	张德军　曾耀祖　向谷生　于　娜
		吉林分公司	赵　龙　李　博　赵　健　王晓琦　刁乃铮　郭　亮
		国际公司	范卫光　苏明飞　王振楠　丁力君　刘叶茂　沈青聪　王　坤　戴银汉　刘厚武　曾志华
		测井技术研究院	张　娟　沈卫国　陶　钧　傅少庆　原　野
		地质研究院	鲁明宇　李志宏
		制造公司	杨　皓　赵海滨　牛　奔　彭宇
		物资装备公司	孟凡胜　刘国臣　孟祥柏　唐　涛　贾　鑫　潘跃勇　李继华　曾晓丰　朱先佑　刘彦昭　奥振兴　谭少军

续表

序号	荣誉名称	获奖人员	
2	“双文明”先进个人	质量安全监督中心	康永固　高增娟　彭威水
		培训中心	方忠运　牟秋璋　星学智
		本部	陈　凡　张　蕾　靳敏刚　熊焱春
3	新晋二十年海龄先进职工	胡小辉　郝秀权　王联友　陈良雨　丁力君　唐永坤　胡宗武　于宝平　陈　龙　陈庆高　胡友良　吕红星　杨振元　袁孝龙　贾立然　王少军　周建东	
4	新晋十年海龄先进职工	大庆分公司	徐兴伟　赵志刚　李福生　杨大军　金　文
		国际公司	秦国进　靖彦卿　黄汝波　曹　阳　李　伟　刘正亮　赵庆龙　沈青聪　卢宣言　孔庆东　张　来　杨宝平　张朴旺　刘　辉　黎永知　李　超　李健楠　刘朝庆　刘厚武　马涌贵　邵晓峰　王　兵　赵文积　戴银汉　雷　均　高坚忠　李家绪　宁汇勇　牛　宏　王　刚　席　斌　包　鑫　董国战　刘伟冬　李　栋　胡俊强　柏　锐　葛长利　申　鹏　姚　兰　张春伟　冯忠峰　王茂林　孙宏亮　王　涛　李　奎　曾志华　杨　民
5	“感动测井”优秀共产党员	许思勇　欧跃强　冷亚育　王继西　谢小丽　曾耀祖　孙攀峰　张　铎　程道解　陈　凡	
6	优秀党务工作者	成军军　谭华灵　孙运强　刘丹丹　周　石　吕　游　王福强　刘杏远　罗　莅　韵海峰　展　阔　谭奇龙　王　伟　黄　科　储妮晟　李　倩　罗晓密　杨　海　严　冬　刘　伟	
7	优秀中层领导人员	所属单位	董国敏　蒋　钢　王延茂　张天军　黄晓冬　吴　寒　安维东　荆三红　章海宁　万金彬　李文彬　陈浩军　李江锋　宋　杰　陈立雄　王正久　段银鹿　严　磊　李国红　段宏臻　梁晓东　张　强　张朴旺　张　舜　陈　文　高行武　马正江　陈　艾　孟学军　金仁高
		本部	施培华　周　扬　沙　峰　董银梦　张　宪　刘　暉　雷绿银　王　峰　韩　成　郭杨锋　方抒睿　李国强　冯相君　田卫国
8	十大杰出青年	田博宁　李妍僖　周炬锋　郑占树　窦金涛　孔令松　李阿龙　李楠　罗成龙　陈彦竹	
9	青年岗位能手	陈绪龙　刘　平　裴　阳　徐文远　张　健　刘　航　王浩全　余　沛　向　闪　姜冰宣　李兆春　王英杰　李向华　蔺　佳　葛文帅　李明学　陈　朋　张　磊　孙艳玲　王　娜　陈　辉　陈琪涅　宋　磊　刘禹宏　姚　楠　张林通　曲　鹏　赵志远　梁　耀　何羽飞　邵广辉　虞　兵　李金博　宫玉明　吴　强　刘　哲　谢　江　方嘉迪　王红涛　孙佳伟	

机构与人物

组织机构

【中油测井组织机构】 2022年，中油测井通过深化改革，调整优化本部机构职能，本部部门13个、二级单位18个。本部部门分别是办公室（党委办公室、维稳信访办公室）、人事处（党委组织部）、规划计划处、市场生产处、科技处、物资装备处、评价信息处、质量安全环保处、财务资产处、企业法规处、审计处、纪委办公室（党委巡察办公室）、党群工作处（党委宣传部、企业文化处、工会、团委）。设二级单位18个。其中：工程技术服务单位12个，分别是长庆分公司、西南分公司、新疆分公司、天津分公司、辽河分公司、大庆分公司、吐哈分公司、华北分公司、塔里木分公司、青海分公司、吉林分公司、国际公司；技术创新单位3个，分别是测井技术研究院、地质研究院、制造公司；支持保障单位3个，分别是物资装备公司、质量安全监督中心和培训中心（党校）。

（李廷园）

【中油测井本部部门】 2022年11月22日前，中油测井设置14个本部部门，11月22日后，设置13个本部部门，具体设置见表1。

表1　2022年中油测井本部部门设置情况

序　号	本部部门（2022年11月22日前）	本部部门（2022年11月22日后）
1	办公室（党委办公室、维稳信访办公室）	办公室（党委办公室、维稳信访办公室）
2	人事处（党委组织部）	人事处（党委组织部）
3	规划计划处	规划计划处
4	市场生产处	市场生产处
5	科技处	科技处
6	物资装备处	物资装备处
7	评价信息处	评价信息处
8	质量安全环保处	质量安全环保处
9	财务资产处	财务资产处
10	企管法规处	企管法规处
11	国际合作处（外事办公室）	（撤销）
12	审计处	审计处
13	纪委办公室（党委巡察办公室）	纪委办公室（党委巡察办公室）
14	党群工作处（党委宣传部、企业文化处、工会、团委）	党群工作处（党委宣传部、企业文化处、工会、团委）

【中油测井所属二级单位】 2022 年，中油测井下　　设 18 个所属单位，具体设置见表 2。

表 2　2022 年中油测井所属二级单位设置情况

序　号	单位名称	单位地址
1	长庆分公司	陕西省西安市高陵区泾渭街道长庆西路 1 号
2	西南分公司	重庆市渝北区红石路 152 号
3	新疆分公司	新疆维吾尔自治区克拉玛依市克拉玛依区油建南路 217 号
4	天津分公司	天津市经济技术开发区第二大街 83 号 403 室
5	辽河分公司	辽宁省盘锦市兴隆台区渤海地区新华小区 0C01 栋
6	大庆分公司	黑龙江省大庆市让胡路区银浪大街 20 号
7	吐哈分公司	新疆维吾尔自治区吐鲁番市鄯善县火车站镇解放南路 069 号
8	华北分公司	河北省任丘市燕山道 09 号
9	塔里木分公司	新疆维吾尔自治区库尔勒经济技术开发区纪元路 32 号
10	青海分公司	甘肃省敦煌市七里镇柴达木中路 7 号
11	吉林分公司	吉林省松原市宁江区工农路 598 号
12	国际公司	北京市朝阳区亚运村安立路 101 号名人大厦
13	测井技术研究院	北京市昌平区中国石油创新基地 A12 地块 C 座
14	地质研究院	陕西省西安市高新技术开发区锦业二路丈八五路 50 号
15	制造公司	陕西省西安市高新技术开发区锦业二路丈八五路 50 号
16	物资装备公司	陕西省西安市高陵区泾渭街道长庆西路 1 号
17	质量安全监督中心	陕西省西安市雁塔区西延路 72 号
18	培训中心（党校）	陕西省西安市雁塔区西延路 72 号

【中油测井组织机构图】 2022年12月，中油测井组织机构情况见图1，中油测井所属二级单位组织情况见图2—图19。

图1　2022年12月中油测井组织机构图

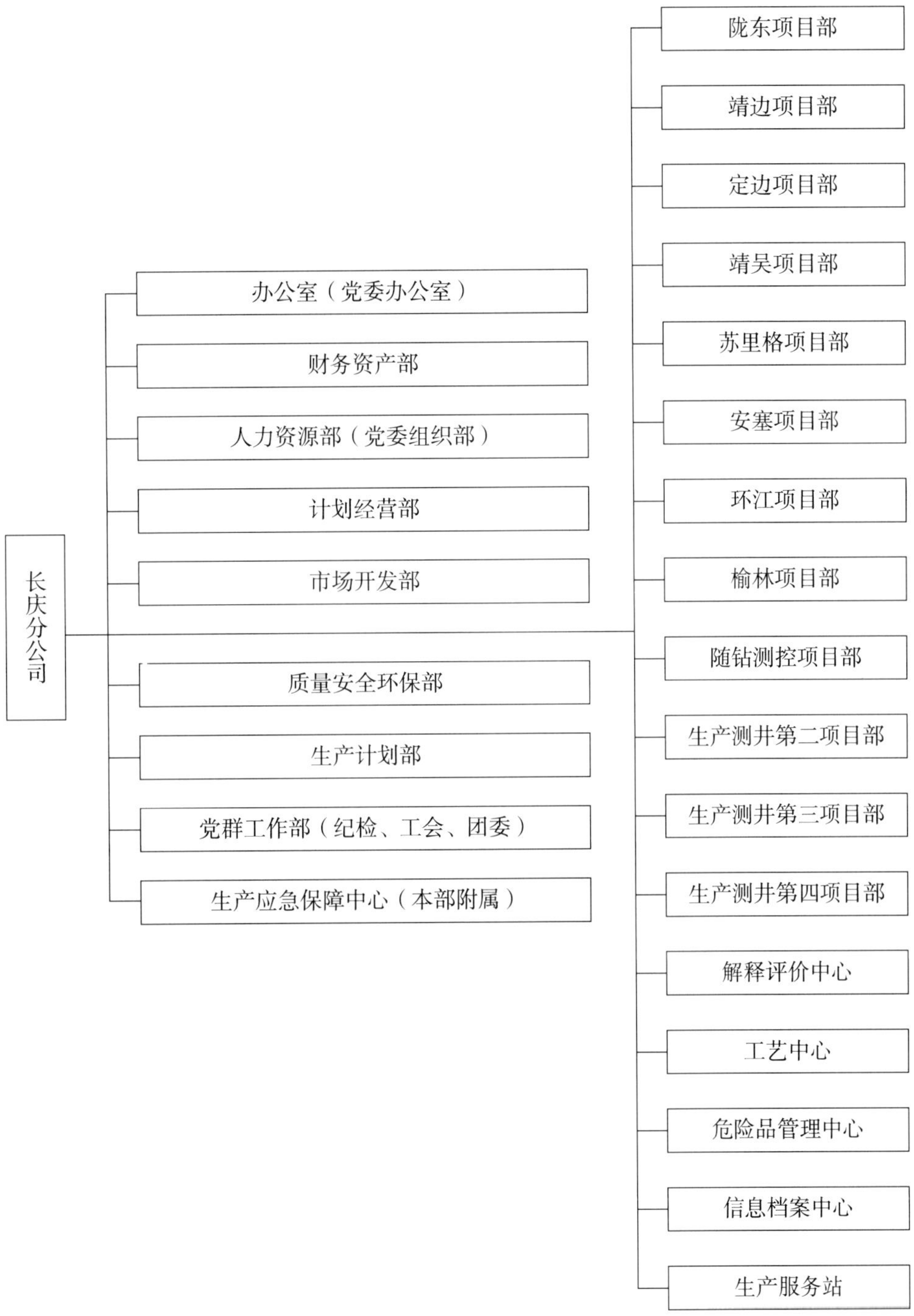

图 2　2022 年长庆分公司组织机构图

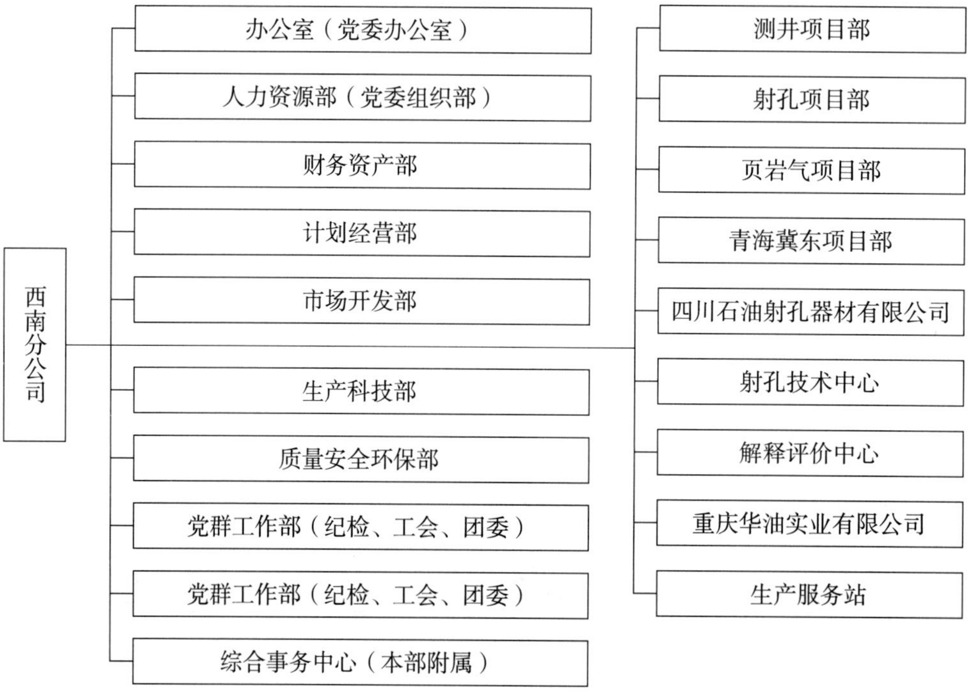

图 3　2022 年西南分公司组织机构图

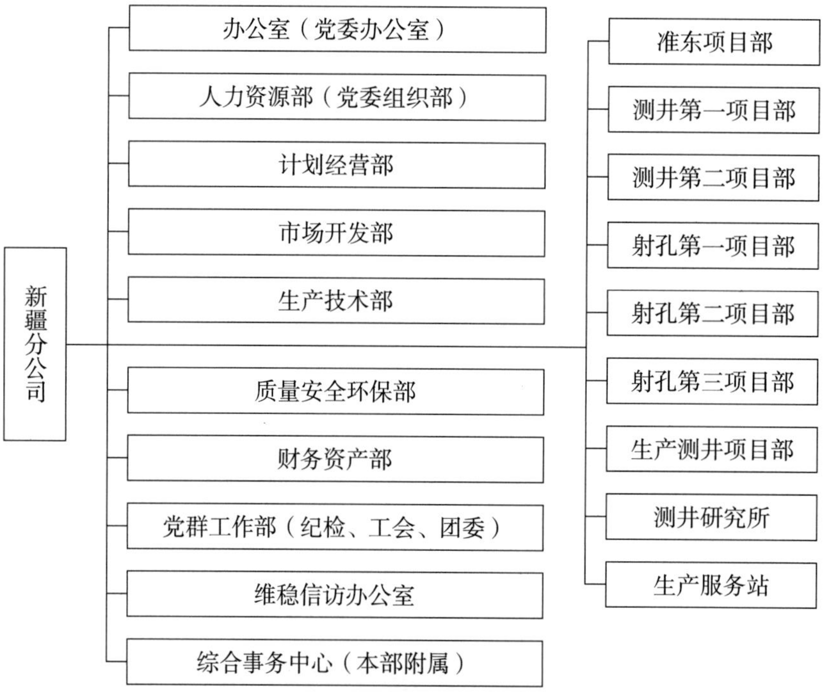

图 4　2022 年新疆分公司组织机构图

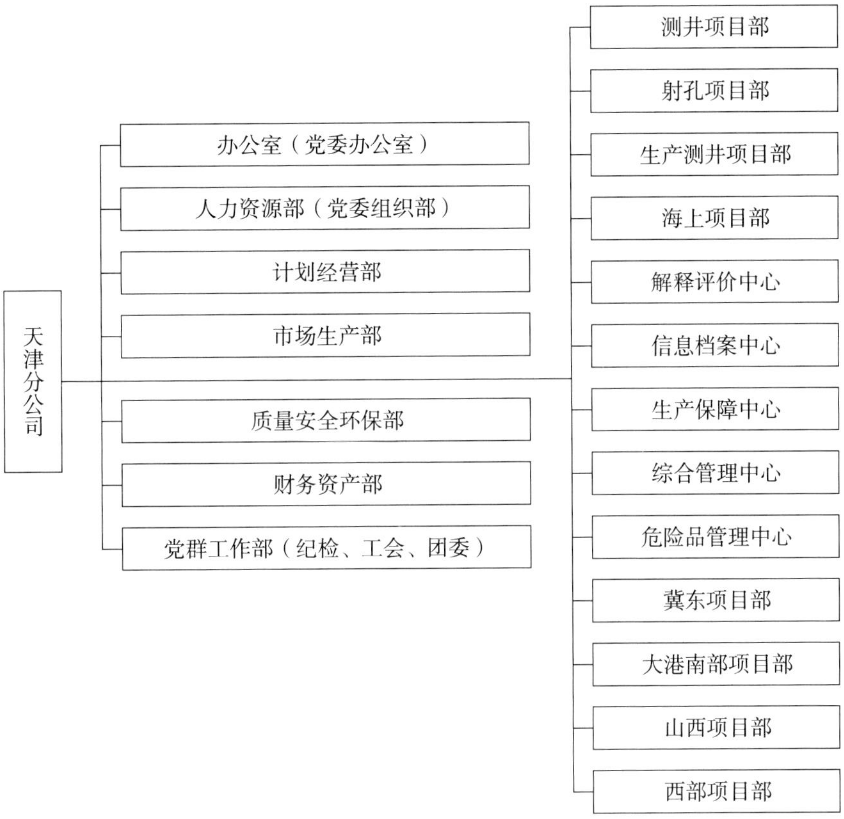

图 5　2022 年天津分公司组织机构图

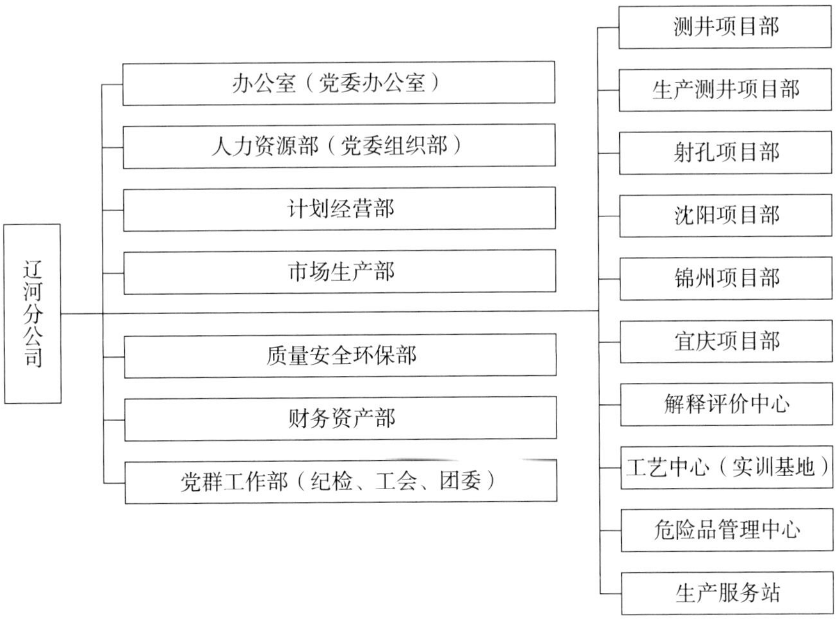

图 6　2022 年辽河分公司组织机构图

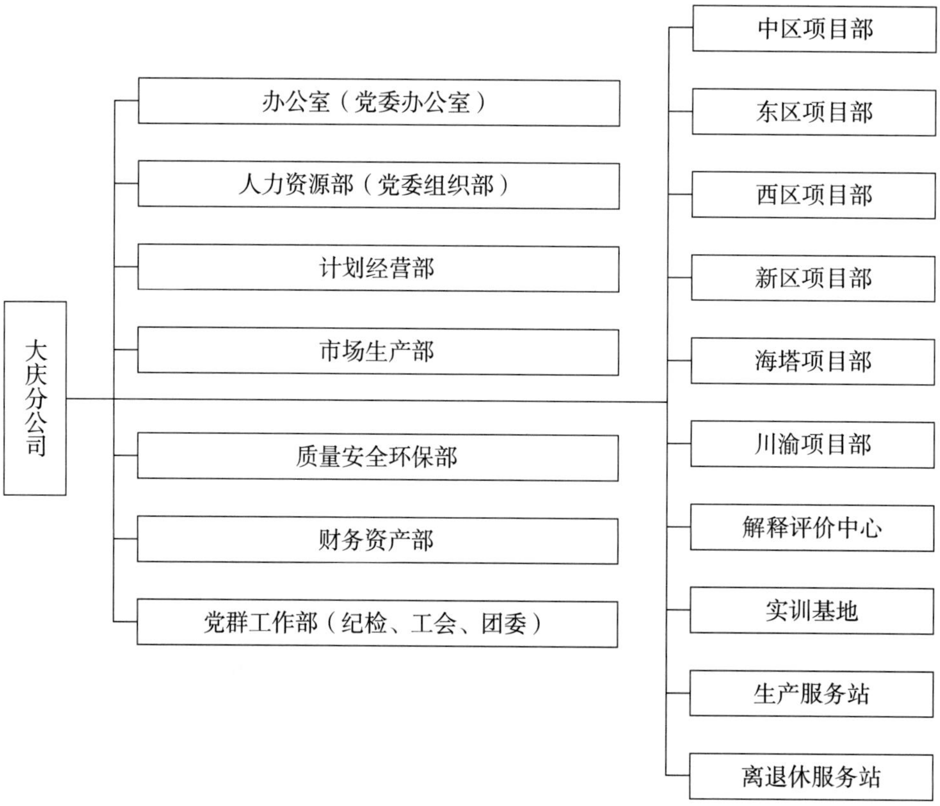

图 7　2022 年大庆分公司组织机构图

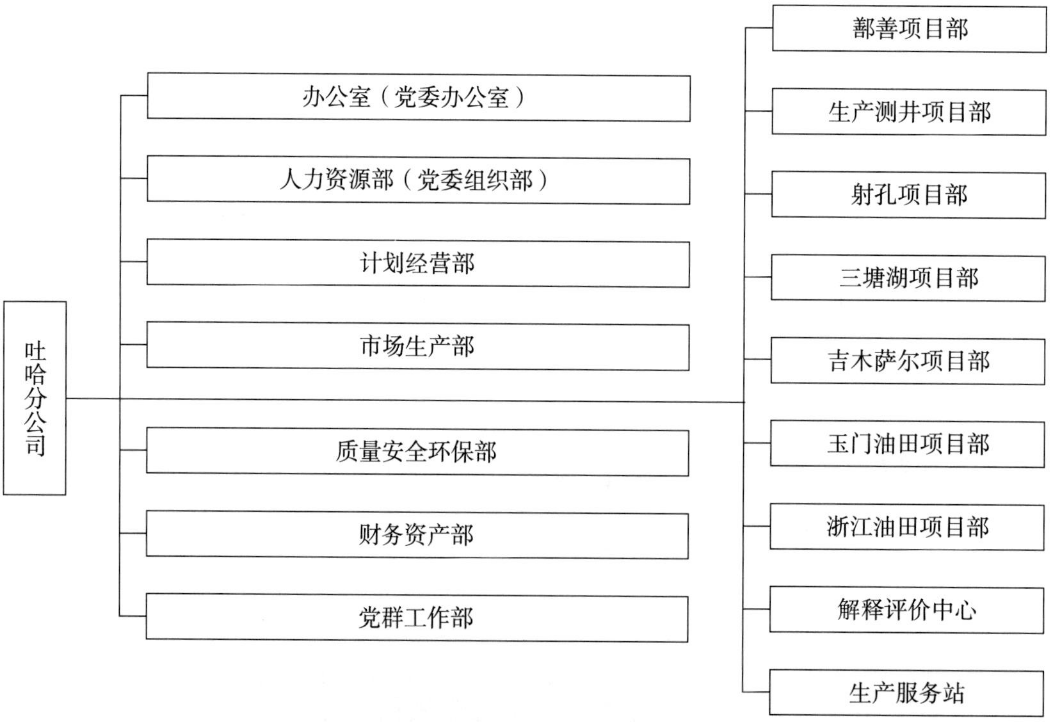

图 8　2022 年吐哈分公司组织机构图

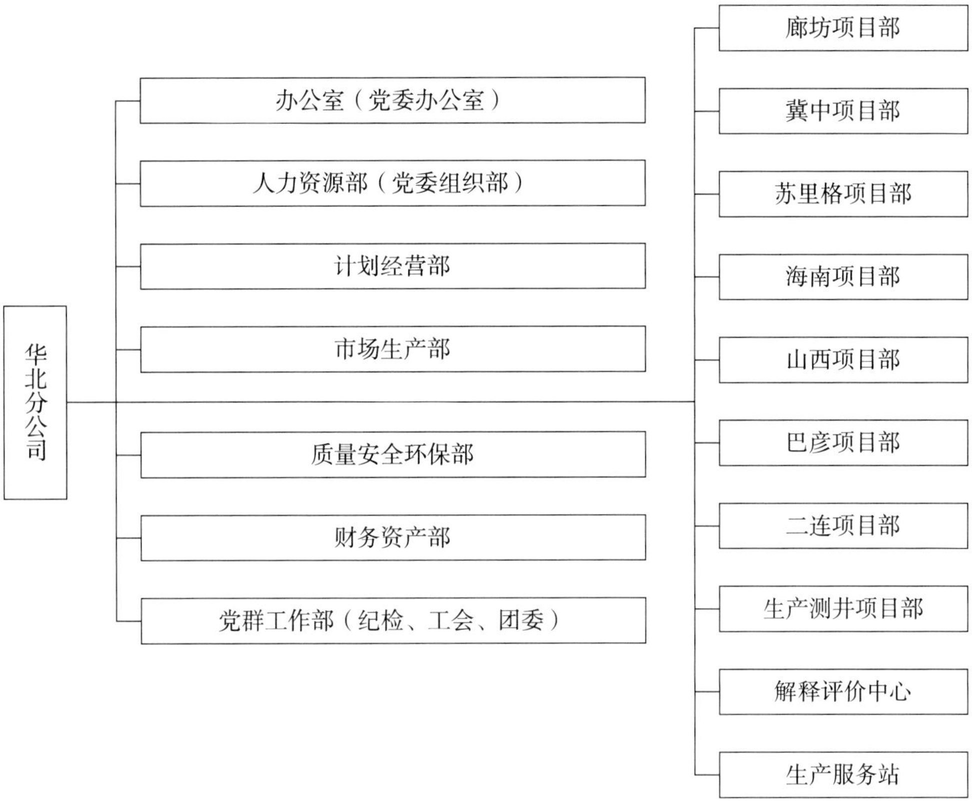

图 9　2022 年华北分公司组织机构图

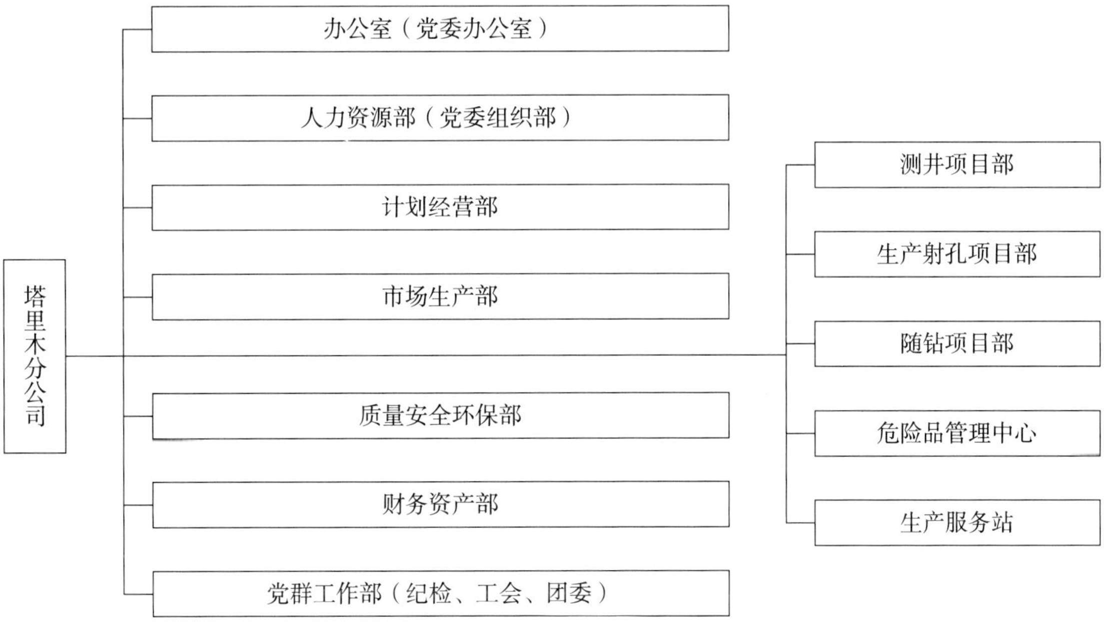

图 10　2022 年塔里木分公司组织机构图

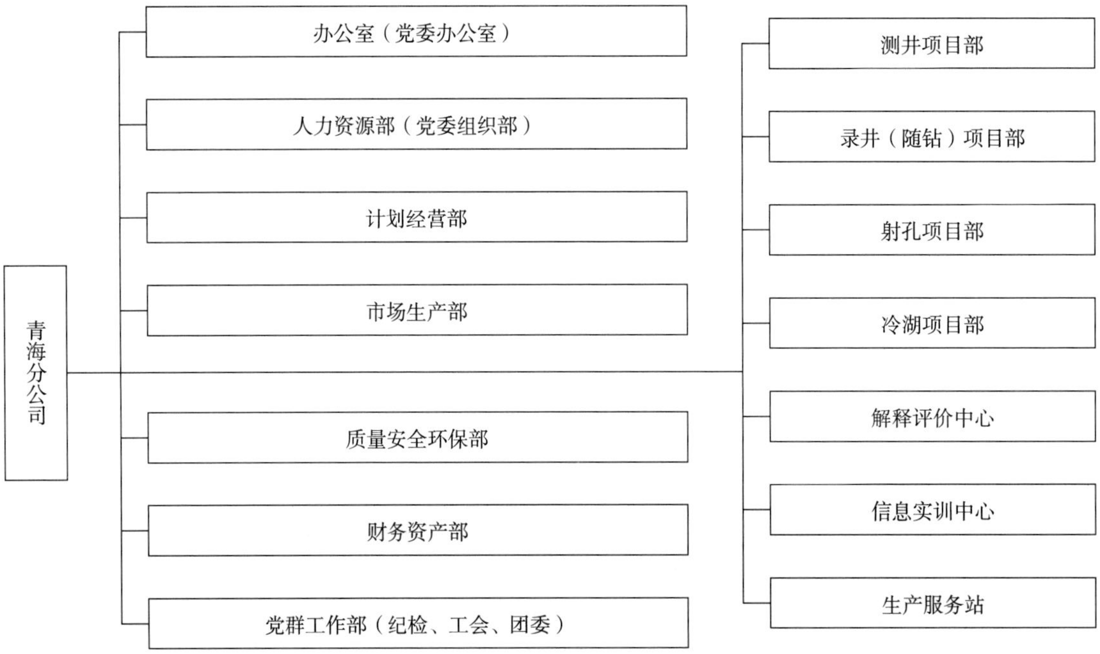

图 11　2022 年青海分公司组织机构图

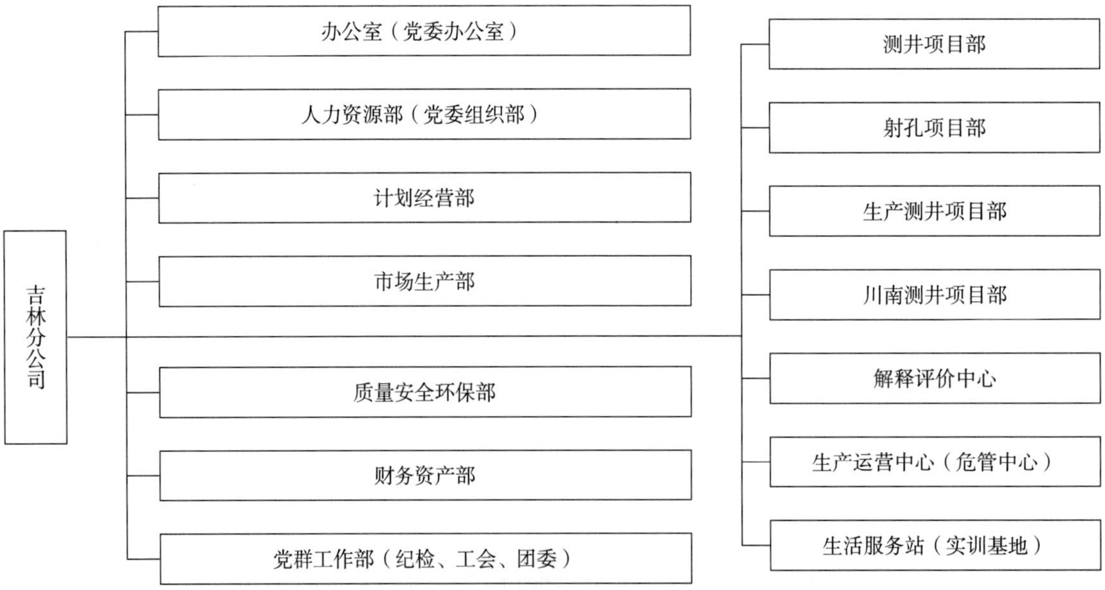

图 12　2022 年吉林分公司组织机构图

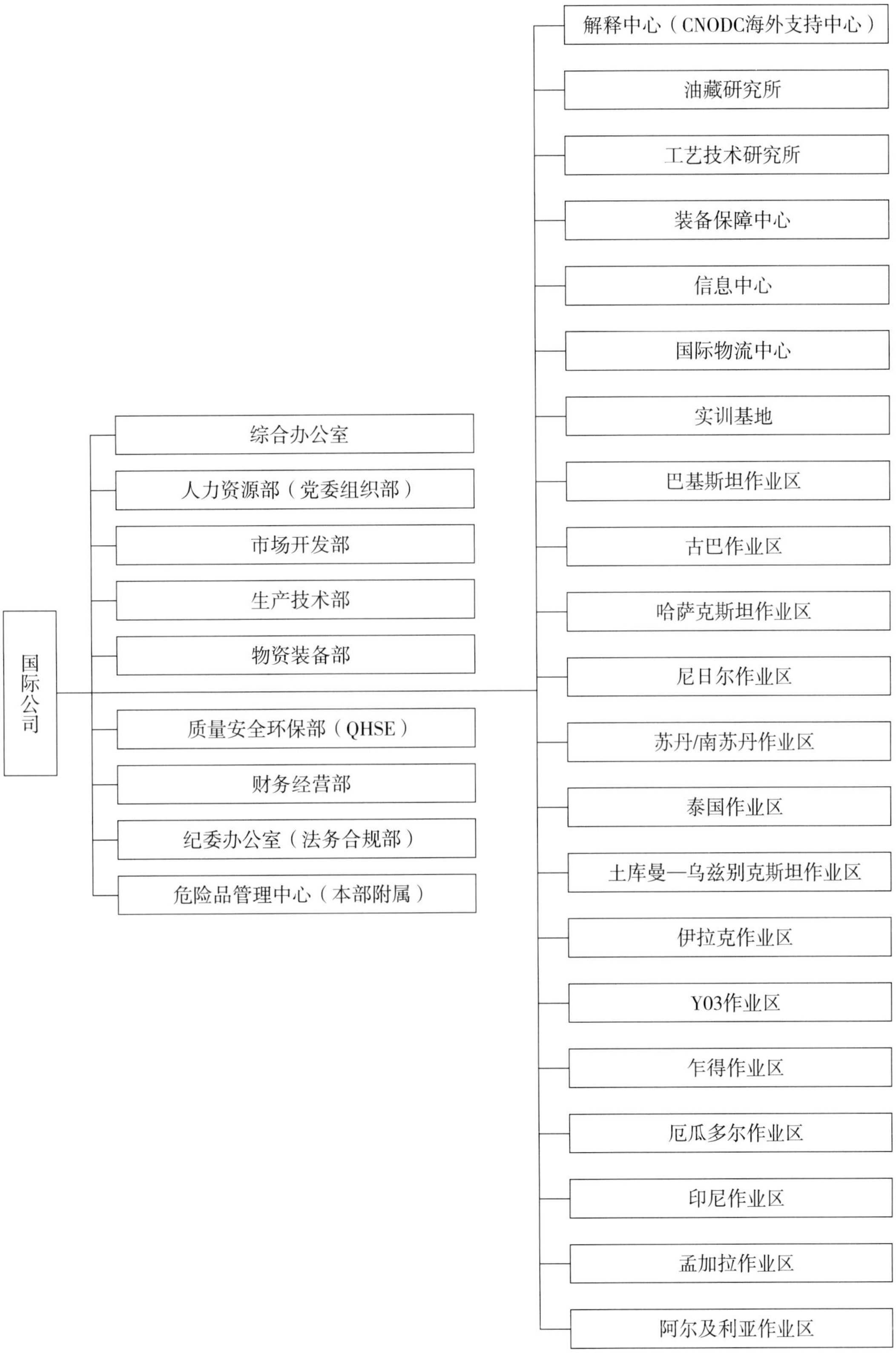

图 13　2022 年国际公司组织机构图

图 14　2022 年测井技术研究院组织机构图

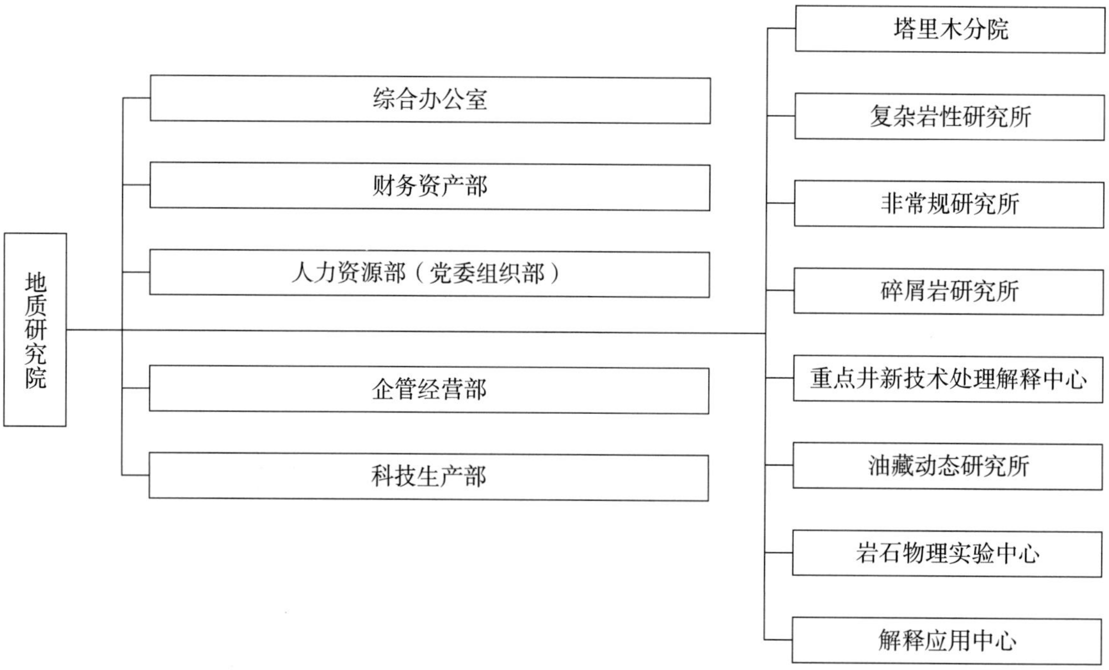

图 15　2022 年地质研究院组织机构图

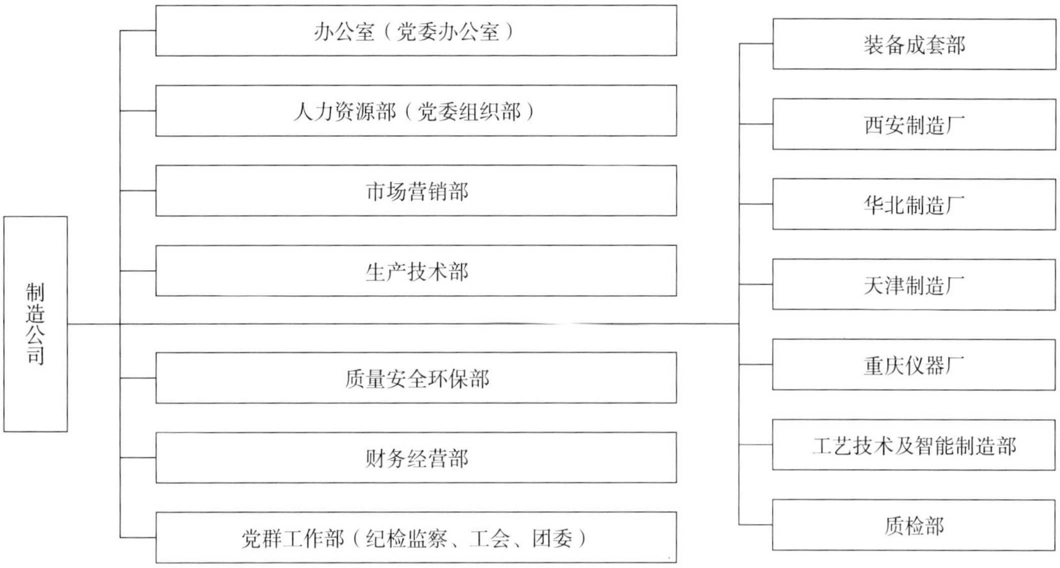

图 16　2022 年制造公司组织机构图

图 17　2022 年物资装备公司组织机构图

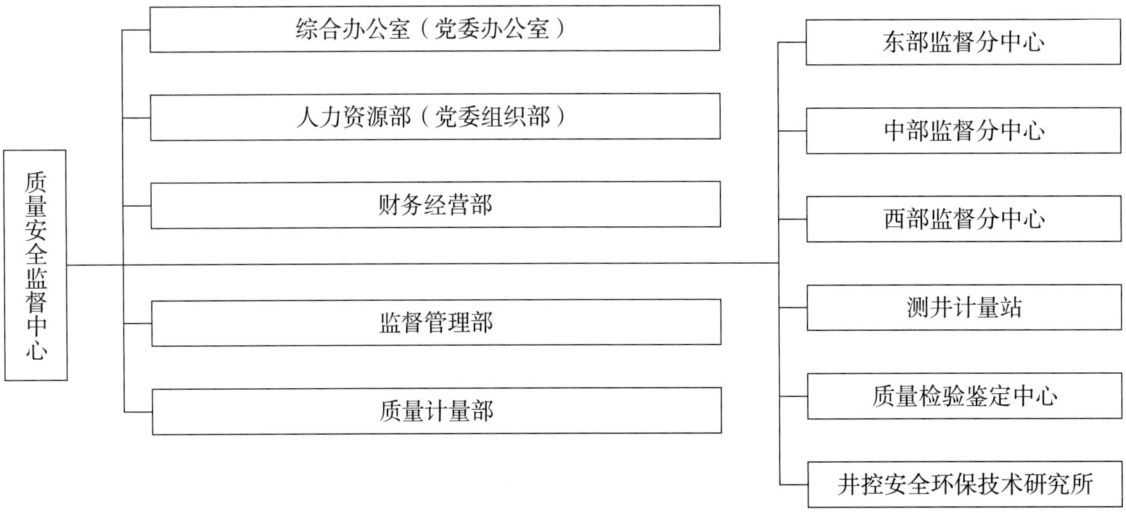

图 18　2022 年质量安全监督中心组织机构图

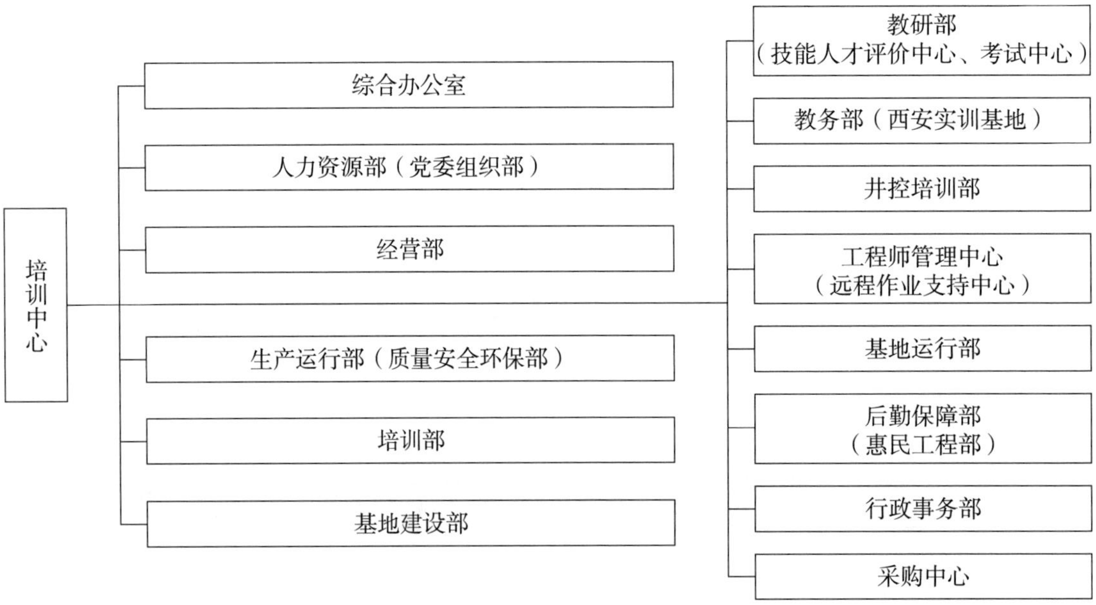

图 19　2022 年培训中心组织机构图

领导名录

表 3　2022 年中油测井领导名录

序　号	姓　名	职　　务
1	金明权	党委书记、执行董事
2	胡启月	总经理、党委副书记
3	邵镇江	党委委员、纪委书记（2022 年 9 月前，9 月退休）
4	邹　荣	党委委员、总会计师
5	陈　宝	党委委员、副总经理、总工程师、安全总监
6	石玉江	党委委员、副总经理、工会主席
7	胡友清	党委委员、纪委书记（2022 年 9 月后）
8	赫志兵	党委委员、副总经理
9	陈　锋	党委委员、副总经理

表 4　2022 年中油测井本部中层领导名录

处室名称	职　务	姓　名
安全副总监		施培华
总经理助理		蔡增泽（2022 年 1 月前）
		周　扬
		沙　峰
办公室（党委办公室、维稳信访办公室）	主任	董银梦
	副主任	叶　振（2022 年 3 月前）
		郭杨锋
		马东明
		杨　柳（2022 年 3 月后）
人事处（党委组织部）	处长（部长）	张　宪
	副处长（副部长）	方抒睿
		王佳凡
		高　超
规划计划处	处长	武延锋
	副处长	金　伟
市场生产处	处长	陈晓明（2022 年 3 月前）
		刘　暉（2022 年 3 月后）
	副处长	尹国平（2022 年 3 月前）
		田家辉（2022 年 3 月前）
		李国强
		张志江（2022 年 3 月后）
		杨新宏（2022 年 3 月后）

续表

处室名称	职　务	姓　名
科技处	处长	陈文辉（2022 年 3 月前）
		李传伟（2022 年 3 月后）
	副处长	张辛耘（2022 年 3 月前）
		李庆合（2022 年 3 月前）
		王　炜（2022 年 3 月后）
物资装备处	处长	贾向东
	副处长	王　鹏
		张志江（2022 年 3 月前）
		孙建伟（2022 年 11 月前）
		桑九波（2022 年 3 月后）
评价信息处	处长	余春昊（2022 年 1 月前）
		陈　斌（2022 年 3 月后）
	副处长	令狐松（2022 年 3 月前）
		李雄伟
质量安全环保处	处长	雷绿银
	副处长	刘甲辰（2022 年 1 月前）
		冯相君
		全晓斌
		张柏元（2022 年 3 月后）
财务资产处	处长	王　峰
	副处长	杨书礼
		吕　伟
		田卫国
企管法规处	处长	张荣新
	副处长	马潜为
审计处	处长	朱富平
	副处长	叶　玲
纪委办公室（党委巡察办公室）	主任	韩　成（2022 年 12 月前）
	副主任	周　广
		罗　宇
党群工作处（党委宣传部、企业文化处、工会、团委）	处长（部长）	范红卫
	公司团委书记	范红卫（2022 年 5 月）
		安维东（2022 年 5 月后）
	副处长（副部长、企业文化处副处长、公司团委副书记）	雷小娟（2022 年 6 月前）
		韩维东
		牛　洁
		王晓菲（2022 年 6 月后）

（张　晗）

表 5　2022 年中油测井所属单位中层领导名录

序　号	姓　名	职　　务
一、长庆分公司		
1	周　扬	经理、党委副书记
2	郭　锋	党委书记、副经理
3	张　龙	党委委员、副经理（2022 年 3 月前）
4	叶　振	党委委员、副书记、纪委书记、工会主席（2022 年 3 月后）
5	刘慕生	党委委员、副经理
6	杨新宏	党委委员、副经理、安全总监（2022 年 3 月前）
7	陈浩军	党委委员、副经理
8	文晓峰	党委委员、总工程师（2022 年 8 月前）
9	王慧军	党委副书记、委员、纪委书记、工会主席（2022 年 3 月前）
10	王红彬	党委委员、副经理、安全总监（2022 年 3 月后）
11	邱　泉	党委委员、副经理（2022 年 3 月后） 总工程师（2022 年 8 月后）
二、西南分公司		
1	董国敏	经理、党委副书记
2	蒋　钢	党委书记、副经理
3	宗辉鹏	党委副书记、纪委书记、工会主席（2022 年 1 月前）
4	罗先东	党委委员、副经理
5	罗　利	党委委员、副经理、总工程师
6	谭志力	副经理（2022 年 8 月前）
7	李江锋	党委委员、副经理、安全总监
8	李崇祯	党委委员、总会计师
9	王慧军	党委副书记、纪委书记、工会主席（2022 年 3 月后）
三、新疆分公司		
1	陈　斌	经理、党委副书记（2022 年 3 月前）
2	王延茂	经理、党委副书记（2022 年 3 月后）
3	黄晓冬	党委书记、副经理（2022 年 6 月前）
4	曾宪江	党委书记、副经理（2022 年 6 月后）
5	令狐松	党委委员、副经理、总地质师（2022 年 3—8 月）
6	帕尔哈提·买买提依明	党委委员、副经理（2022 年 3 月前）
7	李新岐	党委副书记、纪委书记、工会主席
8	宋　杰	党委委员、副经理 党委委员、副经理、安全总监（2022 年 6 月后） 党委委员、副经理、安全总监、总工程师（2022 年 8 月后）
9	苏海群	党委委员、副经理
10	马忠军	党委委员、副经理（2022 年 6 月后）
11	陈　猛	党委委员、副经理（2022 年 6 月后）
四、天津分公司		
1	刘　暉	经理、党委副书记（2022 年 3 月前）

续表

序　号	姓　名	职　　务
2	陈晓明	经理、党委副书记（2022 年 3 月后）
3	龚雅明	党委书记、副经理
4	陈　江	党委副书记、纪委书记、工会主席
5	陈立雄	党委委员、副经理、安全总监
6	鄢　涛	党委委员、副经理
7	刘俊东	党委委员、副经理、总地质师
8	王　成	党委委员、副经理（2022 年 6 月前）
9	李庆合	党委委员、副经理（2022 年 3 月后）
五、辽河分公司		
1	徐开杰	经理、党委副书记（2022 年 6 月前）
2	张天军	经理、党委副书记（2022 年 6 月后）
3	王　焯	党委书记、副经理（2022 年 6 月前）
4	黄晓冬	党委书记、副经理（2022 年 6 月后）
5	桑九波	党委委员、副经理（2022 年 3 月前）
6	裴敏杰	党委委员、副经理、安全总监
7	韩维东	党委副书记、纪委书记、工会主席（2022 年 3 月前）
8	韦法君	党委委员、副经理、总地质师
9	陈建波	党委委员、副经理
10	张　阳	党委副书记、纪委书记、工会主席（2022 年 3 月后）
六、大庆分公司		
1	曹宇欣	经理、党委副书记（2022 年 3 月前）
2	杨大军	党委书记、副经理（2022 年 3 月前） 经理、党委副书记（2022 年 3 月后）
3	张文青	党委书记、副经理（2022 年 3 月后）
4	张瑞景	党委副书记、纪委书记、工会主席（2022 年 1 月前）
5	王正久	党委副书记、纪委书记、工会主席（2022 年 6 月后）
6	马庆诚	党委委员、副经理（2022 年 3 月前）
7	李庆峰	党委委员、副经理（2022 年 8 月前）
8	孙化学	党委委员、副经理、总会计师（2022 年 3 月前）
9	冯尚坤	党委委员、副经理、安全总监
10	韩维东	党委副书记、纪委书记、工会主席（2022 年 3—6 月）
11	于继崇	党委委员、副经理（2022 年 8 月前） 党委委员、副经理、总工程师（2022 年 8 月后）
12	戚　壮	党委委员、副经理（2022 年 3 月后）
13	陆立强	党委委员、副经理（2022 年 8 月后）
七、吐哈分公司		
1	王　林	经理、党委副书记
2	张文青	党委书记、纪委书记、工会主席（2022 年 3 月前）

续表

序号	姓名	职务
3	郑　峰	党委书记、纪委书记、工会主席（2022 年 3 月后）
4	谢　璞	党委委员、副经理
5	孟学军	党委委员、副经理（2022 年 8 月前）
6	段银鹿	党委委员、副经理、安全总监
7	王邹沛	党委委员、副经理（2022 年 8 月后）
8	林茂山	党委委员、副经理（2022 年 8 月前）
八、华北分公司		
1	张天军	经理、党委副书记（2022 年 6 月前）
2	徐开杰	经理、党委副书记、总工程师（2022 年 6 月后）
3	曾树峰	党委书记、工会主席、副经理
4	张积庆	党委委员、副经理（2022 年 1 月前）
5	王正久	党委副书记、纪委书记、工会主席（2022 年 6 月前）
6	蔡文渊	党委委员、总工程师（2022 年 8 月前）
7	严　磊	党委委员、副经理
8	王　成	党委委员、副经理、安全总监（2022 年 6 月后）
9	韩　勃	党委委员、副经理、总会计师（2022 年 6 月后）
九、塔里木分公司		
1	刘洪亮	经理、党委副书记（2022 年 3 月前）
2	吴　寒	党委委员、副经理、安全总监（2022 年 3 月前） 经理、党委副书记（2022 年 3—8 月） 经理、党委副书记、总工程师（2022 年 8 月后）
3	安维东	党委书记、纪委书记、工会主席、副经理
4	苏　波	党委委员、总工程师（2022 年 6 月前）
5	李国红	党委委员、副经理
6	韩能润	党委委员、副经理
7	施宇峰	党委委员、副经理（2022 年 3 月后）
十、青海分公司		
1	谌业和	经理、党委副书记
2	杨成刚	党委书记、纪委书记、工会主席、副经理
3	郑　锋	党委委员、副经理、安全总监（2022 年 3 月前）
4	李　挺	党委委员、副经理
5	王邹沛	党委委员、副经理（2022 年 4—8 月）
6	段宏臻	党委委员、副经理
7	张　斌	党委委员、副经理
十一、吉林分公司		
1	魏　兵	经理、党委副书记
2	苗庆成	党委书记、纪委书记、工会主席、副经理（2022 年 3 月前）
3	孙化学	党委书记、纪委书记、工会主席、副经理（2022 年 3 月后）

续表

序号	姓名	职务
4	姜万里	党委委员、副经理（2022年1月前）
5	宋建华	党委委员、副经理（2022年1月前）
6	田家辉	党委委员、副经理（2022年3—8月）
7	金振汉	党委委员、副经理、安全总监
8	梁晓东	党委委员、副经理
9	李超炜	党委委员、副经理、总地质师（2022年3月后）
十二、国际公司		
1	沙　峰	总经理助理、国际事业部经理、经理、党委副书记
2	李汉忠	党委书记、副经理（2022年11月后）
3	黄炳江	党委委员、副经理
4	石健雄	党委委员、总会计师
5	刘运备	党委委员、副书记、纪委书记、工会主席（2022年11月后）
6	张　强	党委委员、副经理、安全总监
7	张　勇	党委委员、副经理、总工程师（2022年11月后）
8	李天诗	党委委员、副经理（2022年8月前）
9	张开金	党委书记、委员、纪委书记、工会主席（2022年11月前）
10	程维营	党委委员、副经理（2022年11月前）
十三、测井技术研究院		
1	陈　涛	院长、党委副书记（2022年3月前）
2	陈文辉	院长、党委副书记（2022年3月后）
3	李传伟	党委书记、副院长（2022年3月前）
4	刘　越	党委副书记、纪委书记、副院长、工会主席（2022年3月前）
5	刘　越	党委书记、纪委书记、副院长、工会主席（2022年3月后）
6	朱　军	党委委员、副院长（2022年11月前）
7	李晓军	党委委员、副院长
8	陈　文	党委委员、副院长
9	王晓冬	党委委员、副院长（2022年11月后）
10	张　浩	党委委员、副院长、安全总监（2022年11月后）
十四、地质研究院		
1	章海宁	院长、党委副书记
2	万金彬	党委书记、纪委书记、工会主席、副院长（2022年1—6月）； 党委书记、工会主席、副院长、纪律检查委员（2022年6月后）
3	金兴明	党委委员、副院长（2022年1—6月）
4	赖学军	党委委员、副院长
5	成志刚	党委委员、副院长、安全总监（2022年1月）
6	苏　波	党委委员、副院长（2022年6—8月）； 党委委员、副院长、安全总监（2022年8月后）
7	李戈理	党委委员、副院长（2022年6月后）

续表

序号	姓名	职务
8	高衍武	党委委员、副院长（2022年6月后）
十五、制造公司		
1	马骁	经理、党委副书记（2022年1—12月）
2	王德隆	党委书记、纪委书记、工会主席、副经理（2022年1—9月） 党委书记、工会主席、副经理、纪律检查委员（2022年9月后）
3	马正江	党委委员、副经理、安全总监（2022年1—8月） 党委委员、副经理、安全总监、总工程师（2022年8月后）
4	王勇	党委委员、副经理（2022年1—8月）
5	谢常原	党委委员、副经理（2022年1—12月）
6	郑良	党委委员、副经理（2022年1—3月）
7	谭凌云	党委委员、副经理、总会计师（2022年8月后）
十六、物资装备公司		
1	李文彬	经理、党委副书记
2	牟连明	党委书记、副经理、工会主席（2022年6月前） 党委书记、副经理（2022年6月后）
3	郭瑛	党委委员、副经理、安全总监（2022年3—4月） 党委委员、副经理（2022年4月后）
4	陈艾	党委委员、副经理
5	雷小娟	党委委员、党委副书记、纪委书记、工会主席（2022年6月后）
6	孙建伟	党委委员、副经理（2022年11月后）
7	左兴龙	党委委员、副经理（2022年4月前） 党委委员、副经理、安全总监（2022年4月后）
十七、质量安全监督中心		
1	李鹏	主任、党委副书记
2	张荣飞	党委书记、纪委书记、工会主席、副主任
3	孟学军	党委委员、副主任（2022年8月后）
4	王飞	党委委员、副主任
5	刘旭春	党委委员、副主任、安全总监
十八、培训中心（党校）		
1	李长文	主任、党委副书记（2022年3月后）
2	张龙	党委书记、副主任（2022年3月后）
3	胡忠	党委委员、副主任（2022年12月后）
4	李金刚	党委委员、副主任、安全总监（2022年3—11月）
5	吴墨瀚	党委委员、副主任（2022年3月后）
6	郑海波	党委副书记、副主任、工会主席（2022年3月后） 纪委书记（2022年3—8月） 纪律检查委员（2022年9月后）
7	杨继波	党委委员、副主任（2022年3月后） 安全总监（2022年12月后）
8	郑大洲	党委委员、副主任（2022年3—8月）

专家名录

表 6　中国石油集团测井有限公司企业首席专家

序　号	姓　名	岗　　位	工作单位
1	王国平	成像测井	测井技术研究院
2	张炳军	快速测井	测井技术研究院
3	陈　鹏	随钻测导	测井技术研究院
4	周　军	软件设计与开发	测井技术研究院
5	杨　林	注采同测	地质研究院
6	岳爱忠	岩石物理	测井技术研究院
7	李安宗	机械电子	测井技术研究院
8	唐　凯	桥射联作	西南分公司
9	陈　涛	注采同测	测井技术研究院
10	余春昊	取心测试	测井技术研究院

表 7　中国石油集团测井有限公司高级专家

序　号	姓　名	岗　　位	工作单位
1	秦民君	油藏评价	长庆分公司
2	齐宝权	油藏评价	西南分公司
3	张树东	油藏评价	西南分公司
4	罗安银	油藏评价	华北分公司
5	杜旭东	油藏评价	国际公司
6	欧阳昌	信息采集	国际公司
7	程晓东	油藏评价	国际公司
8	于中洋	信息采集	测井技术研究院
9	白庆杰	快速测井	测井技术研究院
10	杨超登	信息采集	测井技术研究院
11	贺　飞	侧向成像	测井技术研究院
12	鲁保平	元素测井	测井技术研究院

续表

序　号	姓　名	岗　　位	工作单位
13	何绪新	电路设计与工艺	测井技术研究院
14	李玉霞	随钻装备	测井技术研究院
15	孙学凯	声波成像	测井技术研究院
16	李　新	岩石物理	地质研究院
17	朱涵斌	油藏评价	地质研究院
18	肖占山	油藏评价	地质研究院
19	祇淑华	油藏评价	地质研究院

表 8　中国石油集团测井有限公司一级工程师

序　号	姓　名	岗　　位	工作单位
1	文晓峰	油藏评价	长庆分公司
2	罗菊兰	油藏评价	长庆分公司
3	孙志忠	射孔技术	长庆分公司
4	郭廷亮	射孔技术	西南分公司
5	贺洪举	油藏评价	西南分公司
6	郑小敏	油藏评价	西南分公司
7	谭志力	信息系统及网络设计	西南分公司
8	令狐松	油藏评价	新疆分公司
9	余　刚	仪器维修	新疆分公司
10	高　峰	信息采集	新疆分公司
11	姬嘉琦	油藏评价	新疆分公司
12	王志勇	信息采集	天津分公司
13	董拥军	射孔技术	天津分公司
14	江松元	信息采集	辽河分公司
15	傅永强	油藏评价	辽河分公司
16	李庆峰	油藏评价	大庆分公司
17	付晨东	油藏评价	大庆分公司
18	范生刚	信息采集	吐哈分公司
19	王成荣	油藏评价	吐哈分公司

续表

序　号	姓　名	岗　　位	工作单位
20	林茂山	油藏评价	吐哈分公司
21	蔡文渊	油藏评价	华北分公司
22	陈金宏	信息采集	华北分公司
23	徐永发	油藏评价	青海分公司
24	田家辉	信息采集	吉林分公司
25	安纪星	油藏评价	吉林分公司
26	李天诗	信息采集	国际公司
27	张莉莉	油藏评价	国际公司
28	孙利国	油藏评价	国际公司
29	范乐元	油藏评价	国际公司
30	陈小安	仪器维修	测井技术研究院
31	刘国权	测井方法研究	测井技术研究院
32	包德洲	电路设计与工艺	测井技术研究院
33	贺秋利	测井方法研究	测井技术研究院
34	刘付火	传感器设计	测井技术研究院
35	宋青山	传感器设计	测井技术研究院
36	程　刚	传感器设计	测井技术研究院
37	肖　宏	电路设计与工艺	测井技术研究院
38	孙钦涛	电路设计与工艺	测井技术研究院
39	李文博	机械设计与工艺	测井技术研究院
40	牒　勇	测井方法研究	测井技术研究院
41	王　珺	传感器设计	测井技术研究院
42	周正志	软件设计与开发	测井技术研究院
43	郭玉庆	软件设计与开发	测井技术研究院
44	谢昱北	机械设计与工艺	测井技术研究院
45	林伟川	油藏评价	地质研究院
46	李国利	油藏评价	地质研究院
47	黎健君	油藏评价	地质研究院

续表

序 号	姓 名	岗 位	工作单位
48	王 勇	智能制造	制造公司
49	陈绪涛	传感器设计	制造公司
50	张雄辉	仪器维修	物资装备公司
51	嵇成高	仪器维修	物资装备公司
52	陆敬武	仪器维修	物资装备公司
53	刘海涛	质量计量	质量安全监督中心

（张 蕾）

表 9 中国石油天然气集团有限公司技能专家

序 号	姓 名	岗 位	工作单位
1	刘春斌	集团技能专家	长庆分公司
2	王 琦	集团技能专家	西南分公司
3	马 营	集团技能专家	辽河分公司
4	刘秀庆	集团技能专家	制造公司
5	张光洲	集团技能专家	物资装备公司

表 10 中国石油集团测井有限公司技能专家

序 号	姓 名	岗 位	工作单位
1	石庆平	公司技能专家	长庆分公司
2	薛建民	公司技能专家	长庆分公司
3	丁旭东	公司技能专家	长庆分公司
4	王 鹏	公司技能专家	长庆分公司
5	任小虎	公司技能专家	长庆分公司
6	夏从江	公司技能专家	长庆分公司
7	魏春秉	公司技能专家	长庆分公司
8	王红松	公司技能专家	长庆分公司
9	王 艺	公司技能专家	长庆分公司
10	赵小川	公司技能专家	西南分公司
11	杨 利	公司技能专家	西南分公司

续表

序　号	姓　名	岗　　位	工作单位
12	单　勇	公司技能专家	西南分公司
13	聂华富	公司技能专家	西南分公司
14	刘　健	公司技能专家	西南分公司
15	杨世勇	公司技能专家	新疆分公司
16	宁智源	公司技能专家	新疆分公司
17	李　军	公司技能专家	新疆分公司
18	李向华	公司技能专家	天津分公司
19	马振志	公司技能专家	天津分公司
20	刘长久	公司技能专家	辽河分公司
21	徐庆东	公司技能专家	辽河分公司
22	吴依东	公司技能专家	辽河分公司
23	柴军胜	公司技能专家	辽河分公司
24	王雪峰	公司技能专家	辽河分公司
25	王立新	公司技能专家	大庆分公司
26	武建军	公司技能专家	大庆分公司
27	郑　志	公司技能专家	吐哈分公司
28	李金领	公司技能专家	华北分公司
29	张建斌	公司技能专家	青海分公司
30	张　健	公司技能专家	制造公司
31	张　连	公司技能专家	制造公司
32	穆红旭	公司技能专家	物资装备公司
33	安佰福	公司技能专家	物资装备公司
34	梁立华	公司技能专家	物资装备公司
35	王相彬	公司技能专家	物资装备公司
36	徐春涛	公司技能专家	物资装备公司

（樊军强）

所属二级单位概览

中国石油集团测井有限公司长庆分公司

【概况】 中国石油集团测井有限公司长庆分公司（简称长庆分公司），是由 20 世纪 60 年代末参加长庆油田会战的 40 余名测井业务人员发展而成的，先后成立测井站、测井总站、长庆石油勘探局测井公司、测井工程处，隶属于原长庆石油勘探局。2002 年底集团公司第一次测井专业化重组，测井工程处划入中国石油集团测井有限公司，更名为“中国石油集团测井有限公司长庆事业部”。2017 年 12 月集团公司二次测井专业化重组，更名为“中国石油集团测井有限公司长庆分公司”。

长庆分公司承担着长庆油田区域（山西、陕西、甘肃、宁夏、内蒙古）裸眼井测井、套管井测井、随钻测井、综合录井、射孔作业任务，具备水平井、小井眼井、侧钻井、随钻旋转导向、桥射联作以及精细解释、储层评价等服务能力。形成“注产剖面、油套管检测、剩余油评价、压裂效果评价、找漏找窜、油气井改造、压力监测、分注井调配、井间监测、油气田化学”等适应超低渗油藏 10 个特色生产测井、测试系列。民爆物品和放射源的储存、运输、使用资质齐全，具备为油气田勘探开发提供测井、随钻、录井、射孔、解释等一体化解决方案的综合服务能力。

2022 年，长庆分公司深化改革，整合资源，调整组织结构，设本部部门 8 个、附属机构 1 个、三级单位 17 个。党委下设 3 个党总支、24 个党支部，有党员 715 名。在册员工 969 人（不含中部人力资源共享中心人员），其中合同化员工 612 人，市场化合同 253 人，市场化劳务 104 人；管理人员 213 人、专业技术 358 人、技能操作 398 人；本科及以上学历 562 人，中级及以上职称 495 人。集团公司技能专家 1 人；公司技术专家 1 人，一级工程师 2 人。中部人力资源共享中心 121 人。

2022 年，长庆分公司立足“服务公司主战”定位，把握“基础建设年”主线，推进测井业务“十大工程”，夯基提效，发挥测井主力军作用，高质量支撑长庆油田 6500 万吨油气生产，完成各类测井总工作量 34634 井次，同比增长 10.33%。全员劳动生产率 82.23 万元 / 人，超额完成中油测井下达的经营业绩考核指标。先后获“中国石油天然气集团有限公司资质管理先进基层单位”“中国石油集团油田技术服务有限公司市场开发先进集体”等称号。

（罗红梅　樊庆毅　杨飞虎）

长庆分公司主要生产经营指标

指　标	2022 年	2021 年
裸眼井测井（井次）	8078	7448
随钻测井（井次）	94	47
工程测井（井次）	8389	8670
生产测井（井次）	7045	7719
射孔（井次） 其中，桥射联作（口 / 段）	11081 1306/7660	9719 879/5879
录井（口）	38	21
产值（亿元）	26.57	23.90
收入（亿元）	27.55	23.74
利润（亿元）	4.09	3.73

（樊哲彪　徐　宁）

【队伍与装备】 2022 年，长庆分公司部署队伍 224 支，其中测井队伍 89 支、5700/LOGIQ 成像队伍 6 支、射孔队伍 51 支、随钻测井队伍 8 支、录井队伍 6 支、生产测井队伍 64 支。配套 CPLog 成套装备 156 套、数控射孔装备 78 套、PLIS 与 Sondex 生产测井设备 74 套、过钻杆测井仪器 21 套 36 串、存储式固井质量测井仪器 12 套 20 串及综合录井仪 6 套，可提供裸眼井测井、生产测井、射孔、随钻测井及录井等技术服务。年作业能力裸眼测井 7500 井次、工程测井 7500 井次、射孔 12000 井次、动态监测 6000 井次、试井及调配 4000 井次、随钻测井 60 口及录井 30 口。

（罗红梅）

【市场开发】 2022年，长庆分公司实施“市场开发、技术支持、生产保障”各要素一体联动措施，突出市场扩容增效，夯实管理基础，新技术工作量、产值同比增长31.02%和35.96%。突出“增量”考核，激发各单位闯市场、争增量的动力，实现市场增量2.54亿元。稳固主体市场，实施页岩油评价与提质增效专班“浸入式”靠前服务，助力页岩油产量突破1000吨/日，带动长庆分公司市场收入3.8亿元，实现油田提效、分公司创效的“双赢”效果。应对市场开放和降价的形势，打好桥射联作市场进攻仗，加强市场开发力度，压实各层级主体市场开发责任，全方位跟踪市场信息，紧盯每一口井任务动态，进行积极、高效的沟通，做到“寸土必争”，用优质的保障能力和施工效果赢得甲方认可，确保桥射联作市场占有率达85%。与油田机械制造总厂签订战略合作协议，减少DMS可溶球座甲供造成的产值损失1.8亿元。采取“稳低端、争中端、拓高端”措施，推动成长市场生产测井工作量、产值“双增长”。以质争量、以量换价，推动随钻测井工作量、产值突破历史水平，产值实现翻番。扩大新兴市场，光纤测井业务实现产值1500万元，国家级示范项目黄3区长8地层二氧化碳驱工作量实现大包。

【服务保障】 2022年，长庆分公司提升生产保障能力，“大生产”保障优势进一步凸显；深化“分级联动、片区联保，推行三协调、四共享”保障机制，229支队伍、274套装备优质高效保障全年生产，综合提速3.7%。应对新冠肺炎疫情冲击，采取临时片区、接力保障等措施，确保区域管控状态下保障能力不下降，打赢天然气冬季保供战役。增强“灵活组队”创效能力，试点运行“队长选人”，实现资源统筹高效应用，配置相同资源，作业能力提升6.2%。深化一队N面、一专多能、一队多机队伍运行模式，在保障大平台桥射联作高效作业、特殊井型特殊工艺作业和高峰期调峰作业中发挥了重要作用。提升“重点领域”保障能力，深化“一井一策”保障，实施重点探井项目管理，优质保障榆160H、靖探2、榆阳1等一批重点井勘探开发。实施“两点三前一固定”的组织模式，在随钻测井任务量大幅上涨情况下，确保作业队伍到位“零延误”。规模配套应用小井眼、快速测井、桥射联作2.0装备，小井眼直定向井测井提速2%，水平井测井提速4.6%，桥射联作工作量创历史新高，完成1306井次、7624段。2022年10月26日，长庆分公司根据地层特性推介采用“DMS高温高压可溶球座技术和高温双卡瓦桥塞”工艺，配套“定面+定向”射孔技术，完成长庆油田青石峁气田李22-21H2井共计9段20簇的“点、面、角”精准射孔作业，助力该井试气获无阻流量36.81万米^3/日高产工业气流，刷新青石峁气田产量纪录，实现该气田由储量向产量的重大转化。

2022年10月26日，长庆分公司采用完成长庆油田青石峁气田李22-21H2井桥射联作施工（白顺利　摄）

【解释评价】 2022年，长庆分公司提升解释评价能力。开展解释方法研究，形成页岩油气、铝土岩、太原灰岩、剩余油、CCUS等解释评价技术14项，助力岭页1H、李86、银探3、环探1、德39井等一批高产发现井。转变服务模式，推行解释片区工作机制，设置区域客户经理，实施勘探开发一体化“片区联合”驻点服务，在铝土岩、页岩油气等勘探开发中见到实效。提升基础工作，采取“四制一会”（区域负责制、专家会诊制、积分制、案例分享制，解释质量分析会）保障措施，高质量完成22188井次解释评价任务，解释符合率稳步提升。复查老井6751口，发现潜力层774层，新增地质储量3200亿立方米。建设数据库，实现新井入库率100%、老井入库率95%。

【科技创新】 2022年，长庆分公司创新突破高效射孔技术，全井筒高效输送工艺技术，助力桥射联作单段作业时效提高 2.4%。研制连油多簇射孔工具、140 兆帕工具串和 80 兆帕可溶球座，在洲探 1H、忠平 2 等重点探井、青石峁区域压裂保障中发挥重要作用。融合应用同轴随进 + 自定向射孔技术，平均破裂压力降低 8.9%。升级智能测导技术，发挥测井生态圈优势，升级旋转导向技术，换装近钻头方位伽马系统，完善随钻中高端技术体系，平均砂体钻遇率 92.6%、油层钻遇率 79.5%。攻关生产测井技术，“光纤 +”工艺技术在多个领域首次施工作业。在裸眼井中嫁接应用井筒完整性评价技术，形成 4 个系列找漏技术，单井找漏时间缩短 5 小时。脉冲中子氧活化、井间气体示踪监测、二氧化碳埋存率评价等技术充实 CCUS 测试技术系列。量子示踪剂技术解决了微量物质示踪剂种类不足难题。U–TEM 瞬变电磁、超声联合解堵增油和高强度树脂封堵等技术，实现从检漏到堵漏的转变。

【质量安全环保】 2022 年，长庆分公司稳固安全环保基础，提升全员安全理念意识，开展“两个理念、一个信念”等 6 个培训教育项目 38 场次，提升全员安全感知度。通过三个层级 QHSE 体系审核，发现整改问题 909 个。推进风险防范措施，投入 2732 万元治理安全隐患项目 22 个。聚焦重点风险领域，落实 15 条硬性措施，统筹开展安全生产大检查等各类检查 6 次，排查消除安全隐患 973 项。围绕安全生产 15 个方面 26 个重点环节，制定 38 项升级管理措施，确保重点时段安全稳定。推进绿色低碳建设，排查治理生态环境隐患 3 项；推进“双碳”行动，开展节能宣传周和全国低碳日活动，普及《中华人民共和国节约能源法》，应用快速高效测井技术，节约标准煤 109.7 吨。

（贾振华）

【党建工作】 2022 年，长庆分公司党委发挥党建引领保障作用，推动党建工作“十项任务”落地，以高质量党建引领保障高质量发展。落实“第一议题”制度，制定全面从严治党主体责任清单和工作运行表，修订长庆分公司“三重一大”制度，严格执行双重组织生活，提升党内政治生活质量。制定学习贯彻党的二十大精神活动方案，组织党员参加党的二十大精神宣讲报告会，开展“转观念、勇担当、强管理、创一流”主题教育，开展党史学习教育，提高党员干部处理问题的能力。举办党支部书记培训班，推广“党建三分钟”等特色学习教育方法，提升党员素质。修订完善党委委员、党支部委员党建责任清单，结合党委委员业务分工，调整党建“三联”责任点，落实党建责任落地见效。制定党建基础工作制度，梳理党支部档案管理规范，开展党员发展、党费及党组织工作经费管理使用情况专项检查，规范党建基础工作。

长庆分公司与采油六厂、采油八厂、采气六厂、油气工艺研究院、西北大学、榆林学院等单位院校组建区域党建联盟，与吉林分公司签订结对共建协议，建立共建、共享、共赢的党建工作格局。在《陕西日报》《中国石油报》等主流媒体刊发信息 32 篇，获《中国石油报》颁发的“先进报道组”称号。

（刘静华）

【群团工作】 2022 年，长庆分公司依照《中华人民共和国工会法》，增补选举第四届工会委员会委员、工会主席，落实 11 项职工代表提案督办及优秀职工代表提案汇总提交，2 项职工提案获评中油测井优秀提案。开展“听党话、提素质、铸精品、促发展”主题劳动竞赛，3 个集体、12 支作业班组、16 名个人获中油测井表彰奖励。选派 9 名选手参加 2022 年中国石油首届技术技能大赛，获 1 金 4 银 3 铜的优异成绩。完成 4 个创新工作室复审及申报工作，刘春斌创新工作室被命名为集团公司劳模和工匠人才创新工作室，刘春斌获评 2022 年“陕西产业工匠人才”。推动健康企业建设，“全面助力健康企业建设项目”获陕西省能源化学地质工会“2022 年工会工作创新创优项目”二等奖。组织 744 人参加职工互助保障参保续保，申报职工互助保障赔付 32 人、4.21 万元。履行社会责任，参与乡村振兴，向燎原村捐赠废旧枪管 60 余吨，以节日慰问形式，消费帮扶 49.12 万元。向受暴雨灾害影响的庆城县捐款 10 万元，支持地方灾后重建。开展庆祝建团 100 周年系列活动，点燃广大青年“青春心向党、建功新时代”的奋斗热情，田博宁获“中油测井十大杰出青年”称号，霍雨洁获公司青年演讲大赛、法治演讲比赛一等奖。长庆分公司团委获评“集团公司五四红旗团委”，靖边团支部获评“陕西省五四红旗团支部”，牟鸿博获“集团公司优秀团员”称号。

（马蜀娟）

【信息建设】 2022年，长庆分公司推进EISS系统应用，明确四级责任，编制信息流转导向图，数据录入准确率、及时率、完整率均保持在99%以上。升级远程测井队42支，高效远程作业597井次。综合数据远程传输平台在页岩油开发项目规模应用，提高导向决策效率和准确度。推进存量档案数字化建设，完成2607卷、2.38万件历史存量档案数字化任务。全程直播中油测井“三基”工作现场推进会盛况，展示“三基”工作成果。

【企业管理】 2022年，长庆分公司提升管理，助推精细治理。开展“三定”工作，调整优化本部职能，撤并三级单位同质化业务，精简瘦身机构人员。推进经营型项目部试点运行，井型定员较传统模式节省队伍资源2套、人员13人。承办中油测井“三基”工作现场推进会，打造靖边示范基地。系统推进三方面26项任务，“三基”工作“四化”管理从体、面、线、点全面加强；制修订制度39项，企业管理持续规范。通过27项工作举措，挖掘全产业链提质增效潜力，实现开源增效5229万元、节支降耗3541万元，提交典型案例14个。推进减税降费政策落地，增加现金流入7390万元，增加净利润1578万元。一体推进“合规管理强化年”重点任务和“严肃财经纪律、依法合规经营”专项治理，以查促改堵塞管理漏洞，增强依法合规经营能力。

（贾振华）

【桥射联作创纪录】 2022年3月23日，长庆分公司应用中油测井自研射孔器材，完成国内石油测井行业首次5000米以上超长水平段钻具传输射孔作业，桥射联作45段（218簇），创造亚洲最长水平段桥射联作施工新纪录，标志着长庆分公司超深、超长水平井桥射联作技术走在国内前列。

（樊庆毅）

【承办联合应急演练】 2022年9月29日，长庆分公司承办由陕西省榆林市生态环境局主办，多家地方省地市政府部门和长庆油田单位协办的2022年榆林市放射源丢失突发环境事件企地联合应急演练，在榆林市靖边县靖演1号井场举行。

演练以“喜迎党的二十大、企地联保筑安全”为主题，从发现放射性物品丢失到应急报告、应急响应、应急监测、应急处置、应急终止等方面进行全流程情景式演练，是陕西省首次由市级主导、演练规模最大、参演人数最多的地企联合辐射事故应急演练。通过企地联动，强化应急队伍各成员实施应急任务过程中事故预警、应急响应、指挥协调、现场处置能力，达到企地合力应对辐射事故的目的，提高生产安全事故应急管理水平。

（郑军锋）

【页岩油专班】 2022年，长庆分公司贯彻落实中油技服和中油测井对页岩油项目服务保障工作要求，通过揭榜挂帅形式选聘项目长，精选解释、射孔、工艺、随钻、生产测井等技术骨干，成立长庆页岩油评价与开发提质增效专班。专班通过“浸入式”靠前服务，与项目组深度融入，全程参与到井位部署、测井系列设计、钻井周期、压裂方案改造等环节，多业务协同工作，推动地质工程一体化，定制“一井一策”保障方案，为井的全生命周期提供优质测井服务，保障陇东页岩油高质量勘探开发。

2022年，长庆分公司在页岩油市场，完成测井680井次，成像工作量同比增加500%，产值增加5.16倍，随钻工作量增加170.5%，产值增加2.18倍，单井产值平均增加116%。首开“骨架井成像全套应用，水平井成像优先承担，放射性必测”的先河，助力新类型页岩油勘探岭页1H井获日产116.8吨高产工业油流，页岩油单井产量突破1000吨/日，带动长庆分公司市场收入3.8亿元。专班被甲方单位授予“优秀支撑团队”，项目长徐文远获中油测井“2022年度劳动模范”称号，实现了油田提效、分公司创效“双赢”的目的。

（徐文远　樊庆毅）

中国石油集团测井有限公司西南分公司

【概况】 中国石油集团测井有限公司西南分公司（简称西南分公司）是2017年12月集团公司实施工程技术专业化重组，由川庆钻探工程有限公司测井公司整建制划入中国石油集团测井有限公司。

西南分公司集测井、射孔施工作业、测井资料处理解释、射孔弹及配套器材研制生产、射孔工艺技术研究，以及进出口贸易为一体、产业链完整的专业化工程技术服务企业，具备为油气田产能建设提供测井、射孔一体化解决方案的突出优势。西南分公司主要服务于西南地区油气田生产建设，支撑青海、冀东、陕北等油气区域。射孔器材畅销川渝、胜利、海洋等十几个国内油田，出口到美国、阿塞拜疆、伊朗、土库曼斯坦等六大洲37个国家和地区。

西南分公司现有机关职能部门8个、机关附属机构1个，基层单位8个，重庆华油实业有限公司受托管理单位。在册员工937名，具有大专及以上文化程度561人，其中硕士52人，博士4人。具有中级技术职称人员262人，高级技术职称人员136人，其中正高级技术职称人员5人、副高级技术职称人员131人。集团公司青年科技英才2人，集团公司技能专家1人，中油测井技术专家2人，中油测井技能专家5人，高级技师19人。

2022年，西南分公司坚持“服务油气、保障钻探”的责任担当，围绕“基础建设年”工作部署，落实“六大战略”、测井业务“十大工程”和党建工作“十项任务”，各项工作取得良好成果，完成中油测井下达的考核指标，经营业绩再创历史新高，为推动高质量发展奠定基础。

（许晶晶　刘　利　王　磊）

西南分公司主要生产经营指标

指　标	2022年	2021年
裸眼井测井（井次）	862	666
随钻测井（井次）	55	30
工程测井（井次）	1419	1081
生产测井（井次）	132	32
射孔（井次） 其中，桥射联作（口/段）	1224 377/5644	1012 879/3984
射孔弹（万发）	158.73	180
射孔枪（千米）	544.90	384.3
产值（亿元）	16.05	14.37
收入（亿元）	11.39	14.2
利润（亿元）	0.76	1.62

（刘丽娜　张小彦　刘　利）

【队伍与装备】 2022年，西南分公司有测井射孔作业队48支。裸眼测井队16支，其中成像测井队11支；生产测井队3支；数控射孔队22支；综合性作业队7支。有IWAS、5700、LOGIQ、MAXIS、存储式测井仪等测井装备33套，Sondex等生产测井装备6套，KSKS等射孔装备25套。

西南分公司落实中油测井改革工作部署，响应油田特殊项目需求，配套FMI等高端特殊项目仪器，水平井电成像测井成功率提升50%；投产推广CPLog成套装备，成像MCI成为蓬莱气区二叠系高压地层电成像测井项目首选。

（王宇成　刘　利）

【市场开发】 2022年，西南分公司树立“市场导向、油田至上，一体协同、竞合共赢”理念，建立以需求为导向、以客户为中心、以增强营销能力为目的的市场联动服务机制，开展客户交流211次，签订合同金额16.46亿元，实现西南油气田常规气和浙江油田页岩气测井工作量总包。在保持关联交易主体市场价格稳定的同时，致密气桥射价格提升35%，浙江油田流转区块和长城钻探总包区块测井价格同比分别上升37.2%和14.9%，市场量价齐稳，全年完成工程技术服务产值11.94亿元，同比增加9737万元；川渝页岩气市场占有率提升至81%，全年创造产值4.45亿元，同比增长22.5%。完成生产测井127井次，创造产值5536万元，分别同比增长16.5%和90.5%。随钻测井创产值6092万元，同比增长17.18%，旋转导向测井技术服务首次进入中国石化中原钻井总包市场，油管、光纤测井实现“零”突破。全年实现市场增量9579万元，完成年度指标的130.97%。开展桥射联作378口井，ThruBit测井187口井，推广阵列感应、电成像、元素测井等高附加值项目728井次，新高端业务创收9.83亿元，营业收入占比达到82.3%。整合引入微地震检测、阵列光电流量扫描等新兴技术，完成施工122井次，创收6111万元，新兴市场话语权不断提升。制造业务完成产值4.1亿元，实现销售收入3.75亿元，分别同比增长20.7%和37.5%，销售速装桥塞座封工具2000套，二代模块枪14700套，创收3500万元，成为新的经济增长点。

【**服务保障**】2022年，西南分公司以“安全、质量、效率”为目标，开展川渝“2小时保障圈”工作机制，推行队伍区域值班和区域联保，及时到井率、作业一次成功率等主要生产运行指标全面达标，有力支撑川渝地区油气勘探开发。深化“灵活组队”“一队四机”等运行模式，在工作量同比增长25.8%的情况下，单队创效能力提高30%，队伍利用率达到创纪录的248.5%，测井射孔单井占用时间分别减少28.8%和25.8%，事故复杂率控制在0.3%的较低水平，保障效率大幅提升。针对高温高压水平井配套快测短节仪器，单井平均提速30%，单趟平均作业时效提升至42.8小时；集中装备资源优势，存储式仪器数量增加60%，施工作业提速44%，资料质量进一步提升，页岩气保障能力位居行业前列。推广直推存储式测井、桥射联作2.0等先进工艺技术，解决原有技术自动化程度低、井下泵送复杂频发以及射孔后改造不均衡等复杂难题，整体技术达国际领先水平。形成“测井技术精细控压工作法”和“防范黏附卡工作法”等先进操作法。

2022年，西南分公司应用桥射联作技术2.0完成宁209H50井作业（王磊　提供）

开展射孔工艺技术专班培训，多措并举提高基层队伍现场作业能力，全年完成6000米以上施工236井次，同比增长76%，创测井射孔施工作业纪录23项，在双鱼001-H6井刷新国内陆上最深气井、中国石油最深井（9010米）两项测井纪录；在龙兴1井创204.6兆帕射孔井底压力最高纪录。

（刘　利）

【**解释评价**】2022年，西南分公司解释评价承担各类项目29个，其中横向项目21个，实现收入3600万元；完成发明专利申报4件，软件著作权申报2项。深化碳酸盐岩特色评价技术攻关，成立碳酸盐岩（震旦系、二叠系）、页岩油气、致密气、工程测井5个测井评价攻关团队，完善震旦系古岩溶储层缝洞精细刻画及有效性评价技术，优化蓬探106、中深103等井试气方案获高产工业气；完善下二叠系弱白云化和断溶型灰岩储层评价技术，支撑泸探1、胜探1、红星1、吉富1等井试油选层获勘探新突破；创新形成二叠系、三叠系非常规泥灰岩储层评价技术，助力充探1、德胜1等井获油气重大发现；完善上二叠系礁滩储层评价技术，云安012-X11-C1试油井段获气205.66万米^3/日，刷新四川盆地生物礁单井测试产量新纪录。探索页岩油气新区新层系评价方法，开发形成侏罗系页岩油和二叠系吴家坪组页岩气两个专用处理模型。开展页岩岩心裂缝形态特征定量表征方法研究，为阵列声波评价裂缝及压裂效果提供实验支持，地质工程一体化解释评价技术应用于大页 1H、新探 1、威页 1H 等风险探井和区域页岩气评价井，优选大页 1H 导眼井高有机质丰度、高孔隙度、高含气量、高脆性矿物的 4 米铂金靶体和水平井钻进方向，被油田公司采用，大页 1H 测试获得高产工业气流，获集团公司勘探发现特等奖。创新致密气分砂组精细评价技术，利用二维核磁、阵列声波等测井资料，挖掘流体信息，分析产能敏感主控因素，完善分砂体储层参数计算、流体判别、产能预测方法，开展致密砂岩三轴应力应变实验，为储层有效性综合评价提供工程甜点表征参数，助力天府气田 26 口致密气水平井获百万方高产。西南分公司转化科研成果，提高找油增气能力，资料处理工作量同比提升 60.4%，创造历史新高。探井、开发井解释符合率分别达到 88% 和 100%，产能预测符合率 89.7%，有力支撑油区储量发现。

（杨小兵　刘　利）

【科技创新】 2022 年，西南分公司建立完善“全过程管理、考核与激励相结合”长效运行机制，全年开展科研项目 44 项，投入经费 9074.95 万元，获发明专利 8 项，申报软件著作权 5 件，取国家《计算机软件著作权登记证书》2 件。射孔技术研究实验室建成揭牌，完成高温高压试验 163 次，形成射孔弹爆炸冲击参数测试系统标准化作业程序。桥射联作技术 2.0 达到国际领先水平，获“中国石油 2022 年十大科技进展”，“川南页岩气新一代压裂技术及应用”“桥射联作技术 2.0 及工业化应用”分获集团公司、中油技服科学技术进步奖一等奖。CPPerf 先锋射孔确立为中油测井技术品牌，CPPerf 先锋系列 127 型超深穿透射孔弹以 2258 毫米的成绩刷新世界穿深纪录，射孔器材最高承压指标提升至 24 兆帕。新建石油射孔器材及配套件生产线项目奠基开工，建成国内首条射孔弹智能化包装生产线。

2022 年 10 月 8 日，中油测井石油射孔器材及配套件生产项目开工（余翰驰　摄）

在测井年会等会议和《测井技术》等刊物发布论文 12 篇，其中“实现四川盆地常规气、致密气、页岩油气领域解释评价技术系列化”“利用反射波能量评价储层有效性的方法和应用”等 2 篇论文获中国石油学会测井年会论文一等奖。桥射联作技术 2.0 规模推广 361 口井 /5446 段，段均作业时间缩短至 2.39 小时 / 段，施工复杂率控减至 0.33%。非火工桥塞坐封工艺推广 100 余口井，单井准备时间节省 4 个工作日，成功率 100%，工艺去火初见实效。

【质量安全环保】 2022 年，西南分公司安全受控、质量达标，健全“双重预防”机制，获中油测井质量安全环保节能先进单位。全员辨识风险 1833 个，排查隐患 6427 个，整改重大隐患 19 项，确保风险全面受控。围绕 QHSE 目标指标，细化落实安全生产 15 条硬性措施，开展专项检查 22 次，监控现场 3152 次，监控次数和发现问题数量分别同比增长 22.26% 和 15.11%，遏制安全事故事件发生。推行射孔施工区域备案和移动民爆库房管理模式，单井备案和配送周期分别缩短至 3.3 天和 5.9 天，配送时效提升 42.6%，安全行车 384 万千米。组织 QHSE 培训 16 期 1500 余人次，体系审核员和注册安全工程师持证 45 人；班组实现 100% 应急培训常态化，参加企地联合演练 3 次，应急处置能力获地方好评。产品合格率、解释成果准确率及 A 类计量器具检定率等质量指标达标；48 种射孔器材通过 API 产品注册；起草《固井质量测井评价规范》《桥射联作井下工具串通用技术规范》等技术标准，增强行业话语权。推进健康企业建设，建成健康小屋 5 个，推进“1+X”健康体检模式，职工体检全覆盖。落实常态化疫情防控政策，新冠肺炎疫苗接种率100%，全员配齐防疫物资包，有效应对多轮疫情冲击。依法处置各类废物500余吨，职业危害场所监测率和排放物达标率100%。

【企业管理】 2022年，西南分公司围绕中油测井“基础建设年”工作部署，落实企业管理工程。配合中油测井三年改革行动，实施“三定”工作，压减三级机构2个，基层领导职数7个，完成11.11%和10.45%的压减指标。整合资源优势，组建共享服务中心，单据处理时效由3天缩短到1天。贯彻“合规管理强化年”工作要求，完成以查促改重点任务和综合治理专项行动，问题整改率100%，综合招标率达97.4%，合同标准文本使用率100%；完善依法合规管理体系，开展制度修订与流程重塑，完成制度立、改、废123项，形成流程图版120余项。严格预算“事前算赢”，建立三级经营分析报告体系及月度指标跟踪分析机制，强化效益评价和成本管控，收入和利润完成率分别达109%和105%，实现开源增收1.8亿元、节支降耗1亿元，百元收入营业成本控制在历史最低水平。争取财税优惠政策，实现节税降费6487万元，连续15年获重庆市A级纳税企业。测井生产智能支持系统（EISS）初步实现与民爆品管理信息系统集成应用，测井协同办公平台覆盖6大板块、35项业务、75个表单，为生产经营工作数字集成及提升效率指明了方向。建成国内首座全自动化智能源库，实现放射源全时、全域、全要素信息化管控，提源、还源效率提高5倍，减少放射源接触135小时，提升本质安全能力。

【党建工作】 2022年，西南分公司党委推进党的建设与生产经营深度融合，落实党建工作“十项任务”。将党的领导深度融入企业治理各环节，履行全面从严治党主体责任，学习贯彻党的二十大和习近平总书记重要讲话精神。执行民主集中制和“三重一大”决策制度。推进基层党建“三基本”建设与“三基”工作有机融合，基层党组织健全率和党支部达标率均为100%。围绕党风廉政“一岗双责”，加强政治监督，开展日常监督检查22次，切实维护廉洁从业良好局面。制定《人才强企工程行动实施细则》和《大力发现培养选拔优秀年轻干部实施细则》，完善“生聚理用”机制。优化干部队伍结构，调整交流干部39人次，三级正副职平均年龄由43.89岁下降到42.39岁，干部队伍结构更加科学。抓三支人才队伍建设，选派10人到公司机关学习培养，5名员工入选公司“青马工程”和青年科技人才培养计划，射孔技术研发团队获“中油技服创新团队”，王琦获陕西省能源化学地质系统劳模，王琦创新工作室入选陕西省能源化学地质系统工匠人才创新工作室。开展创建“五型”机关活动，转变机关工作作风。扎实开展“转观念、勇担当、强管理、创一流”主题和“我为员工群众办实事”活动，解决职工群众急、难、愁、盼问题46项；集中清查清除敏感信息，坚持守正创新，传递正能量，构建和谐文化建设；建成射孔技术展厅，舞台剧《榜样》获中油测井职工文艺大赛一等奖。

【群团工作】 2022年，西南分公司工会组织依靠职工办企业，收集办理职工提案5件；开展百日攻坚竞赛活动；关心职工健康，新建健康小屋4个，母婴关爱室1个，增强员工获得感；开展“春夏秋冬”常态化活动，夏送清凉饮品到一线648人次，秋送慰问金助学3人次0.85万元、冬送温暖帮困扶贫7人次2.7万元、慰问员工结婚生育、退休离岗、生病住院、直系亲属去世100人次；面对重庆大规模暴发新冠肺炎疫情，工会采购配送疫情防控生活物资。电话、微信慰问封控区、居家隔离员工2035人次，送爱心蔬菜和防疫药包等物资上门暖心服务，增强职工的幸福感。落实集团公司、中油测井消费帮扶工作要求，依托内部资源购买脱贫地区产品37.4451万元，履行企业社会责任。召开西南分公司共青团第一次团员代表会议，举办庆祝建团100周年系列活动，开展单身青年联谊活动，凝聚青年奋进力量。

（刘　利）

中国石油集团测井有限公司新疆分公司

【概况】 中国石油集团测井有限公司新疆分公司（简称新疆分公司）是2017年12月集团公司实施工程技术专业化重组，将西部钻探工程有限公司测井公司整建制划入中国石油集团测井有限公司。

新疆分公司是集油气田裸眼测井、射孔、生产测井、测井资料解释评价、地质综合研究、井壁取心、岩石物理实验等专业化技术服务的企业。有装备精良、技术精湛的测井、射孔作业队伍，主要配套成像测井、高精度数控测井、水平井存储式测井、核磁共振测井、数控射孔、生产测试装备，可为油田勘探开发的直井、大斜度井、丛式井、水平井等各种井型提供裸眼测井、射孔和生产测井服务，具备13000井次/年以上的技术服务能力。

新疆分公司主要生产经营指标

指 标	2022年	2021年
裸眼井测井（井次）	1547	1639
随钻测井（井次）	22	17
工程测井（井次）	1895	1893
生产测井（井次）	478	634
射孔（井次） 其中，桥射联作（口/段）	2575 389/5220	3185 431/6868
产值（亿元）	11.2	12.47
收入（亿元）	10.98	12.78
利润（亿元）	1.03	2.05

新疆分公司设有本部部门9个，下设三级单位9个，其中：项目部7个，技术研究单位1个，生产辅助单位1个。在册员工846人，其中：合同化员工737人、市场化用工109人。高级职称及以上119人，中级职称219人；硕士博士10人，本科405人。中级及以上职称占员工总数的40%，大专及以上学历员工占员工总数的66%。管理人员174人、专业技术人员284人、技能操作人员388人；中级以上职称356人，技能专家3人。下设3个党总支、14个党支部，有中共党员332名。

2022年，新疆分公司在多重困境下，以“基础建设年”为契机，坚持“夯实基础、厚植优势”主线，将管理提升与落实转型升级、业务链拓展、人才强企战略部署结合起来，厚植低成本竞争、集约化管理、差异化技术、一体化服务优势，全面完成公司下达的业绩考核指标。

【队伍与装备】 2022年，新疆分公司有各类作业队伍71支，其中裸眼测井队36支、射孔队28支（含桥射队19支）、生产测井队6支、随钻测井队1支。成套测井装备共计78套，其中完井测井装备43套，生产测井装备6套，射孔装备28套，随钻装备1套，现有工程技术服务车辆共计267台，含一体化测井车91辆、工程车106辆、连续油管作业车2辆、其他车辆68台，装备新度系数0.46。主要承担集团公司新疆油田测井技术服务，并服务中石油新疆煤层气、新疆煤田地质局、克拉玛依红山油田等市场。

【市场开发】 2022年，新疆分公司在新疆油田主体市场持续稳固。坚持“分区负责，融入用户”理念，推行“贴近用户，联合办公”的服务模式，主动介入新疆油田标准井项目组和2019市场化定额修订工作，争取“不少井次、不减项目、不降单价”，实现新疆油田整体市场占有率96.34%，其中测井占有率97.3%，射孔占有率100%，重点井特殊项目测井市场占有率87.56%。制定客户“一对一”负责计划，充分发挥市场主观能动性，市场开发、技术服务、解释评价一体协同，彻底攻克沟通壁垒和技术障碍。聚焦客户市场需求，以“专项对接、专题汇报、重点攻关”的方式积极推介VDL测井评价技术优势，将VDL测井由非常规项目转变为常规项目，实现主体市场提质扩容。在成长市场全面延伸业务链。瞄准油田勘探、开发重点需求，着力为油田提供高端化、差异化、定制化服务，针对性制定专项工作方案，建立主要领导挂帅、主管领导负责、责任部门和单位负责人亲自抓的“立体推行网络”，层层压实责任，各专项工作均取得阶段性突破。持续提升随钻“测、定、导”一体化服务能力，工作量同比增长 23.53%。“连续油管 + 测井”作业链持续完善，完成“连油 + 测井”作业 29 井次。推广生产测井高端项目，以油藏区域评价和综合治理带动常规测井工作量，全年成长市场创产值 4225 万元。在新兴市场持续开拓，多层级主动对接油田自主经营市场化运作实施区块，将车 471、车 43、车峰 3 等区块的测井、射孔业务从钻井大包中剥离，争取效益最大化，创造产值 2800 万元。开拓中国石化市场，完成春风油田随钻测井 13 井次；积极争取煤层气、广源石油等外部市场的重点井，完成大有 1、贡 8、哈山 5 等重点井常规和特殊项目测井。保障中油测井内部市场，选派 4 支作业队远赴长庆油田，完成测井作业 191 井次，桥射 92 井次、157 段；先后在青海、塔里木、吐哈等油气田完成综合测井 16 井次，其中特殊项目测井 6 井次，创产值 2550 万元。

【服务保障】 2022 年，新疆分公司全面打造以管理、生产、安全、技术、设备为核心的施工保障体系，深化 EISS 系统应用，及时调整生产资源部署，实现测井一次成功率 99.87%。全面落实“一井一策”，建立重点井专项保障机制，高效完成呼 101、呼 102、沙湾 1 等一批集团公司重点井作业，“三超”井服务保障能力大幅提升；完成天湾 1 井油管传输测试联作任务，射孔井段深度达 8000 米。全面推广桥射“关键岗位”+“非关键岗位”灵活组队模式，作业队人员利用率同比提高 14%。开展一队双作业面建设，推动 4 支存储式固井质量专测作业队形成 8 个作业面的保障格局，单队创效能力大幅提升。坚持以井为中心加强生产流程管理，紧密衔接生产环节，持续扩大存储式测井工艺优势，组织 FITS 仪器保护套工艺试验，规模应用 ThruBit 可收腿抓取装置。

2022 年 9 月 22 日，FITS 过钻具测井系统 4 英寸钻杆保护套工具工艺在新疆油田试验投产（周璇　提供）

全面提升桥射作业质效，以 19 支桥射作业队为基础拓展为 22 个作业面。推进射孔液压震击器和模块化射孔器材的规模应用，配套立式防喷撬、应急全封堵桥塞和双滚筒电缆等新装备，有效提升了施工效率和复杂处理能力，桥射整体时效实现段均 2.29 小时，入井一次成功率 99.03%。全面打开新疆油田随钻市场，持续强化随钻“测、定、导”一体化技术服务，莫 28H 井旋转导向储层钻遇率 100%，钻井周期节约 14.3%，创新疆油田水平井高垂深等多项纪录。完善“连续油管 +”测井技术服务链，持续推进连续油管测井与配套作业的“一机多能”，实现连续油管桥射联作首段射孔、钻塞、水平井存储测井、穿电缆连续油管测井的规模应用。光纤业务成功在长庆、大庆、浙江油田完成 7 口井光纤定位测井，以 100% 成功率完成 JLHW2039 井 14 段 59 簇避光纤定向射孔施工任务，推动国内首例套管外敷光纤水平井顺利进入光纤监测阶段。全面提升复杂管控能力，实现防卡解卡工具全队组配套，工程复杂数量同比降低 41%，工程事故复杂率由 2021 年同期的 5.73‰下降至 2.93‰。

【解释评价】 2022 年，新疆分公司针对砂砾岩、页岩油、火山岩等复杂储层，创新核磁共振二维定量处理、油基泥浆电成像精细处理等综合处理技术，在天湾 1、盆中 1 等 18 口重点探井的勘探发现中发挥重要作用，带动成像测井采集新增 30 项次。组建水平井工作专班，深化测井在油田建产提质增效与单井提产中的作用发挥，玛湖地区水平井测井占比从 68% 提升到 92.6%。深化偶极声波工程品质评价与压裂效果评价应用，推广水平井偶极声波测井 8 井次。介入套后饱和度测井方案编制，完善剩余油分布评价方法，为油田开发方案调整提供了重要支撑，实现套后饱和度测井工作量同比提升 28.6%，工程测井工作量提升 32%。狠抓测井采集原始质量与解释评价成果质量，优化探评井试油选层方案，助力油田获工业油气流 66 井 105 层，百方井 5 口，天湾 1、夏云 1 等 32 井勘探获重大突破。探评井试油 287 层，测井解释符合率 89.71%，开发井试油 2614 层，测井解释符合率 97.87%。

【科技创新】 2022 年，新疆分公司承担科研课题 44 项，申报 8 项发明专利，核心期刊发表论文 8 篇，开展 19 项科技成果推广应用，推广 CPLog 等 8 项测井新技术，完成中油测井技术系列的推广任务。切实发挥准噶尔盆地测井评价研究中心作用，在井位部署、油藏研究、区域综合治理等方面开展联合攻关，参与的风险勘探攻关项目“准噶尔盆地深层风险勘探测井采集与评价技术”在集团公司评审会上位列榜首，该成果在准噶尔盆地南缘、阜康及沙湾凹陷等重要勘探领域应用 12 井次，助力阜 54、沙排 13 等多井获工业油气流。

2022 年 6 月 14 日，中油测井党委书记金明权和新疆油田公司党委书记杨立强共同为准噶尔盆地测井评价研究中心揭牌（钟铭锐摄）

【质量安全环保】 2022 年，新疆分公司贯彻执行安全生产“十五条硬措施”，深刻汲取各类安全生产事故教训，把安全贯穿于生产经营全过程，实现全年安全生产目标，健康安全环保总体形势平稳向好。持续强化 QHSEE 管理体系管理，全面贯彻落实新《安全生产法》，修订分公司 QHSE 委员会和专业委员会职责，全员逐级签订 QHSE 责任书、安全生产承诺书，进一步压实各级安全环保责任。完善 QHSE 管理制度，发布分公司 QHSE 体系管理工作规范，系统推进体系培训 61 期，受众 3376 人。开展“一体化、差异化、精准化”内审 2 次，发现问题 347 项，从管理职责、制度规程、教育培训、资源配置、检查考核 5 个方面逐级查找管理漏洞，制定整改措施。开展危害因素辨识，重点针对连续油管、随钻测井等新工艺、新技术、新设备管理，建立八类危害因素辨识清单。深入开展隐患排查治理，围绕施工作业全过程、设备设施管理全周期，紧盯五大风险管控和六个关键环节旁站监督，落实关键井、关键节点作业全过程监督，促进全员安全意识和履职能力进一步提升。定期研判安全形势，召开季度 QHSE 委员会 4 次，月度 QHSE 形势分析会 5 次，及时根据安全形势强化阶段性安全工作。强化作业现场监督检查和视频监控，加强重点领域专项管控力度，突出重复性问题整治，严格执行安全生产积分考核。推进健康企业达标建设，制定员工健康监测、评估、干预、管控措施，加强健康风险定级管理，对重点人员实行领导包联。为长期驻守一线的员工送方便、快捷、高效的医疗检测服务，形成“员工个人 + 企业管理端 + 医生服务端”的全新线上管理模式。持续落实新冠肺炎疫情防控常态化要求，静默管理期间快速组织 167 人驻场集中办公，部署 49 支作业队入驻野外基地、厂区进行闭环管理，坚守时间长达 65 天，确保了分公司生产组织平稳运行、安全管理全面受控。

【党建工作】 2022 年，新疆分公司党委充分发挥把方向、管大局、保落实作用，锚定一流目标、聚焦主责主业，不断推进党建工作“十项任务”逐项落实，进一步助推党建与生产经营深度融合。严格落实“第一议题”制度，坚持第一时间学习宣贯党的二十大精神和习近平总书记重要指示批示精神，促进党员干部系统掌握党的最新理论，及时用理论学习成果指导发展。不断增强政治“三力”，全年开展党委理论学习中心组集体学习12次，班子领导研讨二十大精神1次。压紧压实全面从严治党主体责任，认真落实“三会一课”、主题党日、党建“三联”等制度，高质量召开民主生活会和组织生活会。严格执行“三重一大”决策制度，全年召开党委会30次，经理办公会20次，决策“三重一大”事项45项。推进党史学习教育常态化，依托红色教育资源开展体验式党史学习教育11场，累计参加400余人，有效促进党员意识提升。深入落实“一岗双责”，推进与生产经营相融互促的党建生态系统建设，确保党建与生产经营齐抓共管、同频共振。充分发挥党建责任考核激励约束作用，推动基层党组织对标建设与岗位责任制执行。融合开展形势目标任务责任教育与“转观念、勇担当、强管理、创一流”主题教育宣讲109场。坚持“六早”工作模式，及时“把脉”员工思想动态。以意识形态责任为主线，健全工作机制，强化阵地监管，守护意识形态领域。把党建“三基本”与“三基”工作深入融合作为长期任务，用更高标准、更严要求抓基层、打基础、固基本，进一步彰显先锋模范作用。制定新疆分公司党建“三基本”建设与“三基”工作有机融合任务清单，明确73项具体任务，形成“围绕生产抓党建、抓好党建促生产”工作格局。狠抓基层党组织建设，完成8个党支部换届。合理优化党员配置，严格对照标准发展党员10名、预备党员13名。以基层党组织为单元，开展党建课题研究，全年承担中油测井重点党建课题2个，总结新疆分公司内部党建课题成果15个。深化党建工作与基础工作的双向融合，持续推进党建规范化、标准化、精益化建设。全面贯彻新时代党的组织路线，持续深化三支队伍建设，紧扣深化改革需要，系统推进本部机构改革，完成新疆分公司“三定”工作，本部部门压减10%，三级正副职压减9.72%，一般管理人员压减19.05%。将选人用人与业务管理双向联动，加强干部“精准滴灌”式培养，持续打造政治坚强、本领高强、意志顽强的人才队伍。以严格的政治标准精选干部配强班子，全年调整任免三级正副职干部17人。深入落实“人才强企工程”，坚持“补断层、育储层”，进一步夯实人才基础。有序推进专业技术岗位序列改革，全面提升人力资源价值。大力培养操作工程师、解释工程师等专业技术骨干，构建技术技能人才队伍。不断创新人才引进机制，依托西部人力资源共享中心优势，持续做大区域人力资源“蓄水池”。首次开展西部人力资源共享中心大学生招聘，签订意向协议14份。面对复杂的新冠肺炎疫情形势，新疆分公司党委紧盯防疫政策，构建三级防控体系精准应对，共49支作业队、627名员工在岗闭环运行，保障疫情管控期间生产。

【群团工作】 2022年，新疆分公司千方百计为职工办实事、办好事，落实职代会职权，发挥工会参与职能。严格履行厂务公开工作程序，将重要改革方案、重大生产经营决策及涉及职工切身利益的重要事项及时公开公示，保障员工知情权、参与权、表达权和监督权。发挥工会组织桥梁纽带作用，围绕“我为员工群众办实事”实践活动，持续推进“十件实事”落实，通过引入医疗咨询、改善克拉玛依食堂就餐环境等一系列举措，使员工获得感、幸福感、安全感不断增强。开展扶贫帮扶、金秋助学等暖心工程，全年慰问一线员工、劳动模范、老党员等200人次，金秋助学7人，大病救助7人，为5名员工提供外出医疗协助。持续完善4+2职工文体阵地，制定年度文体活动方案，引导广大员工主动参与全民健身。每日坚持开展全员工间操活动，适时组织开展“开工即冲刺”百米接力赛、10千米徒步健身等活动，使运动健康理念更加深入人心。深化“民族团结一家亲”活动，举办“福虎迎春闹元宵”等系列民俗活动，进一步铸牢中华民族共同体意识。

落实公司乡村振兴与对口支援工作，切实履行央企社会责任。持续丰富测井文化内涵，大力开展“安全小视频”“青年文创大赛”等文化赛事。新疆分公司原创MV《红色模样》获集团公司青年文化作品创作大赛一等奖。短视频《在路上》作为中油测井唯一代表作品参加集团公司“石油故事”大赛。克服新冠肺炎疫情静默管理困难，精心筹备的舞蹈《庆功酒》在庆祝中油测井成立20周年文艺晚会成功演出，展现了担当作为。联合预备役工兵团、克拉玛依区武装部举办国防教育日活动，强化员工爱国主义信念，自觉维护国家民族利益。制定民兵整组集训以及预备役集训工作方案，切实履行了驻疆央企政治责任。建立与市区两级公安机关以及驻疆企业协调组联动工作机制，定期沟通联系，全年参加维稳安保联席会议 22 次，开展应急演练 18 次。落实“反内盗”工作责任，切实提升员工法制意识，通过多种方式宣传有关法律法规政策，营造了良好内部治安环境。持续深化“青”字号工程，准确把握青年思想观念、价值诉求和成长规律，教育引导青年“高举团旗跟党走”，开展“青年悦读”等活动。充分发挥青年“生力军”作用，开展青年突击队竞赛活动，在测井、射孔、解释评价三大业务领域选树青年突击队 3 支、青年突击手 3 名，以点带面激发青年员工干事热情。

（李勇江）

中国石油集团测井有限公司天津分公司

【概况】 中国石油集团测井有限公司天津分公司（简称天津分公司），源于 1980 年 5 月成立的大港油田指挥部测井总站。1983 年 3 月，更名为大港油田指挥部测井公司；2008 年 2 月，整体划归到渤海钻探工程有限公司，更名为渤海钻探工程有限公司测井分公司；2017 年 12 月，集团公司实施工程技术专业化重组，渤海钻探工程有限公司测井分公司整建制划入中国石油集团测井有限公司，成立中国石油集团测井有限公司大港分公司。2018 年 1 月，更名为中国石油集团测井有限公司天津分公司。

天津分公司是集裸眼井测井（含井壁取心）、射孔、套管井测井、测井资料综合解释评价四大业务为一体的专业化技术服务公司，具备在陆地、海洋、滩涂、沙漠等环境下提供技术服务的能力。是中国石油天然气集团公司测井重点实验室成像试验推广基地。

2022 年，天津分公司有本部部门 7 个，外部项目部 4 个，生产及技术支持单位 9 个。有职工 862 人，其中合同化用工 727 人，市场化用工 135 人。有硕士及以上学历 12 人，本科 405 人，专科 231 人；有管理和专业技术人员 541 人，其中高级职称 146 人，中级职称 359 人；有一级工程师 2 人，二级工程师 27 人，三级工程师 118 人。天津分公司党委下设 4 个党总支、18 个党支部，有中共党员 414 人。

2022 年，天津分公司坚持以习近平新时代中国特色社会主义思想为指导，全面贯彻公司“三会”精神及“基础建设年”工作部署，大力实施“六大战略”，统筹推进测井业务“十大工程”，全面完成公司下达各项任务指标，实现“两稳四确保”工作目标，职工收入大幅增长。

天津分公司主要生产经营指标

指　标	2022 年	2021 年
裸眼井测井（井次）	11379	906
工程测井（井次）	1425	1032
生产测井（井次）	754	856
射孔（井次） 其中，桥射联作（口/段）	2711 268/1384	1804 137/941
录井（口）	—	21
产值（亿元）	6.8380	6.6315
收入（亿元）	6.6359	6.1799
利润（亿元）	0.3797	0.8816

【队伍与装备】 2022 年，天津分公司有作业队伍 57 支，其中裸眼测井队伍 19 支（含随钻队伍 2 支），射孔队伍 20 支（含桥射联作队伍 10 支），生产测井队伍 7 支，海上队伍 11 支（含裸眼测井队伍 4 支，射孔队伍 3 支，生产测井队伍 4 支）。共有裸眼测井装备 36 套，其中 CPLog 成像系统 4 套，ECLIPS-5700 系统 12 套，LOGIQ 系统 2 套，

数控系统12套，GILEE-70存储式系统3套，SMLS存储式系统3套。共有生产测井系统12套，其中Sondex便携式系统2套，国产数控系统10套。射孔系统23套，其中威盛WS3000系统10套，新乡SK系列13套。

【市场开发】2022年，天津分公司市场开发主要分主体市场、成长市场、海上市场和新兴市场4个板块。在主体市场，领导带队走访，深入落实“一体两面”要求，以优质服务保障油田高质量发展。与各甲方保持稳固合作关系和深厚情感联系，作为主战单位受邀参加大港油田官页5平台、冀东油田高5平台、国家管网平顶山储气库项目开工仪式。在大港油田克服疫情影响，全力保障油区增储上产，实现产值3.65亿元。冀东老区积极争取，推广新项目、新工艺，抢占储气库市场份额，实现产值6016万元。冀东油田流转区块源头发力，分公司积极争取，甲方将能谱测井列为必测项目，多措并举提升单井产值，实现产值1.021亿元。中油煤市场独揽河东区块射孔合同，拓展生产测井业务，将深层煤层气测井业务从总包中剥离，实现产值3620万元。在成长市场，中澳煤层气市场率先实施智能测导业务，天津分公司历史上实现“零”的突破，首次进入亚太石油、中联煤等市场。实现产值2157万元。储气库市场：在大港储气库市场发挥技术引领作用，CCFET单项实现产值1354万元。在江浙储气库市场进入国家管网平顶山项目。实现产值678万元。三项新业务取得零的突破，实现从无到有。智能测导实现产值1208万元，光纤测井实现产值432万元，连续油管实现产值257万元。在海上市场，中国海油天津项目，发挥跨隔测压+产出剖面一体化工艺优势，实现产值2118万元。中国海油湛江项目保持“零缺陷”射孔服务，并且乘势而上，首次进入裸眼测井市场，完成2口井，全年实现产值1945万元。在赵东项目打破斯伦贝谢多年垄断，签订测井、射孔合同，实现全产业链进入，实现产值2088万元。首次进入中国海油裸眼测井市场，7月2日，天津分公司“深蓝水师”C1259作业队第一次在南海海域进行裸眼测井施工，助力南海油气开发，优质高效完成南海神狐海域WC16-2-5井裸眼井测井施工。

2022年，海上业务整体实现产值9532万元。在新兴市场，进入多个非油气领域，成功开辟内蒙古天然碱、安徽瓦斯治理、中国石化地热等市场。新兴市场共实现产值1047万元。

【服务保障】2022年，天津分公司测井项目部在千探1井创大港油田213℃最高井温测井纪录，南堡2-90井刷新冀东油田210℃最高井温测井、射孔纪录。射孔项目部在官页5平台创大港油田百段平台时效等5项纪录。高效完成高5平台桥射作业，保障冀东油田致密油效益开发试验项目。全年共刷新行业、区域纪录及天津分公司纪录22项。

2022年11月23日，天津分公司在南堡2-90井创冀东油田井温最高210摄氏度测井作业纪录（王枭煌　提供）

新冠肺炎疫情期间生产测井项目部5支队伍高效保障海上作业，单队连续出海最长达到70余天，年累计出海队均超220天。应对疫情防控难、市场分布广、保障路径长等挑战，灵活组队实施作业102井次。在人员、队伍总数不增的情况下，工作量上涨30%。借助兄弟单位力量建立“区域协调圈”，项目部之间打援60余井次，与华北、吉林、青海等分公司联动保障测井31井次，桥射12口、76段。

【解释评价】2022年，天津分公司全年完成裸眼测井解释537井次，套管井测井解释587井次，探井识别准确率85.7%，开发井识别准确率97.1%。精准解释支撑板深16-21井百吨高产，千米桥潜山时隔20年再获新突破；埕海45井首次在二叠系碎屑岩潜山获重大突破，日产油63.6立方米，形成千万吨级效益增储区。精细评价“三率”达标，支撑 8 口百吨高产井，建成 5 个高效区块，增储上产效果显著。老井再评价 1773 口井，提出潜力层 624 层，措施井 32 口，见效井 27 口，累计增油 3.1 万吨，增气 1064 万立方米，增储油 54.33 万吨（可采），增储气 2411 万立方米（SEC）。依托区域综合评价，开展解释评价 + 套后饱和度测井合作，带动采集 17 井次，增收 245 万元；拓展业务领域，首次承担油藏描述项目，成果获甲方高度认可。全年各类技术交流 400 余次，带动特殊方法应用和高附加值射孔 82 井次，增收 1300 余万元。

【科技创新】 2022 年，天津分公司使用 CPLog 超高温高压小井眼测井仪器在千探 1 井中取得阵列侧向、补偿声波、补偿中子合格测井资料，CPLog 仪器首次实现实测温度 213℃的重大突破。创新跨隔测压 + 产出剖面一体化工艺，单井提高时效 40% 以上。自研井口双级控制装置、橄榄式阻流伞、可循环压力起爆装置三种工具，提高定位精度，提高时效 20% 以上。设计制造涵盖扭矩增减、外径红外检测、钢丝损伤检测等功能的电缆维保装置，推广使用效果明显。全年累计消化吸收新技术、新工艺 14 项，职工创新成果 21 项。解释评价承担集团公司级项目 1 项，中油测井项目 6 项，承担横向课题 25 项；申报专利 4 项，发表论文 10 篇，首次被国际 SCI 期刊录用 1 篇。“天然气水合物地层测井相与成藏特征研究”获中油测井基础研究二等奖；“黄骅凹陷复杂岩性测井综合评价技术研究与应用”获中油测井科学技术进步奖二等奖；“钻具输送测井复杂井况处置方法研究”“桥射联作模块化射孔技术推广应用”“钻输（泵出）测井井口监控装置研制与应用”获中油测井科学技术进步奖三等奖。

【质量安全环保】 2022 年，天津分公司抓质量安全环保工作，从提高思想认识入手，每周分享安全理念和典型案例，天津分公司经理讲授安全课，引导全员树牢“两个理念，一个信念”。修订安全、质量红线，开展警示日、安全月等活动，营造氛围，提升意识。系统推进体系运行，修订制度 21 项，治理隐患 14 项，整改各类审核问题 149 项，推进 QHSE 标准化站队建设。评估确定“源、弹、车、现场施工、吊装、海上”六大风险点，强化重点项目保障、全过程管控和干部专家把关、远程监控等机制，开展吊装、交通等专项治理，细化升级管控方案，风险管控能力有效提升。强化危险品库管理，在天津市 2022 年爆破作业单位安全检查评比中，天津分公司被评为“天津市民爆库区安全管理标杆企业”。深化质量分析会制度，完善标准、流程 7 项。强化测井资料过程控制，加大质量问题考核力度。加入天津市质量协会并担任副会长单位，加大与地方企业交流力度。

【企业管理】 2022 年，天津分公司贯彻“基础建设年”部署，建立清单，细化任务 138 项，在中油测井“三基”工作现场推进会上做经验交流并展出实物 7 件。基层建设方面推进“三定”工作，压减本部部门 2 个、撤销附属机构 1 个、压减管理人员编制 24 人。深化综合体系建设，健全管理制度，优化工作流程，着力特色打造，修制订规章制度 35 项、废止 9 项，完成作业规程 14 项，中油测井企标技术规范 2 项，夯实管理基础。开办技术技能、业务管理、质量安全等各类培训班 364 期，参训 6000 余人次。在中国石油首届技术技能大赛测井工竞赛中，分公司 8 名参赛队员荣获个人赛金牌 2 枚、银牌 1 枚、铜牌 3 枚，团体赛金牌、铜牌各 1 枚。强化效益考核，提升全员增效意识。鼓励管理创效，天然碱项目盘活低效资产创收 392 万元，修旧利废节支 115 万元。强化“现金比利润更重要”的理念，首次在上半年与大港油田签订结算协议，提高回款效率。建立月度经营分析会制度，严控成本支出，节支降耗 3583 万元。研判地方政策，积极争取政府补贴和税收减免 893 万元。全年共实现提质增效成果 6971 万元。注重日常引导，培育合规文化，组织专项培训 4 次，增强全员合规意识。强化合同招标管理，规范系统流程，严格线上审核，全年签订支出类合同 280 份，金额 6.66 亿元。聘请第三方开展内控测试，检查并整改问题 32 项。深入推进“七个专项治理”及“三项综合整治”，合规水平持续提升。精心组织，参与公司“法治在我心中”主题演讲比赛并获一等奖。

【党建工作】2022年，天津分公司党委强化政治建设、队伍建设和文化建设，为分公司高质量发展提供坚强的政治保障。政治建设方面，将十九届六中全会精神与形势任务教育深入结合，组织分公司干部培训班，班子成员全部上讲台。严格落实“第一议题”制度，多种形式开展党的“二十大”精神学习，坚决捍卫“两个确立”，做到“两个维护”。队伍建设方面，创新培训矩阵体系，分级分类推进“基础＋个性”培训机制。建强干部队伍，提拔使用三级正副干部9名，其中一线作业队长5人，并且有“90后”干部1人；建强技术技能人才队伍，建立创新工作室2个，晋级高级工程师11人，高级技师5人，并且积极争取上级政策，5名表现优异的第三方用工转为市场化用工。文化建设方面，聚焦重点工作，营造和谐氛围，开设专题报道，在《天津日报》《中国石油报》中工网等省部级媒体发稿81篇，中油测井主页发稿113篇，天津分公司主页发稿1106篇，内外部宣传成绩名列中油测井前茅。

【群团工作】2022年，天津分公司创建健康企业，多次邀请专家开展健康知识讲座，普及健康理念。职业健康传播作品《职业健康防护歌》获全国三等奖、集团公司一等奖。开展全员心理CT筛查，关注职工身心健康，完成集团公司健康企业验收。改善职工生产生活条件，加强食堂管理，降低用餐价格，丰富食堂菜品，优化自助模式，提升职工幸福感。修缮职工公寓，改善住宿条件。加强综治维稳，践行“枫桥经验”，敏感时段平稳过渡，全年无任何不稳定事件、负面舆情发生。紧密企地联系，反诈宣传受地方肯定，加强治安管控，构建平安厂区。帮扶慰问困难职工11人次，发放慰问金4.6万元。

（王　韬）

中国石油集团测井有限公司辽河分公司

【概况】中国石油集团测井有限公司辽河分公司（简称辽河分公司），是2017年12月集团公司实施工程技术专业化重组，由长城钻探工程有限公司测井公司（不含国际业务项目部）划入中国石油集团测井有限公司。

辽河分公司主营业务为裸眼井测井、套管井测井、随钻测井、工程测井、射孔取心等全井筒服务，以及数据解释和地质研究服务。主要服务于辽河油田市场，以及长庆、川渝等国内外部市场。

辽河分公司设本部部门7个，三级单位10个。用工总量1322人，其中在册职工1176人，测井辅助业务外包146人。在册职工包括合同化员工1051人、市场化用工125人。在册职工中管理人员168人、专业技术496人、技能操作512人；本科及以上519人，大专及以上学历占66.2%；中级以上职称608人，中级及以上职称占51.7%；在聘一级工程师2人，二级和三级工程师45人，四级和五级工程师384人；集团公司技能专家1人，公司技能专家5人。分公司党委下设11个党支部，有中共党员536名。

（李　彬　李莹莹）

2022年，辽河分公司坚持以习近平新时代中国特色社会主义思想为指导，深入学习贯彻党的二十大精神，坚决落实中油测井各项工作部署，扎实推进党建工作“十项任务”，安全生产平稳有序，员工队伍和谐稳定，获中油测井质量安全环保节能先进单位等称号。

辽河分公司主要生产经营指标

指　标	2022年	2021年
裸眼井测井（井次）	2447	1958
随钻测井（井次）	19	0
工程测井（井次）	2526	2176
生产测井（井次）	732	674

续表

指　标	2022 年	2021 年
射孔（井次） 　其中，桥射联作（口 / 段）	5331 75/407	4616 27/264
产值（亿元）	6.0590	5.56
收入（亿元）	6.2262	5.67
利润（亿元）	0.012047	–0.3746

（王伟航）

【队伍与装备】 2022 年，辽河分公司有测井（射孔）作业队伍 68 支，其中综合测井队 33 支，裸眼井测井队 12 支，生产测井队 7 支，射孔队 14 支，随钻测井队 2 支。有 iWAS–8100 智能采集地面系统 1 套、CPLog 综合采集地面系统 4 套、PLIS4100 综合测井地面系统 16 套、EILog 地面系统 8 套，ECLIPS–5700 成像测井地面系统 12 套等成套装备。有拖橇 3 套、车辆 223 台，其中工程技术生产车辆 175 台，包含一体化测井车 77 台、工程车 72 台、放射源运输车 12 台、汽车起重机 8 台，民爆物品运输车 6 台；后勤保障车辆（轿车、皮卡车等）48 台。装备新度系数 0.24。

（胡　辽）

【市场开发】 2022 年，辽河分公司坚持分类施策，市场开发成效显著。推广新技术增测 65 井次、加测三孔隙度 58 井次，套后测井项目 211 项，辽河市场综合市场占有率提升至 99.36%。成立实体综合项目部，承揽多元化作业任务，6 月 27 日，完成在庆阳区块争取到的第一口近钻头地质导向随钻水平井正 161–H 井施工任务，在市场竞争中展示服务保障能力，标志着辽河分公司随钻业务正式进入庆阳水平井市场，智能测导业务取得“双突破”，年度实现宜庆流转区工作量全揽，创造产值 4893 万元。

成立五大专班，创造产值 4465 万元。其中：争取智能测导服务 16 口井，实现产值 406 万元；光纤测井完成作业 14 井次，实现产值 318 万元；“连油 +”作业 14 井次，实现产值 313 万元。推介偶极声波、超声波成像和高附加值射孔项目，实现产值 5619 万元；推广 RAS、TNIS 等储层监测技术，增收 726 万元；推广 IBC、USIT 等高端技术，增收 1773 万元。首次进入东营地区岩盐井测井市场和天时能源公司裸眼测井市场，完成产值 148 万元。在二氧化碳驱先导试验区产液剖面、固井质量及套损检测方面争取工作量，创造产值 531 万元。通过地热资源区块综合评价带动老井选层及射孔业务，实现产值 480 万元；拓展碱矿业务市场，在奈 35 井寻找优势碱层近 300 米，形成新的效益增长点。

2022 年 6 月 27 日，辽河分公司在宜庆地区承揽第一口近钻头地质导向随钻水平井正 161–H 井测井现场（李彬　提供）

（胡　辽　李文杰）

【服务保障】 2022 年，辽河分公司坚持高效保障，生产组织明显增强。严格落实领导班子包井、技术专家盯井、基层干部跟井机制，安全高效保障了辽河油田滩海东部勘探进程，2022 年，共完成葵探 1、双北 1、曙古 211 等重点井 22 口井 187 井次，其中集团公司风险探井葵探 1 井，完钻井深 5835 米，井底温度高达 191℃，井底压力 97 兆帕，刷新了辽河分公司海上测井井深最深、井底温度最高、井底压力最大三项纪录，收到海洋工程公司钻井工程事业部表扬信。

推行“三班两倒”“人机分离”“同方向带井”等生产组织方式，在辽河油区，高效完成雷 72、河 21、沈 273 等 6 个平台 32 口井 206 簇工厂化桥射联作拉链作业。其中河 21–H234 大平台首次采用模块枪作业，创辽河油区单日桥射 7 段最高纪录；沈 273 工厂化大平台首次实现“单车组 + 双炮队”“拉链式”24 小时连续施工作业，单日压裂 7 段，创辽河油田单日压裂最新纪录。全年完成桥射联作 75 口 /407 段，同比增加 177.78%/54.17%，收到甲方感谢信 4 封。在宜庆地区形成单队“缆

2022年8月26日，辽河分公司在集团公司风险探井葵探1井刷新辽河油田海上井温最高测井纪录（李彬　提供）

测+存储”“存储+存储”“缆测+油传”常态化同时作业模式，测井作业时效提高6.85%，桥射联作作业时效提高2.34%。推行“一队双机”，打造综合作业队，派出16支队伍奔赴长庆分公司和西南分公司；从物资装备公司协调2支随钻队伍资质、4支队伍的人员装备保障生产；与东方物探辽河物探处实现资源共享，完成葵探1井和曙古210井两口探井垂直地震剖面VSP测井作业。全年完成成像测井项目204井次，同比增加40.69%。其中运用CPLog成像装备完成阵列侧向、阵列感应、IMRT偏心核磁、地层元素测井（FEM）、远探测声波共计43井次。在辽河油田复工复产期间，工作量同比提高21.97%，作业队伍满负荷运转，队伍动用率100%，队伍利用率140.88%。

（胡　辽）

【解释评价】 2022年，辽河分公司推行“三率四制一会”（解释符合率、试油成功率、油层漏判率，个人积分制、区域负责制、专家会诊制、案例分享制，月度质量分析会）制度，助力辽河油田最大CCUS先导试验区洼128井区等一批重点项目取得显著增产。全年裸眼井测井解释1353井次，固井质量评价1866井次，探井解释符合率88.32%，开发井解释符合率96.84%，产能预测1189口井，投产760层，符合率90.92%，保障重点探井19口、评价井35口。针对油田技术难题开展技术攻关14项，利用偏心核磁、远探测声波等新技术和测井解释精细评价，助力东部凹陷于楼地区沙一段勘探发现、大民屯沙三段和宜庆地区天然气增储上产、辽河外围盆地储量上报和老区剩余油开发。针对致密气老区高含水、稳产难的问题，开展储层评价、流体识别、产气能力预测及挖潜等研究；针对鄂尔多斯中生界高伽马页岩油，形成页岩油高伽马成因认识与岩性表征方法；针对深层油气勘探领域，建立定量评价模型，实现超压层测井评价，助力海上平台首口超5000米风险探井获重大突破。开展老区老井再评价1968井次，发现潜力井161口，潜力层420个，11口井试油获工业油流，助力增油4800吨、增储380万吨。完成新井入库3158井次，入库率100%；历史数据入库40117口，入库率95.65%；制作并推广标准化图件28项，实现CIFLog-LEAD 4.0在辽河投产，切实推动数字转型。

（赵俊堂　杨碧辰）

【科技创新】 2022年，辽河分公司坚持推广应用，科技驱动提升实力。CPLog装备队伍在裸眼队伍占比33.3%，完井应用占比27.19%，在辽河油田所完成665口常规测井、31井次成像测井、49井次的远程测井施工任务。通过MIT-MTT套损检测、噪声和DAS-DTS储气库找漏、TNIS气液界面以及CCFET等测井系列应用，解决储气库监测检测问题。4套可控套铣打捞一体化工具现场试验2井次，完成可视化震击器现场试验8井次，提高了辽河油区复杂井况环境下仪器串的自解卡能力。光纤测井形成5种施工工艺，形成光纤解释方法，能够独立完成产气剖面、吸水剖面、光纤找漏等解释评价。首次使用模块化射孔器提高施工效率；推广FITS、直推、连油、光纤等施工67井次，引进IBC、RDT等测井技术。与油田公司在致密气、页岩油、深层油气等方面开展横向项目研究14项；承担公司级科研项目5项，开展辽河分公司级科研项目12项；科研项目及解释创收576万元；通过技术扩展市场，带动老井剩余油饱和度测井及射孔业务44井次，产值881.6万元，助力甲方新井部署，在沈611和沈150区块扩展储量300万吨，在研究区设计新井23口；全年申报发明专利5项；在各类学术会议、核心期刊发表论文21篇。

（胡　辽）

【质量安全环保】 2022年，辽河分公司严格落实公司各项QHSE工作要点，以QHSE基础建设年为主线，以“安全环保工程建设”为主题，突出抓好安全理念意识、体系制度建设、双重预防机制、健康企业创建等重点工作。制修订全员QHSE职责186个、QHSE履职标准198个、责任清单198个，实现部门、岗位安全职责、履职标准全覆盖。从严落实“十五条”硬措施，完善《辽河分公司安全红线释义》，提级处罚标准，全员宣贯执行；印发《安全生产升级管理暨安全生产大检查工作实施方案》，领导班子带队全覆盖开展检查，发现并整改问题410项，共扣减绩效工资80人次，合计扣减38163.6元，奖励127人次，合计奖励33650元；投入2622万元，重点整治机关办公楼外墙脱落、电路老化等32项安全隐患，2022年获评非煤矿山安全生产标准化二级企业，中油测井质量健康安全环保节能先进单位。2022年6月16日，辽河分公司接受辽宁省安全生产委员会督查组检查，在严格贯彻落实《安全生产法》《辽宁省安全生产委员会关于落实企业全员安全生产责任制的实施意见》等法律法规、文件要求，严格落实主体责任，加强放射源、射孔弹等危险品监管力度，持续提升安全管理水平等方面表示肯定。

升级员工体检套餐标准、改善员工体检场所环境，强化医企联动，与三甲级医院建立长效联动机制，职工健康体检率、职业健康体检率均达100%，心脑血管专项筛查937人次，完成职工健康小屋建设，增设工间操设备、健身器材、血压计等健康设施113台（套），严格落实常态化防控政策，及时为员工配发防疫物资，保障生产平稳有序运行。强化连斜测井、固井质量测井及解释评价质量检验，资料（曲线）优质率98.96%；深度开展群众性质量活动，4项课题分获集团公司QC小组活动成果三等奖和辽宁省质量管理成果二等奖。

（郗　岳）

【党建工作】 2022年，辽河分公司党委深入贯彻落实党的二十大精神，推进党建工作“十项任务”。严格执行“第一议题”制度，学习贯彻习近平总书记重要讲话和指示批示精神21次69篇，制定落实措施42条。修订印发“三重一大”决策制度，全年召开党委会44次，研究决策事项189项。开展“携手并肩、埋头苦干，擦亮辽河测井品牌”行动，确定8个专项行动36项重点工作。建立党员责任区214个，党员示范岗159个，党员突击队42个，党员服务队51个，共产党员工程21个。推动基层党建“三基本”与“三基”工作有机结合，以“党建+”模式开展活动132场次。探索实践“两组”融合共建模式，有效激发党小组和生产班组“细胞”活力。危险品管理中心党支部与湖北销售武汉分公司武昌片区党支部建立“一对一”党建联盟，搭建互学互促新纽带。组织党务干部、党员代表到全国文明村镇大堡子村调研学习；组织观看革命教育影片，集中观看《党史故事100讲》专题讲座，征集心得体会76篇。党的二十大维稳安保工作受到公司电报嘉勉，警企联动开展培训、演练、座谈等活动20次，维稳安保形势保持平稳。“‘四法四驱双检验’打造党建特色品牌的探索实践”课题获中油测井优秀党建成果三等奖；“党小组和生产班组‘两组’融合共建实践研究”课题被推荐至集团公司。

（陈立新　李莹莹）

【群团工作】 2022年，辽河分公司大力推进文化建设，开创文化宣传工作新局面。引导员工遵循“测井文化”理念，制作文化展板12个，设置文化立体灯箱14个。选送安全文化论文获全国企业安全文化论文一等奖；报送“中油测井成立二十周年”书画摄影作品75件；推选作品在中油测井“反对浪费 节约粮食”海报设计大赛中分别获一等、二等、三等奖。推出辽河油田雷72大平台桥射联作、CPLog装备推广应用等重点项目宣传报道53篇；在《中国日报》《工人日报》客户端等省部级以上媒体发稿85篇；在地市级以上媒体发稿78篇；在《中国石油报》发稿7篇；在中油技服主页发布稿件541篇。以集团公司特等劳动模范谢小丽为主人公，策划拍摄纪录片两部，营造学习先进、争当先进的浓厚氛围。职工周末特色学校持续有效运行，参与学习及教学成果展示活动5万余人次。举办健身舞比赛、线上K歌赛、线上书画展等系列文化活动，编排的《辽河水·测井情》舞蹈节目获庆祝公司成立二十周年文艺视频比赛第一名。开展困难帮扶和送温暖活动，发放慰问金和慰问品 188.89 万元。深切关怀员工身心健康，邀请专家指导高考家庭志愿报考，举办更年期健康管理等专题讲座，为每个基层单位和部门配备血压仪，为全体职工办理住院 + 意外互助险和女职工特殊疾病险。投入 32 万余元购买陕西省扶贫产品用于食堂食材和节日慰问。建设健康小屋、文体活动室，开展棋牌类、球类、文艺类比赛和演出活动，丰富员工的文化生活，在公司第二届“创新测井杯”职工排球赛喜获第一名。报送公司创新成果、合理化建议、职工先进操作法等员工创新创造项目 33 项，获奖 6 项。“谢小丽劳模创新工作室”被命名为公司职工创新工作室。由青年技术骨干牵头开展的 QC 课题获集团公司三等奖；6 个集体、4 名青工获中油测井“青年文明号”“十大杰出青年”“青年岗位能手”称号。开展学雷锋、关爱残疾儿童等公益慰问活动，联合社区组织“抗疫有我”等志愿活动 7 次，激励青年勇担社会责任、维护企业良好形象。

（王　猛）

中国石油集团测井有限公司大庆分公司

【概况】 中国石油集团测井有限公司大庆分公司（简称大庆分公司），是 2017 年 12 月集团公司实施工程技术专业化重组，由大庆钻探工程公司测井公司整建制划入中国石油集团测井有限公司。

大庆分公司具备满足全井生命周期的工程服务、应用评价等服务能力，主营业务有油气田测井、常规射孔、地层测试、测井解释、油藏评价、测井相关软件开发及销售等。

大庆分公司下设 7 个本部部门、10 个基层单位。其中本部部门由 9 个压缩到 7 个、取消 1 个部门附属，转型设置 6 个项目部。包括共有 2 个党总支、15 个党支部；党员 404 名，其中在岗 379 人。在册员工 964 人，其中合同化员工 848 人、市场化用工 116 人。大专以上学历 639 人，其中博士 1 人、硕士 59 人。高级职称 146 人、中级职称 360 人。管理人员 129 人、专业技术人员 410 人、技能操作人员 381 人，技术序列二级工程师 13 人、三级工程师 33 人。

2022 年，大庆分公司依托自身专业化优势，形成多项特色技术，特殊工艺、桥射联作、常规射孔、随钻测井、生产测井等核心业务做大做强，连油作业、暂堵转向、缝高监测、高频压力监测等关联业务做优做透，光纤测井、井口计量、岩心扫描、示踪监测、油气水化验等新领域业务做好做细，向综合型技术服务公司转型取得重要成效。全年完成工作量 9542 井次、同比增长 9.93%。完成产值 7.05 亿元，实现收入 6.07 亿元、利润 5083 万元，完成中油测井考核指标。其中，油田本部 4.41 亿元，海塔 3547 万元，川渝 9091 万元，解释科研 3609 万元，其他业务 403 万元。新业务收入创纪录达到 2.63 亿元、同比增长 110.4%，占主营业务收入比例提高到 44%，分公司收入结构进一步优化，抗经营风险能力得到增强。

大庆分公司主要生产经营指标

指　标	2022 年	2021 年
裸眼井测井（井次）	4392	4212
随钻测井（井次）	236	34
工程测井（井次）	4711	3841
生产测井（井次）	157	120
射孔（井次） 其中，桥射联作（口 / 段）	283 46/858	507 37/722
产值（亿元）	6.0745	6.76
收入（亿元）	6.0745	5.92
利润（亿元）	0.5083	0.6562

【队伍与装备】 2022年，大庆分公司有测井队伍66支，常规测井队伍44支、桥射联作队伍9支、随钻测井队伍6支、生产测井队伍2支、远程测井队伍5支。具备以CPLog、ECLIPS5700、LOGIQ、HH253、ThruBit存储式为代表的成套装备，有测井地面系统共计74套，其中EILog06共12套，CPLog 1套，ECLIPS5700 共8套，慧眼1000共17套，WISEYE 1000 共21套，HH2530共6套，FTTS57共7套，Thrubit 2套，原值6.32亿元、净值1.54亿元，新度系数0.24。2022年，大庆分公司购买装备共投入资金5766万元，新安装EILog06地面系统3套，一体化测井车及工程车29台（7000米一体化测井车3台、5000米一体化测井车11台、测井工程车15台），双狐地质成图软件1套，电动液压桥塞坐封工具2套，网络行为管理器2台，阵列磁盘1组，活动房2栋。

【市场开发】 2022年，大庆分公司精准谋划科学布局，建立市场分区承包、市场增量考核等机制，点对点确定“大客户经理”，大力发展五大专班项目，全年履行合同10.3亿元，在超过3000口井大幅降价情况下实现收入较大增长，完成市场增量1.3亿元。主体市场方面，依靠桥射品牌优势占据50%以上页岩油市场，新工艺项目创收5192万元，高附加值项目创收3740万元。成长市场方面，随钻测井全部占有浙江海坝“风险区块”、收入同比增长307%，生产测井收入同比增长138%，连续油管收入同比增长309%，蒙古项目收入同比增长294%。新兴市场方面，稳步拓展光纤测井、分层注采测试、煤层气、温泉井等业务，采油七厂重点井光纤、微地震、缝高监测、示踪剂业务单井创收共计471万元，横向科研创收同比增长109%。

【服务保障】 2022年，大庆分公司转型12支新业务作业队，接连刷新作业纪录。极寒版桥射2.0经受最低作业温度-32℃、最高压力78兆帕双重考验，段均占井时间减至2.05小时，“通测一趟钻”平均每口井节约钻井通井30小时，多次向油田领导汇报技术成果，支持页岩油快速推进、增储上产。川渝地区随钻定导井身质量符合率均为100%，地质导向平均有效箱体钻遇率96.14%，初步形成随钻测井品牌。定向射孔在苏1-平1井创造5项地区纪录。火探1井旋转井壁取心创造最大取心井斜29度；潼深6井应用湿接头对接钻具传输工艺创造了取心井斜最大33.2度施工纪录；在GY3-Q1-H3井创造了大庆分公司爬行器声变爬行距离2712米和井深最深5384米纪录；徐深6-平6井创造了桥射大庆区块最高78兆帕纪录；徐深3-平3创造了大庆区块爬行器声变井斜最大95.68度，井温最高170度两项纪录。GY3-Q6-H2井成功应用爬行器管外MOT避光纤定位测井，在中油测井尚属首次。

【解释评价】 2022年，大庆分公司坚持目标导向攻克解释技术难关，勘探评价方面，在页岩油领域，形成了烃源岩、孔隙度及孔隙结构、含油饱和度、可压性评价4项主要研究成果，成功解释肇页1井，揭示了三肇地区中成熟度纯页岩储层的开发潜力。在川渝流转区块，形成以“三谱一衰减”为核心的缝洞碳酸盐岩储层测井评价技术。在中浅层领域，形成了基于砂体追踪定位的多井精细对比技术和油柱高度预测两项技术。在深层火成岩领域，形成了含浊沸石火山岩储层参数求取技术、含二氧化碳气储层流体性质识别技术。开发评价方面，首次在大庆油田深层气徐深6-平6井压裂效果监测中引进高频信号压力场储层动态监测技术，开展高频压力计测量测井。对接第六采油厂地质研究所，完成60口井小层细分、参数处理的对比解释工作。数据库建设方面，开发了8个工具软件，完成老井数据入库12.77万井次。加快CIFLog-LEAD4.0平台推广应用，对7个大庆特色模块进行挂接、推广。

【科技创新】 2022年，大庆分公司以系统思维和前瞻思维进行特色化技术创新，潜移默化助力企业生存发展，在研科研项目35项，其中横向课题9项，并完成黑龙江省揭榜挂帅“古龙页岩油测井响应机理及薄纹层智能表征技术研究”合同签订，参与集团公司级项目3项，参与研究的公司级项目“页岩油气测井技术系列优选”“测井大数据平台V1.0研发”2项通过中油测井验收，负责“大庆西斜坡欠压实薄层稠油储层测井评价技术研究”“海拉尔盆地乌尔逊凹陷铜三段‘贫泥’砂砾岩储层测井解释技术研究”“合川—潼南区块雷口坡组泥灰岩储层测井评价方法研究”“大庆测井解释数据库建设及数据共享技术研究”“海拉尔盆地贝西地区南屯组复杂岩性储层测井评价技术应用研究”“合川—潼南区块碳酸盐岩储层解释评价技术研究”6 项事业部级项目。科研项目、推广项目计划完成率 100%。参与的“FITS-C55 过钻具测井系列仪器研制”获中油测井科学技术进步奖一等奖、负责的“三维感应成像测井技术在大庆油田应用研究”和参与的“致密储层钻井、压裂工程测井评价技术研究与应用”获中油测井科学技术进步奖二等奖、负责的“古龙、徐家围子地区难采储量萨葡油层测井精细评价技术研究——徐家围子向斜区葡萄花油层测井评价技术研究”获中油测井科学技术进步奖三等奖，“LEAD4.0 平台地层组分分析模块改进与应用”获中油测井现场金点子奖一等奖、“三维感应测井分辨率优化处理建议”获中油测井现场金点子奖三等奖，中油测井科技成果转化创效奖 1 项。多渠道争取项目经费和科研收入，争取集团公司级项目拨款 63.98 万元、中油测井公司级项目拨款 725.93 万元，横向课题全年产值 2186.4 万元，科研技术服务收入 1062.02 万元。组织召开大庆分公司技术革新发布会，发布革新 14 项，申请发明专利 6 项取得受理 5 项，获得授权 2 项，对外发表论文 16 篇，其中获“第二十二届测井年会”优秀论文二等奖 3 篇，获“2022 年度测井公司学术论文交流会”优秀论文二等奖 1 篇、三等奖 2 篇。

【质量安全环保】 2022 年，大庆分公司以深入贯彻落实习近平总书记关于安全生产的重要论述以及新安全生产法，严格落实安全生产“十五条硬性措施”，提升本质安全和清洁生产水平。健全大庆分公司 173 个岗位安全生产职责，组织全员系统学习掌握，将“三管三必须”固化于制、内化于心、外化于行。全年安全生产记分 153 人次，其中 3 分以上员工 25 人，严纪律、鸣警钟、亮红灯。深刻吸取安页 9-4HF 井工程事故复杂教训，及时进入升级管理状态，安全生产三年专项整治活动稳步收官。完善井控、放射源、民爆品、交通等重点风险防控措施，全员辨识危害因素 844 项、排查隐患 109 项，有力推动防控关口前移。专题研究落实习近平生态文明思想，治理 3 项生态环境隐患，“我为碳中和种棵树”活动植树 420 棵。通过集团公司井筒质量大检查验收，在采油六厂、采油八厂推广应用集团公司远程测井监督系统，配合油田完成固井质量和井眼扩大率上报工作。开展群众性质量管理活动，3 项 QC 成果获得黑龙江省优秀质量管理小组一等奖。

【改革创新】 2022 年，大庆分公司超前平稳完成“三定”阶段目标，本部部门实现大部制标准化运行，分别为办公室（党委办公室）、人力资源部（党委组织部）、计划经营部、市场生产部、质量安全环保部、财务资产部、党群工作部（纪检、工会、团委）。三级领导职数和一般管理人员编制综合压减 17.1%。下设 10 个基层单位分别为中区项目部、东区项目部、西区项目部、新区项目部、海塔项目部、川渝项目部、解释评价中心、实训基地、生产服务站、离退休服务站。基层项目部各自对接市场区块，海塔、川渝构筑就近服务保障体系。以中区项目部为试点模拟市场化运行，构建项目部 + 资源运营中心的新模式，经验和机制趋于成熟，带动队伍、装备利用效率提高。发动全员投入扭亏脱困攻坚战，推动 98 项措施落地见效，有力保障年度经营目标实现。单井包干方案几经完善，试点成果较好，受一线员工欢迎，即将全面推行。在采油六厂南中西区块运行以人机分离、灵活组队、驻井服务、远程测井为核心的生产组织新模式，实现降价条件下有效益。

【人才强企】 2022 年，大庆分公司系统化推进人才强企工程，各类人才队伍结构优化、梯次接替取得重要进展。新提任“90 后”干部 1 名，一线项目部班子平均年龄优化到 40.96 岁。启动第三期项目管理人才培训计划，将 7 名优秀青年干部放在项目制改革试点、井口计量等重点项目培养锻炼。竞聘补充大庆分公司本部管理人员 10 人，1 人推荐到中油测井本部挂职锻炼，1 人聘到中油测井本部支持保障单元，1 人参加中国石油驻陕单位“青马工程”首期培训，1人参加大庆钻探“青马工程”培训，1人聘为集团公司安保防恐专家，20人进入中油测井各类人才库。向油田输送6名技术专家，4名油田年轻力量到大庆分公司挂职、锻炼。超前培养储备108名新业务人员，将6名一线人员、10名后勤保障人员调整到解释岗位。大庆油田测井研究院涌现出14名科研生产多面手。2人获评大庆油田杰出员工。

【党建工作】 2022年，大庆分公司始终把政治建设摆在首位，认真落实第一议题制度12次21份材料，建立学习贯彻习近平总书记重要指示批示精神落实机制，研究制定69项条具体措施并形成落实台账。重新修订“三重一大”制度，全年42次召开党委会、党群工作例会研究部署党建工作，“三重一大”决策议事29次60项，重大事项请示报告3项。全方位跟进宣传亮点工作，刊发省部级以上稿件43篇、中油测井网页54篇、《测井文化》3篇、《大庆油田报》19篇、公众号推文11篇、内宣679篇。建成11个标准化阵地，4次优化基层党支部设置，补充11名新鲜血液到支委班子，93个班组实现党员全覆盖，涌现党员先锋岗37个、党员责任区46个、党员服务队突击队10个，党建工作考核形成10个方面57项检查考核标准，党支部标准化建设形成11个流程图、10项工作规范。2项党课分获中油测井一等、二等奖。探井党支部以展览馆模式更新阵地建设，创新提出党支部工作资料标准化分类，形成基层党建“三基本”建设与“三基”工作有机融合参考手册，党建特色愈发浓厚。坚定不移推动全面从严治党向纵深发展，两级班子开展提醒谈话384人次，廉洁教育156场次，开展9项业务监督。累计开展各类正面教育176场次，警示教育85场次，覆盖党员干部2632人次，有力维护良好政治生态。

【群团工作】 2022年，大庆分公司深化民主管理、厂务公开，保障钻探劳务输入人员会员权益，实施精准帮扶慰问，扩大职工互助保险，最大化体现组织温暖。一届四次职代会征集提案11项、立案6项，切实维护员工合法权益。精准帮扶慰问4794人次、235.25万元，员工互助保险理赔10.13万元，再获陕西省职工互助保障工作先进集体称号。主动履行社会责任，支持消费扶贫50万元。积极参与中油测井成立二十周年征文大赛、书画摄影征集、微电影征集、“带你看测井”视频宣传活动，开展“十元关爱”、点赞“中国好人”、举办“道德讲堂”，助力中油测井保持“全国文明单位”称号，抽调文艺骨干支持中油测井成立二十周年职工文艺汇演，“巾帼讲述”作品分获中油测井一等、二等、三等奖。室内外文体设施全面开放，职工排球邀请赛、迎端午拔河赛、全员健步走火热举办，“六一”亲子趣味活动、暑期子女托管“英才少年陪伴营”广受员工好评。推出先进操作法评比、成本管控优秀案例大赛、劳动竞赛光荣榜、在线“一起学创新”等载体，广泛调动岗位员工参与创新创效。引领青年投身新征程，1人获评集团公司优秀共青团员，3人被评为中油测井青年岗位能手、1个集体被评为中油测井青年文明号。

【民生健康】 2022年，大庆分公司统筹实施各类民生项目，基层单位全部安装净水设备，系统修缮三号公寓和职工食堂，改善测井队淋浴间设施，继续维修厂区道路，设立测井路口交通信号灯岗，增强测井工人文化宫综合服务功能创新运用“枫桥经验”、构建“四前机制”，完成全年特别重点时段维稳信访安保防恐任务，获中油测井嘉勉电报，获评中油测井维稳信访安保防恐先进单位。大庆分公司武装部获评让胡路区先进基层武装部，民兵应急排获评先进民兵分队。有力应对大庆市3次新冠肺炎疫情封控，驻厂值守646人次，保证防疫生产两不误。疫情防控措施调整后，及时发放药品、检测试剂，工作场所未发生聚集性疫情。推进健康企业建设，建立11个功能完备健康小屋，推出五项健康保障措施，214名员工健康风险等级下降，重点关爱大病职工、驻外项目部及整建制队伍、常驻海外员工的身心健康，构建员工健康坚强屏障。“心理沙盘助力员工健康幸福生活”项目获集团公司职工心理关爱（EAP）优秀工作案例优秀奖。

（崔启慧　朱　铁）

中国石油集团测井有限公司吐哈分公司

【概况】 中国石油集团测井有限公司吐哈分公司（简称吐哈分公司），源于玉门油田成立于1988年5月的玉门石油管理局地质录井处。1996年，地质录井处整体划归吐哈油田，更名吐哈录井测井公司。2002年，集团公司实行测井专业化重组，成立吐哈事业部。2017年，集团公司持续进行测井专业化重组，更名中国石油集团测井有限公司吐哈分公司。分公司位于新疆维吾尔自治区哈密市吐哈石油基地。

截至2022年底，吐哈分公司员工总数514人，其中在册员工325人，其他用工189人。副高级及以上技术职称人员55名，中级职称技术人员124名，初级职称技术人员20名；在聘一级工程师3名、技能专家1名、首席技师1名。

吐哈分公司设7个机关职能科室、7个基层项目部，1个生产辅助单位和1个后勤服务单位。党组织下设10个党支部基层组织，党员179名；下设10个基层工会组织。

吐哈分公司主要生产经营指标

指　标	2022年	2021年
裸眼井测井（井次）	725	661
随钻测井（井次）	3	11
工程测井（井次）	811	771
生产测井（井次）	1502	1814
射孔（井次） 其中，桥射联作（口/段）	491 124/848	933 71/852
产值（亿元）	2.9170	3.7210
收入（亿元）	2.8707	3.5524
利润（亿元）	0.02687	0.08

（王天峰）

2022年，吐哈分公司贯彻党的二十大精神，紧跟中油测井战略部署，锚定高质量发展目标、擦紧“基础建设年”主线，深化改革、强基固本，抓牢疫情防控，严格依法合规，防范化解风险，生产经营平稳有序，管理效能显著提升，员工平安健康，企业发展环境和谐稳定。

（周　辉）

【队伍与装备】 2022年，吐哈分公司运行作业队伍31支，其中，裸眼井测井队13支，生产测井测试队5支，射孔作业队11支，随钻测井队2支。在用成套装备47套，其中CPLog装备18套、FITS装备2套、ECLIPS-5700装备10套（4套进口+6套紫贝龙）、小数控装备17套。

（莎力·吐尔孙）

【市场开发】 2022年，吐哈分公司加大市场开发力度，成立6个工作专班，聚焦短板攻坚啃硬，盯住增量开拓创新，市场开发多点突破。在吐哈、玉门油田2个主体市场，以解决油田勘探开发技术难题为切入点，升级技术工艺，深挖创效潜力为手段。推进核磁、地层元素等特殊项目技术服务，工作量同比增长16.2%，完成14口重点探评井大全套测井，创收1450万元，储气库技术服务创收1677万元，桥射联作施工634层，创收4208万元，同比增长1210万元。在玉门油田争取到原计划由斯仑贝谢承揽的6口小井眼核磁测井，创收100万元。开拓成长市场。在贵州非常规油气服务市场，测、录、导测井技术项目创收870万元。在延长石油自有市场、川庆油田总包区块、民企开展合作项目，创收1700万元，同比增长1048万元。“做大延长、登陆贵州，集团外市场实现跨越式增长”项目获中油测井优秀项目一等奖。推进新兴业务。在吐哈市场定导一体化服务取得突破，完成2口井施工作业；开拓页岩气随钻市场，完成32口井施工作业任务，创收1240万元；完成玉9-15井等3口井光纤吸水剖面、1口水平井油管外光纤监测施工作业，CCUS项目井组井筒监测，创收100万元；使用CPLog成像仪器完成集团公司首口富油煤参数井施工作业。中标吐哈油田、玉门油田综合治理风险服务项目；在云南丽江首次完成地层精确注浆水平孔 Z2-3 井测井施工作业及解释评价任务，这是中油测井对非油气领域测井业务的首次尝试。

（陈荣斌）

【服务保障】 2022 年，吐哈分公司根据市场形势需要，报中油测井审定批复，成立吉木萨尔测井项目部；整合原玉门油田测井项目部和新区测井项目部，成立玉门油田项目部。将浙江油田项目部工作重心由川渝调整到贵州市场。落实“以井为中心”的服务保障机制，领导班子包井跟进、本部部门靠前服务、技术专家强力支持，基层干部带班施工，生产组织高效运行，受到甲方致信肯定。成立“三基”工作领导小组，开展“基础建设年”活动，推进党建“三基本”与“三基”工作深度融合。完善操作规范 149 项，技术培训 42 期，开展岗位练兵活动 10 次、技术比武 6 次，加强技能培训。通过“一周一训”、导师带徒等措施，强化一人多岗一专多能技术服务保障。葡探 1 井刷新吐哈盆地 7150 米最深测井纪录；吉页 6H、吉页 5H 井桥射联作，分别刷新吐哈油田泵送最长纪录、桥射最深井泵送压力最高纪录；葡北 5-4 井、葡北 3-11 井、葡北 4-3 井注天然气注入剖面测井施工作业，创吐哈油田注天然气剖面井口压力 40.5 兆帕施工作业新纪录。推进综合作业队建设，增强人机分离灵活组队，单队创效能力，队伍综合利用率提高 20%。新组建桥射队伍 2 支，FITS 专测队伍 1 支。信息建设方面，整体优化基础网络链路，加强 EISS 系统应用，强化重点井动态跟踪、工程事故复杂录入等工作，完成远程测井 10 井次。安装车载数据中心 19 套，全流程监控。发挥中油测井一体化运营优势，物装公司高效协调紧缺仪器，保障集团公司重点风险探井柯新 1H、奇探 1、塘油参 2 等完井施工作业；与大庆分公司、西南分公司签订互助协议，完成大地 1、渝巫地 1 等井施工作业；与新疆分公司、青海分公司等通力合作，完成浙江油田管外光纤定位测井、贵州页岩气录井等项目。

（莎力·吐尔孙）

【解释评价】 2022 年，吐哈分公司满足油田勘探开发需求，加大技术服务能力，全年解释评价油（气）层 52959.4 米 /2628 层，探评井、开发井解释符合率分别为 87.5%、97.9%；预测产能油（气）层 2479 层 /303 口，其中一类层 955 层，二类层 1002 层，三类层 522 层，产能预测符合率 86.45%。开展老井复查 785 井次，发现 46 口井、633.0 米 /153 层潜力层，落实有利区 8 个，提出试油建议 40 口，采纳 26 口。其中，马 204 井三叠系 835-861 米井段复试获新突破，初产油 10.7 吨 / 日，实现西峡沟区块三叠系低渗透砂砾岩油藏新增含油面积 12.3 平方千米，新增预测储量 567 万吨。完善测井资料图件规范，绘制测井图件 15 幅，完成新标准图件入库；完成 2021 年及以前测井数据入库 9337 井次，入库率 91.3%。新井入库及时率 100%。

（张永军）

【科技创新】 2022 年，吐哈分公司以市场需求为导向，推广 CPLog 核磁共振、宽动态电成像、阵列侧向、地层元素等高端成像仪器的应用，全年完成 322 井次。在吐哈油田重点探井萨 105 井首次应用油基泥浆电成像测井，助力吉南凹陷勘探再获新突破，新增含油面积 46.3 平方千米。核磁共振测井，助力吉新 4、萨 104 和吉新 2-2H 等井勘探评价突破，开发规模效益建产。在延长石油首次完成气探井延 1350 和延 1352 井大全套测井施工任务和综合解释评价工作；在玉门油田李庄 205 井首次应用中油测井自主研发的小井眼核磁共振仪器，助力油田获日产 30 万立方米高产气流。在吐哈油田首次使用多级射孔增压技术，完成胜北 20 井大跨度传输射孔，下井一次成功率 100%，射孔发射率 100%。在红旗 3301H、吉阜 101H、吉页 6H 等重点井、复杂井推广应用模块化射孔 8 口井 136 段。吐哈分公司成立生产测井业务提升专班，生产测井瞄准向中高端发展目标，配套光纤测井设备，完成玉 9-15 等三口井的光纤测试任务。分别与浙江油田、吐哈油田完成“套管外光纤定位避射孔技术现场试验”“台北凹陷致密砂岩油气藏测井技术攻关研究”等横向科研项目 3 项。在年度中油测井青年学术交流会上发表论文3篇，在第22届测井年会发布论文4篇，其他期刊发表论文6篇。

（莎力·吐尔孙）

【质量安全环保】2022年，吐哈分公司抓安全教育和安全基础管理工作，专题学习研讨习近平总书记关于安全生产重要论述7次，领导班子成员讲“安全公开课”9次，开展“3·14”警示日安全教育活动，牢记事故教训。召开安委会决策重大事项16项，修订安全环保规章制度11项。开展“三合一”体系审核2次，量化评级B1级。落实安全生产15条措施，开展5次专项安全检查，现场检查509井次，视频检查10958次。对83名驾驶员开展准驾资质审核，委托第三方机构开展防御性驾驶路考，预防交通安全事故发生。开展一体化监督，推行项目部领导现场检查不低于15%井次的制度，强化现场安全管理。推进昌吉、延安地区民爆物品合规押运、备案、使用，完成三塘湖民爆物品库建设前期准备；强化放射源使用全程监控，亲磁性排查225枚放射源。开展13项安全隐患治理项目。将工程、物资、设备、解释、仪器修保等纳入质量管理，推进油气水井质量三年集中整治，构建大质量监管体系。优化体检项目，完善全员健康档案、落实健康干预；签订《医疗救护合作协议》，开通急救绿色通道；建设健康小屋2个，健康角5个，配置AED除颤仪7套；开展健康知识培训2次，提升全员健康理念。

（朱满宏）

【党建工作】2022年，吐哈分公司党委落实“第一议题”制度，开展中心组学习14次，专题学习研讨党的二十大精神5次。召开党委（扩大）会议，决策“三重一大”事项39项。领导班子成员向基层开展“形势目标责任任务”主题教育宣讲。培养选拔“80后”党支部书记3名，充实基层党组织力量。党委委员开展“党建三联”活动86次，讲党课28次，召开党风廉政建设和反腐败工作会，安排部署6项联合监督工作任务，完成中油测井党委七轮巡察发现共性问题的对照整改。基层党组织召开党支部党员大会69次，支委会137次，党小组会238次，组织主题党日活动109次，推动党组织建设。守正创新，宣传企业生产经营成果，传递正能量，在《工人日报》《中国石油画报》等省部级媒体刊发7条，中油测井新闻主页刊发信息40条，吐哈分公司新闻主页刊发信息361条，展示良好形象。参加中油测井职工文艺节目视频展演获二等奖，参加庆祝中油测井成立20周年征文、书画摄影展活动，上报80余幅作品，凸显员工精神风貌。畅通电子邮箱和“经理书记接访日”等渠道，做好常态化接访员工诉求，广泛征集意见建议，党委会专题研究，逐一答复解决职工需求。维稳信访工作落实特殊重点时段的升级管理，强化与地方政府、公安机关、油田、社区联防联动，确保党的二十大、北京冬奥会、公司成立20周年等重要时刻工作生活环境的和谐稳定。

（付　鹏　王福强）

【群团工作】2022年，吐哈分公司工会组织稳步推进民主管理工作，增补选职工代表，发挥代表职工在职代会上行使民主管理企业权利。开展扶贫帮困献爱心活动，慰问困难职工及遗属73人次；慰问一线职工630人次、劳动模范15人。为职工购买互助保险金，保障职工身心健康。开展“我为员工群众办实事”活动，发放职工疗养费61万元、购买扶贫产品28.7万元、发放生日礼物328份；修缮鄯善一线职工公寓、哈密基地停车棚等民生项目；设立吉木萨尔、贵州正安、延安等倒班点；建成葡萄长廊、科室菜园，创建花园厂区。

成立青年工作委员会，召开青工委第一次会议暨团员青年座谈会，加强共青团和青年工作。创建“青”字号品牌，鄯善项目部C1717作业队获评中油测井青年文明号、王娜获评中油测井青年岗位能手。“基于MATLAB生产测井技术”项目获中油测井职工优秀创新项目三等奖。

（孟鹏飞）

【疫情防控】2022年，吐哈分公司面对复杂严峻的新冠肺炎疫情形势，严格落实防控要求，统筹抓好疫情防控和安全生产。召开疫情防控小组会议30余次，跟进落实上级组织防控要求。实施精准防控，严格执行异地流动报备制度，建立人员、疫苗和核酸台账；组织人员参加核酸检测操作培训，开展核酸采样 2.9 万人次，有效降低社会化采样过程中的感染风险。组建志愿者服务队，参与疫情卡点值班 300 余人次，支援社区疫情防控。做足提前量，打好主动仗，领导班子带头驻厂封闭办公，干部带班分区驻守，减少跨区流动。争取政府部门支持，办理特别通行证调派运送仪器，保障测井施工作业需求。疫情管控期间，吉木萨尔项目部 C1701 作业队，坚守准东红旗区域作业 60 余天；鄯善项目部抽调党员骨干支援兄弟单位，高效完成储气库大跨度传输射孔任务；玉门项目部 C4693 作业队，全程穿戴防护服完成重点井施工，玉门油田致信感谢；射孔项目部 C3717 作业队与压裂队同吃住共进退，驻外 50 余天，完成桥射施工 60 余层。期间，完成各类施工作业 610 井次，极大地降低新冠肺炎疫情对吐哈分公司生产经营的影响。

（柏　涛）

【贵州市场拓展】 2022 年 3 月 8 日，中油测井党委书记、执行董事金明全在吐哈分公司浙江油田项目部检查工作，要求吐哈分公司开拓好贵州非常规油气市场。吐哈分公司专题研究制定措施，依托中油测井一体化运营优势，参加贵州页岩气勘探开发有限责任公司项目招标，成功中标贵州页岩气勘探开发“2022 年度正安页岩气勘探区块安场向斜南部开发井测井服务”“桐梓狮区块两口评价水平井录井工程及地质导向服务”2 个项目，创收 870 万元。与贵州煤田地球物理勘探有限责任公司合作，签订两口井 74 万元的服务合同。

（陈荣斌）

【新领域市场拓展】 2022 年 12 月 26 日，吐哈分公司在云南丽江香炉山隧洞滇中引水工程，吐哈分公司测井作业承担注浆水平孔 Z2-3 井测井施工及现场解释评价，识别工程地层裂缝发育及注浆任务。因隧洞深长，Z2-3 井穿过多个断裂带，构造条件复杂、岩石稳定性差，作业队优选直推存储式测井工艺，历时 10.5 个小时完成测井施工作业，解释工程师现场地质分析，为工程方精确注浆和堵水提供科学依据。

（李　胜）

中国石油集团测井有限公司华北分公司

【概况】 中国石油集团测井有限公司华北分公司（简称华北分公司），是 2002 年 12 月集团公司测井专业化重组，由华北石油管理局测井公司整建制划入中国石油集团测井有限公司，成立中国石油集团测井有限公司华北事业部。2017 年 12 月更名中国石油集团测井有限公司华北分公司。

华北分公司主营业务为裸眼井测井、射孔、随钻测井、生产测井、工程测井、油气藏解释评价等。华北分公司位于河北省沧州市任丘市，主要作业区域分布在华北油田的冀中、二连、巴彦河套和山西煤层气等项目，及苏里格合作开发区块和南方勘探公司的福山油田等区块。

截至 2022 年底，华北分公司下设 7 个本部部门及 10 个基层单位，在册员工 657 人，其中合同化员工 558 人，市场化合同 97 人，市场化劳务 2 人；另有辅助业务外包人员 245 人，非全日制用工 47 人。在册员工中，管理人员 169 人、专业技术 237 人、技能操作 251 人；本科及以上学历 301 人，中级及以上职称 371 人。设党委 1 个，下设 11 个党支部，党员总数 311 名。

2022 年，华北分公司围绕“六大战略”“十大工程”“十项任务”“五项机制”，统筹推进市场营销、技术创新、安全生产、提质增效和党的建设等各项工作，市场空间持续拓展，施工能力不断提升，发展基础愈发坚实。

（王枭煌）

华北分公司主要生产经营指标

指　标	2022年	2021年
裸眼井测井（井次）	1479	1365
随钻测井（井次）	95	57
工程测井（井次）	2066	1717
生产测井（井次）	2682	1056
射孔（井次） 其中，桥射联作（口/段）	684 131/801	748 166/1040
产值（亿元）	6.4603	4.49
收入（亿元）	6.5302	3.79
利润（亿元）	0.5363	0.24

（王　磊　郑敏娣）

【队伍与装备】2022年，华北分公司拥有测井（射孔）作业队伍76支：裸眼井测井队45支，生产测井队21支，随钻测井队10支；其中，内部市场队伍46支，支援和合作队伍5支（1支队伍支援长庆分公司、3支随钻队伍支援大庆、1支队伍支援西南分公司）。测井装备主要有EILog、ECLIPS-5700、生产测井（射孔）、存储式、LOGIQ、随钻测井、海上拖橇七大系列。成套测井装备共计70套，其中，完井测井装备45套，生产测井装备21套，随钻装备4套；工程技术服务车辆及拖橇共计191台，其中含一体化测井车87辆、工程车67辆、井架车23辆，源车1辆，爆破器材运输车10辆，拖橇3台。

（罗　涛）

【市场开发】2022年，华北分公司主体市场提质扩容。领导带队维护落实关联交易框架协议，紧贴甲方需求，推介高端成像测井应用1240井次，产值1.64亿元，工作量、收入同比增长53.20%和46.71%。多措并举应对油田低成本开发和钻井"三提"压力，实现项目不减、价格不降。发挥"地质+工程"一体化服务优势，有效抵制钻探方压裂总包，实现华北油田桥射市场占有率100%，华北分公司全年完成桥射1039段，产值跃升至8819万元。苏里格市场针对四家钻探及华北油田服务区块分类施策，推进市场量效齐增，产值连续两年保持增长千万元以上。创新合作模式，打造联保机制，制定专项方案，力保监测业务"接得稳、接得好"，生产测井占有率由43.2%提升至82.3%，产值增加5038万元。依托解释评价优势，华北煤层气、冀中、二连中高端随钻市场占有率稳中有增，完成95井次，产值3190万元。积极对接CCUS项目建设，完成232井次，实现1372万元，开展福山油田朝阳区域地层封闭性分析评价，助力白莲、花场二氧化碳驱油、埋藏工程建设。紧跟油田及政府地热开发项目，承揽雄安新区及北京周边地热测井，完成49井次施工，产值503万元。

（王　磊）

【服务保障】2022年，华北分公司领导包井靠前指挥，"一井一策"保障69口重点井高效施工，收到甲方感谢信12封。以市场为导向优化资源部署，动态调整队伍装备，灵活组队、远程测井、一队多机、区域联保等机制高效运转，测井综合提速3.3%。设立工艺器具专班发挥专家技术优势，组织方案讨论66次，制定区域工艺施工方案23套，6760米超深井核磁共振高效施工，连油存储式产液剖面突破5750米大关，全年申报集团公司级新纪录4项。以井为中心深化EISS系统应用，37支作业队实施"灵活组队"371井次，队伍综合利用率提升25.8%。

（李　印　罗　涛）

【解释评价】2022年，华北分公司强化新技术应用和解释技术攻关，深度参与华北油田勘探开发，支撑11口百吨井试油成功。聚焦巴彦200万吨产能建设，成立"河套盆地攻关团队"，针对深埋勘探目标建立"核磁共振+阵列感应"技术系列，发现临河组超百方油层井16口/128.8米。冀中探区应用"常规+阵列感应"评价清苑构造新区储层物性、含油性，支撑保清1X井获日产工业油流105.93吨，助力保定凹陷重大勘探突破。精细解释评价，动静结合破解老区治理难题，复查老井294井次，提出潜力层276层、措施43口、增油1.72万吨，带动监测工作量103井次。根据各服务区块不同地质背景、开发阶段动态监测需求，建立保障小组8个，解释评价2215井次，增长 106.5%。深化煤层气水平井测导一体综合评价，主导煤层射孔设计，带动新增工作量 51 井次。加快大数据平台建设应用，完成老井资料入库，制作标准化图件 19 张，在华北、福山油田全面应用。

（李　思）

【科技创新】 2022 年，华北分公司聚焦测井品牌建设。深化苏里格市场 CPLog 推广，川庆钻探区块补齐放射性项目空缺获甲方认可，渤海钻探区块依托大规模产建需求，推动 CPLog 替代 SDZ-8000，完成 44 井次。冀中、海南全面应用 CPLog“一串测”，时效提升 25%。桥射联作 2.0 创效推广，“模块化工具”节省装配时间 50% 以上，分簇射孔故障率大幅降低，多簇射孔能力显著增强。苏里格区块实现“连油 + 光纤”零突破。推介钻后测井，巴彦多口高温高压复杂井顺利施工，实现服务区域延伸和应用场景拓展。

在巴彦油田兴华 601 井实现国内首次钻具传输测压取样，并完成 3 口重点井 RDT 地层测试施工，实现储层物性、含油性快速定量评价，缩短试油周期 40 余天。打造“井场多尺度岩石物理表征技术”品牌，建立以二维核磁共振测量为核心的车载岩石物理实验室，实现全直径岩心测量及定量评价，为页岩油致密油勘探甜点评价、复杂碎屑岩油层识别和储量评估提供有力支撑，推广应用 8 口井 /303 米。在叶县储气库完成自主研发声呐仪器测腔试验，获取腔体形态及容积信息。推广 12 井次光纤“设计施工 + 解释评价”技术，利用 DTS 流温稳态分析技术和光纤工程检测方法，解决产吸剖面评价等技术难题，实现长期在线监测。

（李　印　罗　涛）

【质量安全环保】 2022 年，华北分公司修订 QHSE 管理制度修订 25 项，新划定安全、质量红线 21 条，组织“安全生产公开课”27 场，开展“高危作业我来讲”“目视化管理我在行”等活动，贯彻“十五条”硬措施，安全生产大检查、常态化监督等发现整改问题 1025 项。整治“三个专项”（工程事故复杂、重复性问题、执行力建设），加大违规行为惩处力度，安全计分 194 人次，扣减绩效 4.59 万元。严格放射性仪器刻度备案，更新质量管理、操作标准 363 册，组织仪器刻度、测速控制等专项培训 9 场次，完成计量器具检定 426 台（件）。开展隐患大排查，整改隐患治理项目 18 项。配置生产污水处理装置 4 套，淘汰老旧车辆 18 台，开展放射源库环境监测 4 次，配备各类辐射检测仪 68 台。优化落实疫情防控措施，疫情防控与安全生产统筹兼顾。推进健康企业达标建设，完善员工健康管理机制，全场点配置自动除颤仪 8 套，对 38 名重点人员实行“领导包人、一人一策”健康干预，组织职业病防治专项培训 13 场次，增强员工健康自我管理意识。

（李亚辉）

【党建工作】 2022 年，华北分公司党委强化政治建设。学习贯彻习近平总书记重要指示批示精神，确立“第一议题”17 项，中心组学习研讨 18 次，42 项具体措施有效落实，领导干部“政治三力”持续增强。强化民主管理，研究审议“三重一大”71 项，请示汇报重大事项 15 项。深化党史学习教育，开展“集中宣讲 + 订单式培训 + 新媒体宣贯”54 场次，“五统一”合力有效构建。打造坚强堡垒。落实基层党建“三基本”与“三基”工作融合方案，以“清单化”管理推进标准化党支部建设，与油田、钻探、辖区街道多层次构建“党建联盟”“党建协作区”，市场科研、防疫合作等领域互助共建水平持续提升。坚持从严治党。“大监督”格局全面构建，巡察反馈问题扎实整改，廉洁风险识别防控、法规制度学习深入开展，以监督促监管、监管促管理的倒逼机制有效运行。共促文化同心。传承石油精神伟力，坚守意识形态阵地，迎庆党的二十大、中油测井成立 20 周年等系列活动异彩纷呈，IP 形象“睛睛”登场亮相，《我和我的父辈》等 4 部文化宣传片引发共鸣，新闻发稿 315 篇，华北分公司连续 7 年获评《中国石油报》先进报道组。

从严抓实党的二十大等时段维稳信访、安保防恐工作，落实保密责任，全年无重大失泄密事件发生，2件保密作品被中油测井选报集团公司参评。完成存量档案数字化26.6万页扫描著录。巴彦、二连等外围场点基础设施有效改善，本部办公楼完成维修改造，厂区实现“绿色照明”全覆盖，员工幸福感、获得感持续增强。

（王枭煌）

【群团工作】 2022年，华北分公司工会完成基层工会委员会换届，征集职代会提案21项，答复上届提案30项，两级厂务公开324次。组织职业技能大赛“进阶式”集训，获中油测井解释单项第二名。深化精准帮扶，建立电子档案，走访慰问员工121人，发放慰问金19.3万元，为37名员工办理互助保险理赔，落实“我为员工群众办实事”工程20项。大幅调整提高全员普惠性福利，发放节日慰问品7次126万元，人均福利标准实现较大提升，华北分公司工会获中油测井“四星模范职工之家”荣誉。青年培养推优效果明显。学习贯彻习近平总书记在庆祝中国共产主义青年团成立100周年大会上的讲话精神，建团100周年系列活动深入开展，“人才＋项目”机制助力青年快速成长，营造和谐氛围。组织撰写微言论36篇、学习心得21篇。青年创新创效、安全生产示范岗创建、演讲比赛等活动深入开展，2人在中油测井青年学术交流会上获奖，4个青年集体获评中油测井青年文明号，华北分公司团委获集团公司“五四红旗团委”称号。

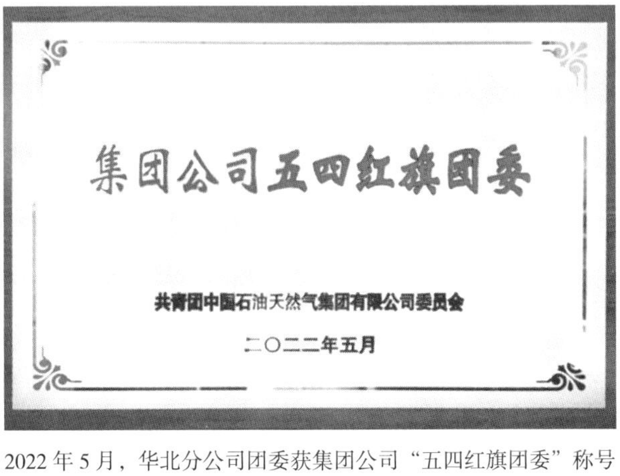

2022年5月，华北分公司团委获集团公司“五四红旗团委”称号（雷卓　提供）

（雷　卓）

【提质增效】 2022年，华北分公司深化改革扎实推进。开展“三定”工作，压减撤并部门、附属机构2个，管理架构更加清晰。明确用工核定标准，完成中长期用工规模测算，一般管理人员编制压降30%，提拔35岁以下三级副管理人员8人，干部队伍平均年龄降至42.3岁。依法合规全面强化。一体推进“合规管理强化年”及综合治理专项整治，成立7个专项治理工作组，开展全业务系统监督检查，梳理合规风险52项，81条管控措施全面落实。完成“7+3专项治理”和“五个任重道远”专题对照检查，以查促改梳理业务流程396项，专项检查21次。财务管理加力提效。以“质效双增、价值创造”为主线精细财务管控，主要指标跟踪通报机制有效建立，区域效益综合评价深入开展，“两金”压控目标有力完成，惠企政策充分利用，财税资金运营创效606.51万元，多措并举推进全流程降本增效1769.48万元。资产分类评价全面完成，289项低负效资产批复报废。基础工作有效提升。建立《规章制度管理实施细则》，汇编管理制度324项，完成15项华北分公司制度“立改废释”，组织宣贯及业务知识培训22次，下发指导课件13个。全面加强“三基”工作“四化”管理，山西“233工作法”、海南“七联共建”，解释评价“六步一结合”等一批基层管理特色经验固化推广。数字转型初见成效。形成随钻地质导向远程支持能力，助力18口井高效施工；5支队伍具备远程测井能力，专家、操作工程师现场连线指挥作业84井次。搭建存储超融合300TB“多核计算”资源池，完成全域流量合理分配和安全管控技术升级，实现解释数据以及办公业务资源共享。完成各场点带宽扩容，组织视频会议系统改造，整合财务、合同等22项自建业务表单协同平台上线运行，推进管理流程、业务流程数字化，办公效率显著提升。

（何正义）

中国石油集团测井有限公司塔里木分公司

【概况】 中国石油测井有限公司塔里木分公司（简称塔里木分公司），源于2003年7月组建的中国石油集团测井有限公司塔里木事业部，2017年12月更名中国石油集团测井有限公司塔里木分公司。塔里木分公司机关和生活基地驻新疆维吾尔自治区库尔勒市经济技术开发区，生产指挥、服务基地位于新疆维吾尔自治区库尔勒市轮台县虹桥工业园区。

塔里木分公司主要服务于塔里木油田中国石油5家钻探工程有限公司。作业区域主要分布在天山昆仑山之间南疆塔里木盆地。

主营业务为裸眼井常规测井、成像测井、随钻测录井、生产测井与测试、射孔、井壁取心与数字岩心、统一软件与测井网、数字信息化、远程测井、新技术推广、油田设备测井技术配套等专业化技术服务。

2022年，塔里木分公司设7个本部部室，2个后勤服务保障部门，3个生产单位。在册员工（合同化、市场化）182人，其他用工262人。副高级技术职称人员26人，中级技术职称人员86人，初级技术职称人员19人。管理人员64人，专业技术人员68人，操作服务人员312人。硕士研究生学历3人，大学本科学历150人，大学专科学历125人，高中及以下学历166人。塔里木分公司党委下设7个党支部，党员100名。

2022年，塔里木分公司全面落实公司党委、油田党工委决策部署，大力实施“六大战略”，持续推进测井业务“十大工程”，突出打好市场开发、安全环保、生产组织、提质增效、基础建设“五大战役”，牢牢抓住油气业务大发展的有利时机，沉着应对新冠肺炎疫情反复带来的复杂局面，采取一系列举措，防疫情，拓市场，保生产，保稳定，产值首次突破4亿元大关，各项指标均创历史最好成绩，完成全年任务。在中油测井公司党建工作考核被评为A级。

塔里木分公司主要生产经营指标

指　标	2022年	2021年
裸眼井测井（井次）	382	366
随钻测井（井次）	25	31
工程测井（井次）	385	359
生产测井（井次）	83	151
射孔（井次） 其中，桥射联作（口/段）	213 1/5	196 1/5
产值（亿元）	3.9938	3.3214
收入（亿元）	4.0021	3.3174
利润（亿元）	0.2255	0.07510

【队伍与装备】 2022年，塔里木分公司有具备中国石油集团有限公司资质、塔里木油田准入的专业化测井队伍33支，其中裸眼井成像测井作业队伍15支、随钻测井作业队伍5支、生产测井作业队伍6支、射孔作业队伍7支。为油田提供完备的特殊测井工艺，提供超深井、复杂井、大斜度井、水平井、小井眼井、开窗井等特殊环境测井技术支持，能在极端复杂的高温、高压地层条件下提供测井技术服务。具备年测井、射孔2000口以上的作业服务能力。裸眼测井设备22套，裸眼测井设备20套，其中EILog成像测井地面系统及井下仪3套、ECLIPS-5700成像测井系统15套、LOGIQ高温高压小井眼测井地面系统及井下仪2套。生产测井设备6套，其中4套WELLSUN3000生产测井地面系统及井下仪、1套Sondex、1套RAS。射孔作业设备8套。随钻MWD和TOLTEQ测井装备3套。

【市场开发】 2022年，塔里木分公司坚持目标导向，面对塔里木油田勘探开发新目标、新任务、新要求，坚持“内内外”市场思路，聚焦“三个市场”，在拓展市场份额、提高市场增量上下功夫，领导带头“跑”、机关科室“盯”、基层一线“干”，市场开发成效显著。开展各类专项技术交流 50 次，参加投标 35 次，中标 28 次，中标率 80%。签订各类测井服务合同 77 份，综合市场占有率 78.3%，各项业务均有提升，裸眼测井市场占有率 83%，同比提高 6.95%，射孔市场占有率 77%，随钻测井市场占有率 64%，生产测井市场占有率 40%，顾客满意度 98.87%。运用“市场 + 领导”，主动对接油田及各钻探工程公司技术需求，推广直推式测井、油基泥浆电成像、旋转地质导向、垂钻等高附加值项目，创造产值 1.1 亿元，同比增长 147%，特别是成立市场开发专班，狠抓现场施工，将直推式测井成功率从 67% 提升至 95%，全年创造产值近 9000 万元。利用“平台 +”模式推广高端测井技术，在光纤测井领域，合作承揽项目 900 万元。深化与钻探公司合作，开拓新疆派特罗尔旋导市场，签订合同 2000 万元，联合西部钻探开拓新疆互盈射孔市场，承揽工作量 200 万元。紧盯设计源头，推广阵列声波测井 71 井次 /4410 万元，推广地质导向及随钻钻后测 8 井次 /808 万元，优化提升 4 口山前井射孔作业的射孔枪耐压等级，创造产值 508 万元。加强了解释与生产的融合，以单井解释及科研项目带动采集工作量 500 万元。精益价格谈判，完成价格谈判 5 项 / 次，其中阵列噪声价格较常规噪声提高了 400%。协助吐哈分公司开拓超深井市场，完成葡探 1、萨 105 完井作业，葡探 1 创吐哈油田测井最深纪录。开拓集团外市场，开拓中国年代、中曼油气测井射孔市场，完成产值 566 万元，同比增长 298%。实行大客户经理制，新开拓外部市场 5 个，深化拓展外部市场 2 个，实现中国石化市场“0”的突破。外部市场新签订合同 3050 万元，完成产值 861 万元，同比增长 146%。

【服务保障】 2022 年，塔里木分公司以井为中心配置资源，以调度为中心组织生产，生产重心前移，优化资源配置。整合各项目部资源，成立生产运行、安全技术、工艺保障、车辆设备等 8 个保障组，做到指挥部署到一线、推进落实到一线、督促检查到一线，服务保障能力进一步提升。完善轮台基地配套设施，领导靠前指挥，队伍靠前部署，打造以轮台基地为中心的 4 小时作业圈，平均单井作业提速 5.6%。成立轮台前线指挥部，理顺生产管理方式，持续推广灵活组队模式，打造多功能型测井队伍，深化远程测井、智能测井作业系统应用，完成各类作业 1063 井次，其中裸眼井测井 356 井次、工程测井 385 井次、射孔 214 井次、生产测井 83 井次、随钻 25 井次，测井作业一次成功率 98.04%，到井及时率 99.5%，单队创效达 1480 万元。提升保障能力。加大 CPLog 全系列推广力度，CPLog 测井作业队由 2 支扩充到 3 支，完成 73 井次测井作业。直推式测井完成 99 井次作业，成功率 95.9%，RDT 饱和度测井完成 16 井次作业，均创历年最高工作量。优质高效完成了克探 1 井、恰探 1 井、古探 1 井等一批股份公司风险探井，在满深 8 井，C4747 队创下油田直推存储式测井最深纪录（8726.24 米）。在克深 1901 井，C4518 队首次应用 CPLog 小直径测井仪器，打破 CPLog 系列国内固井质量测井最深纪录（8050 米）。在中寒 2 井，C3294 队创下油田带压 RCT 切割最深纪录（7915.6 米）。

【解释评价】 2022 年，中油测井地质研究院塔里木分院进一步落实与勘探事业部探井解释服务合作，将采集作业费 20% 收费比例列入塔里木油田 2022 年定价本，全年收入 2077.3 万元。积极探索“集中 + 靠前”模式，充分发挥专家及集中处理整体优势，在分院与重点井新技术处理解释中心共同努力之下，完成探井解释 31 井次，完成动态监测各类资料解释 129 井次，累计完成 1407 井次生产支持保障。评定曲线 3363 条，曲线优等率达 99.34%。各类新技术处理 56 井次，2022 年，解释探井共计试油 14 井次，符合率达 91.4%（较 2021 年提升 5 个百分点），油气层漏失率 0%，试油成功率 66%。

在精细评价方面，落实区域综合治理及老井再评价项目 5 项，科研经费 655.48 万元，累计完成轮南—轮古、英买力、塔中老井再评价共计 768 井次。带动套后饱和度工作量 12 井次，产值 180 万元。与油藏动态研究所共同完成轮南 10 区块油藏综合评价，项目经费 98 万，带动套后剩余油测井 1 井次，能谱水流测井 2 井次，阵列噪声测井 1 井次，工程测井 6 井次，带动采集产值共计 150 万元。

在项目研究方面，全年解释评价类 19 项课题研究，课题覆盖岩石物理研究、低对比度气藏评价、致密气评价、白云岩评价、风险勘探支持、远探测声波处理及工程应用、固井质量评价、区块复查、数据治理等 9 个方面。全体科研攻关人员多次获业主单位的表扬，收到感谢信 2 封。

在探井解释方面，所建议试油试气的迪北 5 井、中深 101 井获重大勘探突破，其中迪北 5 井试油日产油 4.9 立方米、气 12 万立方米，打破库北阿合组勘探十多年沉寂；中深 101 井实现塔中志留系重大勘探突破；博孜 1301 井、博孜 2401 井获高产油气流。进一步夯实博孜 1 井气藏千亿立方米储量规模。克探 1 井风险探井，利用核磁共振、横波各向异性、斯通利波衰减评价低孔砂岩储层品质，在亚格列木组含砾砂岩段解释气层 3 层 /10 米，差气层 10 层 /35.5 米，所建议的试油日产气 52 万立方米，实现“克拉 2”之下再找“克拉 2”的重大勘探目的。

【科技创新】 2022 年，塔里木分公司持续推广 CPLog 仪器在塔里木的应用，在塔里木作业 73 井次，测井一次作业成功率 97.2%，曲线优等率 97.6%。攻关 CPLog 小直径仪器，完成克深 1901 井现场作业。研发推广 245 兆帕超高压射孔技术，在博孜 1301 井、博孜 1302 井完成首秀。直推式测井完成 99 井次作业，工作量提升 94%，测井一次成功率提升 28%，仪器可靠性较高，基本满足超深、超温、易喷易漏复杂井况测井。RDT 饱和度测井完成 16 井次作业，工作量提升 300%，测井一次成功率 100%。DEC 静态磁聚焦及 SNT 阵列噪声测井作业 3 井次，被油田列为山前高压气井措施前必测项目。全面推广应用测井生产智能支持系统（EISS），覆盖市场管理、生产作业、资料解释、设备管理、放射源管理等重点业务，每日跟踪钻井动态，精准预测工作量，优选施工队伍。针对重点井，技术专家通过 EISS 远程指导施工。

【质量安全环保】 2022 年，塔里木分公司强化“四全”原则，落实“四查”要求，追求“五零”目标，加强风险管控和隐患排查，动态调整疫情防控措施，开展全员危害因素辨识共计 874 条，分级评估较大风险 13 项，制定重点领域风险分级防控措施表，明确分级防控措施 295 条，评估 27 个重点场所、关键设备设施风险等级，并确定承包人牌落实管理职责，确保各项措施落地；个人安全生产承诺活动、QHSE 责任书签订及重点任务考核清单全员化，落实个人安全行动计划。定期召开两级井控会议，部署井控重点工作，排查井控工艺风险 3 项、井控安全隐患 33 项，开展井控应急实战演练 36 次，确保现场井控安全。开展健康知识讲座、急救技能培训及演练、现场问诊及知识答题等活动 5 场次，累计参与 300 余人次；塔里木分公司利用“三讲”模式开展“安全故事大讲堂”活动，安全总监带头授课，基层 4 个项目部累计 136 人参加活动，报送讲述作品 36 件，在塔里木分公司形成了人人讲安全、人人听安全、人人传安全的良好局面。8 月 13 日，塔里木分公司实行静态管理，面对复杂新冠肺炎疫情坚持疫情防控、生产经营两手抓，创新运用“六全法”，科学精准防控，实现“六强化”，下好“先手棋”，打好“组合拳”，守住“零感染、零疫情”的底线，经历 120 多天疫情封控，实现防疫、保产双胜利，交出了“高分卷”。完成中油测井下达安全考核指标，安全生产水平整体提升，未发生否决性指标事故事件，结果性控制和过程性控制指标季度执行率良好，其中结果性控制指标中 4 项健康体检相关指标、隐患治理项目完成率 100%，被中油测井评为“QHSE 先进单位”。

【党建工作】 2022 年，塔里木分公司党委以习近平新时代中国特色社会主义思想为指导，深入学习贯彻党的二十大精神，认真贯彻落实公司党委、油田党工委决策部署，团结带领全体干部员工学精神、战疫情、强效益、保稳定，全面完成生产经营、维稳防恐、疫情防控等重点任务。塔里木分公司在中油测井党建考核中被评为 A 级。

落实“第一议题”制度。党委理论中心组集中学习，专题研讨，落实“三重一大”决策制度，召开党委会 27 次，做出决策 128 项。思想建设方面，落实意识形态工作责任制，召开意识形态专题工作会，全面部署意识形态工作。开展主题教育宣讲16次，覆盖率100%，开展有害信息大清除5次、舆情管控大排查1次、员工思想大调查1次。加强新闻宣传，制定下发《塔里木分公司新闻宣传工作管理办法》，规范新闻管理工作，在《中国石油报》《科技纵横》《陕西工人报》等省部级媒体发稿12篇，中油油服网页发稿27篇，中油测井网页发稿30篇，塔里木分公司网页发布各类稿件258篇。加强三支人才队伍建设，全面落实“三个1/3”工作要求，以打造“三强”干部为目标，累计调整26人次，平均年龄同比降低2岁，跟踪掌握后备干部20人。推进双序列改革，优化岗位编制设置，明确分级分类评价标准。将岗位练兵、实操训练、导师带徒、竞赛比武、应急演练等融入员工教育培训，2人在“中国石油首届技术技能大赛”中获一金两铜。廉政建设方面，一体推进“不敢腐、不能腐、不想腐”体制机制运行，组织7名新提任领导干部开展“六个一”廉洁教育，组织观看“反围猎”纪录片6场次，集中学习教育6场次，覆盖塔里木分公司全体干部员工。聚焦中油测井、塔里木油田公司重点工作部署落实情况监督，发现并督促整改问题7项，保障上级各项决策部署在塔里木分公司落实落地。开展安全生产、疫情防控、合规管理专项监督3次，发现并督促整改问题5项；开展机关工作作风督导3次，及时发现和纠正问题4项。开展集团公司党组巡视问题对照整改，查摆问题6项，制定并落实整改措施9项，完善规章制度3项；完成中油测井党委巡察反馈5个方面86个问题整改；开展联合监督问题整改，落实4类整改措施。编制基层党建“三基本”建设与“三基”工作有机融合实施方案，推进工作落实。优化组织机构设置，科学合并、成立党支部4个。开展党建标准化课题研究，打造基层党建示范点，创建油田“三星级”标准化党支部。深化“联合党建”，与塔里木油田公司业务单位开展经验交流、技术攻关。

【群团工作】 2022年，塔里木分公司群团组织推进文化建设深度融合，着力打造塔里木分公司特色企业文化，贯彻落实集团公司、中油测井企业文化建设要求，总结剖析塔里木分公司的定位和目标、标准和要求、企业精神和价值观念，提炼形成以“厚德兴业长又安，慧眼识藏苦而乐（库尔勒）”为核心的塔里木特色文化理念。编制塔里木分公司《企业文化手册》《视觉形象手册》和《员工行为手册》，形成以企业精神为核心的理念识别系统、以企业标识为核心的视觉形象系统和以员工形象为核心的行为识别系统。精心打造“十德”和“新风正气”两条文化走廊、新时代“沙漠之舟”文化墙，建立首个职工阅览室。制作塔里木分公司形象宣传片，文艺作品《植根长安城 铸魂塔里木》获庆祝中油测井成立20周年文艺视频展演大赛一等奖，展现了员工昂扬向上的精神风貌；参加集团公司庆祝建团100周年文化作品创作大赛，获文学作品三等奖，投稿中油测井成立20周年征文大赛，2篇作品获二等奖。通过抓好工团工作，突出工会建设，开展各类慰问31次，惠及员工1200余人次。注重员工健康，丰富业余生活，组织“三八”妇女节女工关爱活动、“欢乐童声、粽享端午”趣味活动、“生态菜园”建设活动，开启一周一主题的“文化周末”，开展“八段锦”工间操练习。推进民主管理，加大厂务公开，深化岗位建功。突出青年建设，党委书记亲自讲授《清澈的爱 只为油气》主题团课，以建团百年和党的二十大胜利召开重要历史节点为契机，制定学习计划，每月一主题，共编制下发专题学习资料6期。举办“礼赞二十载 青春向未来”青年演讲大赛，开展“青春奋斗故事”征文、青年演讲大赛，以及“我与先辈比奋斗”青年大讨论活动。开展集团公司、中油测井两级“青马工程”学员实践锻炼和课题研究；持续做好“双推”工作，拟推荐1名团员入党、7名青年进入重要岗位；积极参与技术比武，塔里木分公司窦金涛获塔里木油田和中油测井“十大杰出青年”称号。持续开展青年文明号和青年岗位能手争创活动，塔里木分公司C3400作业队获评中油测井“青年文明号”，C1744、C4747作业队被继续认定为中油测井“青年文明号”；备案5支作业队为中油测井“青年安全生产示范岗”作业队。新冠肺炎疫情期间，团员青年第一时间成立“防疫志愿队”“后勤保障队”，积极投身抗击疫情第一线，做好厂区疫情防控。有效开展信访维稳工作，形成和谐稳定的“三安”氛围。持续深化“六个一”维稳安保工作模式，明确“五级责任人”，系统开展“四重”排查12次；制定《党的二十大特别重点阶段维稳安保工作方案》，逐级压实责任，党的二十大期间重点时段塔里木分公司大局稳定；对照要求认真梳理工作成果，首次获评塔里木油田平安示范单位，获塔里木油田维稳信访先进集体。加强保密工作管理，签订保密承诺书180份，讲授党课2次，以电子公文处理系统加密网络设备机、办公室的防盗门窗、监控报警装置、防火设施等为重点，开展4次保密检查，共计检查办公用台式机160余台。落实新冠肺炎疫情防控部署，针对8月疫情防控工作需求，严格落实扫码测温、戴口罩和规范消杀等常态化疫情防控措施，累计开展核酸检测15149人次，摸排信息37次，储备口罩55372个、防护服148套，塔里木分公司新冠肺炎疫情防控“双零”成果得到持续巩固。

（张永迪）

中国石油集团测井有限公司青海分公司

【概况】 中国石油集团测井有限公司青海分公司（简称青海分公司），是2002年12月集团公司实施测井专业化重组，由青海石油管理局地质测井公司整建制划入中国石油集团测井有限公司，成立中国石油集团测井有限公司青海事业部。2017年12月更名中国石油集团测井有限公司青海分公司。

青海分公司是集测井、录井、射孔、资料处理解释为一体的技术服务单位。2022年，青海分公司实施深化改革，整合资源，调整组织结构，将原机关附属单位实训基地合并至信息实训中心，设本部部门7个，基层单位7个。分公司党委下设9个基层党支部，党员人数197名。在册员工388人，其中合同化员工246名、市场化用工59名、劳务用工83名。副高级技术职称以上人员44名，中级技术职称人员111名；硕士10名，本科123名。一级工程师1名。

2022年，青海分公司干部员工凝心聚力，围绕中油测井“十四五”深化之年要求，融入大局，服务油田，践行“六大战略”，推进测井业务“十大工程”和党建工作“十项任务”，落实“基础建设年”要求，按“抓三标、强三基、建四化”（三标：标准化管理、标准化操作、标准化现场；三基：以党支部建设为核心的基层建设、以岗位责任制为中心的基础工作、以岗位练兵为主要内容的基本功训练；四化：企业管理体系化、业务管理制度化、流程管理标准化、专业管理特色化）的工作思路，成立“四化”专班，制定《青海分公司四化管理实施细则》具体计划方案，以制度为依据，编写标准流程（SMP：标准管理流程、SOP：标准操作流程、SWP：标准现场流程），按测井、录井、射孔三大业务类别汇编《青海分公司标准流程丛书》，配发至作业班组，切实解决基层培训无抓手、自选动作多的根本问题。细化公司“三定”（定岗、定责、定编）要求，制定分公司“五定”（定员、定编、定岗、定责、定量）措施，实行“一岗多责”，确保岗责对应匹配、权责边界清晰、责任层层压实。修订青海分公司定责定编管理方案，进一步厘清机关基层岗位职责。打造学习型组织，坚持“每周一训”，打造7支标杆队（班组），以点带面，推动作业队（班组）素质整体提升。开展内部合规管理大检查活动3轮，发现整改问题21项。落实机关“三三制”工作法（即三分之一时间“眼睛向下走下去”深入基层一线解决基层现实问题，指导基层工作；三分之一时间“眼睛向外走出去”加强与上级部门、地方政府及油田等单位的沟通协调；三分之一时间“眼睛向内走上去”提升自身业务和管理水平），班子成员带队外出调研学习3批次。成立联合督查组，每月对重要事项进行督查通报，推进重点工作落实362项。以属地管理手册为依据，结合绩效合同，深化业财融合，针对收支两条线，开展月度盈利预测和经营情况分析，实行全面预算管理，推动财务管理升级。提升统筹协调能力，确保生产经营运行流畅高效。打造提质增效升级版，制定重点项目分解表，实现增收节支3630.49万元。完善考核激励机制，试行“月考+年考”绩效考核，进一步推动工作，提高效率。

青海分公司主要生产经营指标

指　标	2022年	2021年
裸眼井测井（井次）	914	1486
随钻测井（井次）	8	1
工程测井（井次）	725	846
生产测井（井次）	12	3
射孔（井次） 其中，桥射联作（口/段）	1765 28/398	1641 9/118
录井（口）	380	467
产值（亿元）	3.2258	3.06
收入（亿元）	3.2265	3.06
利润（亿元）	0.1098	0.016

（孙成赫）

【队伍与装备】 2022年，青海分公司有施工作业队伍72支，CPLog测井作业队10支，LOGIQ测井作业队2支，射孔作业队伍7支，录井作业队伍52支，工艺班1个，具备年施工作业4000以上井次的作业能力。测井装备主要有CPLog、生产测井（射孔）、存储式、LOGIQ、随钻测井五大系列；有地面系统20套，其中LOGIQ地面系统3套，CPLog地面系统10套，ECLIPS-5700地面系统1套，中国电子科技集团公司（第二十二研究所）存储地面系统2套，SBT地面系统1套；有成套装备84套，其中测井装备17套、射孔装备7套、录井装备60套；有井下仪器592支；工程技术服务车辆及拖橇89台，其中一体化绞车27辆、工程车26辆、爆破器材运输车6台，货车11台，客车2台，轿车3台，越野车14台（4台租赁），装备新度系数0.28。

【市场开发】 2022年，青海分公司推行三级市场开发维护机制，明确市场进攻的方向目标，强化全员市场开发和维护，各层级质量回访和技术交流239次。主体市场，将渤海钻探录井、长城钻探录井、西部钻探录井3家钻探录井业务全部纳入青海分公司管理，实现市场统一；推动建设方完成地质导向师服务定价；与气田开发处探索风险共担效益共享合作模式，成立长停井、低产低效井产能摸排项目组，开辟新的市场增长点。新兴市场，推广宽动态电成像、三维感应、光纤等高附加值测井30井次。外部市场，先后中标青海卤水勘察测井项目、青海省大柴旦行委西台吉乃尔湖东北深层卤水钾矿普查录井工程项目，增加产值587万元。协助兄弟单位完成贵州页岩气、阿拉善塔木素天然碱、共和干热岩等项目，增加收入806万元。

【服务保障】 2022年，青海油田勘探开发钻井提速提效，深井、复杂井、“三高三超”（三高：高危、高压、高含硫；三超：井深超深、地层压力超高、井底温度超高）井及易阻易卡井增多。青海分公司生产组织以生产指挥中心为核心，统揽全局、协调各方，采取“三个一”（一井一策、一井一评、一井一算）模式，在安全、质量、效益提升上持续发力，优质高效完成柴探1井、祁探1井等多口油田挂图作战井的“测录射”施工任务。实行项目制管理，成立12项生产重点工程项目组，重点生产专项稳步推进。利用中油测井整体优势，主动沟通，完善紧缺仪器“内内外”协调机制，累计协调各类特殊装备及人员30次，与兄弟单位合力完成柴平3井桥射联作任务，组织1支测井队驰援长庆陇东，15支录井队支援天津内蒙古，1支录井队支援吐哈贵州。聚焦油田需求，派驻8人与甲方联合办公，深挖需求。协调合作单位人员设备高效完成风平4井、柴平1井等多口井施工任务。柴平4井地质导向、2101井测井、涩探1井桥射联作等重点井施工获青海油田多封感谢信。积极推广新技术，旋转导向、光纤测井、连续油管初见成效，生产组织向精益管理主动迈进，保障能力显著提升。

（杨友刚）

【解释评价】 2022年，青海分公司围绕青海油田基岩风化壳、混积碳酸盐岩、页岩油及柴北缘侏罗系地层，强化测井、录井综合分析，完善页岩油储层参数定量计算、烃源岩评价、基岩结构带划分等技术，助力牛171井、柴14井、狮新56向井、沟12井等取得勘探突破。

采用“风险共担、联合攻关”的方式在老区挖潜，有效盘活停躺井，完成冷湖、东坪、牛东、马海、南八仙、乌南地区老井复查近500口，提出潜力层188层，落实措施层15层，累计见效26井次，完成油田设计复查工作量，措施作业后恢复停躺井24口，部署新井6口。全年探井处理63井次，开发井处理536井次，套管井处理715井次，探井识别油气层680层，开发井识别油气层16825层。修订完成统一模板4套，自7月15日开始，草图、蓝图均执行新图件标准，累计发送蓝图500余井次。参与CIFLog-LEAD 4.0换装工作，成为第一批试投产运行单位。依托老井数据治理工具，完成青海油田英雄岭示范区块178口井治理与入库，并提交给青海油田公司，老井存量数据入库率100%。针对目前急需的解释标准、标准井、新模板等，编制完成并运行SMP共13个。

（韵海峰）

【科技创新】 2022年，青海分公司推广CPLog成像测井技术、一串快测技术、存储式测井、随钻测录导测井、连续油管、光纤测井、三维感应、桥射联作2.0等测井新技术，推进宽动态电成像测井、三维感应测井等自研中高端测井技术，服务青海油田勘探开发工作需求。连续油管、光纤测井首次应用。2022年7月25日，连续油管首次在柴14井应用、2022年9月11日，光纤测井首次在柴908井应用。引进存储式测井仪器，大幅提升水平井及定向井测井成功率，降低测井时效。近钻头方位伽马精准导向技术、等孔径定向射孔工艺成功应用，2022年3月20日，首次应用桥射联作工艺在青海油田涩探1井完成泥岩生物气储层施工；首次应用桥射联作2.0技术，完成柴平3井10井次207段施工，助力中油测井新技术推广。

（杨友刚　韵海峰）

【质量安全环保】 2022年，青海分公司贯彻落实中油测井“四化”管理总体部署，推动“教育引安、管理强安、科技兴安、监督促安、文化固安”五位一体安全环保工程，持续改进安全环保工作。推出“攻坚克难”奖，推行“安全卫士”奖、“啄木鸟”奖等措施，通过“安全生产积分+记分”正负双向激励、“红黑榜”曝光等机制，引导员工关注安全、重视安全，培育全员参与的安全行为文化。公示“红榜”24份、“黑榜”11份；获奖人员28人次；积分82人次，记分142人次，奖励4.108万元，记分处罚9.45万元。开展岗位技术比武活动，员工参与率100%；开展“实训比武+理论比赛+综合培训”岗位练兵19场891人次，“短课时、情景式”安全教育培训成常态。采购55套接地电阻测量仪，解决测井、录井、射孔作业接地电阻测量无专用计量器具问题；配发76套手持防爆终端记录仪，加强民爆物品出入库、运输、现场装配等关键点视频录像，管控现场使用风险。通过应用互联网安全环保金数据App，开展线上员工安全意识调查、安全知识答题658人次，大幅提高员工安全环保的执行率和参与度。创新应用放射源智能远程控制技术，更新智能源罐25个，激光刻印放射源铭牌信息，解决放射源罐铭牌磨损更换不及时等问题。购置15套新式装卸源工具，平均装卸源时间缩短10秒。加大科技技术的研究应用，发布12项QC成果，“一种湖相混积岩的有效储层识别方法及装置”发明专利被国家知识产权局受理。安全监督检查记分扣减绩效7.25万元，扣减承包商工程款2.2万元。推行定期公示QHSE月报总结分析机制，分类总结监督问题，提出监督需求10期次。加强关键作业风险报备、重点场所、重点时段、道路运输视频监管，监控1079井次，4641车次，危险品库5265场次，监控发现问题247项，督办整改234项。

（唐福军）

【党建工作】 2022年，青海分公司党委落实“第一议题”制度，构建集体学习、中心组学习、专题研讨等常态化学习机制，学习研讨习近平新时代中国特色社会主义思想，上级党组织工作部署和要求，学习研讨26次，开展“转观念、勇担当、强管理、创一流”主题教育36场次，用科学理论指导工作实践、凝聚力量。强化“内外”党建同盟，与青海油田厂处、中油测井兄弟单位等开展党建联盟5个。品牌党支部建设取得新成果，1个支部获中油测井示范党支部称号。深化“双培养一输送”（把业务骨干培养成党员，把党员培养成业务骨干，输送一批政治上靠得住、工作上有本事、作风上过得硬、人民群众信得过，能够让组织放心、群众满意的干部），发展中共党员6名，推荐1人参与中国石油“青马工程”示范培养项目，1人在中油测井挂职交流，1人入选中油测井第一期青年讲师团。开展意识形态专题研讨2次，实时监控青海分公司登记在册微信、QQ群87个，敏感信息清查覆盖率100%，排查敏感信息3万余条。举办11期“文化大讲堂”、4期“高原尖兵论坛”、12期“榜样人物画展”，传承优秀文化，选树先进典型。组织“反围猎”警示教育，违规吃喝警示教育，全面推进作风建设常态化、制度化。总结提炼的“加强班组长队伍建设实践研究”获中油测井党建研究成果三等奖。

（陈康林）

【群团工作】 2022年，青海分公司工团组织发挥桥梁纽带作用，联合开展“铸精品工程、提职工素质、服务高质量发展”主题劳动竞赛，组织20个工种361名职工参加比赛活动，进一步加强了青海分公司员工扛责任、打胜仗的坚定信念。创新活动载体，丰富活动内容，开展“金点子”合理化建议、“职工创新创效”等活动，共收到职工创新成果3项，提质增效优秀职工合理化建议8条，劳动竞赛提质增效重点项目8条。开展重大疾病互助保障续保工作，668人次职工及子女参加互助保障续保活动。参加中油测井第二届职工排球比赛并获第五名。在庆祝中油测井成立20周年文艺视频展演大赛中，青海分公司选送小品节目《40000步》获三等奖。三八妇女节之际，组织青海分公司女工参加中油测井女工才艺展示活动，其中6份作品获奖。在中秋，端午等节日组织员工开展传承中华传统文化文体活动。2022年4月9日，青海分公司组织10余人前往青海油田敦煌基地防风林带，播种90棵树苗，这是青海分公司员工在青海油田敦煌基地参加的第4次义务植树，累计种植树苗260余棵。

青海分公司在党的二十大召开的前后期，分别开展了喜迎、喜庆、聚焦二十大等系列宣传活动，使青海分公司员工更好地将党的二十大精神学深悟透并融入自己的日常工作。按中油测井主题教育活动方案，完成制定青海分公司主题教育活动方案，组织青海分公司党委委员完成在党建联系点对党的二十大精神、“形势、目标、任务、责任”主题教育全覆盖宣讲。在青年创新创效活动中，青海分公司青年员工踊跃参与，选送项目入选中油测井职工先进操作（工作）法名单，并获中油测井职工优秀创新项目二等奖。

（李豫磊）

【基地改造】 2022年，青海分公司明确“立足安全、保证质量、推进进度”目标，推行终身负责制，成立项目组推进惠民工程，改善三地（花土沟、涩北、敦煌）员工工作、就餐、住宿条件，升级健康小屋、职工活动中心、厂区“四化”（绿化、亮化、净化、美化）建设，用企业发展成果惠及员工。先后投入500余万元，完成花土沟厂区围墙安全隐患治理项目、敦煌、花土沟基地办公区天然气管线腐蚀隐患项目、敦煌厂区步道及水系、敦煌厂区职工活动室改造、废旧射孔枪存放区油污处理隐患、解释楼地板砖隐患治理项目以及仪器车辆等设备清洗隐患治理项目等7个重点工程，青海分公司硬件条件和实力进一步增强。

（张学志）

中国石油集团测井有限公司吉林分公司

【概况】 中国石油集团测井有限公司吉林分公司（简称吉林分公司），是2017年12月集团公司工程技术专业化重组，由大庆钻探工程公司测井公司整建制划入中国石油集团测井有限公司，成立中国石油集团测井有限公司大庆分公司。2019年3月，将大庆分公司吉林测井业务分立运行，成立吉林分公司。

吉林分公司主要服务保障区域在松辽盆地南部、川南配置区，包括吉林省、黑龙江省、四川省等地区，具备裸眼井测井、成像测井、套管井测井、水平井测调试、射孔、取心桥射联作及测井资料处理与解释等工程技术服务能力。

2022年底，吉林分公司设7个机关部门，4个生产单位、1个解释评价中心、1个生产运行中心和1个后勤服务单位。在册员工727人，其中合同化员工626人、市场化用工101人、高级技术职称人员87人，中级技术职称人员240人，高级技师12人，技师60人，技能专家2人，一级工程师2人，二级工程师23人。吉林分公司党委下设10个党支部，党员297人。

（郭　亮　韩佳燃）

2022年，吉林分公司完成各类测井、射孔作业4856井次，实现产值3.05亿元，上缴利润638万元，完成中油测井下达的任务目标，连续三年被评为中油测井质量健康安全环保节能先进单位。

【队伍与装备】 2022年，吉林分公司有现场作业队伍38支，其中综合队6支、裸眼测井队6支，射孔队19支，生产测井队5支、随钻2支，服务于吉林本土、川南及长庆地区。有中国石油甲级综合资质作业队21支，乙级综合资质作业队15支。在用活动设备116台套，原值10184.15万元，净值5868.38万元，新度系数0.58。成套地面系统52套；资料处理解释设备包括服务器3台、计算机40台。在用解释软件有Lead4.0、Forward探井解释平台2.7、Watch生产测井解释平台2.7、GeoFrame4.0.4.3、Petrosite0.43、工作站解释软件1.0（自主研发）、Resform、井间示踪软件、Techlog等。

（王　亮）

【市场开发】 2022年，吉林分公司认真落实中油测井市场开发要求，以甲方见效为出发点，构建“解释先行、市场联动、平台支撑、质量保障、评价见效”的立体化市场开发格局，推行大客户经理制、“五个专班”（随钻测井、光线测井、连续油管、区域综合评价、海外CPLog推广）“十大增收专项”（高端测井技术、高端射孔技术、双坨子储气库项目、动态监测项目、新能源项目、神府煤层气测井与桥射、科研）等工作。与吉林油田公司签订框架协议，整体市场占有率98%。口井必争，抢占全部探评井施工权，成像测井作业增幅12.6%；积极运作，夺回勘探部桥射联作市场；开发井保持全额占有，额外争取到11口成像测井任务，设计外加测38项成像技术，争取非常规水平井直井段测井项目，升级水泥密度+扇区胶结评价测井技术应用61井次，多措并举促使测井计价米同比增长26.9万余米，单井累计增收1820万元；在松南地区整体投资降低40.6%的情况下，收入增幅23.6%。随钻专班开展随钻、定向业务，完成10口LWD、29口MWD作业，收入592万元、增幅353.1%。在探评井、开发井及CCUS区块，全方位推介二维岩心核磁扫描9井次，收入440万元。深度介入CCUS业务，与甲方联合参与集团公司重大科研项目，带动工作量305井次，收入2066万元。密切服务储气库建设，在甲方零投资计划情况下，全力争取扇区胶结、电磁探伤等工作量6井次，收入38万元。积极“走出去”与大庆钻探联合开发神府煤层气市场，签订合同500万元。成功进入中国石化东北石油局有限公司桥射联作和基盛源地热资源等集团外部市场，在戈壁能源、江心岛石油公司等民营企业市场创收 219 万元。维持合同价格，与斯伦贝谢公司竞争，重新获得探井施工权，优质完成吉富 1 井、富页 2 井、富页 3 井等探井测井任务。川南测井项目部完成测井 111 井次，产值 1011.2 万元，亿元级项目部平稳起步。派出 13 支队伍到长庆、西南、青海、天津服务支援，内部收入再创新高，有力保障吉林分公司超额完成利润指标。

（罗 旋）

【服务保障】 2022 年，吉林分公司贯彻中油测井关于抓好 CPLog 测井系统在吉林油田推广应用“天字号”工程的要求，将 SDZ5000 下井仪器成功接入 CPLog 测井系统，在吉林油田实现全面应用。加快 iWAS 地面系统换装和马笼头等辅助工器具统一。升级绞车张力保护装置，实现超限自动停车，保障作业安全。吉林分公司与物装公司东部中心成立协同工作组，联合制定重点井保障方案，项目制对接落实吉林油田需求。协调二维岩心核磁扫描、随钻地质导向、光纤动态监测、连续油管 + 等资源促进市场创收。在非常规、乾安采油厂等复杂井况作业中，应用泵出式、直推式存储及爬行器设备，解决施工复杂难题。工厂化作业方式应用于吉林油田庙西 1 号重点平台，创吉林分公司爬行器作业最长（2.1 万米）和单套设备连续爬行最长（0.6 万米）2 项新纪录。补充更新测井车辆 8 台，租赁生产支持保障用车 7 部，引进新型桥射联作一体化工具房 5 套。2022 年 11 月 19 日，吉林分公司历时 50 天顺利完成吉林油田非常规开发公司庙西 2 号平台 8 口水平井的桥射联作施工，刷新了吉林分公司桥射联作单平台水平井施工最多、桥射联作施工平台井在井时间最长纪录，同时也创下吉林油田体积压裂施工单平台完成段数最多纪录。

2022 年 11 月，吉林分公司在庙西 2 号平台井桥射施工现场（薛晗 提供）

吉林分公司主要生产经营指标

指 标	2022 年	2021 年
裸眼井测井（井次）	658	574
随钻测井（井次）	10	3
工程测井（井次）	1042	1253
生产测井（井次）	1022	1001
射孔（井次） 其中，桥射联作（口 / 段）	2126 217/838	2243 137/1047
产值（亿元）	3.0512	3.56
收入（亿元）	2.6904	2.84
利润（亿元）	0.0638	0.1095

2022 年，吉林分公司改善川南测井项目部生活条件，为其配备标准化桥射联作工具房、野营房。提升办公场所、食堂餐饮、公寓住宿条件，持续做好厂区路面硬化、改善。粉刷、修缮办公楼外墙 5000 平方米，修筑园景步道 1000 余米，安装门禁系统，员工出行更安全便利。密切关注上级疫情联防联治要求，常态化做好属地措施落实及相关工作。优化健康体检、专项筛查方案，聘请专家指导，高危人群实施基层领导“一对一”包保。11 月，健康小屋正式投入使用，配置 5 台 AED 体外除颤仪、1 套检测一体机。

（周 越）

【解释评价】 2022 年，吉林分公司落实中油测井“三率四制一会”要求，开展回访、双向交流 258 次，带动新技术应用 236 井次。在探井固化了超深穿透射孔技术。专班参与集团公司“老井规模再评价”项目，创收 400 万元并取得优异成绩。其中，黑 203 井措施后获日均 71.8 吨高产，新增预测储量 2000 万吨。在集团公司组织的专项工作汇报会暨成果评选中取得第六名，将成功经验在中油测井解释评价专题会上进行交流分享，在中油测井范围内进行推广。优化页岩油气、CCUS 等 8 项评价技术，助力油气勘探发现，其中黑 275 井获 50.6 吨高产，川南配置区自 301 井、自贡 1

井分获40.2万立方米，25万立方米高产，落实储量规模约500亿立方米。

（管红军）

【科技创新】 2022年，吉林分公司CPLog成像组合、快测组合系列在探评井和各采油厂实现规模应用，高分辨阵列感应技术替代微电极136井次，在各采油厂持续推广应用。积极协调公司偏心核磁、宽域电成像等技术，在吉林油田实现先导应用。在CCUS区块以科研项目为支撑，创新水泥密度、扇区胶结、电磁探伤、多臂井径四组合技术应用，丰富井筒完整性评价技术方案。8月，首次引入并成功应用快速插拔井口、电动液压坐封工具、爬行器射孔等桥射联作2.0技术，桥射联作水平再上新台阶，单段提速近20%。在探评井、CCUS区块应用超深穿透替代常规弹型17次，同比增收22.3万元，助力伏45井（日均3.9万立方米）等一批重点井获高产。在扶余采油厂推介102型枪、弹替代89型，日产油提高2.8倍，攻克该区增产提效难题。具备远程测井能力的队伍全部搭载车载数据中心，远程测井技术实现常态、规模应用，通过远程测井+决策、快速解释出图等方式，与甲方在线沟通生产优化方案，助力CCUS区块单井提速近2天，甲方工程进度较计划提前1个月。深度做好EISS系统应用，精准掌握生产动态，合理调配资源，优化生产运行管理，开展生产辅助设施全生命周期管理研究，描绘吉林版智慧测井蓝图。7月，成立生产运行中心，建成数智集成管控单元，打造“一主三备”视频会议系统、安装CIFLog-LEAD4.0软件平台、数字化历史资料录入测井数据湖，OA、协同办公、门户网站、电商采购、瑞信客户端、全方位监控等信息化手段成熟应用，为管理进行全过程赋能。

（王　亮　刘辰晨）

【质量安全环保】 2022年，吉林分公司落实全员岗位责任制，制定下发《2022年质量健康安全环保节能工作要点》，将17项重点任务细化分解为82项具体工作，制定推进大表，稳步实施。机关科室三级正副职全部参与基层作业小队包保，组织安全生产大检查、放射性、民爆物品及井筒专项整治等活动。大力开展风险辨识及隐患排查，识别风险2719项，全部制定风险分级防控措施，上报24项隐患治理项目。全面推广应用胶囊同位素，累计完成施工任务782井次，有效避免环境污染和人身伤害。修订完善4项质量管理制度，充分利用信息化手段，针对重点井、风险探井实施资料在线验收。完成75块计量器具检定。抓紧抓实疫情防控升级管理措施，特别是3月8日属地松原发生新冠肺炎疫情后，吉林分公司迅速启动应急响应，修订完善《吉林分公司突发新冠肺炎疫情事件应急处置预案》。企、医联合开启新冠肺炎疫情防控绿色通道，对厂区内值守人员开展了18轮核酸检测，完成第三针疫苗接种工作，做到应接尽接。为一线班组发放血压计，开展“健康达人”宣讲活动，为职工发放《健康手册》722份，提高健康意识，丰富健康知识。

（曾前辉　吕　莹）

【党建工作】 2022年，吉林分公司以迎接、学习、贯彻党的二十大精神为主线，严格第一议题、从严治党，全面加强党的建设，捍卫“两个确立”。党委理论中心组集中学习研讨12次，党委把方向、管大局、促落实作用充分发挥。选派优秀干部担任各党支部书记，推动“业务归核化”管理。党员在管理人员、技术骨干、班组长等核心岗位占比近70%。党员作用充分发挥，20余名党员干部在急难险重任务面前，挺身而出、主动担当、鼓舞队伍士气，展现党员风采。宣传工作指标考核、广泛发动、深入现场、深挖典型，集团公司外媒体发稿23篇、中油测井网页发布动态新闻49篇，吉林分公司网页发布宣传稿件600余篇，借助“两网一微一平台”宣传传统作风、石油特点、测井特色。

（庄名言　薛　晗）

【群团工作】 2022年，吉林分公司对标一流扎实开展制度规范流程梳理、业务提升和基层队建设。机关“五项职能”充分发挥，基础工作持续强化。开展“六个一”［每日一题、每周一练、每月一测、每季一查、每年一赛、每部（室）一课］主题活动，以工会牵头、基层承办方式依托实训基地开展职工技能培训、岗位练兵，完成内外部培训42期,1452人次。扎实开展密封源装卸、射孔枪安装等关键岗位、环节培训考核，将之作为上岗必备条件，一线员工关键岗位持证上岗率100%，合规管理持证率100%，基础得到夯实，素质持续提升。制定“六赛六评”劳动竞赛方案，开展“大干六十天，实现双过半”劳动竞赛活动。7月，创新项目“点火头维修配套工具”获中油测井创新项目评比三等奖。8月8日—11日承办中油测井第二届“创新测井杯”职工排球比赛，将办赛经验在中油测井范围进行分享和推广。

实施“后援暖心工程”，帮扶慰问困难职工78人次，发放慰问金53.11万元，部门协同跟进解决困难8次。开展“青春志愿行 奉献新征程”扶危济困志愿服务活动。选送舞蹈《领航》在中油测井成立20周年文艺演出时作为压轴出场。开展读一本好书、妇女节女职工花艺沙龙、端午节包粽子等民俗文化特色活动，培育吉林分公司“家”文化，提高吉林分公司精神文明建设水平。

（庄名言）

中国石油集团测井有限公司国际公司

【概况】 中国石油集团测井有限公司国际公司（简称国际公司），源于1994年5月6日成立的中油测井有限责任公司（CNLC）。2021年1月21日，按照集团公司统一部署，将长城钻探工程有限公司国际测井公司划入中油测井，定名中国石油集团测井有限公司国际公司。7月20日，中油测井对国际业务整合，将原国际事业部、天津分公司印度尼西亚项目部和伊拉克项目部、大庆分公司印度尼西亚项目部和伊拉克项目部归并到国际公司，负责中油测井境外业务，市场分布在中东、中亚、亚太、非洲和美洲5个区域（简称五大区）18个国家，32个项目。

国际公司不断强化管理创新，构建符合国际标准的QHSE管理体系、完善的员工培训晋级体系，以及覆盖全球的资源保障体系。2022年底，有中方员工453人，其中管理人员214人、专业技术199人、技能操作21人；本科及以上学历人员424人；中级以上技术职称人员395人；中油测井级技术专家3人，一级工程师4人。境外员工总数1220人，其中中方员工280人、外籍员工940人，当地化率77.05%。

2022年，国际公司实现收入同比增长32%；利润同比增长567%；新签合同额3.09亿美元，同比增长12.8%；完成中油测井下达的经营任务，安全生产无事故。

（马永忠　谭奇龙）

国际公司主要生产经营指标

指　标	2022年	2021年
裸眼井测井（井次）	1307	933
套后及工程测井（井次）	2229	1566
生产测井、随钻和特殊测井（井次）	475	184
射孔（井次）	1482	1372
产值（亿元）	12.7045	7.18
收入（亿元）	11.6705	9.56
利润（亿元）	1.2858	1.56

（马永忠　刘　兴）

【队伍与装备】 2022年，国际公司有109支综合测井队伍和3支随钻测井队伍。配备各类测井设备143台（套）。其中，引进设备ECLIPS–5700成像测井系统35套，LOGIQ成像测井系统14套，Sondex公司生产井测井系统5套，随钻测井设备4套，SERCEL公司垂直地面地震测井系统10套，LEAP600和LEAP800成像测井系统67套，CPLog成像测井系统7套，HH2530测井系统1套。

（马永忠　刘国华）

【市场开发】 2022年，国际公司围绕CPLog测井成套装备在尼日尔等海外项目的推广应用，国际公司锚定一流目标，奋进“二次创业”，开展“形势任务宣讲”“大家谈”“我为市场献一言”等主题教育活动，结合对党员干部打头阵、作表率的要求，认真履行“一岗双责”，做好生产经营、安全环保、新冠肺炎疫情防控等各项重点工作，召开了“2022年一季度市场工作会”和“2022年三季度市场及经营分析会”，分阶段、分层次传达中油测井工作会和市场营销会会议精神，结合境外工作实际，深入分析市场形势，聚焦关键指标，制定市场举措，将市场目标、指标落实到每一个作业区和每一项业务，将市场举措跟进到每一项指标和每一项任务的实施中，确保指标明晰，措施到位；确立全员市场理念，明确了解释人员是市场推介主体，作业区管理层是区域市场开发主体，境外项目部是市场创效主体，3个主体有机结合，构建出立体市场网络；国际公司主要领导参加，在一季度、二季度、三季度分别召开“一对一市场务虚会”“一对一市场专题会”“2023年一对一市场研讨会”，专题研判市场状况，指导制定实施并动态调整行动方案，确保部署见到成效。

（马永忠　刘　兴）

【服务保障】 2022年，国际公司围绕生产全面提升生产作业保障能力和服务水平，做好资源调配，确保海外项目平稳运行。在土库曼斯坦，中油测井成立复兴气田三口井重点保障专项指导组（公司总部、国际公司和土乌作业区土库曼斯坦分公司），并调集国内射孔技术专家远程协同支持，国际公司为确保施工质量和安全，在作业区调集EILog设备1套，成像设备1只，俄式测井设备1套，联合土库曼斯坦天然气康采恩地球物理公司，组织了一支技术能力强、作业经验丰富的现场施工队伍，提前保养维护仪器设备，精心设计作业和应急预案，采用“一个井筒，两家作业”的合作模式，综合利用当地测井公司俄罗斯测井设备和资源，协调天然气康采恩测井公司来承担放射性和视电阻率作业，对承包商作业队伍开展技术培训和模拟施工演练。8月24日，在GOG-60井首次应用CPLog阵列声波成像设备，安全高效完成测井项目。9月1日至12月12日，完成土库曼斯坦国家天然气康采恩续钻井项目全部3口井电缆射孔+常规生产测井（PLT）。

2022年2月17日，中油测井在西安产业化基地举行CPLog测井成套装备首赴国际市场（尼日尔）出征仪式，这是该装备问世以来首次走出国门。首套CPLog测井装备包括常规测井、放射性测井、声波测井、大斜度水平井井筒作业工具与工程信息测井等5大类下井仪器，以及iWAS地面采集系统，于3月初运抵尼日尔。国际公司专家组和尼日尔作业区拟定推广运行大表，按照先易后难、循序渐进的思路推进测井装备投产，多次向甲方开展技术推介，获肯定和支持，达成先测套管井而后加测裸眼井的投产计划。5月15日20时，60397测井作业队在Koulele油田某井，历经10小时，使用CPLog测井装备和LEAP系统对比作业，高效安全获得测井资料。专家一致认为，CPLog测井装备磁性定位、水泥胶结、变密度等测井数据整体质量较好，主测和重复曲线具有较高的一致性，尤其是在自由套管段、混浆段及以下地层的测井过程中表现良好，固井质量评价完全满足解释评价要求。5月16日，CPLog测井装备完成尼日尔首次施工任务。2022年，累计完成测井工作量10井次。

（马永忠）

【解释评价】 2022年，国际公司聚焦综合研究，解释评价引领创效，充分发挥解释业务的“窗口”和“桥梁”作用，发挥解释专家市场“排头兵”和质量“守门员”的作用。紧跟甲方增储上产需求。与甲方客户开展多层级交流和技术推介104次，通过技术解决方案实现合同内挖潜增效，助推国产远探测声波、RPM在伊拉克作业区首次应用。在苏丹/南苏丹、乍得等作业区开展井区综合评价技术确认潜力油层，应用智能管柱AICD技术开展稳油控水业务。发挥CNODC海外支持中心作用，在复兴气田共完成资料解释任务37口井，阿尔及利亚A-T等区块提供测井精细评价87口井；在乍得多赛欧（Doseo）盆地，由国际公司技术专家领衔成立专班，形成地质油藏指导下测井综合评价方法，创新核磁等新技术处理解释方法，创建基于流体敏感因子的分区分带流体识别技术等解释方法，发现多套含油新层系，助力落实2亿吨规模储量区。在巴西阿拉姆区块，应用国产CIFLog软件平台，在复杂岩性地层中准确解释油层90米，试油证实日产原油超千立方米，助力发现世界级油田，为全球近10年十大油田发现之一。

（马永忠　倪国辉）

【科技创新】2022年，国际公司致力于新一代CPLog成套装备的推广应用。遵循“先易后难、先常规后成像”的原则，在尼日尔率先使用CPLog成套装备，全力推进测井设备提档升级，持续加快海外数字测井建设，实现远程技术支持中心、远程解释中心、远程QHSE监督中心及远程培训中心的“四合一”应用，不断完善OMS系统。打造数据互联互通EISS海外版，为提速提效提供支持。同时，创新开展多学科综合研究，承担解释评价课题40项，纵向科研经费超过5000万，横向课题合同额突破3000万。在伊拉克，同时承担哈法亚油田4项研究任务，首次中标伊拉克米桑油田研究项目。在哈萨克斯坦，继续深耕AMG井位部署研究，研究成果助力东部成藏带勘探突破和油气规模发现。

（马永忠　黄登峰）

【质量安全环保】2022年，国际公司聚焦风险管控，完善运行指导手册、作业区运行手册，完善分级隐患治理体系，充分利用隐患排查结果，抓实“两书一表”的过程控制作用，组织完成交通管理等27个QHSE制度的制修订，组织完成2023版“两书一表”更新，开展民爆物品、涉源作业、井下复杂、三项专项治理活动。持续完善QHSE体系建设，全过程参与中油测井境内外一体化QHSE管理手册制定、发布，完成境外项目运行指导手册编制。持续推进社会安全管理，及时发布安全提示和风险预警15次，开展QHSE体系审核2次、巡检和突发社会事件应急处置90次，在集团公司境外社会安全管理五维绩效考核中继续保持卓越级。持续推进健康企业建设，与专业健康管理机构合作开展员工健康管理分析，优化员工年度健康体检方案，健康小屋（2个）、海外就医绿色通道（19条）、海外急救包（120余）项目全面实施。坚持“外防输入、内防反弹”，严格执行集团公司国际业务新冠肺炎疫情防控各项要求，强化开展领导分片包干和周期性视频巡检制度，做好员工及家属紧急用药、就医等工作。通过“质量月”“回头看”、质量风险学习与再认识等活动，全年开展全员QHSE风险辨识和线上线下培训47期，参加人数达1943人次，提升质量控制结果。

（马永忠　张应金）

【党建工作】2022年，国际公司党委通过强化党建工作“十项任务”，推进党建与生产经营深度融合。把学习贯彻党的二十大精神和习近平新时代中国特色社会主义思想作为首要政治任务，严格贯彻落实上级党委的重要会议精神和决策部署，压紧压实全面从严治党主体责任，组织党委理论学习中心组学习20次，“三重一大”决策事项84项。深刻剖析党委巡察发现问题，制定整改措施和长效机制，举一反三，强化整改成果应用。党组织建设更加规范。1月26日，召开国际公司第一次党员代表大会，70多名党员代表参加会议，会议对国际公司党委2022年及今后一段时期的重点任务做出安排部署，讨论并形成中国共产党中国石油集团测井有限公司国际公司工作报告和纪律检查委员会工作报告的决议，通过大会选举办法，选举产生国际公司第一届委员会和纪律检查委员会委员，召开国际公司第一届委员会和纪律检查委员会第一次全体会议，选举出党委书记、副书记和纪委书记、副书记。健全党委、纪委、工会、团委机构，优化境内外基层党组织机构，建立19个基层党支部。8月23日，中油测井党委巡察之后，制定党建工作提升方案，做好业务培训及考核，全力夯实党建工作基础水平。逐级压实“一岗双责”责任，签订党风廉政建设责任书；开展廉洁谈话提醒教育200余人次，全力营造风清气正的良好政治生态。

（马永忠　韩志永）

【群团工作】2022年，国际公司累计培养外籍工程师220余名，全当地化作业队伍18支，外籍工程师队伍的快速成长，已经成为应对新冠肺炎疫情、地缘政治挑战和实现低成本发展战略的重要支撑。积极参与中油测井成立20周年系列庆祝活动，成立安心工程专班，构建划片、分区域联络机制，建立员工健康与家庭档案，慰问海外员工及家属1132人次，员工就医、海龄金牌等为员工办理的6件实事全部落地，真正做到安人、安心、安队伍。

（马永忠）

【品牌推广】 2022年，国际公司在国外服务的过程中兼顾中油测井品牌推广，助力中油测井在国外提升知名度，树立品牌形象。9月21—23日，中油测井首次参展印度尼西亚第46届石油展会（IPA），此次展会在雅加达会议中心举行。中油测井获“最佳设计奖”第三名。

印度尼西亚作业区积极适应主办方国际化交流、展示、合作办会理念，紧抓品牌推广机遇，提前策划和部署，多次对参展项目和展示设计方案进行讨论修改，在有限时间和空间内多角度展示中油测井实力和企业形象等内容。中油测井展出设备资料、宣传展板等实物，增加声、光、电等多种媒体效果全方位展示宣传公司市场导向、创新驱动、精益管理、人才强企、数字转型和国际发展等六大战略，展示超深穿透射孔、FITS测井，以及油气藏综合评价研究等中油测井特色技术，充分展示了中国石油企业的良好形象。

（马永忠）

中国石油集团测井有限公司测井技术研究院

【概况】 2021年7月，中国石油集团测井有限公司整合原测井技术研究院、技术中心、随钻测井中心、生产测井中心、辽河分公司、新疆分公司、大庆分公司、国际公司、国际事业部9家所属单位科研资源，成立新的中国石油集团测井有限公司测井技术研究院（简称测井技术研究院）。

测井技术研究院是中油测井技术研发主体单位，是集团公司测井技术中心、测井重点实验室和测井技术试验基地依托单位。有院士（博士后）高层次人才工作站，是重大项目研发、高层次人才培养、科技合作交流的重要平台；是CPLog成套测井装备和CIFLog测井数据处理软件研发基地，为中国石油测井高端装备研制、重大理论方法研究、关键核心技术突破发挥引领作用，进一步推动我国测井行业高质量发展。

2022年底，测井技术研究院设6个本部部门，9个基层单位；有员工424人，其中管理人员82人，专业技术人员330人，技能操作人员12人；有正高级工程师15人，副高级工程师184人，中油测井首席专家8人，中油测井高级专家8人，一级工程师16人，博士研究生32人，研究生及大学本科学历367人。

测井技术研究院主要生产经营指标

指　标	2022年	2021年
产值（万元）	16463	20966
外部收入（万元）	644	1280
利润（万元）	638	332
科研经费执行率（%）	99.72	98.57
科研计划落实率（%）	98.3	95
科研成果转化率（%）	100	100
存货压降率（%）	50	40
授权发明专利（项）	27	13
登记软件著作权（件）	27	21
制度企业标准（项）	17	5

（冀晓敏）

2022年，测井技术研究院全面完成中油测井下达的各项考核指标。超额完成科研创效指标，总额实现9552万，完成指标191%。完成年度科研任务，经费执行率99%，计划完成率98.3%。发明专利增长率完成65.9%；FITS-55过钻具、CSNT2451陶瓷中子管、RGSS2230旋转导向、iWAS智能测井采集和175℃声波换能器通过中油测井新产品鉴定；MCI宽动态微电阻率成像、FITS-57小直径过钻具和ISMP多级射孔选发开关等，获集团公司自主创新认定产品；iMRT多频核磁共振、3DIT三维感应成像、MCI宽动态微电阻率成像通过陕西省重点新产品认定；CNPC-IDS智能导向系统、175℃@20小时一串测通过集团公司科技成果鉴定。

（王　伟　刘长浩）

【科技管理】2022年，测井技术研究院初步建成远程智能测井、电缆测井、智能地质测导和注采同测为主的CPLog成套装备技术体系，推动中油测井装备、研发、服务统一。布局基础前沿应用、仪器装备开发共享和测井大数据3大类41项共性技术平台，打造测井技术研究院技术共享货架，实现成果共享与产品快速开发应用。

（刘　杰）

【科技创新】2022年，测井技术研究院承担多项国家、集团重大科研项目，突破多项核心技术。声波测井换能器一期任务通过国家验收，175℃换能器实现产品定型并规模应用，205℃换能器形成样机，235℃换能器实现关键技术突破。成功研制200℃高/低速采集芯片样片，200℃高温长时高可靠工作突破“卡点”，175℃/500小时/直径25毫米高性能中子管、175℃/直径40毫米高产额中子管。230℃/170兆帕超高温高压小直径系列部分关键核心部件实现国产化；国内首套随钻远探测电磁波电阻率成像测井仪完成样机研制和标准井试验。

2022年6月25日，随钻远探测电磁波项目组在测试工房前完成地面及金属界面探边物理模拟试验（周璇　提供）

2022年，测井技术研究院地下及井中地球物理勘探技术与装备项目通过国家验收，形成国内首套3000米探矿成套装备。成功联合申报国家重点研发计划“深地声学探测器测试应用”。完成“测井技术标准研究与公共技术平台开发”测井技术标准体系设计，发布43项标准和规范；升级完善iWAS系统，适应国内国际市场一体化需求；上线运行异地协同设计平台（PDM），初步实现标准化研究开发设计和数字化资料管理应用；设计定型小型化低功耗通用主控电路平台。规模应用“全域测井装备研制与配套”创新三维感应水平井处理技术；破解宽动态微扫高阻泥浆环境测量难题，保障海外推广应用；成功研制自主化偏心核磁探头，实现二维谱数据采集；突破多项自主核心技术，全面升级全域系列。形成统一架构“测井大数据平台研发”完成测井大数据平台1.0系统，提高共通服务能力；建成中国石油统一测井数据库，管理新老数据50.46万口井；统一CIFLog-LEAD4.0版本，促进公司软件品牌统一；建成风险（重点）探井测井专家支持系统，动态跟踪探井。“快速测井装备研制与配套”开展基于全谱算法的自然伽马能谱设计优化，提升U、Th、K计算精度；设计、验证声波时差与固井质量一体化样机，效果对比同类仪器相当；研制4种过钻具成像仪器，填补国内过钻具成像测井装备空白。“随钻智能地质测导装备研制与配套”建成研发、制造、服务、维保产业链，形成商业化竞争力；电磁波远探测创新提出界面分辨率概念，具备远探30米前探10米能力；集成伽马电阻率成像，形成近钻头双探边装备。打造生产测井装备体系，“生产测井装备研制与配套”集成自主创新融合，开发井场多源数据永久监测平台，实现多层次数据采集传输；协同推进光纤传感、传输、分布式监测研究，建立光纤技术体系。“测井应用基础与前沿储备技术研究”建成FITS-55环境校正图版体系；形成全息声波成像处理方法与软件；实现声波远探测成像技术自主化；探索测井技术在CCUS与高温地热的角色，促进测井新业务开展。“海外测井技术配套研究”提升中子密度放射性源仓CSU结构改造与固井质量测井响应；完成偶极声波远探测模式处理算法改进及STC算法升级；实现WellScope对全部海外仪器挂接，CPLog软硬件指标及可靠性得到显著提升。

（刘　杰）

【技术推广】2022年，测井技术研究院以市场为导向，深耕13项创效点。FITS过钻具外销哈里伯顿，实现收入90万美元；核磁共振和微电阻率成像远销俄罗斯；随钻RIT与美国Oliden公司初步达成租赁合作。iWAS地面系统，完成10套小批量投产，在国内国际市场累计试验136井次；175℃@20小时一串测在塔里木油田、青海等油田应用80余井次，创效1100余万元；230℃/170兆帕高温高压小直径，完成4口重点井作业，213℃实测温度刷新油田陆地最高测井井温纪录。FITS-57过钻具在长庆、大庆等油田作业360井次，创效4800余万元。3DIT三维感应在大庆、吉林等油气田应用58井次，服务创效580万元，评价页岩气复杂储层提供新手段；iMRT偏心核磁自主制造4支，应用30余井次，二维模式助力油气发现；宽动态微扫应用28井次，实现盐水泥浆缝洞及纹理构造识别；地层元素应用18井次，在储层识别与分类、矿物组分精细分析、储层参数优化等方面效果显著。自主随钻测导装备应用67井次，创效1646万元；CNPC-IDS智能导向在入井时间、进尺、温度等方面创新纪录，与进口同类装备能力相当。

2022年12月4日，CNPC-IDS智能导向系统在测井技术研究院展示（罗义　摄）

2022年，测井技术研究院应用光纤技术研发，支持3个分公司组建4支光纤测井队，在5个油田完成储气库、CCUS监测32井次，创效1100万元。CSNT2451直径25毫米中子管投产10支，销售产值280万元。海外推广尼日尔项目资料获甲方认可，作业10井次，乍得项目以阵列侧向、阵列声波、岩密微柱为主的“新三组合”特色技术系列装备，提升海外高端市场服务能力。面向国内市场，完成FITS过钻具试验53井次；研发推广核磁一体化，支持天津、辽河等分公司，拓展市场范围；完成测井大数据LEAD4.0统一换装，在8家分公司应用超600井次；智能测导团队技术、装备、人员前移，提升转化效率；光纤团队在辽河、塔里木油田服务12井次，工作量同比翻番。面向海外市场，环境校正图版团队，打造图版生成、验证、反馈、更新闭环研发链条，支撑海外市场推广和复杂储层应用；地面系统、软件、仪器联合团队解决问题56项，保障海外装备提档升级。

（刘　杰）

【成果专利】2022年，测井技术研究院申报发明专利87件，受理79件，授权27件，“一种新型随钻方位伽马成像仪器”获第四届集团公司专利优秀奖；申报软件著作权27件，登记5件；发表论文56篇，SCI/EI收录5篇，SPWLA等国际知名会议论文6篇；制修订标准17件，行业标准1件，集团公司企业标准1件。

（罗　霖）

【安全环保】2022年，测井技术研究院初步确立“一岗双责”安全生产责任制，强化“三管三必须”（管业务必须管安全、管行业必须管安全、管生产经营必须管安全）责任意识。管控核材料、放射源、危化品、吊装作业等“六大风险”，初步建立事故预防“屏障”。提升员工安全素质，有效遏制“三违”（违章指挥、违章作业、违反劳动纪律）行为。丰富安全文化载体，初步形成“以人为本”安全氛围。发布QHSE管理体系文件，应用二维码，实现新冠肺炎疫情防控信息统计和设备资产动态信息化管理。建成健康小屋，提升健康保障能力；改善科研办公条件、关心关爱重点人员，初步形成员工健康保障机制。

（牛旭东）

【基础工作】2022年，测井技术研究院实施“三基”工作“四化管理”，围绕“平台+项目”，创建测井技术研究院研发管理体系，明确定位和发展方向，打造以系统化和模块化思维标准统一、优势共享的公共技术平台，促进技术积累、迭代和融合。初步建立、优化系统、方法、电路、机械、软件、工程中心、信息等7个业务管理部门、19个子平台（室）和9大实验室架构模式，提升平台管理效率。以岗位责任制为核心，系统梳理完善制度流程。按照科学实用原则，厘清项目和平台关系等管理层级，优化物资采购、技术委外、投资管理、项目立项等管理流程，新建制度22项、修订2项、合并废止2项，完成年度制修订计划96%，明确职责，初步形成系统科学的制度体系。上线运行科技管理信息系统，规划、计划、实施到验收全流程可视化管理，提高效率和管控能力；以协同办公平台为抓手，针对业务流程一体化统筹，上线投资、委外、招投标、用章、合同审批等26项电子化表单模块，十分钟即可完成电子签字，办公效率提升90%以上；重建小批量试制ERP、BOM投资计划管理流程。围绕“研发+”，在设计标准、档案管理、现场试验、问题反馈等方面形成特色化管理手段。编制完成电路、机械设计平台系列标准接口定型和标准，实现标准先行；以PDM为基础，建立项目全过程档案管理体系，实现全过程写实受控；技术档案数字化，档案维护准确、完整、规范、安全；基于EISS，初步建立科研样机全生命周期管理模块，通过系统查询、作业管理、仪器维保，建立销项表，形成发现、解决问题循环机制。

（王　伟）

【党建工作】 2022年，测井技术研究院党委坚持政治引领，发挥“把方向、管大局、促落实”领导作用，引领深化改革发展，推进各项工作落实。学习贯彻党的二十大精神，以及习近平总书记对中国石油工作11次重要指示批示。组织党委理论中心组集体学习11次，专题研讨7次，专题党课3次，专题读书班1场次，把习近平总书记新思想、新理论转化为推进工作的新方法、新动力，建立督办机制，确保重点工作落地。落实“第一议题”和“三重一大”制度，召开党委会、院长办公会73次，审议重点事项252项，研究涉及评先选优、资产处置、干部调整等“三重一大”事项56项。建设推动老、中、青梯次配备、传帮带共促成长的工作机制，实行平台、项目双向激励，在实践中成长、在培训中提升；培养出基础理论研究、CPLog海外推广、FITS过钻具技术支持、智能测导、采集处理解释软件开发等一批攻坚啃硬的创新团队，靠前技术支持300余次，在科研工作中创效。落实廉政建设“两个主体”责任，优化物料申报、委外流程，分级把控、规避合规风险；开展集团公司党组巡视反馈意见整改、住房租房等13个专项监督和“反围猎”、违规吃喝等5项专项治理工作，营造良好政治生态。开展精准帮扶工作，帮扶慰问190余人次；建立员工活动室、图书室、茶歇区，提供健身、交流场所，丰富业余文化生活。制定特殊敏感时段升级管理方案，提高综合协调和应急指挥能力；实施重点阶段信息日报送制度，保障和谐稳定环境。

（徐　磊　严　涛）

【群团工作】 2022年，测井技术研究院工团组织发挥桥梁纽带作用。成立7个基层工会组织，发挥工会组织优势。开展提案征集工作，上报中油测井提案5项，获中油测井优秀提案1项；推动厂务公开，公开涉及职工利益的重要事项20多项。推广以创新工作室为核心，创新团队、青年创客为辅的“三位一体”职工创新体系，激励职工创新创效。建成省级示范劳模和工匠人才创新工作室1个，省级创新工作室1个，公司级创新工作室2个，朱军创新工作室在中油测井职工创新工作推进会上交流经验。建立困难帮扶档案，慰问帮扶190余人次；为职工购买互助医疗保险525人次；关心关爱员工、丰富员工文化生活，全年发放生日蛋糕券、电影券等33.88万元；开展重要节假日慰问，发放慰问品67.18万元，采购发放扶贫产品20.49万元。开展“我为群众办实事”活动，解决职工饮水难题。成立文体协会，组织健步走、庆祝“三八”妇女节等活动9次，开展摄影、文学创作、书画、微视频征集活动，《测井花园》获主题征文二等奖，《我与测井的缘分》获主题征文三等奖，《幸福是奋斗出来的》获主题征文优秀奖，《明天会更好》《我和我的祖国》获文艺视频展演大赛三等奖。坚持党建带团建，召开“建功新时代”青年座谈会、组织“我与先辈比奋斗”大讨论，开展“共筑希望、与爱同行”等青年志愿活动，19名青年参与基层抗疫工作。

（严　涛）

【科技获奖】 2022年，测井技术研究院承担的“15米一串测测井仪器研究与应用”项目获陕西省科学技术进步奖二等奖，“可控中子源伽马全谱测井技术与装备研制应用”项目获陕西省科学技术进步奖三等奖；“高性能测井传感器研制与规模应用”项目获中油技服技术应用奖；“随钻电磁波测井多尺度成像关键技术与产业化应用”项目获石油化工联合会科学技术进步奖二等奖；“随钻电磁波远探边与前视测井关键技术”“全谱测井新方法及探测器研究”项目获中油测井基础研究一等奖，“175℃/140兆帕成像测井装备升级与推广应用”等6个项目获中油测井科学技术进步奖。助力中油测井获国资委专项一期任务优秀组织单位。测井技术研究院获中油技服科技工作先进单位、中油测井“三基”先进单位，智能地质测导团队获中油技服创新团队奖，胡海涛、陈章龙、张娟获技服优秀科技工作者，过钻具系统研制与应用团队获中油测井创新团队，游占华、黄飞、李兵、张铎、姚德忠获中油测井先进科技工作者。

（李凌云）

中国石油集团测井有限公司地质研究院

【概况】 中国石油集团测井有限公司地质研究院（简称地质研究院），2010年中国石油集团测井有限公司成立油气评价中心，2018年7月，更名为测井应用研究院。2021年7月，更名为地质研究院。地质研究院以研究技术先进的解释评价体系为主，为油气田勘探开发等提供岩心测试与分析、裸眼井和套管井新技术处理解释、老井综合挖潜、油藏动态综合研究、测井地质工程一体化评价等综合技术服务。

2022年，地质研究院设5个本部部门，8个基层单位。有在册员工239人。大学以上学历229人，占员工总数95.8%，其中博士10人，硕士132人，占员工总数59.4%；党员179名，占员工总数74.9%；中油测井技术专家3名。

地质研究院业务覆盖中国石油天然气集团有限公司16个油气田及北京勘探院、杭地院、中煤科工集团、中国地质科学院地质力学研究所等单位，在油田设有靠前研究驻点（联合研究中心），在北京、西安等地设岩石物理实验中心，有“中国国家认证认可监督管理委员会CMA”与“中国合格评定国家认可委员会CNAS”双认证资质，实验室有165台套仪器设备，具备岩样处理、物性、电、声、核、磁、电化学、岩矿学、地球化学、岩心扫描成像等10类60余种岩石参数的测试分析及实验研究能力。在岩石物理、复杂岩性、碳酸盐岩、非常规油气、油藏动态评价等方面，攻关形成十余项解释评价技术系列，自主开发40个解释软件模块规模应用。

2022年，地质研究院承担解释评价科研课题84项，其中陕西省级课题1项，集团公司课题5项，中油测井课题28项，横向课题50项，承担岩石物理实验测试分析课题25项，科研项目完成率100%。新技术资料处理664井次（裸眼井613井次，套管井51井次），岩心测试分析2160块/11690块次，老井复查8876口，提交潜力层5321.5米/1735层/1425口，发现优质潜力区26个，落实有利面积483.7平方千米，石油增储3.53亿吨，天然气增储4043.4亿立方米。重点（风险）探井参与率90.6%，新技术资料处理解释符合率87.2%，老井挖潜任务完成率100%，测井数据库入库数据准确率100%。完成产值1.01亿元、同比增长43.6%，收入5274.27万元（外部收入1936.77万元，各分公司代签合同3337.5万元）、同比增长66.05%，利润340.13万元，较好完成年度经营考核指标，实现“十四五”良好开局。

地质研究院主要生产经营指标

指　标	2022 年	2021 年
油气评价方案采纳率（%）	94.9	93.6
解释评价符合率（%）	87.1	87.4
产能预测准确率（%）	82.6	82.1
评价项目完成率（%）	100	100
区域评价解释任务完成率（%）	100	100
产值（万元）	10100.00	7035
收入（万元）	5274.27	3176.35
利润（万元）	340.13	927

（高浩锋）

2022 年 10 月 12 日，长庆油田 CCUS 试验区测井施工现场（王丽提供）

【市场开发】 2022 年，地质研究院落实中油测井“三会”、市场专题会对市场工作要求，强化市场管理，做强主体市场，做大成长市场、布局新兴市场、保障海外市场。对接油田工作需求制定测井服务保障措施清单，签订 4600 万油田科研项目合同。加强重点井新技术集中处理能力建设，攻关 2—3 项成像资料处理解释核心技术，形成具有自主知识产权的测井解释软件 1 套。支持中油测井光纤业务发展，将分布式光纤、流动成像测井解释评价作为重要技术在长庆、新疆油田进行推广，带动中油测井光纤采集 1000 万元。通过老井再评价成熟技术推广，从集团公司层面推动油田公司与各分公司签订油藏评价类科研合作 64 项，实现科研创收 5296.05 万元。开展车载快速岩石物理实验室研究，全直径岩心二维核磁共振仪在华北油田、长庆油田完成 500 余米测量，为中油测井创效 1000 余万元。加强与高层次 CCUS 科研院所交流合作，承担陕西省重点产业创新链（群）——《二氧化碳地质封存选址与监测技术研究》等课题研究，创收 195 万元，带动中油测井 CCUS 业务 6000 万元。

（高浩峰）

【技术创新】 2022 年，地质研究院聚焦油气田勘探开发难题，坚持问题导向、目标指引，开展针对性技术攻关，服务油田增储上产。根据中油测井领导走访 13 家油气田及 4 家钻探单位的调研成果，梳理出 5 大类 91 项评价技术需求，针对性制定岩石物理、复杂勘探目标、非常规油气、老区挖潜治理、井筒完整性 5 个方面技术对策。加大科研立项攻关力度，引进高精度实验设备，开展微观机理研究，提升储层微观机理认识和宏观量化表征精度。联合分公司开展复杂水性、复杂岩性、复杂孔隙结构、泥浆侵入等共性问题技术攻关，满足现场需求。完善以井震结合三维地质建模为基础的地质工程一体化技术，支撑长庆、川渝等地区优质储层钻遇率提升 2 个百分点，施工周期缩短 35%。科技创新和技术攻关取得多项突破，获省部级奖项 4 项，技服科学技术进步奖 1 项，陕西省石油学会科学技术进步奖 2 项，中油测井基础研究二等奖 1 项、中油测井科学技术进步奖 11 项，授权发明专利 8 件、受理 44 件，软件著作权 2 件，发表核心期刊论文 43 篇，国际（行业）会议论文 30 篇，制定企业标准 4 项，出版著作 1 部，创新成果丰硕。

（程　亮）

【解释评价】 2022 年，地质研究院采取“集中＋现场”的新模式，坚持“一井一策”原则，采用“双井长负责制”“专家会诊制”，通过重点井新技术处理解释中心精细解释、专家全程把关，分公司现场交流、实时反馈信息的联动协作模式，完成重点井解释评价和试油汇报。同时，将科研成果“二维核磁孔隙结构”“油基泥浆流体识别”“声波远探测”等新技术方法转化于生产应用，取得良好效果，在重点探勘领域中发挥了解释评价支撑保障作用。高质量完成 113 口重点井解释评价，准确解释了富东 1 井、克探 1 井、大北 13 井、岭页 1H 井、天湾 1 井等一批高产井，为中国石油 2022 年度 9 项重大发现提供技术支撑，有效保障鄂尔多斯、准噶尔、塔里木、柴达木、渤海湾等盆地重点领域勘探突破，提升测井话语权。

（程 亮）

【服务保障】 2022 年，地质研究院技术支持保障 8 家分公司重点井测井处理解释工作，重点井处理解释参与率 90.9%，首席专家团队会诊 10 次，试油方案采纳率 100%。新疆新冠肺炎疫情封控期间，高质量保障塔里木油田、新疆油田 14 口重点井（4 口风险探井）解释评价，塔里木分院探井解释符合率同比增长 5 个百分点。完成光纤、流动成像和微地震监测等套管井高端监测技术处理 46 井次，覆盖中油测井 80% 的工作量，生产效率较过去提升 50% 以上。坚持地质油藏工程一体化老井评价，协同各属地分公司开展老井综合复查 3 万余井次，提出潜力层 7286 层，措施 1337 口，落实新增石油储量 7600 万吨，天然气储量 600 亿立方米；新增原油产量 23.53 万吨，天然气产量 4 亿立方米，收到油田公司、油田研究院、分公司等感谢信 13 封。精准实施国际业务支持保障方案，派驻技术骨干、专家参与国际公司试油方案讨论、实验设计及专项研究工作，支持乍得专班和海外岩心库建设等工作，承担“亚太阿姆河加拿大测井解释”项目，专人跟踪 CPLog 海外试验井资料评价，完成尼日尔、乍得、阿布扎比等项目 31 口井对比分析工作，保障 CPLog 装备海外推广。

【信息建设】 2022 年，地质研究院围绕系统平台建设、软件集成、测井数据库维护、协同办公等方面推进信息化建设，提升业务执行和运营效率，形成解释评价数字发展新模式。落实中油测井协同办公工作部署，首次将协同平台投入研究院生产管理使用，将 17 项业务进行线上审批，实现流程表单化、表单信息化。按照中油测井工作要求组织安装 win10 政府版操作系统 50 台，开展各类系统信息维护 800 余人次，做好办公信息及网络安全保障。参与 CIFLog-LEAD4.0 软件统一工作，挂接测试解释评价模块 56 个，共投产应用 50 井次。初步完成老油田评价挖潜一体化应用系统 4 层架构设计，实现多源数据批量化、自动化数据提取，老井多类型资料综合评价；完成任务管理、地质导航、单井与多井评价、成果管理、协同工作等 5 个应用场景搭建。集成碎屑岩储层解释评价成熟技术模块 16 项，形成专项评价软件产品，助力环西、平凉北地区解释符合率提高 5.2%。加大测井数据库维护检查，月平均抽查 1200 井次以上，夯实数据库资料基础管理。

（王 丽）

【成果推广】 2022 年，地质研究院坚持以精准识别、精细评价油气藏为目标，在岩石物理、复杂砂岩、碳酸盐岩、火成岩、变质岩、非常规油气、地质工程一体化、水淹层及剩余油评价等方面，形成岩石物理及数字岩石分析技术等 10 项解释评价技术系列，先后在中油测井数字化展厅和印度尼西亚海外成果展出，提升公司解释评价品牌在国内外的影响力。依托靠前服务和联合评价中心建设，将研究院 35 个软件模块在新疆、塔里木等 9 个油田 26 个区块应用，提升油藏综合评价能力与效率，强化成果应用。搭建技术成果交流平台。参加和组织各类技术交流研讨会 46 次，展示解释评价特色方法与创新成果，强化成果推广和宣传。

（程 亮）

【人才队伍】 2022 年，地质研究院修订《地质研究院科技工作管理办法》，加大高质量知识产权奖励力度，提升科研人员原始技术创新积极性。通过“揭榜挂帅”方式，为《测井油藏与地质研究》项目选聘 6 名课题经理、10 名课题副经理，组织项目经理与平台签订任务合同，制定近、中、远期技术发展规划和“一图一表”，强化首席专家咨询决策和技术引领，严格落实中油测井“月总结、季检查、年考核”工作要求，推进中油测井十大项目研发。深化人才发展体制机制改革，靶向引进 5 名高精尖缺成熟人才，遴选“集团公司级 + 公司级”青年科技人才 11 人进行储备培养，调整基层领导干部 14 人，优化技术人才与管理队伍，增强创新活力。针对性制定培训计划，组织、参加业务培训 860 人次，加强干部员工“勤学能干、会写善讲”基本素质。选树中油测井青年科技立业英才、科技创新奋斗团队等一批优秀科技人才与团队。

【党建工作】 2022年，地质研究院党委发挥政治引领作用，学习宣贯党的二十大精神，开展学习研讨、专题党课28场次，落实“第一议题”制度，举办学习研讨11次，制定落实措施38项，召开党委会32次、办公会7次。开展党委理论中心组集体学习12次，两级领导班子深入基层宣讲20场次，在《中国石油报》《中华儿女》报纸杂志刊发信息6篇，中油测井、地质研究院门户新闻栏发布新闻信息500篇。落实党风廉政建设“一岗双责”，党委书记授课2次，开展廉洁谈话189次，专项检查16次，完成问题整改14项，完善流程制度23项，强化源头治理，筑牢廉洁风险防线。围绕“基础建设年”这条主线，推进“三基”工作与党建“三基本”融合发展。深化基层党组织建设，开展党建“三联”988次，地质研究院获集团公司、中油测井表彰9项。持续深化“四四五五”（组织联建促融合、业务联学促提升、活动联办促使命、资源联用促发展；党群例会与科研部署会相结合、支部党员大会与基层工作例会相结合、党小组会与项目推进会相结合、党课学习与业务学习相结合；基层组织能机动、阵地建设抓驱动、组织生活重互动、学习教育显主动、线上线下有联动；提升岩石物理理论方法原创能力、提升新技术信息挖掘能力、提升复杂储层解释评价能力、提升油藏综合分析能力、提升地质工程一体化服务能力。）党建工作法，实施“四队一体”（建立组织精准服务队、建强优势平台保障队、探索联动考核激励队、培育核心人才种子队）项目化管理，推动党建与科研相融互促，单位获评中油测井基础建设年活动先进单位。

（杨建梅）

【群团工作】 2022年，地质研究院群团工作发挥组织优势，围绕中心工作，加强思想教育，开展“中国梦·劳动美—喜迎二十大·建功新时代”“巾帼建功新时代·企业发展显担当”主题活动，突出创新驱动，举办“喜迎二十大 奋进新征程”劳动竞赛、“我为研究院献良策”“金点子”活动。召开地质研究院2022年工作会暨党委（扩大）会、三届二次职代会，修订《地质研究院厂务公开实施办法》，强力推进企业民主管理工作。组织婚丧嫁娶、节日、生日、住院等慰问831人次，购买“住院+意外伤害综合”职工互助保险268人次，开展“司姐暖心行动”引导帮扶活动239项。开展庆元旦、元宵、三八、六一等系列普惠活动，建设“4+2”职工文化阵地，举办第二届“云”上运动会，参加中油测井第二届“创新测井杯”职工排球赛，丰富职工文化生活。

聚焦团员青年工作，开展“喜迎二十大、永远跟党走、奋进新征程”主题活动，组织主题团日、专题座谈、青年大讨论等30余场次，院党委书记、团委书记、“青马工程”学员讲授团课6场次，组织4个专题学习和“西迁精神”现场沉浸式学习教育活动；召开庆祝建团100周年暨“五四”先进表彰会，打造青年建功行动样板，选树3名“公司级青年岗位能手”、4个“青年文明号”集体，参加集团公司青年科技创意比赛获三等奖，中油测井成立20周年青年演讲比赛获二等奖。

（黄　宁　刘倩茹）

【重点井新技术处理解释中心】 2022年，中油测井落实集团公司改革三年行动方案总体部署，按照“专业化、归核化”发展思路，提高重点勘探领域测井解释评价水平，保障油田重点领域勘探发现。6月29日，成立重点井新技术处理解释中心启动大会；7月29日起，分三批协调引进长庆、新疆、天津、辽河、大庆、吐哈、华北、青海、吉林等分公司、测井技术研究院、物资装备公司共49名职工；8月17日，在中油测井产业化基地挂牌成立，隶属地质研究院管理；9月14日，聘任重点井新技术处理解释中心党支部书记、副主任主持工作。采取创新“靠前+集中”的生产组织模式，集中处理解释集团公司风险井和重点探井，形成每年约100口风险井和重点探井集中处理解释能力；集中处理中油测井所有裸眼井测井新技术，形成每年约1400井次集中处理解释能力；集中处理解释中油测井流动成像、光纤、试井和微地震监测，形成每年约1000井次集中处理解释能力；集中处理9大类30种仪器新技术规范化标准化，通过统一处理流程、清单化技术菜单、标准化图件管理，生产效率提升 50% 以上。2022 年，完成重点井 113 井次，裸眼井新技术 585 井次、套管井新技术 640 井次，承担“光纤成像测井技术研究”集团公司项目 1 项、中油测井项目“重点勘探领域解释评价核心技术攻关”等 5 项，攻关形成 3 项核心技术，支撑中油测井 CPLog 装备海外及国内推广，带动 CPLog 现场采集。

（杨建梅）

中国石油集团测井有限公司制造公司

【概况】 中国石油集团测井有限公司制造公司（简称制造公司），成立于 2021 年 7 月，是中油测井深化内部改革，依托技术中心组织架构，整合随钻测井中心、生产测井中心、西南分公司重庆仪表厂、天津分公司射孔器材加工厂、大庆分公司仪器制造业务等制造资源成立的测井装备制造单位。

制造公司主要从事测井装备、工具、射孔器材、仪表类产品的制造、返厂大修、备附件制造，以及产品外销，并承揽测井公司科研样机及小批量试制、外部产品制造等业务，通过信息化及自动化建设实现智能化工厂。具备年产 40 套 CPLog 成像测井装备、20 套随钻测井系统、30 套生产测井装备、3000 套工艺工具，15 万米射孔器材，1000 余套成套仪器仪表、120 套井场和测井车视频监控系统的产业化制造能力。产品在国内市场覆盖中国石油、中国石化、中国海油、延长石油四大油田，海外市场销往俄罗斯、伊朗、印度尼西亚等国家，年制造产值约 10 亿元。

2022 年，制造公司按照中油测井“三定”工作要求，优化组织机构设置，三级机构压减 1 个，本部调整为 6 个部室，人员编制 40 人，其中三级正 6 人、三级副 7 人，一般管理人员 27 人；三级单位设置 7 个三级正 14 人、三级副 14 人、一般管理人员编制 21 人。全面完成三级干部选拔配备，三级正副职年龄分别下降 6 岁、4 岁。

2022 年底，制造公司下设 8 个党支部，有党员 209 人。在册员工 422 人，其中合同化员工 341 人、市场化员工 71 人、市场化劳务 10 人。管理人员 111 人、专业技术 187 人、技能操作 124 人；本科及以上学历 245 人，中级及以上职称 247 人。集团公司技能专家 1 人；公司技能专家 2 人，一级工程师 2 人。

2022 年，制造公司以“基础建设年”为契机，围绕中油测井党委工作部署，将各项工作落实到创新智造、服务测井生产经营中，建设智能工厂，制造以 CPLog 测井装备为主体的产品。落实中油测井党委“人才强企工程推进年”活动部署，建立健全选育管用机制，成立人才强企工作专班，制定人才强企工程系统导图，推进 9 个方面 34 项重点工作；建立从五级工程师到中油测井高级专家的制造技术完整岗位序列，新增智能制造和信息化建设岗位，打通技术人员发展通道；通过业务整合建立加工、装配、调校一专多能生产团队，通过各级科研项目、生产项目、兴趣小组等多种方式，初步形成 3D 打印、自动化信息化、工艺标准化技术团队；参加集团公司第二届生产创新大赛装备制造专业比赛，《车载数据中心推广应用》团队获二等奖，参加集团公司数控车工技能大赛，获团体奖和个人奖；加强接替人才培养，制定《新入职员工 3—5 年培养方案》，安排季度压茬培养计划，促进岗位成才；走访 4 家技能职业院校，探索校企合作新模式。制造公司按照中油测井提出的“十四五”装备实现“淘汰、换装、升级 3 个三分之一”高质量发展要求，推进数字化转型、智能化发展工作。制造完成测井仪器 650 支 / 台 / 套、可溶球座 4666 个、射孔枪 18.7 万米和各类仪表 62971 件，同比分别增长 12.45%、21.99%、41.77% 和 44.75%。实现产值 11.22 亿元，为考核指标的 115.33%；外部收入 1.31 亿元、内部收入 7.49 亿元，分别为考核指标的 119.33% 和 146.86%；账面利润 1460 万元；劳动生产率 32.95

万元/人，为考核指标的109.35%。两金压控、投资完成率、党建工作和质量健康安全环保达到中油测井考核受控指标要求。

（张铁英）

制造公司主要生产经营指标

指　标	2022年	2021年
装备制造类（套/台/支）	650	679
钻井仪表（件）	62971	793
射孔枪（万米）	18.70	12.2
工具备件（件）	144810	43501
维修服务（万元）	6672	12155
产值（万元）	112185	97277
收入（万元）	88025	11798
利润（万元）	1461	1021

（王养萌）

【制造管理】 2022年，制造公司聚焦产品保障中心任务，强化产品标准、工艺文件、机电图纸的规范统一，克服基础资料不全不准、新冠肺炎疫情反复停工停产、任务集中人手不足等困难，采取措施完成制造任务。首次实现在制产品制造资料规范统一和建档管理，完成11种仪器4300余张机械图纸和870余张电路图纸标准化、60种仪器AP/TP与工艺文件编制、48种仪器AP/TP文件电子化上线，编制完成图纸关键尺寸原始检测数据记录和非关键尺寸复核性模板，规范加工与检验统一标准；采取“标准接口+转换头”方式，统一CPLog、5700、其他国产装备马龙头，实现射孔枪规格尺寸统一；按照中油测井车载数据中心工作部署，安装应用224套。组织“百日攻坚”生产活动，以每周6天工作制、每天延点晚上8时、自动化产线试行24小时三班倒等措施，技术支持国内重点井、重点项目，派出技术人员80余人次，高效保障超高温高压电成像测井、偏心核磁、FITS57推广应用。

2022年7月9日，制造公司四方联动保障超高温高压测井成功（范思航　摄）

承担完成尼日尔、乍得CPLog制造交付任务，与测井技术研究院、国际公司联合完成双侧向、放射性仪器、数字声波、阵列侧向、宽动态电成像技术改进和试验验证，确保仪器按期验收发运国外。成立生产经营协调专班，按月召开例会，协调解决市场订单、物料保障、产品交付和ERP结算等30余个问题，协同推进市场、生产、物料、结算业务。

（李晓亮）

【市场开发】 2022年，制造公司利用定位优势，保推广三级维保制度，承揽维修升级、备附件制造任务，推进各类测井仪器技术升级统一，实现主体制造市场提质升级，提升自制装备制造业务占有率。推进管理理念由“生产型制造”向“服务型”制造转变，推广电缆测井、随钻测井、生产测井、存储式测井仪器，DMS可溶球座、标准化工艺工具、系列射孔枪、信息化仪表在公司内部市场应用，稳固钻井仪表系列产品在集团公司各钻探企业市场占有率。国际市场以俄罗斯市场为突破口，加速MCI、MPAL、MRT等仪器的商务程序取得实质合同，同步推广随钻、爬行器等特色产品；推进阿塞拜疆销售项目可行性分析，与重庆华油实业公司合作打通双代理销售通道；做好CPLog尼日尔推广项目服务保障，完成乍得推广项目放射性仪器改造任务，加快推进CPLog

品牌装备海外应用。DMS 可溶球座、坐封工具要积极寻求各分公司销售渠道，以大庆油田为突破口实现产品外销。射孔器材利用好自身自动化产线降低制造成本，开发适合海洋测井的特色射孔产品，提高产品附加值，加强与四川射孔器材公司交流合作，实现联合市场开发。钻井仪表要提质扩容，加大插拔式井口快速连接装置、钻机顶驱防碰撞装置等特色产品应用，以川庆钻探长庆钻井总公司钻井液液面探测项目为契机，探索打造井场钻井液无人值守产品。

（曾祥斌）

【产品制造】 2022 年，制造公司应用新一代 CPLog 成像测井装备联盟大会成果，按照“设计调试在内、加工焊装在外、核心工艺在手”思路，推行代工制造模式，以满足扩大产能、降低成本、减少存货需要。技术转让爬行器通过 6 套仪器制造，全面掌握制造工艺，交付西南、长庆完成 95 口水平井作业；贴牌的岩密微柱组合测井仪、六臂井径完成 CPLog 挂接集成并交付国际公司海外应用；联合制造双模式 RCD/RCB 完成 4 串仪器生产，正在开展刻度试验和软件配套；专利授权 DMS 可溶球座新增 4.5 寸制造能力，交付 1090 个，综合降低外购成本 153 万元；过钻具岩性密度完成 CSU 型源仓改造与刻度验证，为海外推广 CPLog 提供技术支持。完成 10 套 iWAS、8 串 175℃ /20 小时高温版 CPLog 小批量生产，通过 2 支旋转导向头加工试制，初步形成数字化仿真、信息化排产、自动化加工一体的新型制造能力，开展近钻头、随钻电磁波与伽马成像一体化仪试制，支撑中油测井随钻业务快速发展。

（李晓亮）

【技术创新】 2022 年，制造公司把技术创新作为引领发展第一动力，以问题为导向、需求为牵引，参与十大项目技术攻关，设立处级科技课题 10 项，发表论文 9 篇，取得授权受理专利 12 件，打造先进制造技术，支撑产品制造提质增效，测井智造作为公司智慧测井蓝图五大成果之一正式发布。新制造技术降本增效。建成国内石油行业首条测井装备全流程智能化加工线，单班次生产人员从 8 人缩减到 3 人，良品率达 99.9%，全年完成 158 种、5399 件零件加工，初步形成 16 小时连续生产能力；天津射孔枪自动化线完成长、短枪产线投产，产能从 15 万米 / 年提升到 28.8 万米 / 年。

2022 年 8 月 17 日，中油测井射孔枪自动化生产线在天津建成（雷蕾 摄）

2022 年，制造公司自动化焊接线新增自动丝印、自动刷膏功能，形成过钻具电路自动焊接和光学检测能力；投产应用电源模块检测、放射性探头检测、极板装配、线圈绕制等一批自动化设备。3D 打印技术掌握模型设计、工艺仿真、性能测试全流程打印能力，取得断面原位修复和一体化打印 2 项创新成果，成功应用在破损钻铤、井壁取心仪部件修复和 9 件 FITS57 补中源舱一体成型制造，居国内石油行业领先水平；应用金属 3D 打印技术完成过钻具承压源仓一体成型制造，产品通过 140 兆帕承压密封性和 30 吨最大安全拉力测试。

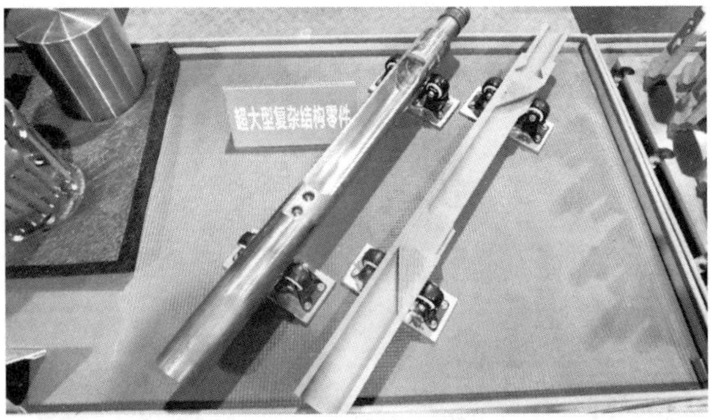

2022 年 11 月 1 日，制造公司金属 3D 打印的一体成型过钻具承压源仓（雷蕾 摄）

测井芯片封测技术用于 1501 伽马采集厚膜电路自主封装，自主制作 4 支偏心核磁探头，节约外购成本380万元；微电阻率极板优化形成材料筛选、精密加工、制作压装的新型标准工艺，彻底解决高温高压下电扣磨损绝缘下降问题；自主生产APS随钻LWD、MWD全套电路27套，节约外购成本278万元；实现FITS、ThruBit、随钻仪器电池“三合一”，使用寿命提高8个小时，已取代外购满足内部市场；与国内制造商合作研制的3种型号HE-3管、8种线性电源、岩性密度一体化探头等一批关键器件也在仪器中全面应用。制造信息化系统上线运行。成立两化融合工作专班，推进“两化”建设和运行，MES、AP/TP、MRO系统完成功能升级、基础数据建设、硬件配套和上线测试，在5个工厂推广应用。

（姚韦萍）

【质量安全】 2021年，制造公司健全安全环保体系，编制QHSE运行指导手册、班组标准化建设标准、6种岗位“两书一表一单一卡”；基层单位签订QHSE责任书、全员安全生产承诺书、QHSE责任清单，通过月度考核、检查处罚压紧各级职责和落实过程性指标。贯彻集团公司15条硬措施和危险化学品安全风险集中治理要求，开展安全生产大检查和不定期联合巡检，确保安全生产专项整治三年行动落实落地，提升安全环保管控能力；加强双重预防机制建设，制订五类较大风险防控预案，全过程管控危险物品，全年完成10批次80枚放射源转让备案，采取有效措施降低镁铝合金屑加工风险等级，妥善处置危废固物；加强科技兴安，源库自动化放射性装卸系统在西南投产应用、违章行为AI智能识别系统正在推广。制定员工健康管理工作方案，开展健步走、集体游、工间操、“1+X”健康体检、健康咨询、健康小屋建设、污染环境整改项目等工作，增强员工健康自我管理能力。开展API质量体系建设，西安基地、重庆仪器厂通过了取证。加强质量全过程管控，聚焦“关键节点、极限指标”关口，建立入厂检验全覆盖、过程极限指标检测、出厂模拟工况在线检测的三道检验关，保障产品质量，完成55余万件机械件检验，检验合格率99.57%；器件入厂检验12.9万件，检验合格率99.39%；仪器出厂检验574支，检验合格率100%。成立CPLog质量提升工作专班承担仪器性能提升、工艺优化、质量改进任务，与测井技术研究院、物资装备公司联合开展技术质量改进、现场验证与问题关闭，梳理问题86项，已解决75项，完成率87.2%，提升仪器的稳定性、可靠性和区域适用性，保障CPLog国内外应用。

（魏阿勃）

【产品销售】 2022年，制造公司走访各钻探企业，拓展业务链，以数字化转型为抓手发力数字化信息化产品市场。与川庆钻探长庆钻井公司取得41套泥浆液位监测仪销售，预计实现收入570余万元；在川庆钻探川东钻探公司，顶驱防碰系统经过现场测试获客户认可，组织6套交付现场，创收50万元。经过技术交流与市场回访，在川庆钻探工程有限公司苏里格项目部单井数据传输系统及集气场站改造项目，实现由公开招标改为定向谈判，收获订单920余万元。利用中油测井与川庆钻探公司战略合作协议，签订20套订单，以及2套科研项目订单。在射孔器材市场，稳定中国海油市场，发展海洋大口径射孔枪收获订单347万元。在中国石化及延长石油市场收获射孔器材订单650余万元。在国际市场，调研俄罗斯市场，围绕目标客户制定个性化营销策略，开展CPLog测井技术远程培训班，向外方客户推介CPLog测井装备及解释软件。在阿塞拜疆，围绕SOCAR公司随钻产品升级保养需求，成立工作小组，推介CPLog随钻测井系列装备，制定报价方案，打通销售渠道。在国内市场与重庆华油公司签订过钻具仪器项目8串5277万元装备销售合同。在方元公司市场，取得2套SSQ-C地面系统的销售订单，销售金额16万元。开拓工艺工具市场，加强DMS可溶球座营销力度，收获DMS可溶球座订单998万元。

（曾祥斌）

【基础工作】 2022年，制造公司构建制造业务中长期建设框架，与7家单位签订业务合作协议，初步建立测井装备“技术标准、先进制造、服务保障”全业务链的中长期合作体系。制定制度流程196项，开发应用“制造版协同平台”，实现业务流程线上审批，市场、财务、生产报表线上统一提报，提高管理效率。制订“三基”工作方案，形成 26 项 114 条重点工作，推行标准化现场、标准化操作、标准化管理，定期开展检查、考核、整改和成果提炼，三基工作踏线运行，成果显性化、效益可量化。制定《提质增效价值创造实施细则》和任务分解表，从市场、质量、管理、技术 4 个方面，制定 28 项升级措施，全年实现提质增效成效 6435 万元。

（安慰东）

【党建工作】 2022 年，制造公司党委锚定“建设世界一流测井装备制造公司”目标，全面从严治党，加强基础建设，深化改革创新，聚力“三基本”建设与“三基”工作融合，党建与生产经营相融互促，把党的政治优势、组织优势转化为竞争优势和发展优势，为高质量建设世界一流测井装备制造公司提供坚强政治保证。严格落实“第一议题”制度，建立学习台账，制定《学习计划》，编印学习资料，召开党委会、党委理论学习中心组学习贯彻习近平总书记系列讲话和重要指示批示精神，学习讨论第一议题 45 项，党委理论中心组学习 9 次，专题研讨 5 次，提高领导干部理论素养，推动上级党组织决策部署落地生根。制修订前置研究讨论重大经营管理事项清单、请示报告重大事项规定、“三重一大”决策制度实施细则，发挥党委“把方向、管大局、促落实”的领导作用。建立党委委员驻厂办公机制，拉近党委委员与基层员工的距离，帮助员工解决困难。规范意识形态工作专项检查六类基础资料，落实属地管理，严格执行意识形态审稿单制度，落实意识形态工作责任制。集中清查清除门户网站、图书资料、办公电脑敏感信息。建立人才强企专班，推进年度人才强企 9 个方面 34 项重点工作部署。按照公司机构设置规范，优化本部职能部门和总体编制职数，压减 1 个本部部门，压减 2 个三级正副职职数，提拔干部 22 人、进一步使用 2 人、平级交流 2 人、因业务划转调整 8 名、提前退出 7 名，干部队伍平均年龄同比下降 5 岁。加强青年骨干科技人才选拔，推荐 2 人入选集团级、1 人入选公司级青年科技人才培养计划；完善专业技术序列智能制造方向岗位设置，畅通专业技术人员发展路径。技能团队建设方面，在主体工种试点“双师制”培养模式，打通技术技能转换渠道。构建“双三基”融合、“基层党建与基层管理融合”以及“党建带工建、党建带团建”的三位一体机制，推动党建与生产、党支部与厂部、党员与岗位全面融合、全面进步、全面过硬。召开第一次党员代表大会，选举产生中共制造公司第一届委员会、纪律检查委员会。组织召开支部党员大会 67 次、支委会 83 次、党小组会 29 次、党课 16 次，开展主题党日活动 78 次。贯彻落实中央八项规定精神，学习党内监督条例、党员领导干部违纪违法典型案例警示、操办婚丧喜庆事宜管理规定，签订《党风廉政建设责任书》《集体廉洁公约》《廉洁自律承诺书》签约率 100%，组织各层级廉洁谈话 262 人次。开展廉洁风险排查防控工作，排查出风险 151 项，逐项制定防控措施。制定《制造公司企业文化引领实施方案》，成立企业文化引领专班，形成一本故事集、一部专题片、一本画册的“三个一”文化成果。在产业化工房建立产品展示长廊，宣传 CPLog 品牌文化。

（范　欣　于　华　杨宇航）

【群团工作】 2022 年，制造公司加强工团组织建设，发挥桥梁纽带作用。开展多渠道、多形式帮扶慰问，慰问劳动模范、老领导、困难职工、一线班组、新冠肺炎疫情防控值班值守人员 425 人次，帮扶 6 人次，发放慰问金约 109 万元；做好职工互助保障工作，参保 420 人次，办理赔付 39 人次，发放赔付金约 6 万元。建立 2 个职工创新工作室，解决集团公司一线生产难题 3 项。申报推荐中油测井首届职工创新创效成果项目、合理化建议、先进操作法获一等、二等、三等奖，先进操作法 1 项。开展“喜迎二十大·奋进新征程”主题劳动竞赛，参与竞赛项目 90 项，岗位练兵技术比武 10 项。

推进实施《制造公司青年精神素养提升工程实施细则》，创建 1 个公司级和 5 个制造公司级“青年文明号”集体，选树 2 名“中油测井青年岗位能手”、8 名“制造公司青年岗位能手”。开展青年大学习讲座 8 次，参加中油测井青年学术交流会，有2项成果获奖。参与中油测井成立20周年书画摄影展、提炼企业文化警句、编纂纪念画册、庆祝大会等系列活动，策划的青年说唱类文艺节目《破浪》，获腾讯视频号团队推荐及中油测井视频展演比赛一等奖，播放量近3万。策划制造中油测井纪念建团百年专题活动，以情景诗《测井人的诗样年华》歌颂石油测井人拼搏奋进、开拓创新进取精神。举办“礼赞二十载 青春向未来”青年演讲比赛，展示青年强国复兴有我的风采。

（刘　歌）

中国石油集团测井有限公司物资装备公司

【概况】 中国石油集团测井有限公司物资装备公司（简称物资装备公司），是2021年7月依托生产测井中心组织架构，整合公司物资、装备资源成立的技术保障单位。

主营业务有公司工程技术服务装备保障、地面仪器维修，高端稀缺及随钻装备技术支持，中油技服旋转导向维保和作业支持，物资保障（不含车辆、火工品、危化品），物资采购结果执行、集中储备、集中物流配送等，工艺技术推广与应用、特殊工艺工器具管理、工艺技术管理与支持，工程事故复杂处置与预防，新技术推广，工艺标准化研究等业务。随钻业务服务区域涉及东北、华北、西北、西南等中国石油工程技术服务作业全域。物资、装备保障区域涵盖中油测井国内11家分公司及制造公司。

2022年底，物资装备公司设8个本部部门、9个三级单位（4个区域中心，4个专项业务机构，1个后勤保障单位）。截至12月底，有职工1065人，平均年龄48.1岁。其中合同化员工928人、市场化员工116人（不包含市场化劳务工）；管理人员272人，专业技术人员555人，技能操作人员238人；硕士研究生45人，大学学历578人，大专学历276人，大学及以上学历人员占比58.5%。副高级技术职称人员220人，中级技术职称人员493人，助理级技术职称人员98人，其他11人。专业技术人员555人，其中一级工程师3人、二级工程师42人、三级工程师177人。集团公司技能专家1人，中油测井技能专家5人，公司首席技师6人，高级技师6人，技师47人。现有物资采购、仓储业务人员233人、仪器维修人员549人。

2022年，物资装备公司打造智能仓库，优化物资供应模式，初显“智慧超市”效能。推进装备集中维保，完善设备调拨激励机制，提升设备利用率。推进“三个三分之一”装备换装规划和仪器配件国产化，内部制造仪器投资占比74.9%，CPLog仪器推广完成率95.4%。维修保养旋转导向仪器270串，维保及时率97.1%；保障川渝地区完成152口井，累计进尺25万米，同比增长89%。全年完成随钻测井295口，同比增长89.1%，累计进尺突破6万米。工艺理论研究、防卡解卡关键器具和工艺攻关接续突破。建设物资装备管理信息化系统，推进物装数字化转型，完成中油测井考核指标任务。

物资装备公司主要生产经营指标

指　标	2022年	2021年
旋转导向维保（串）	270	166
随钻测井（井次）	295	155
随钻产值（万元）	15311.31	8361
利润（万元）	932.32	352.87
收入（万元）	8363.36	13414

【队伍与装备】 2022年，物资装备公司有物资保障组18个，装备保障班组44个，随钻测井队伍12支，随钻远程支持组1个。有CPLog、ECLIPS-5700、LOGIQ、Sondex、ThruBit等测井仪

器 27248 余支，在用仪器 23819 支，其中 CPLog 系列仪器 8651 支，可组串 249 串；ECLIPSE-5700 系列仪器 3977 支，可组串 155 串；LOGIQ 系列仪器 795 支，可组串 17 串；Sondex 系列仪器 764 支；ThruBit 系列仪器 324 支，可组串 17 串。

（马学岐　宋英博　黄　磊）

【装备管理】 2022 年，按照中油测井装备发展规划，物资装备公司优化装备统筹配置，修订装备统一标准，规范 28 个系列、2110 种仪器设备标准命名，设备型号数量与改革前相比减少 40%，梳理设备实物 26000 多支井下仪器和辅助短节，初步实现三账统一。以中油测井三级维保体系规范为指导，明确工作界面及检修职责，优化检修流程，统一检修标准。总结 13 个基层单位维保检修经验，编制 23 种系列仪器 382 种仪器检修图册、39 种放射性仪器关键节点检查规范图册、26 种仪器串信号流程图册。梳理现有仪器分布、使用情况，重新配置低效闲置设备，全年累计跨区域重新配置 CPLog 系列仪器、LOGIQ 系列仪器、5700 系列仪器、生产测井及试井测调仪器累计 600 余支（台）。根据国际公司对 CPLog 系列仪器及 LEAP 系列仪器的需求，调拨 196 支井下仪器，保障国际公司装备需求，盘活国内部分闲置设备。6 月 12 日，成立专项维保中心筹备组；7 月 1 日，ESCT 旋转式井壁取心和核磁仪器集中维保试运行；8 月 1 日，成立专项维保中心，全年累计完成重点仪器集中维保 1063 支次，保障中油测井所属分公司生产需要。各维修点累计跨区域调拨仪器配件 328 次 2331 件，盘活长期无动态仪器配件价值 498.59 万元。完成装备投资 868 支，合计投资金额 45638.58 万元，其中 CPLog 自主装备 30503.34 万元，占全部投资金额的 66.8%，自主 CPLog 装备投产 49 串（套）598 支仪器；淘汰 SKH、SKD、2530 等系列仪器 1993 支，使 CPLog 成套装备由原来占比 30.92%，提高到 41.01%。收集中油测井所属分公司外部设备租赁需求 212 项，统筹配置内部装备资源，实施租赁项目 97 项，签订合同 118 份，压减装备租赁项目 115 项，完成外部装备租赁费用支出 4.4 亿。推进仪器设备共用共享，累计调拨设备 390 批次 3019 支，重点成像设备 235 支，占比 37.6%，保障千探 1 井等 49 井次，集团公司重点井及地区重点井 97 井次施工任务，重点装备利用率同比增长 21%。

（黄　磊）

【物资管理】 2022 年，物资装备公司梳理物资编码，清理 8 大类错码、重码、无效编码 8648 条，一物多码 879 条，保障编码库的准确唯一。与长庆、西南等 11 家分公司签订废旧物资代办服务协议，合同金额 525 万元。分批储备物资 5591 项，涉及 28 大类、267 品类、2298 种、89.45 万件，初步形成“即需即领”模式和智慧超市。落实中油测井标准化工作要求，结合历年采购订单及现有仪器系列、名称，梳理仪修物资 22501 项，分公司物资清单 28674 项，形成标准字典库和物资商城商品池。推进成本归集工作，全年累计归集成本 30.2 亿元，预估待归集成本 27.7 亿元，归集比 108.9%，实现仓储、物资服务收入 9704 万元，占总收入 5.75%。加大框架、代储代销合同的签订力度，集中上报年度招标选商计划 266 个、物资 13 余万项，签订支出类合同 1121 份，金额 50.97 亿元，其中框架合同、代储代销合同 551 份，金额 45.94 亿元，占比 90.13%，合同签订份数、业务流转时间同比大幅减少，采购周期缩短。物资装备公司集中平库调拨物资，累计跨区域调拨 328 次，2331 件，减少采购支出 498.59 万元。

（江照华）

【随钻服务】 2022 年，物资装备公司旋转导向维保中心负责中油技服在川渝地区旋导工具维保，推广国产大部件、电路国内升级维保，平均单串进尺 751 米，维保旋导工具达 300 串，保障中油技服在川渝旋转导向作业进尺首次突破 20 万米 / 年，历史性达到 25 万米。完成渤海钻探中浅 201-6-H2 井、长城钻探自 215H1-2 井等多井旋转导向保障工作。

在随钻测井支持方面，支持西南分公司完成作业 16 井次；在塔里木油田 MA2-1H 井作业中多次为甲方提供地质导向建议获甲方认可，在塔里木油田累计开展 4 井次的地质导向支持，储层钻遇率 100%。在川渝地区完成震旦系储层高温水平井地质导向施工 5 口井，平均施工周期同比缩短

12.59天，施工效率提升21.79%。在山西煤层气应用近钻头技术，完成随钻测井作业86口，工作量同比增长72%。开拓外部市场，集团外项目中标3次（中国石化中标2次，亚美大陆中标1次），完成工作量36口井。在新疆油田，联合分公司在中国石化区块争取春风油田40口井随钻服务意向，与区域钻探达成开发井合作协议，完成随钻测井作业15井次。拿到中国石油辽河宜庆区块获突破，取得小井眼近钻头工作量，完成工作量9口井。在川渝页岩气、大港油田技术推介，达成旋转导向服务意向，完成自主高温旋导技术工作量8口井。与斯伦贝谢、贝克休斯等国际公司开展双向合作，拓展外部服务市场，盘活设备资源，提高自有旋转导向装备利用率。累计完成随钻测井作业服务295井次，同比增长89.10%，累计进尺60592.71米；保障分公司完成产值15311.31万元，完成年度指标13500万元的113.42%，同比增长82.54%。完成科研仪器的试验推广应用17井次。自主研发仪器推广方面，配合测井技术研究院开展方位电磁波电阻率、方位侧向电阻率成像等仪器现场试验与应用推广10井次。

（薛　峰　刘　微）

【工艺数字管理】 2022年，物资装备公司完成中油测井6个测井工程复杂应急保障点建设，中油测井《重点项目作业工器具和工艺技术研究》科研项目包括核磁、放射性、过钻具测井遇阻遇卡及测井工程复杂统计、原因分析，行业现状调查和项目可行性分析进入前期研究。编纂《测井工程事故复杂处置手册》《常规打捞工器具图册》，发布《连续油管作业规程》《测井复杂处置工具配套规范》《裸眼井测井工（器）具技术规范》《生产井测井工（器）具技术规范》《油气井射孔工（器）具技术规范》5项规程标准。正式启动EISC测井设备精益管理模块、WMS仓储信息化管理模块项目建设。3月29日，WMS仓储信息管理模块3.0项目建设技术方案评审，4月28日，测井装备精益管理系统建设技术方案通过技术方案评审。7月27日，物资商城数字化平台项目建设正式启动。12月16日，物资装备公司采取现场和视频形式，召开数字化转型系统上线启动会，物资商城数字化平台1.0、WMS仓储信息管理模块3.0、测井装备精益管理模块1.0在物资装备公司正式上线运行。物资装备公司在测井协同办公平台完成自建表单流程52个，发起表单流程13316个，总访问量159564次，日均访问437次，流程发起数量从1月份360个到12月份2120个，增长率达489%。

（徐　锐　陈光辉）

【党建工作】 2022年，物资装备公司党委紧扣“基础建设年”任务，推进基层党建“三基本”建设和“三基”工作融合，落实“第一议题”制度，学习贯彻党的二十大精神和习近平总书记重要指示批示精神，全年学习“第一议题”9场次18项议题。严格执行“三重一大”决策制度，加强议题前置性研究把关，全年召开党委会38次，研究解决事项194项，其中“三重一大”议题65项。开展党委理论中心组集中学习12次，研讨3次。党委委员、基层党支部书记讲授专题党课，领导班子深入基层开展“形势目标任务责任”宣讲，统一干部职工思，想凝聚发展力量。开展“三定”工作，调整组织机构2次，优化机构职能2次，完善年度定员方案，突出本部管理职能优化，压缩1个本部部门，撤销2个附属机构，本部管理人员压缩16%，三级岗位职数压缩22%。跟进党组织设置机构调整，撤销党支部2个，新组建党总支1个、党支部3个，17个党支部及时增补支委和支部书记。

加强党风廉政建设，层层压紧压实党风廉政建设责任，逐级签订党风廉政建设责任书459份、廉洁自律承诺书140份，建立完善领导干部、专业技术人员廉政档案102份。基层领导干部廉洁提醒谈话156人次，廉洁从业检查96人次。制定从严治党主体责任清单，细化全面从严治党责任，推进“三不”体制机制落实，党委委员就“一岗双责”履行向党委述职。

（李　勇　宋英博　卢　坤）

【群团工作】 2022年，物资装备公司发挥群团组织优势，在新办公大楼建起职工活动室和母婴关爱室，举办暑期职工子女爱心托管班，解决职工后顾之忧。新冠肺炎疫情防控期间，开展慰问值班值守人员、为值守人员理发、关爱值守女职工等一系列慰问活动。开展生活帮扶、医疗帮扶、助学帮扶 31 人次，发放帮扶慰问金 19.02 万元，慰问住院职工 72 人次，送温暖落实率 100%。2022 年，扶贫消费 25.33 万元，购买滞销蔬菜 5000 斤。举办“礼赞二十载，青春向未来”青年演讲比赛，开展党史学习教育专题党课 46 次，2000 余人次参加学习。全年在中油测井新闻网站、微信公众号和物装公司新闻网站刊发信息 583 条，向中油技服报送新闻信息 215 条，在《中国石油报》和省部级媒体刊登稿件 19 条。收集员工文学作品 69 幅，汇编《使命》图书，丰富职工文化生活。

（李　勇　范　荣）

中国石油集团测井有限公司质量安全监督中心

【概况】 中国石油集团测井有限公司质量安全监督中心（简称质量安全监督中心），成立于 2021 年 7 月 20 日，是中油测井所属的专业质量安全监督单位，同时是石油工业测井计量站、中国石油天然气集团有限公司井筒质量检测中心，主要从事监督、计量、检验、检测等业务。质量安全监督中心以规范化监督助力建设一流测井公司队伍，以专业化计量助力树立行业技术权威，以标准化检验助力打造一流测井装备，以精准化检测助力提升油田井筒质量水平工作举措，推进“四个助力”业务定位，对测井业务全产业链实施异体监督。

质量安全监督中心主要考核指标

指　标	2022 年	2021 年
成本费用净额（万元）	8691	6631
季度监督覆盖率（%）	100	100
问题整改督导完成率（%）	100	100
计量设备完好率（%）	100	100
计量设备检定率（%）	100	100
计量检测及时率（%）	98	98
产品出厂检验率（%）	100	100
过程质量抽检率（%）	100	100
检验及时率（%）	100	100

（王源涛）

2022 年底，质量安全监督中心设本部部门 5 个，基层单位 6 个，在册员工 254 人，其中管理人员 103 人、专业技术 119 人、技能操作 32 人；本科及以上 154 人，中级以上技术职称人员 189 人。党委下设 6 个基层党支部，有党员 142 名。

2022 年，质量安全监督中心聚焦“四化”工作举措，履行“四个助力”业务定位，助力中油测井连续 6 年获评集团公司质量健康安全环保节能先进单位，质量安全监督中心获评集团公司优秀监督机构。

【监督管理】 2022 年，质量安全监督中心落实中油测井工作要求，发挥异体监督保障作用，全年现场监督检查 8595 井次，视频抽查 10366 井次，月均井次、作业队覆盖率提高 42% 和 138%；扣减安全生产记分 2934 分，完成下达指标 195.6%。制定监督检查“六项机制”（监督区域负责机制、作业小队包保责任机制、作业小队包保责任机制、监督人员轮转交流机制、监督问题分级督办机制、“监督 + 培训”靠前工作机制），发挥 EISS 系统功能，推动监督工作数字化。开展问题整改“回头看”，重大、较大、一般问题整改督导率分别达到 100%、50% 和 10%，责令停工停产 9 次。盘活监督资源，实施监督人员轮岗机制，全年 36 人次跨区轮转，逐步统一执行标准尺度。制定《海上、海外作业现场监督方案》，开展监督人员能力与资质取证培训及海上作业队伍设备及资质检查，推进海上监督业务。与国际公司联合监督，实施远程监督印尼、苏丹 / 南苏丹等 10 个国家 9 个作业区，海外作业区覆盖率达64.7%。精准监督重点井、重点作业，采取措施重点监督重点领域、复工复产、敏感时段。重点要害部位监督频次较重组前提高41%，发现隐患及违章数量提高50%。每月发布监督月报，发布中油测井所属单位违章趋势分析报告2次，各分监督中心参加二级单位生产会监督通报会419次，提供安全管理数据支撑。

【质量检验检测管理】 2022年，质量安全监督中心贯彻公司质量检验检测管理要求，规范过程检查，收集整理电缆、随钻测井和生产测井三大类169项产品标准、最终检验文件清单，完善机械、焊接和装配等六大类21项质量控制内容。对标分析贝克休斯、中科院及西安西测等国内外企业，补齐短板，提升能力。开展监造跟检，对物资装备公司11个仪修班组，发现问题23项，提出建议9项，保障中油测井83支FITS-57仪器按期交付。升级改造完成高温高压装置250℃/200兆帕，加温速率提升10%以上，设备正常运行时间提升30%。承接中科院深地装备高温高压试验业务，实现外部收入零突破。开拓承重设备无损探伤检测业务，完成设备配备和人员取证工作；开展AOI光学检验技术应用和加温试验自动化检验装置研究，提升检验精度和自动化水平。

（王源涛）

【计量管理】 2022年，质量安全监督中心立项的“石油专用补偿中子刻度器校准规范”“石油专用自然伽马刻度器校准规范”2项国家计量技术规范，国家市场监管总局审查通过。编制完成行业标准脉冲中子全谱测井仪、中油测井企业标准随钻测井仪刻度规范。筹建全国石油专用计量测试技术委员会石油测井专业分技术委员会。密度行业最高标准装置通过国家市场监管总局复审，取得10项通用计量资质证书，建成气体检测仪检定实验室，建设随钻区域刻度中心。补充完善密度量值标准体系，采用堆积法建成1口煤层气刻度低密度标准井。通用计量靠前服务，完成长庆区域队伍计量器具现场检定，首次为大庆、吉林等分公司提供计量检定服务，全年检定仪器仪表1535台。

【井筒质量检测】 2022年，质量安全监督中心编制《公司三高井储气库井固井质量测井评价实施方案》，推动中油测井测井井筒质量分析系统在青海分公司推广应用。整理完成993口井1413井次固井测井数据入库。参与修订集团公司《井身质量和固井质量不合格判定红线》，编制《公司井筒质量检测监督检查表》，累计发现问题1107项，同比增长167.39%。测井大数据平台抽检1286井次，占入库井数5.8%，问题井占比从年初的76.1%减少到36.8%。研究固井质量测井技术，采集20井次声幅变密度测井数据，处理解释50井次测井资料，研究分析声波幅度的影响因素及刻度方法，对斯伦贝谢和贝克休斯声幅水泥胶结解释图版数字化建模，完成仪器优选及解释方法研究实施技术方案，为提升固井质量评价效果提供模型基础。

【党建工作】 2022年，质量安全监督中心党委以党建与业务深度融合为抓手，落实“第一议题”制度，学习贯彻党的二十大、习近平总书记重要指示批示精神和上级决策部署，党委理论学习中心组学习12次，专题研讨5场次，开展“踏寻革命足迹 践行初心使命”党史学习教育，党委委员结合分管业务，开展宣讲教育20场次，基层检查督导21次。

2022年，质量安全监督中心聚焦发展关键问题，成立7个专班，制定措施，推进落实。执行“三重一大”制度，重大事项民主决策率100%。制定工作方案和任务清单，推进基层党建“三基本”建设与“三基”工作融合，完成六方面125项工作。推广“四加”（在工作任务中给党员加量、在工作责任中给党员加重、在工作考核中给党员加项、在工作安排中给党员加伴）党建工作法，建设标准化基层班组。制定《人才强企工程推进方案》，引进关键岗位人才36人。优化干部年龄结构，三级领导人员平均年龄下降2.2岁。组织岗位练兵基本功训练培训12期。完善党委落实全面从严治党主体责任清单，逐级签订党风廉政建设责任书、承诺书166份；排查风险制定廉洁防控措施96条，开展廉洁监督2轮，分享廉洁经验12次。对新提任的14名干部“六个一”廉洁教育，筑牢廉洁堤坝。

（张佑伟）

【群团工作】2022年，质量安全监督中心发挥工会组织优势，加强“4+2”职工文化阵地建设，补充基层文体用品，成立文体协会4个，参加中油测井第二届排球比赛获第五名。开展扶贫助农、爱心助学等公益活动，选派员工投身抗疫一线，履行企业社会责任，树立良好的企业形象。开展“我为员工群众办实事”“民生工程大调查”等实践活动，改善员工办公生活条件。采购16.9万元优质助农产品，帮扶乡村振兴；组织慰问职工218人次，帮扶困难职工6人次，计8.21万元。成立青年工作组，助力青年成长成才，落实中油测井“青马工程”实施方案，1人在中油测井本部参加实践锻炼。参加中油测井成立20周年演讲大赛，1人获三等奖。

（王源涛）

中国石油集团测井有限公司培训中心（党校）

【概况】中国石油集团测井有限公司培训中心（党校）简称培训中心（党校），2003年4月成立，是中油测井机关直属单位。2007年3月，中油测井党校与培训中心合署办公，2009年12月，培训中心（党校）按二级单位管理，同时成立中国石油测井职业技能鉴定站，2016年11月，计量刻度业务划入培训中心，2018年10月，依托培训中心成立操作工程师管理中心，2019年12月，成立培训中心（党校）党委。2021年5月成为集团公司测井井控培训部。

2022年3月，培训中心（党校）和生产服务中心整合，设立新的培训中心（党校），加挂生产服务中心和机关事务部牌子。主要负责教学研究、职工培训、井控取证培训、工程师管理、职业技能鉴定；中油测井基地运行管理、后勤服务保障、中油测井本部行政事务服务、物资采购管理等业务。下设6个本部部门，8个基层单位；培训中心（党校）党委下设9个党支部基层组织，党员171名；截至2022年12月，有员工214名，其中女职工65名。

培训中心（党校）修订《“十四五”发展规划》，完善培训资源整合发展方案，分类制定工作清单，研究部署“基础建设年”工作，统筹利用内外部资源，构建“大培训”格局和一体化生产支持保障体系，推动员工教育培训和生产支持保障转型升级。全年完成C类、D类培训83项155期16538人次，HSE取证3598人次，技能等级认定1307人次。后勤服务综合满意度97.5%。全年发生成本费用总额19233.39万元，成本费用净额10831.08万元，安全运行无事故，完成中油测井下达的绩效考核指标，获“中国石油2018—2022年先进培训机构”称号。

（聂　妮　何　葳）

培训中心（党校）主要考核指标

指　标	2022年	2021年
成本费用净额（万元）	6882	7522
项目培训及技能认定工作评价（分数）	98	95
工程师管理中心运行（分数）	98	95
项目培训与教材开发（分数）	98	95
服务保障和基地管理评价（分数）	95	95

（王　航）

【公司党校】2022年，培训中心‘党校’落实《2019—2023年全国党员教育培训工作规划》，围绕学习党的十九届六中全会及二十大精神，承办一期学习贯彻党的二十大精神专题辅导讲座中层领导人员培训班，中油测井领导授课，集中研讨20次，形成研讨材料35份，“抓住三个环节，把好四道关口，打造干部素质提升培训测井样本”经验分享，刊发在《中国石油教育培训通讯》2022年第11期刊物。

贯彻全面从严治党要求，举办一期纪检干部及巡察业务培训班，加强干部队伍建设；夯实党建基础工作，举办党支部书记、党务干部、党员发展对象、宣传思想、团干部培训等11期培训班，培训3940人次。坚持“精品＋特色”模式，加强培训项目设计、实施、评估及效果跟踪，内部优选公司级资深党政类兼职培训师授课，外部依托社会培训资源，邀请中央党校、陕西省委党校以及高校教授专家授课。

（张　萍　方忠运）

【教育培训】 2022年，培训中心（党校）坚持“上接战略，下接绩效”培训理念，在标准化培训体系建设、数字化转型、测井特色品牌建设等内容，围绕党性教育、人才强企、跟踪培养、科技引领、基础建设和安全提升6个方面，完成C类、D类培训班83项155期，培训16538人次，HSE取证3598人次，技能等级认定1307人。加强标准化培训体系建设，建成员工教育培训直线责任和分级分类管理，建设统一的组织管理体系、岗位标准化培训体系、培训资源体系、考评晋级体系和证书管理体系“五大管理体系”。汇编集团公司、中油测井培训制度41个，完善培训中心（党校）培训制度6项；建立“体系＋项目”模式，启动10项教材题库课件开发项目，整理5大类130册培训教材和1597课时特色教学课件；按照“能干＋能讲”考评标准，选聘建立641名专兼职培训师队伍。推进数字化转型升级，加快教育培训与互联网深度融合，搭建高性能云化服务器数据中心、直录播教室、云教室、多媒体教室及模拟仿真训练系统；推广中油e学平台，升级测井员工培训管理平台，初步实现在线管理、学习和评测全流程数字化管理；开发录入各类操作手册、课件585项，视频教材263项，配套试题9057题。推进培训业务转型升级、建设标准化培训体系和井控培训体系，紧贴主营业务、岗位需求、服务对象，优化创新培训设计和培训方法，形成中层干部、新入职员工、国际业务等精品培训项目，打造测井特色培训品牌（表1）。

表1　2022年中油测井员工培训情况一览表

项目类别	培训类别	培训项数（项）	培训期数（期）	培训人数（人）
中油测井计划C类、D类	管理类	54	61	9337
	专业技术类	19	33	1807
	操作技能类	10	61	5394

（邱志勇　贺　悦）

【测井井控】 2022年，培训中心（党校）针对测井井控相关专业及岗位，完善培训矩阵，制定培训内容，推出8个定制化井控培训项目，开发培训项目课程，形成专业、实用、系统的课程体系。按照集团公司《关于开展井控培训试题库修订工作的通知》，落实分专业、分层次、分岗位，制定《集团公司测井专业井控培训试题库编制修订方案》，建立以章、节、知识点为基础的测井专业井控试题库目录，修订《测井专业井控培训试题库》，编写《测井专业井控试题库2023题》，审核钻井试题库和井下试题库6659题，其中修订完善测井专业试题183题。编写的《测井井控技术手册（第二版）》获“中国石油和化学工业优秀出版物·图书奖”二等奖。

（陈　豫）

【技能人才评价】 2022年，培训中心（党校）完成25批次1307人职业技能等级认定工作，颁发等级认定证书579人。完善高技能人才评价体系，贯通技能人才晋升纵向通道，开展特级技师、首席技师申报和评审工作，40人取得特级技师资格，5人取得首席技师资格。开展第三方高技能人才职业技能等级认定工作，有16人取得技师、高级技师资格。加强“双师型”（专业技术和技能）人才培养，5人取得技师、高级技师资格。突破常规性职业技能等级认定模式，3名专业技术岗位人员转为技能岗，直接认定技师资格。完善职业技能等级认定信息化体系建设，首次推广“认定平台和技能中油”相结合的申报方式，采取线上线下相结合的评价方式，评价技师24名，高级技师18名。

（郑春亮）

【工程师管理】 2022年，培训中心（党校）落实中油测井工程师管理要求，集中管理工程师培训、管理使用、服务保障工作，按照“集中培养、跨区流动、共享共赢”目标，采用培养、考核、薪酬、档案、评先选优考核评价措施，建立操作工程师轮岗调配快速反应机制，发挥集中管理优势，服务公司12家二级单位，实现收入1947.5万元（9月份以后不再结算）。8月，中油测井印发《关于推进人力资源共享的通知》，从9月1日起，培训中心（党校）集中管理的126名工程师（各单位轮岗101名，当年新引进大学生25名），划归五大人力资源共享中心管理。7—9月，集中培训公司新分配87名大学生。编写完成《全能型测井工程师标准化培养指南》《全能型测井工程师标准化培养题库》《测井工艺技术培训手册》和《液压测井绞车培训手册》等。

（高洁玉）

【后勤保障】 2022年，培训中心（党校）按照“运转高效、支持有力、员工满意”要求，健全服务体系，提升“三保两维一动力”（保洁、保安、保绿、维修、消防、动力运行）管理能力，水电气暖排工作安全平稳。按照“四季常绿、三季花开”要求，产业化基地、后村基地拆围建绿，升级改造，新增绿化面积1.43万平方米。改造产业化基地职工食堂、员工公寓，服务就餐员工43.9万人次，员工公寓酒店式标准化管理。新增、优化通勤线路4条，增加停靠点3个，全年车辆通勤17万千米，接送员工21.1万人次，公务用车3060台次，服务9189人次，安全行驶20万千米。承接中油测井各类会议服务1526场次，保障测井科技高端论坛、CPLog成像测井装备联盟大会、中油测井成立20周年庆祝大会等重大活动。助力完成第四届全国油气开发专业职业技能竞赛暨中国石油首届技术技能大赛测井工竞赛、中国石油驻西北协调组工作会等会务及商务接待服务工作。平稳推进“三供一业”、离退休人员管理社会化移交，完成挚信樱花园生活小区2号、3号、4号楼地下室分隔项目，清退清收工作完成90%以上。

（星学智）

【健康管理】 2022年，培训中心（党校）推进清单式管理，保障员工健康。提升软件平台功能，丰富应用功能、改善用户体验，建档分析15000名员工健康信息，组织常规体检、专项筛查，“一人一策”健康干预和“一对一包保”等措施，健康员工体检率和平台报告导入率100%。产业化基地医务室处理园区应急医疗事件9起；12月，后村基地健康小屋正式投用。畅通员工大病应急医疗服务通道，集中配置108台AED自动体外除颤器。开展健康检后评估干预和健康讲座、专家问诊等25场次，协调解决中油测井员工看病、住院119人次。2022年，中油测井获“集团公司健康企业建设达标企业”。

（星学智　罗　燕）

【基本建设】 2022年3月，培训中心（党校）按照公司《关于培训中心（党校）和生产服务中心实施整合的通知》要求，负责指导协调中油测井所属单位基本建设实施，承担中油测井基建项目具体工作。落实中油测井基本建设工作要求，构建三级管理体系，成立基本建设项目管理委员会，设立基本建设部，负责管理基本建设项目运行施工过程。梳理集团公司、中油技服、中油测井基本建设项目管理制度、流程、标准和特色做法，制定《培训中心（党校）基本建设项目管理实施细则》，实施项目专项责任制。设计荔参1井建设项目、产业化基地公寓、产业化基地职工食堂、后村基地综合办公楼等重点基建改造项目；完成产业化基地自行车棚、产业化大楼屋面采光窗、电动遮阳帘维修等民生项目。全年完成基本建设项目23项，金额2745万元（产业化基地1200万元，后村基地1545万元）。

（赵　鹏）

【物资采购】 2022年3月22日，培训中心（党校）与生产服务中心组织结构整合；5月10日，中油测井招标采购中心更名培训中心（党校）物资采购中心，负责中油测井物资、服务、工程建设和进口项目集中采购定商定价工作。编制采购方案，全年完成采购招标立项631项，采购金额443404.55万元，节约金额38039.96万元。其中物资类采购立项419项，采购金额309665.93万元，节约金额31182.42万元，资金节约率10.07%，高于集团公司5%考核指标；服务类采购立项209

项，采购金额 131442.95 万元，节约金额 6572.15 万元；工程建设类采购立项 3 项，采购金额 2295.67 万元，节约金额 285.39 万元。

（王国臣）

【质量安全环保】 2022 年，培训中心（党校）强化安全组织体系，落实安全责任，召开安全委员会 4 次，观看电视宣传片《生命重于泰山》230 人次，制修订 6 项安全环保制度。从放射性物品、道路交通、新冠肺炎疫情防控等方面，开展全员风险辨识与评估，识别风险 241 项。开展隐患排查治理，发现问题 120 项，专项隐患治理项目 6 项。迎接中油技服、中油测井 QHSE 管理体系审核 4 次、DNV 认证审核 1 次，依据审核标准，量化评级为 B 级 1 档。举办“如何成为一名合格的安全管理人员培训”“职业卫生管理”“特种设备安全管理”等培训 6 期，组织应急演练 5 次，56 人参加。开展园区废水和噪声、食堂油烟、源库环境检测和锅炉废气监测，中油测井环境质量达标。落实中油测井新冠肺炎疫情防控措施，加强门禁管理，防疫物资发放、园区消杀，支援地方新冠肺炎疫情防控等工作。

（张德杰）

【党建工作】 2022 年，培训中心（党校）党委落实全面推进从严治党，贯彻“第一议题”制度，修订培训中心“三重一大”制度实施细则、全面从严治党主体责任清单、不敢腐不能腐不想腐实施方案等。10 月 27 日，召开第一次党员代表大会，选举产生培训中心（党校）新一届党委领导集体。印发《培训中心（党校）中层领导人员管理办法》《培训中心中层领导人员退出领导岗位管理暂行办法》，规范干部管理工作。举办中青年干部能力提升培训班，提拔干部 10 人，中层领导干部平均年龄较前同期下降 2.7 岁。推进基层党建“三基本”建设与“三基”工作融合，按照中油测井党委基层党组织建设要求，成立党支部 9 个，基层党组织健全率 100%。严格党员发展程序，发展党员 7 名，预备党员 8 名，班组党员覆盖率 100%。整改中油测井党委巡察反馈问题率 100%。制定培训中心加强意识形态工作责任制责任清单，落实意识形态工作责任制。宣贯《企业文化手册》《员工行为手册》《视觉形象手册》，建设产业园区目视化测井文化。在人民网、能源网、文明网等省部级媒体刊发信息 14 条。党委研究课题“党建引领聚合力深度融合促发展”，获评中油测井 2022 年度优秀党建研究成果，入选《中油测井优秀基层党建工作案例》。

（缪宇亭　谢　洁）

【群团工作】 2022 年，培训中心（党校）工会履行工会组织职责，发挥组织优势，开展“喜迎二十大·奋进新征程”主题劳动竞赛，推动“4+2”特色文化阵地建设，选送文艺汇演节目，开展广播操比赛、健康专题讲座、精准帮扶等工作。培训中心（党校）获“陕西省能源化学地质工会认定的厂务公开职代会四星级单位”“公司劳动竞赛优秀组织奖”，教务部获“公司 2022 年度双文明先进集体”，产业化基地基建维修与运维班获“公司 2022 年度双文明先进班组”。组织开展“五四”青年座谈会、青年思想调研、青年志愿者行动等团青特色活动，培训中心（党校）团委获中油测井 2021—2022 年度“五四”红旗团委。购买助农产品 30 万元，开展扶贫献智活动 3 次，向紫阳县东木镇捐赠电脑 55 台，支持乡村振兴。

（缪宇亭　何　葳）

【承办中国石油首届技术技能大赛】 2022 年 6 月，培训中心（党校）承办第四届全国油气田开发专业职业技能竞赛暨中国石油首届技术技能大赛测

2022 年 6 月 22 日，第四届全国油气田开发专业职业技能竞赛暨中国石油首届技术技能大赛开幕式（贾红　提供）

井工竞赛，本项赛事是集团公司 2022 年技术技能竞赛 13 个专业的首场比赛，结合 2022 年集团公司专家大讲堂活动，采取直播 + 现场解读的形式在西安举行。大庆油田、青海油田、中油测井 50 名选手参赛，中油测井获团体赛金牌，优秀组织奖，个人金牌 4 枚，个人银牌 8 枚，个人铜牌 12 枚。

（缪宇亭　何　葳）

大 事 记

2022 年中国石油集团测井有限公司大事记

1 月

1 日　中油测井在产业化基地举行抗击新冠肺炎疫情青年志愿队出征仪式。由 34 名青工组成的抗疫青年志愿队，参加西安高新区新冠肺炎疫情防控。

4 日　中油测井获集团公司“2021 年度质量健康安全环保节能先进企业”称号，地质研究院东部应用中心南方评价小组获“质量先进基层单位”称号，大庆分公司生产服务站应急保障支持中心获“环保先进基层单位”称号，长庆分公司靖边项目部 C1635 队获“HSE 标准化先进基层单位”称号，新疆分公司测井第二项目部获“节能计量先进基层单位”称号。

5 日　中油测井发布《中油测井“十四五”发展总体规划》，制定紧跟集团公司新能源发展步伐，培育新能源测井技术，发挥测井服务保障优势的发展思路；提出坚持党的全面领导，坚持新发展理念，坚持深化改革，坚持高质量发展原则；明确做强科技创新，做精装备制造，做优工程技术，做深测井应用的业务定位。到 2025 年，实现高质量发展，率先建成世界一流测井公司，主体技术达到国际先进，具有较强高端市场竞争优势和国际影响力；总产值达到 150 亿元，收入超 135 亿元（其中国际业务收入超 25 亿元），利润 5 亿元。

同日　中油测井在西安召开 QHSEE 体系管理评审暨质量安全生产委员会议，通报 2021 年度 QHSEE 管理体系暨国际业务社会安全管理体系运行情况，审议通过 QHSE 委员会及核材料委员会成员调整方案、2021 年度质量健康安全环保节能先进推荐、新机构模式下安全环保重点风险管理责任界面划分建议、QHSE 审核发现问题整改情况报告、QHSE 监督管理办法修订意见及医疗机构合作协议方案。党委书记、执行董事金明权强调要深入贯彻落实集团公司 2022 年质量健康安全环保工作会议精神，提高政治站位，在基础工作、科技兴安、技能提升、应急处置上狠下功夫。中油测井领导胡启月、邵镇江、邹荣、陈宝、赫志兵、陈锋，质量安全生产委员会成员和办公室成员参加会议。

12 日　中油测井党委在西安召开党史学习教育专题民主生活会。集团公司党史学习教育第二指导组副组长、集团公司纪检监察组五中心负责人参会指导。会议通报 2020 年度民主生活会整改措施落实情况以及本次专题民主生活会征求意见情况。党委书记、执行董事金明权代表班子并带头作个人对照检查，查找差距和不足，剖析原因，提出下一步努力方向。胡启月、邵镇江、邹荣、陈宝、石玉江、赫志兵、陈锋逐一进行对照检查，开展严肃认真地批评与自我批评。党委组织部、纪委办公室负责人列席会议。

同日　中油测井获集团公司“2021 年度先进集体”称号，长庆分公司张亚洲、国际公司崔雷、地质研究院程道解获集团公司“2021 年度先进工作者”称号。

18 日　中油测井在西安以现场 + 视频方式召开 2022 年工作会暨党委（扩大）会、四届四次职代会，审议通过党委书记、执行董事金明权作《改革创新再发力、强基固本促提升，高质量推进世界一流测井公司建设》主题报告，胡启月作《主动担当作为、突出夯基提效，全面完成生产经营各项任务目标》生产经营报告，邹荣作 2021 年度财务预算执行情况暨 2022 年度财务预算报告。会议提出2022年完成产值120亿元经营目标。表彰30个先进集体，77个先进作业队（班组），121名先进工作者，授予孟庆夺、李奔驰、张永亮、翟国忠、谌辰、黄培、李家绪、马雪青、程道解、许琦10名中油测井劳动模范。中油测井领导邵镇江、陈宝、石玉江、赫志兵、陈锋等173名职工代表、134名列席代表参加会议。

20日 中油测井中标中石化经纬有限公司随钻地质导向项目，开展高温LWD、远端方位伽马等随钻测井技术服务。是中油测井首次进入集团公司外部随钻服务市场。

27日 中油测井在西安以现场+视频方式召开2022年党风廉政建设和反腐败工作会议。总结2021年党风廉政建设和反腐败工作，部署2022年工作。党委书记、执行董事金明权提出要深刻认清形势、强化政治建设、完善监督体系、深化巡视巡察、加强作风建设五项工作要求。纪委书记邵镇江作工作报告。中油测井领导胡启月、邹荣、石玉江、赫志兵，总经理助理、安全副总监，本部部门、各单位负责人及有关人员共607人参加。

2月

8—13日 中油测井党委在西安以现场+视频方式举办学习贯彻党的十九届六中全会精神及“形势、目标、任务、责任”教育培训班。中油测井领导班子成员授课，培训内容为党的十九届六中全会精神解读、干部素质能力提升、中油测井“形势、目标、任务、责任”主题教育、中国共产党党内法规体系、财务管理形势、科技创新形势、解释评价及市场形势、国际测井业务形势、物资装备管理形势、干部管理政策宣讲、国学概论等11门课程。中层领导人员、中层级专业技术人员、全体三级正职、二级工程师、本部全体工作人员，共1176人参加学习。

15日 中油测井在西安以现场+视频方式召开国际业务专题工作会，总结国际业务运营经验和取得成绩，研究下一步发展规划，部署2022年重点工作。总经理胡启月提出要充分发挥优势、突出风险研判、加强资源统筹、加强合规管理4项工作要求。中油测井领导陈宝、赫志兵，总经理助理、安全副总监，本部部门、各单位负责人及有关人员共128人参加。

同日 中油测井产业化基地园区医务室正式挂牌。为员工提供一般诊察治疗、平价售药、专家坐诊、健康检测及急诊急救等健康医疗服务。副总经理陈宝，及有关部门人员参加。

16日 中油测井CIFLog-LEAD油气测井处理解释软件在北京通过中国石油和化学工业联合会组织的成果鉴定，取得中国合格评定国家认可委员会（CNAS）认证。CIFLog-LEAD测井处理解释软件是中油测井联合多家单位，历时20年研发的新一代基于数据库的测井处理解释软件，主要包括系统平台、集成数据平台、通用可视化平台、数据应用平台等4大核心底层，及常规测井、成像测井、随钻测井、生产测井、岩石物理分析、储层综合评价等6个处理应用系统，创新建立测井网络化协同工作模式，提升测井资料处理解释效率30%以上。

同日 中油测井在西安以现场+视频方式召开2022年维稳信访安保防恐工作会议，传达全国安全生产电视电话会议精神。表彰2021年度维稳信访安保防恐工作先进，部署2022年维稳安保、综合治理十项重点工作。中油测井领导金明权、邹荣、陈宝，本部部门负责人，各单位党政主要领导，本部部门及各单位维稳信访工作领导小组、安保防恐工作领导小组成员及相关人员315人参加。

同日 中油测井与长庆油田公司、长庆石化公司、工程材料研究院有限公司联合举办的中国石油西北片区驻陕单位青年马克思主义者培养工程第一期培训班，在全国青少年延安革命传统教育基地开班。培训内容包括理论学习、红色教育和实践锻炼3个阶段。参训人员87名，其中中油测井20名。纪委书记邵镇江，相关单位有关领导，所属单位分管共青团工作的班子成员，组织部门、团青组织负责人，青年员工代表在主、分会场参加。

17日　中油测井在西安以现场＋视频方式召开2022年度生产安全工作会，总结2021年工作、部署2022年生产安全重点工作。总经理胡启月对2022年做好建设区域支持保障中心、推动“三基”工作落地、抓好生产组织、完善EISS系统功能、推动五个专班、抓好风险管控六项工作提出要求。中油测井领导陈宝、陈锋，安全副总监，本部部门、各单位负责人及有关人员296人参加。

同日　中油测井在产业化基地举行CPLog测井成套装备赴国际市场（尼日尔）出征仪式，中油测井为提升CPLog技术品牌国际影响力，推进测井装备国产化、系列化，决定在尼日尔市场率先开展CPLog测井成套装备推广工作。自2021年8月以来，组成推广团队完成装备的测试、试验任务，完善装备性能，达到国际市场测井作业要求，提升装备的国际竞争力，这是CPLog测井成套装备首次进入非洲国际测井市场。中油测井领导金明权、胡启月、陈宝、赫志兵、陈锋，首席专家，有关部门、单位人员120余人参加。

21日　中油测井在西安以现场＋视频方式召开2022年物资装备工作会，副总经理陈锋强调2022年物资装备工作要从坚持党的领导、坚持采购流程化、制造智能化、装备标准化、管理信息化5个方面持续作好服务保障。会议表彰2021年度装备先进个人34名、物资先进个人16名、制造管理先进个人16名。本部部门、各单位负责人及有关人员202人参加。

同日　中油测井在西安以现场＋视频方式召开2022年解释评价工作会，强调2022年解释评价工作要做好测井大数据平台功能完善、特殊方法攻关和集中处理、风险井和重点探井技术支持、岩心实验质量升级和品牌升级、理清工作流程和工作标准、专家人才培养和创新团队建设6个方面重点工作。会议表彰2021年度勘探开发测井贡献团队、解释评价先进集体和个人。中油测井领导胡启月、石玉江、陈锋，首席专家，本部部门负责人、各单位有关领导及相关人员428人参加。

3月

1日　中油测井在西安以现场＋视频方式召开2022年保密委员会（密码工作领导小组）会议，传达学习中央保密委员会会议、全国保密工作会议精神和集团公司2022年保密委员会会议精神及保密工作要点。部署2022年中油测井保密密码重点工作，审议相关制修订的保密制度。副总经理、保密委员会主任石玉江，保密委员会委员及相关工作人员23人参加。

2日　中油测井总经理胡启月一行走访陕西延长石油（集团）有限责任公司，与副总经理、总地质师王香增座谈，双方签订战略合作协议，共同推动地质研究、测井施工、钻完井工程等油气综合服务领域合作。

8日　中油测井党委书记、执行董事金明权一行走访南方石油勘探开发公司，与党委书记、执行董事夏义平，总经理、安全总监麦欣座谈。双方将强化科研技术交流，助力南方石油勘探开发公司实现“三个福山油田”远景目标。其间，金明权一行到华北分公司调研慰问、宣讲形势任务。

同日　中油测井国际公司中标阿尔及利亚国家石油公司Sonatrach项目3年期高端测井技术服务项目，合同金额2000余万美元，是中油测井首次进入阿尔及利亚Sonatrach项目高端测井市场。

9日　中油测井党委书记、执行董事金明权一行走访浙江油田公司，与总经理王希友座谈。双方将在数字化建设、地质工程一体化站建设等领域加强融合、共建共享，组建攻关团队，解决油田生产实际难题。其间，金明权一行到中油测井驻浙江油田储层综合评价中心调研慰问、宣讲形势任务。

10日　中油测井党委书记、执行董事金明权一行走访中国科学院上海硅酸盐研究所，与所长宋力昕座谈，双方签署战略合作框架协议，推进以科技创新为核心的创新合作机制，将在先进材料、传感器、光纤等方面深化合作。

同日 中油测井“关于创新党支部书记履职能力提升的方法路径研究”课题成果获集团公司2021年党建研究成果一等奖，“关于区域党建联盟的探索实践”“推动党的领导优势转化为企业治理效能的路径探索”2项课题成果获三等奖。

同日 中油测井印发《中国石油集团测井有限公司法治宣传教育第八个五年规划》，围绕“十四五”期间年度主题活动内容，加强组织实施和工作保障，正式启动中油测井“八五”普法工作。

同日 中油测井长庆分公司榆林项目部团支部获共青团陕西省委授予“2020—2021年度五四红旗团支部”称号。

12日 中油测井测井技术研究院研制的近钻头伽马电阻率成像随钻测井仪在长庆油田庄平360–11井钻后存储作业取得成功。该仪器是集团公司重大工程专项二期课题“近钻头伽马电阻率成像随钻测井系统研发”继近钻头伽马成像仪器研制试验成功之后又一装备成果，解决了探测器数值模拟优选、小型化、模块化、集成化及设计制作工艺等难题。在庄平360–11井目的层内获得完整16扇区伽马成像、64扇区纽扣电阻率成像、4方位电阻率、钻头电阻率等地质参数和近钻头井斜、井温、振动、转速等工程参数。仪器无线短传成功率达99%以上，实现仪器关键功能验证。

21日 中油测井在西安召开CPLog测井成套装备国际市场推广专题推进会，部署尼日尔市场下一步推广工作，启动乍得、伊拉克市场推广计划，讨论海外测井技术配套研究项目。副总经理赫志兵，首席专家，有关部门、单位负责人及技术人员29人参加会议。

22日 按照中油测井人才强企工程行动实施方案，优化组织体系，推进支持保障工程建设，提升培训和基地资源集约利用效能，中油测井研究决定，将培训中心（党校）和生产服务中心实施整合，设立新的培训中心（党校），加挂生产服务中心、机关事务部牌子。将原培训中心（党校）和生产服务中心人员整体划入，划入人员共323人，其中培训中心（党校）166人，生产服务中心157人。人事、财务划转基准日期为2022年3月31日。办公地点设在西安后村基地。

23日 中油测井天津分公司侯宏江、景阳联合创作的《职业健康防护歌》作品获全国第二届职业健康传播作品征集活动评选结果图文类优秀作品三等奖。

24日 集团公司批复同意中油测井在陕西省大荔县境内荔参1井建成集团公司测井业务综合型试验培训基地，为高温测井、随钻测井、智能地质导向、大斜度井三相流等关键核心技术装备提供试验、刻度、操作、测井井控实训场地。

同日 中油测井与斯伦贝谢公司以视频方式召开深化战略合作交流会，双方商定在线下签署战略合作框架协议，将在电缆测井、随钻测井、生产测井、压裂测试与射孔技术等领域，以及科研、制造、技术交流、技术服务和人才培养等方面开展合作。中油测井领导胡启月、陈锋，斯伦贝谢公司新任北亚区总经理、亚太区新业务总监，中油测井首席专家，双方相关部门、单位负责人和技术专家参加。

4月

1日 中油测井向紫阳县东木镇捐赠救灾帐篷、折叠床、棉被和棉褥、医用防护服、防护面罩、口罩等14类11余万元的新冠肺炎疫情防控急需物资。

7日 中油测井在西安以现场+视频方式召开2022年支持保障及健康管理工作会，总结2021年支持保障和健康管理工作，部署“基础建设年”改善职工生产条件、丰富职工文化体育活动、关心关爱职工身心健康各项工作。中油测井领导金明权、胡启月、陈宝、陈锋，安全副总监，本部部门、各单位相关领导及业务人员参加。

13 日　中油测井在西安以现场 + 视频方式召开《中国石油测井简史》编委会第一次会议暨编纂工作启动会，宣布编纂委员会、编写组人员名单及职责，启动编纂工作。中国工程院院士李宁，集团公司、中国石化、中国海油、延长油田等有关部门、单位，中国科学院声学所、中国石油大学（北京）、中国石油大学（华东）、长江大学、东北石油大学、西南石油大学、西安石油大学等 48 家单位 89 名领导、专家，中油测井领导金明权、胡启月、石玉江，以及 46 位编写组成员参加。

14—19 日　中油测井在集团公司举办的第二届网络安全攻防大赛决赛中，获团队赛二等奖 1 个、三等奖 1 个，获个人赛三等奖 1 名、优胜奖 1 名，并获优胜单位奖。

19 日　中油测井天津分公司中标内蒙古自治区博源银根矿业有限责任公司阿拉善塔木素天然碱一期开发利用项目，开展测井、录井、射孔服务。是中油测井首次进入矿藏开发领域市场。

同日　中油测井沈勇、王斌、刘庆宇、荣伟、万吉庆、庄学良等 6 人获陕西省人力资源和社会保障厅、陕西省总工会、陕西省科学技术厅、共青团陕西省委联合授予“2021 年度陕西省技术能手”称号。

22 日　中油测井西南分公司“先锋”桥射联作技术 2.0 在四川省石油学会科技评价会上被认定达到国际先进水平。该技术在室内试验，多簇射孔能力由 10 簇提升至 100 簇，带动现场作业由 3 簇提升至 23 簇，管串连接效率提升 50% 以上，并在国际上首次实现射孔管串泵送远程可视化。

26 日　中油测井长庆分公司靖边项目部 C4707 作业队完成靖 51-29H1 井桥射联作施工任务，创造亚洲陆上最长水平段 5256 米桥射联作施工新纪录。

28 日　中油测井在西安召开贯彻落实集团公司巡视工作动员部署会议精神暨中油测井党委 2022 年巡察工作动员部署会，部署 2022 年巡察工作，宣布巡察组长授权任职及任务分工决定和巡察工作方案。中油测井领导金明权、胡启月，党委巡察工作领导小组成员、巡察组全体成员，本部部门负责人、被巡察单位班子成员及有关人员参加会议。

同日　中油测井国际公司谷学博获“2022 年度陕西省劳动模范”称号，西南分公司刘晗获重庆市五一劳动奖章。

本月　中油测井自主研制的新型中子管取得技术突破，可耐温 175℃，恒温达 16 小时，最长连续工作时间 36 小时，寿命累计 758 小时。

5 月

5—6 日　中国共产主义青年团中国石油集团测井有限公司第四次代表大会在西安以现场 + 视频方式召开，审议通过中国共产主义青年团中国石油集团测井有限公司第三届委员会所作工作报告，表彰中油测井第九届“十大杰出青年”“青年岗位能手”“青年文明号”。选举产生中国共产主义青年团中国石油集团测井有限公司第四届委员会。中国共产主义青年团中国石油集团测井有限公司四届一次委员会选举安维东为团委书记。中油测井领导金明权、胡启月、邵镇江、邹荣、陈宝、石玉江、赫志兵、陈锋，67 名正式代表、20 名列席代表参加。

同日　中油测井西南分公司自主研发的 245 兆帕 /230℃射孔器材及配套射孔工艺技术在塔里木油田博孜 1301 井、博孜 1302 井先导性试验取得成功，标志着中油测井“三超（超深、超高温、超高压）”井射孔技术达到国际先进水平。

16 日　中油测井“三基”工作现场推进会以现场 + 视频 + 网络直播形式在长庆分公司靖边项目部基地召开，观摩长庆分公司靖边项目部的党建示范基地、生产运行室、“三基”工作集中展厅、仪修工房、标准化示范站队、工艺工房、创新工作室等示范点。提出推进基础建设工作思路，并作出安排部署。长庆分公司、西南分公司、新疆分公司、天津分公司、大庆分公司、地质研究院、制造公司7家单位作经验交流。中油测井领导金明权、胡启月、邹荣、陈宝、石玉江、赫志兵、陈锋，安全副总监、总经理助理，本部各部门、各二级单位相关领导及人员99人参加。

20日　中油测井西南分公司自主研发的“先锋”桥射联作技术、地质研究院研发的低孔低渗老油田增储挖潜测井评价技术，在中国石油和化学工业联合会科技成果鉴定会上鉴定达到国际水平。

23日　中油测井在西安产业化工房以现场+直播方式举行测井装备智能化加工生产线竣工仪式。该生产线实现仪器零件排产、储运、加工、检测的全流程自动化制造，能够采用1套软件系统“一体”调度，“两条产线”少人值守自动化加工，具有全过程数字化、全工序自动化、主排产智能化特点，生产效率提高2.5倍，具备39种仪器、289种零件自动化加工能力。中油测井领导金明权、陈锋，本部相关部门负责人，制造公司、广州明珞公司有关领导及人员共100余人现场参加仪式，1.3万人次在线参与直播互动。

27—31日　中油测井党委书记、执行董事金明权作为党代表参加在西安召开的中国共产党陕西省第十四次代表大会。

本月　中油测井办公室罗连涛获国家信访局颁发“从事信访工作二十五年以上工作者”证书。

6月

1日　中油测井党委书记、执行董事金明权与来访的宝鸡石油机械有限责任公司党委书记、执行董事忽宝民一行座谈。双方介绍业务现状和发展设想，将在技术研发、数字化转型等方面加大合作力度，加快打造万米绞车、智能电网供电一体化测井车等特色技术装备。其间，忽宝民一行参观CPLog测井装备智能化加工生产线。

2日　中油测井党委书记、执行董事金明权与来访的中国电子科技集团公司第二十二研究所党委书记、所长陈欣宇一行座谈，双方签署战略合作框架协议，将推动测井装备研发制造合作，联合打造优质、稳定、有成本优势的测井装备。其间，陈欣宇一行参观CPLog测井装备智能化加工生产线。

同日　中油测井总经理胡启月与来访的中国船舶集团有限公司第七二二研究所所长张华一行座谈。双方将进一步在机电一体化、智能化与信息化、智能物联网等开展交流，加强合作。其间，张华一行参观CPLog测井成套装备制造生产线。

同日　中油测井iWAS智能测井采集系统通过产品鉴定进入生产制造阶段。该系统以网络化、模块化、标准化及智能化设计为核心，能够支持CPLog电缆测井系列下井仪器。

7日　中油测井科研骨干人才培训班在西安以现场+视频方式开班，传达党委书记、执行董事金明权对科研工作的要求。落实科技创新工作部署，加强科研骨干培养及科研人才梯队建设。副总经理陈宝，本部相关部门、各单位共163名科研骨干人员参加培训。

同日　中油测井总经理胡启月一行走访中石化经纬有限公司，与党委书记、执行董事、总经理吴柏志座谈。双方将在研发、服务、装备制造、平台共享、标准化建设等方面建立常态化交流机制，共同打造国内“测井生态圈”，推动测井行业创新发展。

同日　中油测井总经理胡启月一行走访中国石油大学（华东），与副校长姚军座谈。双方将持续加强在测井领域科研攻关、人才培养、员工培训、学术期刊建设等方面的合作交流，进一步探索在石油工程、新材料、新能源、人工智能等领域的合作契机，实现优势互补、互利共赢，打造开放、共建、共享的“测井生态圈”。

7—8日　中油测井党委书记、执行董事金明权到陕西省紫阳县调研燎原村乡村振兴工作，宣贯中国共产党陕西省第十四次代表大会精神，考察食用菌基地产业示范园建设和燎原村规划，与紫阳县、东木镇政府领导座谈，慰问村中脱贫监测户，对驻村工作队提出工作要求。副总经理、工会主席石玉江代表中油测井向燎原村捐赠帮扶资金和物资。

14 日　中油测井党委书记、执行董事金明权一行走访新疆油田公司，与执行董事、党委书记杨立强座谈。共同为准噶尔盆地测井评价研究中心揭牌。双方签订《准噶尔盆地测井评价研究中心共建协议》，将在高效勘探、效益开发、数据共享等方面进一步拓宽合作领域。其间，金明权一行到新疆分公司调研，指导基层党建工作。

15 日　中油测井党委书记、执行董事金明权一行走访西部钻探公司，与执行董事、党委书记张忠志座谈。双方签署战略合作协议，加强技术服务一体化合作，推进老井挖潜、信息化建设、数据库建设等重点工作，通过资源共享、优势互补，合力解决存在问题。

同日　中油测井党委书记、执行董事金明权一行走访塔里木油田公司，与党工委书记、执行董事杨学文座谈，将在生产测井、老井挖潜、随钻测井等业务上加强合作，大力推广应用新技术，助力塔里木油田率先建成世界一流现代化大油气田。其间，金明权一行到塔里木分公司调研，指导基层党建工作。

16 日　中油测井参加由西安市人民政府等联合主办的 2022 西部数字经济博览会，通过视频、展板、宣传册等形式，展出 CPLog 多维高精度成像测井装备、远程测井系统、测井大数据平台、智能制造研发成果等。

20—23 日　由集团公司、中国就业培训技术指导中心联合主办，中油测井承办的第四届全国油气开发专业职业技能竞赛暨中国石油首届技术技能大赛在西安开幕。大赛共设置 13 项技术技能竞赛、13 场专家大讲堂。大庆油田公司、青海油田公司和中油测井选拔的 50 名选手参赛。中油测井获团体一等奖，团队获金奖、银奖、铜奖各 1 项，个人获金奖 4 项、银奖 8 项、铜奖 12 项。竞赛直播观看人数 16.6 万。

20 日　中油测井副总经理陈锋与来访的海默科技（集团）股份有限公司董事长窦剑文一行座谈，双方签署战略合作框架协议，将在生产测井、井下及地面测试测量装置等方面开展全面深入的合作。本部相关部门、制造公司、物资装备公司有关领导参加。

23—25 日　中油测井参加在西安举办的第六届陕西国际科技创新创业博览会，介绍公司发展理念、CPLog 测井成套装备、CIFLog 测井处理解释软件、数字化转型、智能化制造、远程测井等技术成果。

24 日　中油测井党委书记、执行董事金明权，总经理胡启月与来访的三一集团有限公司董事袁金华一行座谈，双方将在智能电驱绞车技术攻关、新型测井生产车辆底盘设计、智能制造管理等方面加强合作。副总经理陈锋，本部相关部门、相关单位有关领导参加。

27 日　中油测井在西安以现场 + 视频方式召开干部大会，通报中油测井三项制度改革重点任务，宣布中层干部任免决定和公司西安区域部分单位纪检业务集中管理决定。中油测井领导金明权、胡启月、邵镇江、陈宝、石玉江、赫志兵、陈锋，首席专家、总经理助理、安全副总监，本部部门负责人、高级主管，各单位领导班子成员、技术专家、一级工程师、助理副总师，机关及基层单位负责人 671 人参加。

28 日　中油测井党委书记、执行董事金明权，总经理胡启月与来访的长庆油田公司党委书记、执行董事、中国石油驻陕西地区企业协调组组长何江川，总经理石道涵一行座谈。双方将加大油田套损井治理、水平井测井、复杂储层解释评价、油藏动态监测与分析、注水井智能调配等方面的合作攻关力度。其间，何江川、石道涵一行参观 CPLog 测井成套装备及传感器核心部件。中油测井领导邵镇江、邹荣、陈宝、石玉江、赫志兵、陈锋，总经理助理；长庆油田党委副书记、工会主席余浩杰，副总经理何永宏，总工程师张矿生，以及双方相关部门、单位负责人参加。

29 日　中油测井在西安以现场 + 视频方式召开庆祝中国共产党成立 101 周年暨推进基层党建

“三基本”建设与“三基”工作有机融合座谈会，总结中油测井以“制度建立年”为主题，开展基层党建“三基本”建设与“三基”工作有机融合各项任务取得的成果。表彰2021年度“示范党支部”，6个“示范党支部”代表作交流发言，发布“基础建设年”党建系列丛书。中油测井领导金明权、胡启月、邵镇江、陈锋，本部党委各党支部书记、党群部门部分支部委员，各单位党委书记、党委副书记、分管“三基”工作的班子成员、部门负责人、基层党（总）支部书记及副书记、党员代表共617人参加。

30日　中油测井党委书记、执行董事金明权，总经理胡启月与来访的长江大学副校长郭海敏一行座谈。双方将加强仪器制造、解释方法、软件研发、人工智能、数据挖掘交流。其间，郭海敏一行到产业化工房、培训中心西安实训基地参观。副总经理陈宝，首席专家，本部相关部门、相关单位负责人参加。

7月

2日　中油测井西南分公司C1411作业队采用直推存储式测井工艺，一次下井取全取准双鱼001-H6井测井资料，创国内陆上最深气井测井纪录。双鱼001-H6井是西南油气田公司部署在双鱼石区块田坝里构造超深水平井，井深9010米。

5日　中油测井党委书记、执行董事金明权一行走访玉门油田公司，与党委书记、执行董事刘战君座谈。双方将加强交流，共同推进测井现场试验、老区挖潜、数据库建设等工作。其间，金明权一行到吐哈分公司玉门油田测井项目部调研。

6日　中油测井党委书记、执行董事金明权一行走访吐哈油田公司，与执行董事、党委书记支东明座谈。双方将联合立项攻关，建立保障机制，优化测井评价技术与系列，加强理论研究、基础研究。其间，金明权一行到吐哈分公司慰问干部员工、调研园区建设。

7日　中油测井党委书记、执行董事金明权一行走访青海油田公司，与执行董事、党委书记李战明座谈。双方将加强老井复查等合作攻关研究，助力油田增储上产。其间，金明权到青海分公司调研，慰问劳动模范、干部员工。

8日　中油测井总经理胡启月一行走访西安威盛电子科技股份有限公司，与总经理詹保平座谈。双方将在套后测井技术装备、注采同测、光纤测井、连续油管作业配套工具等方面实现优势互补。

15日　中油测井在西安召开中油测井品牌视觉形象宣贯会，发布中油测井新版视觉形象手册，宣贯视觉形象手册（试行）、国内标识应用规范、CNLC境外项目标识应用规范。中油测井副总经理赫志兵，本部相关部门、各单位有关领导及人员118人参加。

18日　中油测井总经理、党委副书记胡启月一行走访华北油田公司，与执行董事、党委书记方庆，总经理、党委副书记朱庆忠座谈，双方将在油气层精准识别、水平井近钻头测试测井及储气库井深结构完整性判别，以及巴彦基地建设、任丘基地火工品库协调、测井定额造价统一等方面加强合作。其间，胡启月一行到华北分公司调研和检查工作。

19日　中油测井总经理、党委副书记胡启月一行走访冀东油田公司，与总经理、党委副书记陈明卓座谈。双方将加强在西部探区致密气勘探开发、南堡区域老井挖潜、剩余油动态监测、新能源联合开发等领域的合作。

20日　中油测井2022年新引进毕业生入职培训班开班典礼在辽河分公司举行。培训班为期97天，将集中学习集团公司发展战略、企业文化和发展前景，以及中油测井战略与规划、制度文化、HSE管理体系和测井专业技术培训。新引进毕业生92人、西安石油大学卓越工程师34人参加培训。

22日　中油测井研制的随钻可控源中子孔隙度测井仪在华北油田内蒙古巴彦淖尔兴华3X井

完成钻后存储测井作业，是该仪器首次现场成功应用。

27 日　集团公司发布 2021 年度业绩考核结果，中油测井获评 A 级企业。

29 日　中油测井党委书记、执行董事金明权与来访的海鹰企业集团有限公司总经理宋明玉一行座谈，双方签署战略合作框架协议，将在 175℃声波测井换能器量产、205℃声波测井换能器产品定型、235℃声波测井换能器技术储备、制定现有产品技术标准等方面深化合作，共同推进测井关键核心技术攻关。其间，宋明玉一行参观 CPLog 测井成套装备展示、3D 打印生产线、智能化加工生产线。中油测井副总经理陈宝，首席专家，本部相关部门、单位负责人及有关人员参加。

本月　中油测井 369 份退休人员纸质人事档案移交至西安市国有企业档案管理服务中心，成为西安首批完成退休人员人事档案剥离办移交工作的国有企业。

8 月

1 日　中油测井总经理、党委副书记胡启月一行走访东北石油大学，与党委书记付晓飞、校长蒋明虎座谈，双方签署战略合作框架协议，将拓展在岩石物理实验研究、非常规油气研究、新能源领域联合研究、大数据及人工智能应用、智能测井装备研发等方面合作。其间，胡启月一行参观东北石油大学非常规油气研究院相关实验室。

5 日　中油测井党委书记、执行董事金明权与来访的石油工业出版社执行董事、党委书记雷平，中国石油和石油化工设备工业协会常务副会长张雨豹、秘书长张冠军一行座谈。与石油工业出版社签署战略合作框架协议。中油测井副总经理石玉江，三方相关部门领导参加。

同日　中油测井党委书记、执行董事金明权与来访的昆仑数智科技有限责任公司董事长陈朝晖一行座谈，双方签署战略合作框架协议，将在信息化顶层设计、统筹建设、业务融合、科研项目攻关、网络安全等方面加强合作。副总经理石玉江，首席专家，本部相关部门、单位负责人及有关人员参加。

9—12 日　第四届全国石油石化专业职业技能竞赛暨集团公司首届技术技能大赛数控车工竞赛在渤海石油装备制造有限公司举行，中油测井代表队获团队铜奖，制造公司天津制造厂王耀红获个人竞赛银奖。

10 日　中油测井在西安召开新一代 CPLog 成像测井装备联盟大会，通报新一代 CPLog 成像测井装备联盟建设构想，发布《CPLog 测井系统接入规范》。斯伦贝谢、宝鸡石油机械有限责任公司、中国电科第二十二研究所、川南航天能源科技有限公司 4 家企业代表作交流发言，对今后合作发展提出意见和建议。30 多家企业单位进行新技术、新装备交流。中油测井与所有参会企业和单位签订联盟协议。西安市工业和信息化局副局长郭亚龙、中油技服副总经理李国顺，中油测井领导金明权、胡启月、邹荣、赫志兵、陈锋，全国从事测井技术研发、装备制造的 92 家国有企业、军工企业、民营企业、外资企业的 150 名代表参会。

14 日　中油测井参加在西安举行的第六届丝绸之路国际博览会暨中国东西部合作与投资贸易洽谈会，通过展板、视频、手册、讲解等多种方式，宣传中油测井安全文化、推介科技兴安工程成果，展示中油测井自主研发测井智能化作业系统、车载数据中心、放射性物品“慧眼”监控系统、民爆物品智能管控系统等安全生产新技术、新装备。

17 日　制造公司天津制造厂射孔枪自动化生产线通过中油测井验收。射孔枪自动化生产线项目攻克 6 项制造行业难关，优化和升级射孔枪制造工艺，大幅缩短辅助工序时间。

9 月

1 日　中油测井主办的《测井技术》期刊获

2022年度“西牛计划”优秀中文科技期刊奖。

1—5日　中油测井首次参加在北京举办的2022年中国国际服务贸易交易会，展示中油测井关键核心技术装备，宣讲测井、射孔工程作业水平及测井数据解释评价能力。展会期间国家能源局领导，集团公司副总经理焦方正及中国石化、中国燃气集团、北京燃气集团等多家企业领导光临展厅。中国（北京）国际服务贸易交易会，属于中国四大展会之一，是全球唯一一个国家级、国际性、综合型的服务贸易平台。

5—7日　中油测井党委书记、执行董事金明权一行到长庆分公司、物资装备公司、培训中心、质量安全监督中心、地质研究院、制造公司调研，检查决策部署贯彻落实情况，通报中油测井形势任务，慰问劳动模范、先进班组代表，对下一步工作提出要求。

8日　中油测井在西安以现场+视频方式召开职工创新工作推进会，总结群众性经济技术创新工作，通报职工优秀创新成果、创新项目、合理化建议、先进操作（工作）法和职工创新工作室评选结果。长庆分公司、西南分公司、大庆分公司、测井技术研究院及物资装备公司作经验交流。要求从顶层设计、突出价值创造、完善制度建设、扩展创新平台、加速成果转化、锻造人才队伍、加大激励力度、培育创新文化8个方面，为职工搭建载体和平台，抓好创新工作室创建、创新成果立项及成果推广应用等工作。中油测井领导金明权、胡启月、邹荣、陈宝、石玉江、赫志兵、陈锋，首席专家，总经理助理、安全副总监，本部部门、各单位有关领导及人员共423人参加。

12日　根据集团公司《关于邵镇江退休的通知》，中油测井纪委书记邵镇江退休。

13日　中油测井党委书记、执行董事金明权，总经理胡启月与来访的长江大学校长冯征一行座谈。双方签署战略合作框架协议，将在非常规领域、人工智能、员工培训等方面加强合作，探索可持续合作模式。中油测井领导胡启月、赫志兵、陈锋，长江大学副校长郭海敏、吕一兵，中油测井首席专家，双方相关部门、单位负责人参加。

14日　经集团公司党组研究，决定胡友清任中国石油集团测井有限公司党委委员、纪委书记。

15日　中油测井与中国移动通信集团陕西有限公司、华为公司等单位联合申报的“基于5G双域专网的油气开采智慧测井”项目，获全国第五届“绽放杯”5G应用征集大赛智慧能源专题赛决赛一等奖。该项目将中油测井广域业务和运营商广覆盖专网智慧融合，基于测井5G双域专网，构建“井场—数据中心—基地”远程测井环境，实现边测边传边处理，提高管理效率。

15—16日　由中国石油学会、陕西省科学技术协会、陕西省石油学会联合主办，中油测井承办的测井科技高端论坛在西安和北京两地联合召开。围绕“开拓思路、创新引领，打造中国测井生态圈”论坛主题，陕西省科学技术协会、中国石油科技管理部、长江大学、中石化经纬有限公司、中海油田服务股份有限公司等单位领导致辞，李宁院士作《渗透率测井——推动测井科学发展的历史机遇与挑战》报告，33位专家教授分享各自研究领域的研究进展和发展趋势，中油测井公司介绍研发制造服务能力、科技成果，以及测井技术新进展、测井面临的新需求、需要的新突破。论坛将为组织推进科技创新、加快测井关键核心技术攻关，提供高水平的理论指导；为打造统一研发平台、申报测井创新基金、构建协同发展模式、建立长效合作机制、引进高层次人才等，提供强有力的智力支持。中油测井领导金明权、胡启月、邹荣、石玉江、赫志兵、陈锋，以及来自高校院所、石油石化企业、互联网企业等45家单位的领导、专家、教授150人参加。

18—20日　中油测井承办的集团公司2022年高技能人才技术交流活动在陕西省靖边县举行。来自长庆油田公司、渤海钻探公司、川庆钻探公司、东方物探公司的 41 名集团公司技能专家围绕一线生产难点、热点问题，开展技术技能交流攻关和一线生产现场巡诊服务。中油测井技术骨干介绍生产测井技术与裸眼井施工工艺、裸眼井找漏技术及应用情况。

22 日　中油测井党委书记、执行董事金明权，总经理胡启月与来访的安东油田技术集团董事会主席罗林、执行副总裁刘国庆一行座谈。双方签署战略合作协议，将共同开发国内外开放性市场，更好服务油田稳油控水，提升海外物资保障、资产动用效率。副总经理石玉江、赫志兵，本部相关部门、相关单位负责人参加。

23 日　中油测井在雅加达参加印度尼西亚第 46 届石油展会（IPA）。中油测井精心设计实物展台，并利用多媒体技术展示超深穿透射孔、FITS 测井，以及油气藏综合评价研究等特色技术。本次展览获展会“最佳设计奖”第三名和“最佳内容”提名。

27 日　中油测井在西安以现场 + 视频方式举办青年讲师团启动仪式暨“喜迎二十大，礼赞二十载，青春向未来”青年演讲大赛，党委书记、执行董事金明权为青年讲师团授旗并颁发聘书。宣布“青年讲师团”计划实施方案。19 名青年讲述公司 20 年发展历程、展示测井辉煌成就和青年责任使命。中油测井副总经理石玉江，本部党群部门负责人，各单位有关领导和团青组织负责人，“青马工程”学员、团员青年代表及大赛选手等 240 余人参加。

29 日　集团公司质量健康安全环保部副总经理邱少林一行到中油测井，督导检查“防风险、保安全、迎二十大”工作。督导组调研中油测井 EISC 建设和应用情况，到智能制造厂房和测井重点实验室检查指导，远程检查隆昌源库自动化提取放射源全过程，视频抽查 C4596 作业队固井质量检测现场施工情况。中油测井领导金明权、赫志兵，安全副总监，质量安全环保处、市场生产处相关人员参加。

10 月

8 日　中油测井新建射孔器材及配套件生产线项目正式开工，该项目位于四川省隆昌经济开发区，规划总用地 127 亩，计划建设射孔枪及配件生产线 4 条，生产线将采用全智能化设计，实现射孔器材生产及转运全流程自动化。

16 日　中国共产党第二十次全国代表大会在北京人民大会堂隆重开幕。中油测井党委组织 4017 名党员干部员工在 88 个分会场集中收看大会直播。

18 日　中油测井发行《中国石油集团测井有限公司 QHSE 管理手册 CNLC/QHSE—2022（F1.0）》及国际业务社会安全管理程序，全面整合公司国内、海外 QHSE 管理体系，形成一体化 QHSE 管理体系。

31 日　中油测井在西安召开 2022 年干部人才挂职锻炼座谈会，推进人才强企工程，安排部署首批干部人才双向挂职锻炼工作。纪委书记胡友清作集体廉洁教育谈话。中油测井领导金明权、胡启月，20 名挂职干部人才，相关单位及本部相关部门负责人参加。

11 月

1 日　中油测井制造公司优选高强度、耐腐蚀钢料，采用一体成型的加工工艺，应用金属 3D 打印技术实现过钻具承压源仓一体成型制造，产品通过 140 兆帕承压密封性和 30 吨最大安全拉力测试，解决过钻具放射性仪器多个小口径零件焊装安全隐患问题，使 3D 打印技术在测井零部件制造中实现从控形到控性的新突破。

2 日　中国石油驻陕西地区企业协调组党的二十大精神宣讲会暨工作座谈会在中油测井召开，学习宣传贯彻党的二十大精神和习近平新时代中国特色社会主义思想，党的二十大代表、长庆油田公司党委书记、执行董事，中国石油驻陕西企业协调组组长何江川出席会议，强调各驻陕西企业进一步落实“五同五化”理念，细化具体措施，梳理合作清单，签订共同实现高质量发展的总协定，形成会商解决机制，在技术研发、新能源业务发展、数智化转型等方面深化合作。各企业交流生产经营情况。中油测井领导金明权、胡启月，各驻陕企业负责人，中国石油驻陕西地区企业协调组办公室相关人员参加。

3日　中油测井承办的中油技服鄂尔多斯盆地随钻测导地质工程一体化技术研讨会在西安召开。传达中油技服一体化协同发展和“五统一六共享”的工作要求，明确在鄂尔多斯盆地开展地质工程一体化技术研究工作的目的和意义，对下一步工作进行安排部署。中油测井副总经理石玉江，本部相关部门、相关单位，中油技服长庆油田服务保障协调领导小组，各钻探公司及东方物探等驻长庆区域7家单位有关领导、技术专家参加。

7日　中油测井2022年纪检干部培训班在西安开班。邀请集团公司党组巡视办、纪检监察组五中心专家及业务部门专家讲授党内法规、执纪审查、巡视巡察、党风监督、业务监督等方面理论知识和实战经验，提升监督本领和履职能力。中油测井两级专兼职纪检干部共79人参加培训。中油测井领导金明权、胡友清参加。

8日　中油测井在西安以现场+视频方式召开学习贯彻党的二十大精神研讨会暨2023年工作务虚会，学习贯彻党的二十大精神和习近平总书记来陕调研重要讲话精神，贯彻集团公司学习贯彻党的二十大精神报告会工作部署，落实驻陕企业协调组座谈会工作要求。中油测井18家单位、14个部门发言，总结工作，分析问题、理清经营管理、改革发展、技术研发、装备配套、党的建设等各项工作思路与方向，沟通思想、交流经验、研讨对策、拓展思路、统一思想、凝聚共识，科学谋划公司2023年“效益提升年”工作重点。中油测井领导金明权、胡启月、邹荣、石玉江、胡友清、赫志兵、陈锋，首席专家，安全副总监、总经理助理，本部部门负责人、各单位党政正职参加会议。

9日　中油技服执行董事、党委书记张宝增，副总经理芦文生一行到中油测井国际公司、测井技术研究院调研。总经理胡启月介绍中油测井技术研发体系和旋转导向研发进展情况。中油测井领导金明权、陈锋，中油技服总经理助理，中油测井首席专家，总经理助理，双方相关部门、单位负责人参加。

10日　中油测井承办的全国石油天然气标准化技术委员会测井分技术委员会及石油测井专标委2022年行业标准审查会暨年会以视频方式在西安召开。会议审查通过《复杂岩性地层测井数据处理解释规范》等6项行业标准，总结工作成效，安排下一步重点工作。中油测井领导胡启月、陈锋，中国石油、中国石化、中国海油、延长油田、高等院校及地方企事业单位等71名标委会委员、专家及标准起草单位代表参加会议。

11日　集团公司科技管理部在北京召开成果鉴定会，中油测井“CNPC-IDS智能导向系统V1.0”“175℃ 20小时一串测测井系统研制与应用”成果通过鉴定，认定为国际先进。

17—18日　中油测井总经理胡启月一行到西南分公司、物资装备公司广汉旋转导向维保中心调研，先后到党建联系点射孔器材公司、新建50万米射孔器材基地、页岩气项目部、旋转导向维保中心维修车间和中国石油工程作业智能支持中心广汉分中心，开展安全生产承包点检查。其间，胡启月走访川南航天能源科技有限公司。

21日　中油测井申报的“多频核磁共振测井仪”“三维感应成像测井仪”“宽动态微电阻率成像测井仪”3项新产品，经西安市推荐、工信厅初审、省级专家评审、公示等环节，正式纳入陕西省重点新产品认定名单。

同日　中油测井举办学习贯彻党的二十大精神暨庆祝公司成立二十周年“光影墨香魅力测井”书画摄影展和测井展厅开馆仪式，书画展分流金岁月、笃行致远、初心如磐等10个篇章。测井展厅以“创新测井、服务油气”为主题，采用多种数字科技，讲述测井技术发展历史，展示中油测井企业文化、科技实力、管理创新和党的建设等发展成果。中油测井领导金明权、胡启月、邹荣、石玉江、陈锋，本部各部门负责人参加。

同日　中油测井在西安以现场 + 视频方式召开 2023 年市场工作会，总结 2022 年市场工作，部署中油测井“十四五”后三年市场工作及 2023 年市场重点工作。表彰 2022 年度市场开发先进单位、优秀项目和先进个人。提出着力深化“三路并举”、提升测井价值、优化生产组织、完善体制机制、加强队伍建设工作要求。中油测井领导胡启月、邹荣、石玉江、赫志兵、陈锋，首席专家，安全副总监、总经理助理，本部部门、各单位负责人及有关人员共 326 人参加。

22 日　中油测井 4 项科研成果获 2022 年陕西省科学技术进步奖，其中“15 米一串测测井仪器研究与应用”获二等奖，“鄂尔多斯盆地油藏测井综合评价技术及应用”“水平井测控与评价技术研究与应用”和“可控中子源伽马全谱测井技术与装备研制应用”获三等奖。

23 日　中油测井在西安以现场 + 视频方式举办员工健康管理及健康企业创建知识培训，介绍现代健康新理念，分析企业员工常见的健康问题，讲解健康与生活方式之间的关系，分享员工健康管理及健康企业创建典型做法。中油测井领导金明权、胡启月、邹荣、石玉江、胡友清、陈锋，安全副总监、总经理助理，本部部门全体人员，各单位领导班子成员及相关管理人员，共 2810 人参加培训。

24 日　中油测井在西安以现场 + 视频方式召开《中国石油测井简史》《中国石油集团测井有限公司志 2002—2021》发行仪式暨座谈会。党委书记、执行董事金明权，原总经理李剑浩共同为新书揭幕。《中国石油测井简史》由中油测井倡议发起，联合多家单位，邀请中国工程院院士李宁作指导，历时近一年编纂而成，是我国首部测井行业史，全面、客观地记述中国石油测井行业 83 年以来重要历史事件、技术进步、机构沿革、重组改革和历史成就。《中国石油集团测井有限公司志 2002—2021》全面记述中油测井成立 20 年来在研发、制造、服务、应用等方面的辉煌业绩。中国工程院院士李宁，中油测井副总经理石玉江，中石化经纬有限公司执行董事、党委书记、总经理吴柏志，中海油服油田技术事业部副总经理牛德成，石油工业出版社执行董事、党委书记雷平，长江大学副校长郭海敏，以及参与《中国石油测井简史》编写的 23 家单位 115 名领导、专家，25 位编写组成员在北京、青岛、燕郊、西安等地 14 个会场参加。

同日　中油测井制造公司重庆仪器厂通过美国石油学会认证，取得 API 认证证书。生产的钻井仪表、钻井视频监控系统、插拔式井口快速连接装置、车载数据中心 4 类产品获国际石油设备市场准入资格。

26 日　中油测井西南分公司采用“双锥双弧四组合”射孔弹装药结构、高比重粉末药型罩材料及制造工艺，研制的先锋 127 型超深穿透射孔弹打靶实验结果，经美国石油学会（API）见证员现场确认，平均穿孔深度 2258 毫米，孔径 11.4 毫米，创造穿孔深度世界纪录。

29 日　中油测井在西安以现场 + 视频方式召开企业文化发布会，发布新版《企业文化手册》《员工行为手册》《视觉形象手册》。将分步实施宣贯、评价、固化 3 个阶段工作，推动企业文化建设。中油测井领导金明权、赫志兵，公司本部部门、各单位负责人及有关人员 147 人参加。

12 月

8—9 日　中国石油学会第二十二届测井年会以现场 + 视频 + 网络直播形式在中油测井召开。中国工程院院士李宁、长江大学副校长郭海敏等作交流报告。中油测井、中石化经纬有限公司、中海油田服务股份有限公司分享技术研发进展，发布优秀论文。中油测井领导金明权、胡启月、赫志兵、陈锋，中石化经纬有限公司、中海油服油田技术事业部、中国石油勘探院等领导及相关单位专家参会。

9日　中油测井在西安以现场+视频+网络直播方式召开成立二十周年庆祝大会。党委书记、执行董事金明权简要回顾公司20年的奋斗历程，表示中油测井将加快建设世界一流测井公司，为保障国家能源安全贡献力量。中国石油股份公司副总裁，大庆油田公司党委书记、执行董事朱国文，中国工程院院士李宁，中油技服，辽河油田公司、塔里木油田公司、西南油气田公司、西部钻探公司、川庆钻探公司等单位领导在视频中致辞。长庆油田公司执行董事、党委书记，中国石油驻陕企业协调组组长何江川，西安石油大学等到现场致辞，陕西省总工会，西安市、大庆市、松原市、哈密市、隆昌市等地方政府，集团公司所属34家单位，中国石油大学等10所高校院所，中石化经纬有限公司等业内同行及公司老领导等发来贺信。中油测井领导胡启月、邹荣、陈宝、石玉江、赫志兵、陈锋，李剑浩等老领导，相关高校院所、石油石化企业领导专家，以及广大干部员工7200多人现场参会或直播观会。

同日　中油测井在西安召开成立二十周年老领导座谈会。金明权、胡启月与李剑浩、王公江、邵镇江、张智慧等老领导座谈，并陪同参观测井展厅、书画摄影展、产品展示长廊和智能化生产线。中油测井领导邹荣、胡友清、赫志兵、陈锋等参加。

同日　中油测井举办庆祝公司成立二十周年“启航新征程”职工文艺汇演。18个单位以“砥砺奋进树丰碑、筑梦时代绘蓝图、传承文化谱华章、高举旗帜向未来”4个篇章、20个节目致敬中油测井20年砥砺奋进，展望美好明天。参加庆祝大会的中油测井领导、老领导，中国石油驻陕企业、石油院校领导、嘉宾在现场观看，广大干部员工视频直播观看。

同日　中油测井选送的演讲作品《铸造国之重器探寻油气密码》获第十届全国品牌故事大赛全国总决赛一等奖。

15日　由集团公司主办，中油测井承办的集团公司测井重点实验室学术委员会2022年工作会议以视频方式在西安召开，通报2021年学术委员会建立落实情况、2022年实验室运行、科研成果、团队建设、开放交流情况和发展建议。中国工程院院士李宁，中油测井副总经理石玉江，委员会委员及有关人员52人参加。

16日　中油测井获由陕西省科学厅、陕西省财政厅、国家税务总局陕西省税务局联合颁发的“高新技术企业证书”，有效期3年。

21日　中油测井在西安以视频形式召开十大科技项目年度考核会议，集团公司科技管理部等部门及5家油田公司的10位外部评委和中油测井评委，按照考核指标对中油测井十大科技项目2022年研发成果进行评审。中油测井领导陈宝、石玉江、赫志兵，首席专家，相关部门、单位主管领导，十大科技项目经理及有关人员参加。

26日　中油测井在集团公司第二届生产创新大赛工程技术专业、勘探开发专业和装备制造专业赛中获二等奖2项、三等奖3项。

29日　中油测井牵头的集团公司重大科技专项“重大工程关键技术装备研究与应用（二期）”课题“近钻头伽马电阻率成像随钻测井系统研发”，通过集团公司科技管理部组织的专家组验收。该项目研制成3种近钻头成像测井仪器，开发出随钻成像测井地质导向软件、水平井综合解释评价技术，创新半井眼模型近钻头电阻率测井响应探测特性定义，设计优化近钻头电阻率电成像测井方法及电极系，开发配套响应数值模拟技术及软件。

本年　中油测井发挥“五统一”合力，有序推进生产经营和疫情防控，业绩考核首次获评集团公司A级。全年完成各类作业97239井次，同比增长10.89%，其中裸眼测井24168井次、生产测井15062井次、工程测井27628井次、射孔29963井次、录井418井次。随钻测井541口，桥射联作2940口24058段。探井、开发井解释符合率分别达到 87.96%、97.14%。全年制造仪器 650 台（套 / 支）、射孔弹 158.73 万发、射孔枪 67.5 万米。完成产值 121.74 亿元，实现收入 105.03 亿元、考核净利润 2.52 亿元，上缴税费 2.11 亿元，投资 10.13 亿元，超额完成集团公司各项考核指标。建立 4 大共享研发平台，发布 CPLog 成套装备、CIFLog 测井软件技术标准体系。205℃声波换能器形成试验样机，高性能中子管打靶超 500 小时。CNPC-IDS 智能测导、175℃ /20h 一串测、CIFLog-LEAD 被认定国际先进。230℃ /170 兆帕高温高压小直径系列形成深井作业能力，FITS 过钻具成像测井填补国内空白，iWAS 地面系统换装 11 套。“先锋”射孔弹打靶穿深 2258 毫米，通过 API 标准认定，保持世界领先，射孔器材承压指标提升至 245 兆帕。建成中国石油统一测井数据库，测井数据入库率 94%。国内首条测井装备智能化加工线投产，形成过钻具中子源舱一体化 3D 打印技术。新一代桥射联作技术获集团公司 2022 年中国石油十大科技进展。获集团公司 2022 年度先进集体、创新型企业、生产经营先进单位、质量健康安全环保节能先进企业、健康企业建设达标企业等称号，在中油技服综合考核排名第三，为全面完成“十四五”规划目标奠定坚实基础。

统计数据

表 1　2022 年中油测井经营情况统计表

指标名称				计量单位	合计	长庆分公司	西南分公司	新疆分公司	天津分公司	辽河分公司
一、收入情况	收入总计			万元	1037143.99	276683.36	113859	109811	66359	62262.24
	主营业务收入	主营业务收入合计		万元	1009121.22	275540.58	113651	109722	66359	62244.58
		（1）按市场区域分	集团公司内本油区	万元	862615.54	267460.37	93453	106672	37216	62063.02
			集团公司内本油区外	万元			15970		20549	
			国内集团公司外	万元	36894.04	7835.10	4228	3050	8594	181.56
			国外	万元	109611.64	245.11				
		（2）按业务类型分	裸眼测井	万元	570869.86	177671.30	46472	37087	25362	26780.19
			生产测井	万元	74037.51	29688.77	5536	2287	9285	2840.64
			射孔取心	万元	342651.31	66204.67	59211	66336	30832	32158.54
			资料处理解释	万元	13472.47	1975.84	2432	4012	880	465.21
			测井仪器销售	万元	5018.51					
			射孔器材销售	万元	3071.56					
	其他业务收入合计			万元	28022.77	1142.78	208	89		17.66
二、成本情况	总成本			万元	1007326.43	236500.52	106231	100190	63130	62141.77
	集团公司内本油区			万元	868691.77	229565.16	86852	97400	35405	61960.51
	集团公司内本油区外			万元			15127		19549	
	国内集团公司外			万元	36828.42	6725.0	4252	2790	8176	181.26
	国外			万元	101806.24	210.38				
三、利润情况	总利润			万元	38542.22	40911.49	7628	10349	3797	120.47
	集团公司内本油区			万元	23955.03	39711.76	6601	10089	2129	115.02
	集团公司内本油区外			万元			843		1176	
	国内集团公司外			万元	1409.13	1163.34	184	260	492	5.45
	国外			万元	13178.06	36.39				

中油测井								
大庆分公司	吐哈分公司	华北分公司	塔里木分公司	青海分公司	吉林分公司	国际公司	物资装备公司	非工程技术
60745.00	28707.70	65301.93	40020.53	32265.00	26904.02	116705.23		37519.98
60745.00	28706.72	65233.15	39476.89	26704.00	26895.51	115238.46		18604.33
48952.0	19181.79	53386.39	38560.47	26704.00	25673.82			83292.68
9049.00	7329.71	11279.08			796.05			–64972.84
1424.00	2195.22	567.68	916.4		425.64			7476.42
1320.0						115238.46		–7191.93
45275	17249.77	43592.6	27117.39	12314.00	12929.46	78654.88		20364
3030	4039.75	13759.67	2459.43		2537	3362		–4787.76
9178.00	6980.90	7019.7	8320.21	11312.00	11322.6	22000		11775.35
3262.00	436.30	861.2	1579.86	3078.00	106.51	11221		–16837.65
								5018.51
								3071.56
	0.98	68.78	543.64	5561.00	8.51	1466.77		18915.65
55663	26514.21	59938.74	37718.48	31563.00	26266.33	104381.11		97088.27
45036	19506.14	49001.81	36854.78	31563.00	25073.22			150474.15
8235	5392.92	10352.7			777.43			–59434.09
1296	1615.15	584.19	863.70		415.68			9929.46
1096						104381.11		–3881.25
5083.00	268.70	5363.19	2254.55	1097.92	637.7	12857.78		–51826.56
3916.0	210.50	4384.58	2201.83	1097.92	608.7			–47110.30
814.00	58.2	926.34			18.87			–3836.41
128.00		52.27	52.72		10.1			–938.7
225.0						12857.78		58.89

指标名称		计量单位						
			合计	长庆分公司	西南分公司	新疆分公司	天津分公司	辽河分公司
四、资产情况	资产总额	万元	1297470.42	177770.26	50953	84327	43236	45355.24
	固定资产原值	万元	1096139.69	135637.09	39236	59158	39366	55299.00
	固定资产净值	万元	262368.93	47701.62	9592	21127	10283	12041.13
	主要设备原值	万元	753591.04	113872.74	25982	41434	24316	36701.46
	主要设备净值	万元	128543.45	36735.88	3656	17344	7560	8839.2
	主要设备新度系数	%	17.06	32.26	14.07	41.86	31.09	24.08
	地面系统设备原值	万元	133790.17	6850.13	7099.0	8692	3341	11553.27
	地面系统设备净值	万元	21172.48	2786.02	1045.0	4187	1153	1536.47
	地面系统设备新度系数	%	15.83	40.67	14.72	48.17	34.51	13.30
	井下仪器设备原值	万元	1071166.74	5816.4	8320			1778.8
	井下仪器设备净值	万元	169907.91	451.37	2005			140.4
	井下系统设备新度系数	%	15.86	7.76	24.1			7.89
五、本年主力装备投资	本年主力装备投资合计	万元	12191.38		3192.00	8702.75		90.00
	（1）成像系列	万元	9842.19		1485	8060.56		90.0
	（2）数控系列	万元	2349.19		1707.0	642.19		
	（3）小数控	万元						
六、全员劳动生产率（按收入计算）		万元/人	122.16	288.21	116.78	132.94	74.98	52.94
七、市场占有情况	市场占有率（本油区）	%	90.39	98.0	87	96.3	100	99.36
	合同履约率（本油区）	%	100	100	100	100	100	100
八、产值情况	合计	万元	1217381.00					
	技术服务	万元	1017710.00	265716.00	119442.00	112018.00	68380.00	60590.00
	仪器制造	万元	153206.00		41021			
	科技研发	万元	23578.00					
	重庆华油	万元	22887.00					

注：地质研究院完成科研产值4252万元；测井技术研究院完成科研产值19326万元；制造公司完成仪器制造产值112185万元。

续表

中油测井

大庆分公司	吐哈分公司	华北分公司	塔里木分公司	青海分公司	吉林分公司	国际公司	物资装备公司	非工程技术
66218.00	31515.63	44759.38	26538.71	30903.80	28058.38	167475.00		500360.02
63274.00	28571.24	42069.37	17913.93	30903.80	22867.8	360985.00		200858.46
15497.00	6486.00	11816.49	6068.40	8060.38	11242.9	29137.00		73316.02
32117.00		26878.90		23233.94		429055		
9269.00		7745.56		4989.78		32404		
28.86		28.82		21.48		7.55		
11500.00	1953.57	4467.13	5862.94	1897.50	2746.63	67827		
2042.00	221.13	763.86	992.0	246.40	1164.6	5035		
17.76	11.32	17.10	16.92	12.99	42.4	7.42		
	1160.29	732.50				268309	785049.80	
		184.74				19528	147598.40	
		25.22				7.28	18.80	
		206.6						
		206.6						
64.62	92.61	99.70	224.83	83.16	36.91	249.37		
99.00	100	100	78.3	94.90	95			
100	100	100	100	100	100			
60745.00	29170.00	64603.00	39938.00	32258.00	30512.00	127045.00	7284.00	

表 2　2022 年中油测井装备及作业队伍统计表

指标名称				计量单位	合计	长庆分公司	西南分公司	新疆分公司	天津分公司	辽河分公司	大庆分公司	吐哈分公司	华北分公司	塔里木分公司	青海分公司	吉林分公司	国际公司	物资装备公司	质量安全监督中心
队伍	综合测井队			支	425	129	15	22	10	33	35	0	65	9	8	5	94	0	0
队伍	裸眼井测井队			支	165	13	16	27	21	12	31	19	0	9	8	9	0	0	0
队伍	生产井测井队			支	57	19	3	3	9	7	0	5	1	4	0	5	1	0	0
队伍	射孔队			支	104	4	14	17	15	14	0	11	0	6	6	17	0	0	0
队伍	LWD 队			支	59	8	1	2	2	2	6	2	10	5	5	2	2	12	0
队伍	录井队			支	62	6									56				
队伍	合计			支	872	179	49	71	57	68	72	37	76	33	83	38	97	12	
地面系统	总计			套	958	233	61	79	77	91	66	37	76	33	27	36	130	12	
地面系统	成像系列	合计		套	373	93	17	9	18	24	43	19	44	15	15	7	69		
地面系统	成像系列	裸眼测井	小计	套	371	93	17	7	18	24	43	19	44	15	15	7	69		
地面系统	成像系列	裸眼测井	ECLIPS	套	119	10	15		11	18	8	4	6	10		2	35		
地面系统	成像系列	裸眼测井	EXCELL-2000	套	2				2										
地面系统	成像系列	裸眼测井	LOGIQ	套	28	3		5	1				1	2	2		14		
地面系统	成像系列	裸眼测井	EILog	套	182	80	2		1	5	12	15	37	3	13	5	9		
地面系统	成像系列	裸眼测井	LEAP800	套	12					1							11		
地面系统	成像系列	裸眼测井	Wiseye1000	套	21						21								
地面系统	成像系列	裸眼测井	其他	套	7			2	3		2								
地面系统	成像系列	生产测井	小计	套	2			2											
地面系统	成像系列	生产测井	EXCELL-2000	套	2			2											
地面系统	数控系列	合计		套	214	39	12	40	15	18	23			3		7	57		
地面系统	数控系列	裸眼测井	小计	套	159		6	36	13	18	23					7	56		
地面系统	数控系列	裸眼测井	CSU	套															
地面系统	数控系列	裸眼测井	3700	套															
地面系统	数控系列	裸眼测井	SDZ-3000/5000	套	29			6	9	8						6			
地面系统	数控系列	裸眼测井	EILog	套	9			1		8									
地面系统	数控系列	裸眼测井	HH2530	套	21			11	4		6								
地面系统	数控系列	裸眼测井	LEAP600	套	58					2							56		
地面系统	数控系列	裸眼测井	慧眼 1000	套	17						17								
地面系统	数控系列	裸眼测井	530	套															
地面系统	数控系列	裸眼测井	其他	套	25		6	18								1			
地面系统	数控系列	生产测井	小计	套	55	39	6	4	2					3			1		
地面系统	数控系列	生产测井	DDL-V	套															
地面系统	数控系列	生产测井	DDL- Ⅲ	套															
地面系统	数控系列	生产测井	520	套															
地面系统	数控系列	生产测井	Sondex-PLT	套	9	2	3		2					1			1		
地面系统	数控系列	生产测井	XCHD	套	6		2	4											
地面系统	数控系列	生产测井	其他	套	40	37	1							2					

续表

指标名称				计量单位	合计	长庆分公司	西南分公司	新疆分公司	天津分公司	辽河分公司	大庆分公司	吐哈分公司	华北分公司	塔里木分公司	青海分公司	吉林分公司	国际公司	物资装备公司	质量安全监督中心
地面系统	小数控系列	合计		套	321	93	32	28	44	49		16	22	10	7	20			
		裸眼测井	小计	套	10					10									
			CJX-521	套															
			DLS-1	套															
			SKD-3000A	套	10					10									
			SKH-2000/3000	套															
			其他	套															
		生产测井	小计	套	112	33			20	24		5	22	3		5			
			SKH-2000/3000	套	24				4	15		5							
			DLTX-B	套															
			CJX-521	套															
			DLTS-A/B	套															
			WELLSUN	套	18				10				5	3					
			思坦 SCL-B2	套															
			PLIS4100	套	52	33				9			10						
			其他	套	18				6				7			5			
		射孔	小计	套	199	60	32	28	24	15		11		7	7	15			
			CS-A	套															
			SKD-3000A	套	32		10		19	1						2			
			SKH-2000	套															
			SC93-2	套															
			DB-Ⅲ	套	9											9			
			SSQ	套	67	60									7				
			XCHD-Ⅲ A	套	32			28				4							
			其他	套	59		22		5	14		7		7		4			
	其他系列	合计		套	50	8		2				2	10	5	5	2	4	12	
		LWD		套	50	8		2				2	10	5	5	2	4	12	
井下仪器系列	总计			支	28611												2452	26159	
	成像井下仪器	合计		支	1191												201	990	
		超声波井周成像		支	51												25	26	
		水基泥浆微电阻率扫描成像		支	160												47	113	
		油基泥浆微电阻率扫描成像		支	5												3	2	
		交叉偶极声波		支	219												51	168	
		阵列感应		支	495												12	483	

续表

指标名称				计量单位	合计	长庆分公司	西南分公司	新疆分公司	天津分公司	辽河分公司	大庆分公司	吐哈分公司	华北分公司	塔里木分公司	青海分公司	吉林分公司	国际公司	物资装备公司	质量安全监督中心
井下仪器系列	成像井下仪器	阵列侧向		支	60												12	48	
井下仪器系列	成像井下仪器	核磁共振		支	76												16	60	
井下仪器系列	成像井下仪器	分区水泥胶结		支	116												33	83	
井下仪器系列	成像井下仪器	其他		支	9												2	7	
井下仪器系列	快速平台	合计		支															
井下仪器系列	快速平台	快速平台		支															
井下仪器系列	特殊井下仪器	合计		支	174												33	141	
井下仪器系列	特殊井下仪器	介电测井仪		支															
井下仪器系列	特殊井下仪器	电缆式地层测试器		支	30												12	18	
井下仪器系列	特殊井下仪器	电缆模块地层测试器		支	6												4	2	
井下仪器系列	特殊井下仪器	旋转式井壁取心器		支	34												4	30	
井下仪器系列	特殊井下仪器	撞击式井壁取心器（取心枪）		支	78													78	
井下仪器系列	特殊井下仪器	VSP		支	15												13	2	
井下仪器系列	特殊井下仪器	过套管电阻率		支	11													11	
井下仪器系列	特殊井下仪器	其他		支															
井下仪器系列	常规井下仪器	合计		支	27246												2218	25028	
井下仪器系列	常规井下仪器	成像系列		支	24801												1258	23543	
井下仪器系列	常规井下仪器	数控系列		支	960												960		
井下仪器系列	常规井下仪器	国产数控系列		支	1485													1485	
资料处理设备	总计			台	460	62	23	68	14	81	37	12	19	16	19	24	85		
资料处理设备	工作站	合计		台	151	7	9		5	45	17	6	2	5	6	13	36		
资料处理设备	工作站	SUN		台	122	6	9		5	41	14	6	2	5	3	13	18		
资料处理设备	工作站	IBM		台	18										1		17		
资料处理设备	工作站	APPLE		台	1										1				
资料处理设备	工作站	SGI		台	10	1				4	3				1		1		
资料处理设备	服务器	合计		台	127	3	7	63	2	10	7	6	7	8	3	3	8		
资料处理设备	服务器	工作站服务器	小计	台	15			3		5				2		3	2		
资料处理设备	服务器	工作站服务器	SGI	台	3					3									
资料处理设备	服务器	工作站服务器	IBM	台	4									2			2		
资料处理设备	服务器	工作站服务器	联想	台	8			3		2						3			

续表

指标名称				计量单位	合计	长庆分公司	西南分公司	新疆分公司	天津分公司	辽河分公司	大庆分公司	吐哈分公司	华北分公司	塔里木分公司	青海分公司	吉林分公司	国际公司	物资装备公司	质量安全监督中心
资料处理设备	服务器	微机服务器	小计	台	112	3	7	60	2	5	7	6	7	6	3		6		
			IBM	台	7	1	5								1				
			惠普	台	33	1				4	7	6	7		2		6		
			联想	台	69	1		60	2					6					
			COMPAQ	台	3		2			1									
	大型绘图仪	合计		台	182	52	7	5	7	26	13		10	3	10	8	41		
		KIP2000		台															
		惠普		台	76	6	7	5	6	4	5		7	3	2	2	29		
		CLIP		台	2										2				
		V80		台															
		8924L-4R		台	2										2				
		施乐 8830		台	21					15	4					2			
		奥西		台	1										1				
		其他		台	80	46			1	7	4		3		3	4	12		
实验研究设备	总计			套	63		6	28	11	1						3	2		12
	岩石物理	岩石物理实验室		套	25			12	11								2		
		其他		套															
	计量	三相流		套	3			1											2
		测斜检定实验室		套	1			1											
		固井质量刻度井群		套	4		1	1											2
		放射性刻度井群实验室		套	4		1	1											2
		其他		套	2											2			
	检测	电法模拟井		套	11		1	9		1									
		高温实验室		套	4		1	1											2
		高压实验室		套	4		1	1											2
		射孔检测实验室		套	2		1	1											
		声电成像模拟试验装置		套	2														2
		其他		套	1											1			

表3　2022年中油测井及所属单位工作量及质量指标统计表

统计内容 / 单位	总工作量	国内测井射孔工作量																
		裸眼井测井工作量							工程测井工作量				生产测井工作量					
		合计	完井				随钻测井	其他	合计	套损检测	固井质量	其他	合计	产出剖面	注入剖面	储层参数	其他	合
			探井		开发井													
	井次	井次	口	井次	口	井次	井次	井次	井次	井次	井次	井次	井次	井次	井次	井次	井次	井
长庆	34631	8078	542	632	5161	5893	94	1459	8389	658	6067	1664	7045	80	3168	243	3554	11
西南	3637	862	127	254	277	396	55	157	1419	105	1261	53	132	77	10	2	43	12
新疆	6495	1547	59	108	974	1211	22	206	1895	37	1686	172	478	201	226	40	11	25
天津	6269	1379	76	189	691	972	15	203	1425	36	1232	157	754	126	424	33	171	27
辽河	11036	2447	38	104	1426	2184	19	140	2526	141	2332	53	732	190	458	1	83	53
大庆	9543	4392	87	122	3535	3688	236	346	4711	0	3992	719	157				157	2
吐哈	3529	725	93	179	409	483	3	60	811	14	655	142	1502	21	391	22	1068	4
华北	6911	1479	98	153	655	734	95	497	2066	410	1134	522	2682	733	530	32	1387	6
塔里木	1063	382	54	110	126	240	25	7	385	48	313	24	83	8	9	35	31	2
青海	3796	914	58	95	473	599	8	212	725	0	723	2	12	0	0	6	6	17
吉林	4848	658	40	49	555	567	10	32	1042	122	745	175	1022	208	788	12	14	21
国际公司	5481	1307	38	71	514	761	12	463	2229	32	1198	999	463	111	144	85	123	14
物装公司																		
合计	97239	24170	1310	2066	14796	17728	594	3782	27623	1603	21338	4682	15062	1755	6148	511	6648	29

射孔工作量						国内录井工作量	国外工作量					质量统计				
												作业质量		测井曲线优质率		
电缆射孔	桥射联作	油管传输射孔	特殊作业	射孔厚度	用弹量	合计	合计	裸眼测井	工程测井	生产测井	射孔	仪器一次下井成功率	测井一次成功率	合计	裸眼测井	生产测井
井次	段数	井次	井次	米	万发	口	井次	井次	井次	井次	井次	（%）	（%）	（%）	（%）	（%）
914	7660	1135	1032	57236.66	88.456	38						99.86	96.67	99.22	99.13	99.99
453	5644	324	447	25000.30	37.672							99.82	99.46	99.49	99.49	99.65
001	5220	1525	49	34510.10	49.376							99.89	99.87	99.21	99.11	99.86
597	1384	1760	354	21272.61	35.995							99.51	97.42	98.51	98.35	99.28
745	407	4075	511	43215.14	66.477							99.64	98.45	98.96	98.88	99.94
180	858	34	69	4598.69	7.14							99.82	99.02	99.99	99.99	
121	848	341	29	9904.22	9.672							99.72	99.02	99.50	99.48	99.71
479	801	125	80	4168.31	6.450							99.66	99.49	97.76	96.99	100.00
14		118	81	4201.05	6.056							99.01	98.04	99.90	99.89	100.00
192	398	1551	22	15362.78	22.814	380						99.03	96.73	98.66	98.66	
744	838	335	47	15014.17	20.808							99.90	99.65	99.98	99.97	100.00
614		456	412	13135.38	19.480		5481	1307	2229	463	1482	98.71	98.71	99.63	99.79	99.49
5054	24058	11779	3133	247619	370	418	5481	1307	2229	463	1482	99.76	95.52	99.37	99.31	99.77

表 4　2022 年中油测井及所属单位测井资料解释工作量及质量指标统计表

指标单位	裸眼测井解释工作量								套管井解释工作量				解释质量											
	合计		探井		评价井		开发井		固井质量评价		生产测井		探井解释符合率			评价井解释符合率			开发井解释符合率			总解释符合率		
	口数	井次	口数	井次	口数	井次	口数	井次	口数	井次	口数	井次	试油层数	解释符合层数	解释符合率(%)	试油层数	解释符合层数	解释符合率(%)	试油层数	解释符合层数	解释符合率(%)	试油层数	解释符合层数	解释符合率(%)
长庆分公司	5678	5787	284	303	278	278	5116	5206	6076	6204	8989	8989	928	794	85.56	1041	890	85.49	8482	8209	96.78	10451	9893	94.66
西南分公司	230	486	38	93	65	137	127	256	445	1414	175	216	115	102	88.70	462	438	94.81	597	597	100.00	1174	1137	96.85
新疆分公司	918	1107	43	70	85	127	790	910	1383	1621	322	333	231	205	88.74	566	510	90.11	2442	2390	97.87	3239	3105	95.86
天津分公司	333	384	16	25	35	43	282	316	329	363	74	76	35	30	85.71	96	86	89.58	979	958	97.85	1110	1074	96.76
辽河分公司	1292	1353	19	31	35	39	1238	1283	1465	1866	649	695	195	172	88.21	19	17	89.47	570	552	96.84	784	741	94.52
大庆分公司	3384	3546	41	164	51	90	3292	3292	3681	3681	3	3	120	109	90.83	386	343	88.86	490	467	95.31	980	903	92.14
吐哈分公司	350	358	39	41	35	39	276	278	523	549	630	630	18	16	88.89	6	6	100.00	323	316	97.83	347	338	97.41
华北分公司	495	625	41	89	54	93	400	443	539	603	689	750	49	44	89.80	107	93	86.92	648	630	97.22	804	767	95.40
塔里木分公司	35	35	23	23	12	12	0	0	23	23	68	75	223	207	92.83	0	0	—	0	0	—	223	207	92.83
青海分公司	494	613	28	63	10	14	456	536	580	715	5	5	129	117	90.70	72	67	93.06	2162	2068	95.65	2363	2252	95.30
吉林分公司	486	488	11	12	18	19	457	457	469	470	1027	1027	8	7	87.50	32	31	96.88	628	618	98.41	668	656	98.20
国际公司	657	996	52	91	11	15	594	890	657	939	197	209	91	81	89.01	11	11	100.00	773	772	99.87	875	864	98.74
合计	14352	15778	635	1005	689	906	13028	13867	16170	18448	12828	13008	2142	1884	87.96	2798	2492	89.06	18094	17577	97.14	23018	21937	95.30

表5　2022年中油测井装备制造工作量统计表

序　号	仪器名称	单位	制造数量
一	测井仪器类		650
（一）	电缆测井类	合计	407
1	地面系统	套	16
2	CPLog 15米/20米一串测系列	支	127
3	CPLog 高温系列（430kbps 175℃/140MPa@20H）	支	131
4	CPLog 小井眼一串测 (Φ76)	支	114
5	CPLog 成像仪器	支	19
（二）	过钻具测井类	合计	194
1	ThruBit 过钻头存储式测井仪	支	12
2	FITS-57 过钻具存储式仪器	支	182
（三）	生产测井类	合计	49
1	地面系统	台	9
2	井下仪器	小计	40
（1）	注采剖面测井系列	支	24
（2）	工程检测测井系列	支	8
（3）	固井质量评价设备	支	4
（4）	工艺工具	支	4
（四）	钻井仪表		
1	钻井仪器及仪表	件	77
2	信息计量仪器及仪表	件	303
3	安全监控仪器及仪表	件	966
（五）	备板、备件	小计	44436
1	测井类产品备件	件	31389
2	工艺工具备件	件	8786

续表

序　号	仪器名称	单位	制造数量
3	钻井仪表类备板、备件	件	4261
二	射孔器材类		
（一）	射孔弹	万发	158.7
（二）	射孔枪	千米	496.8

附　录

附　表

附表1　2022年中油测井获集团公司级以上科技奖励

序　号	项目名称	主要完成单位	奖项名称
1	川南页岩气新一代压裂技术及应用	中国石油集团测井有限公司	2022年度集团公司科学技术一等奖
2	轮南地区深薄油藏滚动开发关键技术研究与应用	中国石油集团测井有限公司	2022年度集团公司科学技术三等奖
3	15米一串测测井仪器研究与应用	中国石油集团测井有限公司	2022年度陕西省科学技术进步奖二等奖
4	鄂尔多斯盆地油藏测井综合评价技术及应用	中国石油集团测井有限公司	2022年度陕西省科学技术进步奖三等奖
5	水平井测控与评价技术研究与应用	中国石油集团测井有限公司	2022年度陕西省科学技术进步奖三等奖
6	可控中子源伽马全谱测井技术与装备研制应用	中国石油集团测井有限公司	2022年度陕西省科学技术进步奖三等奖

附表2　2022年中油测井获陕西省石油学会科学技术进步奖

序　号	项目名称	授奖等级	主要完成单位	主要完成人
1	井旁缝洞声波多尺度探测方法研究与应用	一等奖	中国石油集团测井有限公司测井技术研究院	马修刚　周　军　蔡文渊　肖承文　陈小磊　张　娟　余长江　孙学凯　段先斐　鲁明宇
2	低孔低渗油藏测井综合评价增储挖潜技术与应用	一等奖	中国石油集团测井有限公司地质研究院	杨　林　李　震　郑小敏　罗少成　王　谦　杨学武　周静萍　许　阳　李　宁　张金海
3	海外超重油油藏测井综合评价与应用	一等奖	中国石油集团测井有限公司国际公司	李剑平　胡　欣　黄　瑞　陈长春　陈　皓　侯秋元　程晓钰　杨爱齐　王　坤　张俊清
4	砂砾岩储层测井评价关键技术研究及推广应用	二等奖	中国石油集团测井有限公司地质研究院	万金彬　高衍武　隋秀英　李国利　肖　华　吴　伟　刘春雷
5	海外碎屑岩油藏水淹层评价与剩余油分布探测集成技术及应用	二等奖	中国石油集团测井有限公司国际公司	程晓东　范乐元　郭振华　黄登峰　倪国辉　孙传宗　孔庆东
6	基于井筒大数据的海外复杂储层测井评价关键技术及应用	二等奖	中国石油集团测井有限公司国际公司	郭海峰　魏海云　杨春顶　侯秋元　魏　娇　杜旭东　张莉莉
7	靖边地区马家沟组马五4测井资料处理与重新解释	三等奖	中国石油集团测井有限公司长庆分公司	韩世锋　俞保财　任小锋　姚海林　蔡　芳

附表 3　2022 年中油测井科技进步奖励

序　号	项目名称	授奖等级	主要完成单位	主要完成人
1	随钻电磁波远探边与前视测井关键技术	基础研究奖一等奖	测井技术研究院	朱　军　牒　勇　刘　刚　田园诗　熊焱春　杨善森　鲁　晔　卫一多
2	全谱测井新方法及探测器研究	基础研究奖一等奖	测井技术研究院	岳爱忠　余春昊　贺秋利　王树声　卢春利　王　虎　孙七零　贺国芬
3	天然气水合物地层测井相与成藏特征研究	基础研究奖二等奖	天津分公司	李海燕　屈翠侠　庄学良　刘俊东　舒卫国　胡　博
4	超深超高压气井射孔爆轰机理研究及应用	基础研究奖二等奖	西南分公司	郭廷亮　马自强　罗苗壮　陈建波　唐　凯　任国辉
5	测井数字岩石技术	基础研究奖二等奖	地质研究院	肖　飞　肖占山　陈玉林　李戈理　张永浩　杨智新
6	模块化分簇射孔技术研究与应用	科学技术进步奖一等奖	西南分公司	李奔驰　陆应辉　张清彬　唐　凯　任国辉　陈建波　郭廷亮　郭　鹏　赵昕迪　吴焕龙　李妍僖　雷新华　王　琦　许嘉乐　聂靖雯
7	175℃ /140MPa 成像测井装备升级与推广应用	科学技术进步奖一等奖	测井技术研究院	王　炜　朱涵斌　马雪青　曹景致　陈章龙　陈文辉　朱万里　张天军　谌业和　贺　飞　肖　宏　游占华　施俊成　程　刚　余卫东
8	FITS-C55 过钻具测井系列仪器研制	科学技术进步奖一等奖	测井技术研究院 新疆分公司 长庆分公司 大庆分公司	张炳军　白庆杰　谢昱北　周正志　陈　文　朱新楷　贾占军　高　峰　宋　宇　王　雨　冀本豪　沈卫国　刘炎昌　于　龙　贾文耀
9	测井装备智能制造关键技术研发与应用	科学技术进步奖一等奖	制造公司	马　骁　林　涛　卫一多　武延锋　陈江浩　陈燕红　王　勇　徐　飞　王　雷　贾宏博　陈军利　吴　瑶　杨丁一　赵　敏　范思航
10	源内凹陷区砾岩致密油测井理论技术与应用	科学技术进步奖一等奖	新疆分公司 地质研究院	陈　斌　王先虎　张　浩　蔺敬旗　高衍武　曹志锋　李国利　姬嘉琦　罗　帅　张　凯　周炬锋　安　鹏　张晓亮　张　玮　张艳丽
11	全直径岩心二维核磁扫描资料处理方法与流体识别应用研究	科学技术进步奖一等奖	华北分公司 地质研究院	蔡文渊　祇淑华　张　伟　李　思　白　莎　李　新　王少卿　张凤生　叶　磊　刘　鹏　代红霞　黄　益　王英杰　韩　波　罗燕颖
12	页岩气测井评价技术研究及规模应用	科学技术进步奖一等奖	地质研究院	杨　林　万金彬　黄　科　何羽飞　程道解　谭玉涵　张凤生　姚亚彬　祇淑华　李振林　韩　雪　贾旭楠　郭　宁　徐丽颖　曾静波
13	三维感应成像测井技术在大庆油田应用研究	科学技术进步奖二等奖	大庆分公司 测井技术研究院 地质研究院	董丽新　付晨东　赵　毅　李庆峰　董建刚　白　彦　李戈理　宋青山　王　天　徐贺聪　李明慧　宁宏杰
14	黄骅凹陷复杂岩性测井综合评价技术研究与应用	科学技术进步奖二等奖	天津分公司	刘俊东　郝丽萍　徐　明　李海燕　常静春　李　进　屈翠侠　肖　斐　宋宏业　徐锦峰　宋连猛　张鲲鹏

续表

序　号	项目名称	授奖等级	主要完成单位	主要完成人
15	复杂山地页岩气储层测井及导向技术完善与应用	科学技术进步奖二等奖	吐哈分公司	林茂山　刘海涛　王成荣　张永军　陈向阳　王俊杰　李光磊　李新进　曾　军　王　磊　汪兆隆　王　娜
16	分布式光纤工艺配套与数据处理解释研究及推广应用	科学技术进步奖二等奖	华北分公司	陈金宏　李　剑　陈晓冬　宁卫东　韩　龙　魏　磊　史彬彬　孟　骞　李　剑　李国芳　王　静　黄　益
17	电缆安全射孔技术与配套工具研制应用	科学技术进步奖二等奖	测井技术研究院　长庆分公司	刘　杨　杨　勋　刘　腾　李志恒　周宁侠　冯　滨　姜　曼　扈　勇　孙志忠　慕光华　成随牛　贺红民
18	鄂尔多斯盆地复杂油水层测井评价技术及应用	科学技术进步奖二等奖	地质研究院　长庆分公司	吴有彬　周　妍　林伟川　罗少成　许永涛　郭笑锴　牟　瑜　陈木银　周丽艳　杨超超　甘　宁　王　琳
19	碳酸盐岩双孔介质储层评价方法研究	科学技术进步奖二等奖	西南分公司、长庆分公司、国际公司、地质研究院	王勇军　罗菊兰　张树东　侯秋元　张梦宁　陈义祥　齐宝权　贺洪举　孙　越　陈玉林　齐晓冀　陶云贺
20	致密储层钻井、压裂工程测井评价技术研究与应用	科学技术进步奖二等奖	地质研究院　大庆分公司	缑艳红　白松涛　张宇昆　程道解　董丽新　张丽娜　王轶凡　隋秀英　武　波　李慧莹　何雪莹　宿鹤松
21	海外探区复杂天然气藏测井综合评价方法研究	科学技术进步奖二等奖	国际公司	魏　娇　李曦宁　王　坤　庄　维　蒋新宇　余明发　徐朝辉　计　然　魏蓓蕾　李鹏飞　宋小增　李　冰
22	EILog高效测井装备深化试验与推广应用	科学技术进步奖二等奖	长庆分公司　测井技术研究院	周　扬　高　波　程　刚　陈江浩　樊　琦　韩　涛　何秋凯　陈　斗　王亚东　胡荣维　王振喜　关　浩
23	混积型碳酸盐岩油藏测井综合评价及规模应用	科学技术进步奖二等奖	青海分公司　地质研究院	吴立峰　李　娜　于　娜　段宏臻　段朝伟　周向国　王忠东　单沙沙　徐永发　李　俊　张笑维　王永刚
24	特色射孔工艺技术在辽河地区的应用研究	科学技术进步奖二等奖	辽河分公司	齐德鹏　江松元　张景财　栾　峰　呼景伟　丛龙海　付　杰　刁胜波　胡　瑞　曹　磊　刘绪臣　夏巧林
25	EILog在塔里木油田的推广应用	科学技术进步奖三等奖	塔里木分公司　测井技术研究院	张天军　谌业和　陈　涛　屈峰超　李国昌　窦金涛　纪明明　王　恒
26	智能测井解释关键技术研究	科学技术进步奖三等奖	地质研究院	李戈理　杨智新　陈魏巍　陈玉林　朱涵斌　肖　飞　王茜瑜　刘文强
27	准噶尔盆地湖相混积储层测井评价方法及应用	科学技术进步奖三等奖	地质研究院	杨　帆　邵广辉　吴　伟　隋秀英　毛晨飞　郭　逸　张　妮　梁琬坤
28	钻具输送测井复杂井况处置方法研究	科学技术进步奖三等奖	天津分公司	邢大路　王桂丽　李向华　崔　正　张　峰　张建波　杨海生　蔡民歌
29	桥射联作模块化射孔技术推广应用	科学技术进步奖三等奖	天津分公司	李　宁　张秋冬　李　斌　董拥军　吕　云　马建平　陈　浩　韩向男
30	吐哈油田稠油产出剖面及注氮气井注入剖面测井工艺研究	科学技术进步奖三等奖	吐哈分公司	范生刚　陈荣斌　周　辉　史　阳　马海林　刘春辉　闫　静　侯国强
31	非洲复杂断块油藏测井评价技术	科学技术进步奖三等奖	国际公司	黄　亮　张丽华　计　然　范乐元　侯秋元　曲　鹏　谭志亮　金宜捷

续表

序　号	项目名称	授奖等级	主要完成单位	主要完成人
32	古龙、徐家围子地区难采储量萨葡油层测井精细评价技术研究——徐家围子向斜区葡萄花油层测井评价技术研究	科学技术进步奖三等奖	大庆分公司	李洪征　娄宪刚　王　蕃　汪爱云　段永亮　任　莉　郭立新　陈大涛
33	钻输（泵出）测井井口监控装置研制与应用	科学技术进步奖三等奖	天津分公司	林　峰　于之深　马永南　张　浩　嵇成高　孙延海　舒　展　马　鑫
34	可控大容量电池短节的研制	科学技术进步奖三等奖	物资装备公司	张　勇　蒋长青　张雄辉　蔡志明　曾晓丰　牟维茜　华远飞
35	华北探区蠡县斜坡低饱和油层测井评价技术研究与应用	科学技术进步奖三等奖	华北分公司	叶文军　刘　静　白　莎　李　思　郭常伟　诸葛月英　李振苓　赵永昌
36	陇东地区延长组长 8 段水淹层解释方法及剩余油测试评价	科学技术进步奖三等奖	长庆分公司	赵保华　杨金花　李　洁　刘行军　王自亮　曾　蕊　张伟杰　王高科
37	Sondex 连续流量测井仪国产化的研究	科学技术进步奖三等奖	物资装备公司	谢永梅　蔡井维　毛春玲　嵇成高　牛延吉　王玉全　王海军　张　蒙
38	辽河油田流转区庆阳区块储层综合评价	科学技术进步奖三等奖	辽河分公司	刘可可　荣　伟　周　森　傅永强　李树丽　万吉庆　王拓夫　张仟策
39	酒泉盆地复杂储层测井综合评价技术研究	科学技术进步奖三等奖	吐哈分公司	朱时继　吴　春　冯　伟　王恒太　袁　阳　叶志红　王成荣　林茂山
40	吐哈油田重点区块老井测井再评价	科学技术进步奖三等奖	吐哈分公司	滕　涛　汪兆隆　刘俊华　王　娜　刘正军　石连杰　林茂山　王成荣

附表 4　2022 年中油测井发明专利统计表

序　号	专利名称	专利权人	发明人	授权公告日	申请公布号	专利类型
1	一种测井机器人系统及测井方法	中国石油天然气集团有限公司、中国石油集团测井有限公司	马永南　魏　兵　胡庆涛　魏建宝　李向华　王桂丽　张馨月　林　峰　熊　谦　景　阳　吕　巍　刑大路　刘俊臣	2022/2/1	CN201811168611.1	发明
2	一种地层水电阻率测井仪直流微弱信号三级刻度方法	中国石油天然气集团有限公司、中国石油集团测井有限公司	王晓冬　郭英才　余春昊　李　新　孙柒零　周国立	2022/2/1	CN201811203484.4	发明
3	一种存储式测井双电池管理系统及其控制方法	中国石油天然气集团有限公司、中国石油集团测井有限公司	郭庆明　曾花秀　于　华　陈　涛　方荣贵　阳晓红　彭慧琴　郭用梅　白　彦　杨居朋	2022/2/1	CN202010335092.4	发明
4	基于含水率的枯竭油气藏型储气库动态评价方法及系统	中国石油天然气集团有限公司、中国石油集团测井有限公司、中国石油集团测井有限公司华北分公司	程晓峰　雷晓煜　余　刚　杨　哲　秦　娜	2022/2/22	CN201911116465.2	发明
5	一种渐变地层的电阻率测井响应计算方法及装置	中国石油天然气股份有限公司、北京工业大学、中国石油集团测井有限公司	白　莎　周振永　蔡文渊　王　超　诸葛月英　陈志鑫　李　思　李昊辰　柳灵燕　李静文　谢　娟　王　薇　王文厚　王开红	2022/3/1	CN201810285917.9	发明

续表

序　号	专利名称	专利权人	发明人	授权公告日	申请公布号	专利类型
6	一种基于测试深度和测试时间的测井数据组织显示方法	中国石油天然气集团有限公司、中国石油集团测井有限公司	唐章宏　程文娟　许月晨 熊焱春　代明忠　唐　宇 田园诗　刘　刚　宋永杨	2022/3/1	CN201810732144.4	发明
7	一种核磁共振测井T2截止值的逐点计算方法	中国石油天然气集团有限公司、中国石油集团测井有限公司	刘春辉　张予生　王成荣 范生刚　夏元剑　职玲玲 史　阳　陈荣斌　曹冠平 霍丽如 阿卜杜喀迪尔·苏力旦 李爱玲	2022/3/1	CN201811203489.7	发明
8	一种对低压下页岩等温吸附实验吸附气含量的校正方法	中国石油天然气集团有限公司、中国石油集团测井有限公司	李国利　徐文远　段朝伟 张程恩　李积永　高衍武 张凤生　单沙沙　刘春雷 姚亚彬　牟明洋　隋秀英	2022/3/1	CN201910995361.7	发明
9	一种带有散热系统的测井仪充电电源及其工作方法	中国石油天然气集团有限公司、中国石油集团测井有限公司	谭玉涵　崔式涛　姚亚彬 张凤生　芮　昀　张宇昆 郭　宁　张丽娜　李振林 程道解　黄　科　牛　伟 郭长伟　孙子涵　周彦球 王德强	2022/3/1	CN202010996904.X	发明
10	一种考虑时变和层间干扰的油井产量劈分方法	中国石油天然气集团有限公司、中国石油集团测井有限公司	陈　斌　杨　哲　余　刚 雷晓煜　程晓峰　李雨田 李　琴　刘建江　秦　纳 熊万军　肖胜飚　邱　江	2022/3/29	CN201810169147.1	发明
11	一种超声成像动态均衡处理的方法	中国石油天然气集团有限公司、中国石油集团测井有限公司	陈晓东　赵　薇　宫玉明	2022/3/29	CN201810948466.2	发明
12	一种井间电磁发射天线自适应无级变容谐振系统及其工作方法	中国石油天然气集团有限公司、中国石油集团测井有限公司	宋　杰　程　豪　陈仙江 程现华　朱建新　刘雪峰 尹虹橙 艾力江·依不拉音	2022/3/29	CN201910759987.8	发明
13	一种基于聚类算法的测井曲线识别方法	中国石油天然气集团有限公司、中国石油集团测井有限公司、中国科学院计算技术研究所	章海宁　姚军朋　刘文强 吴迎彰　赵　毅　张伟鹏 盖襲秋　李戈理　叶志红	2022/3/29	CN201910780696.7	发明
14	一种基于深度学习的多尺度测井曲线自动识别方法	中国石油天然气集团有限公司、中国石油集团测井有限公司、中国科学院计算技术研究所	倪路桥　周　军　余春昊 李国军　杜钦波　余长江 杨居朋	2022/3/29	CN201910780699.0	发明
15	一种可远程自动连续投放压裂球的装置及方法	中国石油天然气集团有限公司、中国石油集团测井有限公司	党　峰　陈　涛　王　炜 刘　彤　程　刚	2022/3/29	CN202010470891.2	发明
16	一种测井仪中子源装卸装置及方法	中国石油天然气集团有限公司、中国石油集团测井有限公司	周　军　姬庆庆　李国军 胡家琦　张　娟　朱登明 刘昱晟　王兆其	2022/3/29	CN202011183237.X	发明

续表

序 号	专利名称	专利权人	发明人	授权公告日	申请公布号	专利类型
17	一种感应成像组合三轴线圈	中国石油天然气集团有限公司、中国石油集团测井有限公司	李国军 胡家琦 周 军 姬庆庆 陈小磊 朱登明 段先斐 王兆其	2022/5/6	CN201910645715.5	发明
18	一种基于药型罩壁厚与壁厚差检测装置的检测方法	中国石油天然气集团有限公司、中国石油集团测井有限公司	陆应辉 唐 凯 李奔驰 陈 锋 任国辉 张清彬 陈建波 杨登波 赵昕迪 许嘉乐 马自强 周 剑	2022/5/6	CN201911089189.5	发明
19	一种确定岩石强度的方法	中国石油天然气集团有限公司、中国石油集团测井有限公司	林 涛 韩壮科 邓红卫 王增平 崔 宁 解 琪 王瑞清 张金西	2022/5/10	CN201810201388.X	发明
20	一种随钻多分量多探测深度电磁波天线系统及测量方法	中国石油天然气集团有限公司、中国石油集团测井有限公司	范晓文 陈 涛 宋青山 王水航 周 军 王 炜 冯琳伟 张莉萍 白 彦 陈章龙 史 超 熊齐国 樊晶晶 王 鲁 王 伟	2022/5/10	CN201810838114.1	发明
21	一种感应与侧向联测确定高陡地层真电阻率的方法	中国石油天然气集团有限公司、中国石油集团测井有限公司	吴焕龙 陈瑞梁 程晏桥 蔡汉水 郭 鹏 向 旭 潘文强	2022/5/10	CN201811039173.9	发明
22	一种用于含重油、沥青质岩心的核磁共振实验室测量方法	中国石油天然气集团有限公司、中国石油集团测井有限公司	牟维茜 游 畅 张雄辉 华远飞 陈小东 阳成军 刘 君	2022/5/10	CN201811445921.3	发明
23	页岩气水平井纵波时差校正方法	中国石油天然气集团有限公司、中国石油集团测井有限公司	崔式涛 孙 佩 刘春雷 李 娜 王 谦 段朝伟 牟明洋	2022/5/17	CN202010277717.6	发明
24	一种用于环空电缆测井井口的刮油装置	中国石油天然气集团有限公司、中国石油集团测井有限公司、中国石油集团测井有限公司华北分公司	朱 军 陈 鹏 周 强 熊淼春 王 珺 李 虎 田园诗 刘 刚 卫一多 杨善森 杨 颋 和丽真	2022/5/20	CN201911116466.7	发明
25	基于地层厚度变化的水平井造斜段轨迹优化方法	中国石油天然气集团有限公司、中国石油集团测井有限公司	王 谦 章海宁 万金彬 于 华 李国利 姚军鹏 高衍武 段朝伟 苏 波 崔式涛	2022/5/20	CN202010469862.4	发明
26	一种微电阻率扫描成像测井仪用推靠臂过线装置	中国石油天然气集团有限公司、中国石油集团测井有限公司、中国石油集团测井有限公司华北分公司	刘 鹏 罗燕颖 李 新 吴 迪 李 楠 朱涵斌 姜黎明 郭用梅	2022/5/31	CN202010497272.2	发明
27	一种可用于高矿化度泥浆钻井液条件下的核磁共振射频线圈	中国石油天然气集团有限公司、中国石油集团测井有限公司	罗 利 钟光海 唐廷科 黄 毅 齐宝权 赵中明 张树东 杨小兵 罗 宁 贺洪举 刘 航 王勇军 钱宏科 张洪涛 陈 进 阳大祥	2022/6/3	CN201910023691.X	发明
28	一种核测井仪器能量电流谱获取方法	中国石油天然气集团有限公司、中国石油集团测井有限公司	魏 磊 唐 林 赵 杰 张 宁 冯晓楠 郭常伟 李 云 刘建魁 吕 赴 凌 强 陈少锋 李 捷 刘 鑫 韩 龙 刘 鹏	2022/6/3	CN202010183707.6	发明

续表

序　号	专利名称	专利权人	发明人	授权公告日	申请公布号	专利类型
29	一种随钻仪器集成式短连接器	中国石油天然气集团有限公司、中国石油集团测井有限公司	张树东　齐宝权　吉　人　柏爱川　祇淑华	2022/6/3	CN202010604866.9	发明
30	一种螺纹多齿清洁装置及其使用方法	中国石油天然气集团有限公司、中国石油集团测井有限公司	李　剑　马　庆　段　强　周　杰　鲁永梅　张大伟　李　荣　王献军　谷鹏羊　张志敏　刘永亮　冯　雷　马钟源　李成福	2022/6/3	CN202110005473.0	发明
31	一种在线式张力计系统及方法	中国石油天然气集团有限公司、中国石油集团测井有限公司	侯学理　汤天知　师光辉　李梦春　肖立志　廖广志　方　璐　朱万里　陈江浩　杨居朋　钟　剑　曹先军　孙　佩　王　雷	2022/6/3	CN202110169378.4	发明
32	夹紧装置、控制方法及装置、电子设备和存储介质	中国石油天然气集团有限公司、中国石油集团测井有限公司	罗　翔　何绪新　岳爱忠　陈　涛　王　炜　李晓亮　王树声　李　晓　何　彪　王　虎　何子忠　张晓蕾　魏阿勃	2022/6/17	CN202010666156.9	发明
33	一种远探测电磁波电阻率随钻测井仪结构	中国石油天然气集团有限公司、中国石油集团测井有限公司	孙　衍　郭怡潇　宋永杨　陈思嘉　朱　博　梁　耀　袁晓波	2022/7/5	CN201811045245.0	发明
34	一种井壁微电阻率扫描成像测井仪的分段刻度方法	中国石油天然气集团有限公司、中国石油集团测井有限公司	方　璐　侯学理　朱万里　钟　剑　陈江浩　杨照军　吕　强　蔡长波　周国立　许思勇　冉晓军	2022/7/5	CN201811384773.9	发明
35	基于核磁共振测井增强扩散气层识别因子的流体性质识别方法	中国石油天然气集团有限公司、中国石油集团测井有限公司	罗永林　刘似晏　尹树涛　刘　佳　张　锐　张振波　康　林　高　虎	2022/7/5	CN201811574908.8	发明
36	一种用于检测药型罩壁厚与壁厚差的装置	中国石油天然气集团有限公司、中国石油集团测井有限公司	尹立山　胡启月　曹宇欣　史浩然　杨建明　张　巍　褚国民	2022/7/5	CN201911088265.0	发明
37	打捞装置、控制方法及装置、电子设备和存储介质	中国石油天然气集团有限公司、中国石油集团测井有限公司	陈　鹏　朱　军　卫一多　杨　颋　熊焱春　王　珺　杨善森　刘　刚　田园诗　和丽真　俞　蓓　段俊东　王　飞　左兴龙	2022/7/8	CN202010666219.0	发明
38	一种可替换岩石的可视化模拟井筒试验装置	中国石油天然气集团有限公司、中国石油集团测井有限公司	李剑浩　周　军　刘昱晟　李国军　王　伟　倪路桥　陈小磊	2022/8/2	CN201811296427.5	发明
39	一种地层径向电阻率连续反演方法	中国石油天然气集团有限公司、中国石油集团测井有限公司	吴有彬　成志刚　张海涛　林伟川　罗少成　席　辉　郭浩鹏　刘春雷　牟　瑜　崔　玮	2022/8/2	CN201910120505.4	发明
40	一种感应电场测井仪	中国石油天然气集团有限公司、中国石油集团测井有限公司	吴焕龙　陈瑞梁　程晏桥　向　旭　王门亮　胡秀清　刘　勇	2022/8/2	CN201910712533.5	发明

续表

序　号	专利名称	专利权人	发明人	授权公告日	申请公布号	专利类型
41	一种中子发生器中子产额控制系统及方法	中国石油天然气集团有限公司、中国石油集团测井有限公司	尹立山　史浩然　张　巍　张光洲　武建军　王　成　杨大军　于继崇	2022/8/2	CN202010479183.5	发明
42	一种基于水淹层饱和度变化计算累积注水量的方法	中国石油天然气集团有限公司、中国石油集团测井有限公司	李　新　张永浩　朱涵斌　顾吉胜　郭英才　王晓冬　罗燕颖　姜黎明　李　楠　方朝强　刘　鹏　李　兵　贺国芬　陈　渝　吴　迪	2022/8/5	CN202010442607.0	发明
43	一种电机弹射式同位素释放器控制装置	中国石油天然气集团有限公司、中国石油集团测井有限公司	姜黎明　陈　涛　贺　飞　岳爱忠　卢春利　曹景致　郭英才	2022/8/5	CN202110009701.1	发明
44	一种随钻多极子声波成像测井仪多极发射换能器及其工作方法	中国石油天然气集团有限公司、中国石油集团测井有限公司	王水航　陈　涛　贺秋利　宋青山　陈章龙　范晓文　史　超　党　峰	2022/8/30	CN202010082836.6	发明
45	一种基于井下张力仪的水平段上翘油气井桥射联作方法	中国石油天然气集团有限公司、中国石油集团测井有限公司	安旅行　陈　辉　朱　军　骆庆锋　陈绪涛　王　珺　郭广鎏　宋　森　范宇翔　袁晓波	2022/8/30	CN202010328187.3	发明
46	一种便携式核磁共振测井刻度用装置及快速刻度方法	中国石油天然气集团有限公司、中国石油集团测井有限公司	刘行军　赵保华　王自亮　文晓峰　井素娟　曹孟鑫　吴建华　张伟杰	2022/8/30	CN202010888503.2	发明
47	一种针对腐蚀泄漏管道的堵漏方法	中国石油天然气集团有限公司、中国石油集团测井有限公司	王爱新　刘春斌　范　林　郭　峰　陈光建　孔德博　葛海娅　罗　京　马宗杰　牛　奔　杨凯迪　刘翌尧　叶文军　褚武容　胡　渝　甄德寿　宁　娜　刘思思　闫　锦	2022/8/30	CN202011308839.3	发明
48	一种可测张力生产井滑轮装置	中国石油天然气集团有限公司、中国石油集团测井有限公司	李　剑　王灿云　黄　飞　李玉霞　陈辉娜　路　涛　邹　骁　胡凯利	2022/10/4	CN201811399652.1	发明
49	一种岩性识别剂携带装置及基于其的岩性识别系统和方法	中国石油天然气集团有限公司、中国石油集团测井有限公司	唐　凯　杨登波　陈　锋　任国辉　陈建波　张清彬　赵昕迪　陆应辉　许嘉乐　李妍僖　胡　寒	2022/10/4	CN202010312762.0	发明
50	一种含黏土砂砾岩岩心三孔隙度的测量方法	中国石油天然气集团有限公司、中国石油集团测井有限公司	李　楠　李　新　侯学理　罗燕颖　曹先军　吴　迪　朱万里　张永浩　贺国芬　刘　鹏　李　兵　韩　波　彭　宇　赵强先	2022/10/4	CN202010858357.9	发明
51	一种基于脉冲中了测井的计算地层密度方法	中国石油天然气集团有限公司、中国石油集团测井有限公司	蒋浩泽　刘炜辰　李嘉良　赵元雷	2022/11/1	CN201910704211.6	发明
52	一种井下原位钻测装置	中国石油天然气集团有限公司、中国石油集团测井有限公司	张春林　刘春斌　方旭红　范　林　牛步能　马宗杰　徐东辉　李国伟　金仁高　王明宽　王志峰　王明才　桂鹏飞　张继斌　张　宏　董　军　宋　杨	2022/11/4	CN201811296428.X	发明

续表

序号	专利名称	专利权人	发明人	授权公告日	申请公布号	专利类型
53	一种利用中子输运时间测量地层参数空间分布的方法	中国石油天然气集团有限公司、中国石油集团测井有限公司	韩 波 李 新 周 军 朱涵斌 罗燕颖 张永浩 李 楠 刘 鹏 李 兵 贺国芬 陈 渝 范晓文 王 伟	2022/11/4	CN201910774552.0	发明
54	一种岩心分析饱和度校正方法、装置及可读存储介质	中国石油天然气集团有限公司、中国石油集团测井有限公司	蔺敬旗 隆 山 高秋涛 王振林 高衍武 黄卫东 曹志锋 肖 华 姬嘉琦 王先虎 赵延静 邵广辉 张 凯 程 亮 柴新辉 陈 建 穆永利 周炬锋 张 麟	2022/11/4	CN201911311394.1	发明
55	方位阵列侧向用均质地层残余电位差和主屏流比测试方法	中国石油天然气集团有限公司、中国石油集团测井有限公司	岳爱忠 陈 涛 王树声 何 彪 何绪新 罗 翔 樊云峰 伍 莹	2022/11/4	CN202010251340.7	发明
56	射孔高频振动减震效果测试及分析井下管柱和方法	中国石油天然气集团有限公司、中国石油集团测井有限公司	郭英才 李 新 王晓冬 余春昊 张永浩 姜黎明 孙柒零 周国立	2022/11/4	CN202010276124.8	发明
57	一种五步逼近式碳酸盐岩储层测井立体评价方法	中国石油天然气集团有限公司、中国石油集团测井有限公司	岳爱忠 陈 涛 王树声 何绪新 何 彪 罗 翔 樊云峰 伍 莹	2022/12/2	CN201910711929.8	发明
58	一种射孔井口快速换装防喷设备及其控制方法	中国石油天然气集团有限公司、中国石油集团测井有限公司	张 虔 魏 军 杜文博 吴 伟 曾利刚 牟明洋 邵广辉 李国利 段朝伟 高衍武 董震宇	2022/12/2	CN202110004882.9	发明
59	测井现场用放射源自动清洗装置	中国石油天然气集团有限公司、中国石油集团测井有限公司	郭庆明 贺 飞 陈 涛 王 炜 和丽真 杨居朋 姜黎明 曹景致 卢春利 秦 伟 王 伟 王 琪 靳敏刚	2022/1/4	CN202121759124.X	实用新型
60	一种新型隔离柔性双向防灌短节测井工具	中国石油天然气集团有限公司、中国石油集团测井有限公司	陈 锋 唐 凯 陈建波 彭建新 李奔驰 李妍僖 郭廷亮 聂靖雯 杨登波	2022/5/6	CN202122710015.5	实用新型
61	一种高压气井井下液面远程在线检测装置	中国石油天然气集团有限公司、中国石油集团测井有限公司	王 伟 王贵清 刘俊东 徐 明 幕红武 文得进 李国英 姚 望 李 峰 吕 巍	2022/3/1	CN202022008291.2	实用新型
62	一种射孔可释放丢手装置	中国石油天然气集团有限公司、中国石油集团测井有限公司	李奔驰 唐 凯 陆应辉 陈 锋 陈建波 杨登波 任国辉 罗苗壮 张清彬 赵昕迪 胡 寒	2022/3/1	CN202022667257.6	实用新型

附表 5　2022 年中油测井软件著作权登记统计表

序　号	申报软件名称	发明人	国家版权登记号	国家版权登记日期
1	存储式 RCB/RCD 时深和数据处理软件	令狐松　唐海忠　张　虔　肖文华　段朝伟　吴　伟　魏浩元　周在华　邵广辉　李国利　牟明洋	2022SR0144949	2022-01-24
2	NMR-Strip 核磁共振子谱交互提取软件	王先虎　蔺敬旗　曹志锋　周炬锋　张　麟　王婷婷　柴新辉　张　凯　刘　颖	2022SR0150187	2022-01-24
3	智能测井综合应用基础平台	杨　艺　刘　恒　李海军　陈海祥　何　强　朱　莉	2022SR0150188	2022-01-24
4	多维高精度成像测井软件	周　军　李国军　马修刚　张　娟　陈小磊　杜钦波　段先斐　倪路桥　于文茂　余长江　孙　佩　曹先军　王青艳　刘家雄　雷　蕾　樊云峰　申珍珍　姜黎明　贺秋利　白　彦　王树声　卢春利　王秀琴　王黎明	2022SR0152447	2022-01-24
5	“互联网 + 测井” 应用平台	傅少庆　樊春华　郭玉庆　唐小梅　程晓东　范乐元　郭　凯　吴嘉鹏	2022SR0152451	2022-01-24
6	ACME-MINERAL 地下及井中采集控制平台	陈　斌　秦　纳　雷晓煜　余　刚　黄玉华　杨　哲　熊万军　程晓峰　肖胜飚	2022SR0157917	2022-01-25
7	ACME- 可控源脉冲伽马谱测井采集软件	李国利　蔺敬旗　高衍武　张　凯　杨　帆　张　麟　肖　华　张树东　邵广辉　王婷婷　程　亮	2022SR0157918	2022-01-25
8	微电阻率成像频谱分析软件	李国军　周　军　曹先军　余长江　张　娟　陈小磊　马修刚　杜钦波　段先斐　倪路桥　王　雷　孙　佩　王青艳　申珍珍	2022SR0651449	2022-05-26
9	基于 CIFLog 的 P 型核磁测井资料处理解释软件 v1.0	马修刚　周　军　余卫东　李国军　岳爱忠　姚根虎　于国华　王成龙　刘建建　姜黎明　白　彦　樊云峰　路　涛　卢春利　丁　柱　王　虎　王树声　张晓蕾　倪路桥　刘家雄　段先斐　孙　佩　申珍珍	2022SR0651453	2022-05-26
10	磁方位（MOT）管外光纤定位解释软件	陈小磊　樊　琦　于文茂　段先斐　周　军　李国军　马修刚　张　娟　倪路桥　余长江　杜钦波　孙　佩　申珍珍	2022SR0674497	2022-05-31
11	全直径岩心核磁扫描数据处理软件	侯博文　余卫东　陈江浩　雷晓阳　樊　琦　姚根虎　于国华　贺　飞　程　刚　游占华	2022SR0674554	2022-05-31
12	智能化射孔设计与处理平台	姚根虎　余春昊　余卫东　陈江浩　鲁保平　秦　力　王树声　孙　玲　秦晓红　王选光	2022SR0680860	2022-06-01
13	基于 CIFLog 平台的阵列声波测井资料处理解释软件	崔岩磊　徐　洁　周彦球　李庆峰　由立志　李鹏飞　郑惠峰　张瑛琦　李　洋　佟爱辉　李晓辉　王秀琴　杜贵彬　刘维林　金卫东　张国辉　李光明	2022SR0688326	2022-06-01
14	复杂碳酸盐岩测井处理软件	王黎明　由立志　徐　洁　李　洋　郑惠峰　任立凯　张瑛琦　佟爱辉　王　慧　郭立新　杜贵彬　王丽娟　李光明	2022SR1112091	2022-08-12
15	时间域电磁远探测仪器测井信号处理软件	戴月祥　王志强　黄玉华　同古力克　刘同良	2022SR1112124	2022-08-12
16	MIPS 射孔校深采集软件	蔡文渊　李　思　祇淑华　白　莎　蔡　军　张　宫　于伟高　桂训庭　代红霞　王少卿	2022SR1112166	2022-08-12

续表

序 号	申报软件名称	发明人	国家版权登记号	国家版权登记日期
17	ACME-射孔测井采集软件	董拥军 隋朝明 齐国锋 吕 云 黄伟涛 赵 茜 张秋冬 李 斌 王 帅 马振志	2022SR1112183	2022-08-12
18	饱和度测井资料处理解释软件	王秀琴 杨雪冰 由立志 徐 洁 王秀芳 马文革 佟爱辉 吴望林 李 洋 张瑛琦 李鹏飞 崔岩磊 金卫东 王黎明	2022SR1112185	2022-08-12
19	基于深度学习的流体识别软件	姜艳玲 胡梦曦 贺洪举 赵 娜 杨鸿飞 罗 文 吴玉莹 胡 洋 李彦山 李鹏龙 曹 睿 张晓莉	2022SR0074459	2022-01-12
20	蚀变火山岩基质孔隙度计算软件	邵 琨 肖占山 胡海涛 刘 东 金 秋 姚春明 闫俊杰 袁彩华	2022SR0082139	2022-01-12
21	测井处理解释软件	王 炜 周宁侠 冯 滨 刘 杨 刘 腾 杨 勋 李志恒 孙志忠 扈 勇 刘 平 李 冰 程现华 刘雪峰 石志强 李作阳 姜 曼 彭 勇	2022SR0085320	2022-01-13
22	多臂井径测井自动取值和评价软件	姚根虎 余卫东 陈江浩 樊 琦 雷晓阳 于国华 王选光 林德强 阳晓红 刘建建 陈 歆	2022SR0098137	2022-01-12
23	测井高频层序分析软件	和志明 肖承文 郭玉庆 蔡文渊 李新城 李晓峰 傅少庆 仵 燕 蔡 军 李 思 刘 静 于伟高	2022SR0098138	2022-01-14

附表6 2022年中油测井获集团公司自主创新产品

序 号	名 称	型 号	所属单位
1	模块化分簇射孔器	73/140兆帕型 80/105兆帕型 89/105兆帕型 89/140兆帕型 89/175兆帕型	中国石油集团测井有限公司
2	210MPa/210℃超高温超高压射孔器	89DP25Y16-210	中国石油集团测井有限公司
3	小直径过钻具测井仪	FITS-B57	中国石油集团测井有限公司
4	多级射孔选发开关	ISMP4601 ISMP4602	中国石油集团测井有限公司
5	宽动态微电阻率成像测井仪	MCI6575	中国石油集团测井有限公司

附表7 2022年中油测井制修订管理制度

序 号	文件名称	发文字号	发文部门
1	中国石油集团测井有限公司举办和参与庆典、研讨会、论坛、展览的管理办法	测井办〔2022〕86号	办公室（党委办公室、维稳信访办公室）
2	中国石油集团测井有限公司公文处理办法	测井办〔2022〕62号	办公室（党委办公室、维稳信访办公室）

续表

序　号	文件名称	发文字号	发文部门
3	中国石油集团测井有限公司印章管理规定	测井办〔2022〕63 号	办公室（党委办公室、维稳信访办公室）
4	中国石油集团测井有限公司违规传输敏感信息处罚实施细则	测井密〔2022〕2 号	办公室（党委办公室、维稳信访办公室）
5	中国石油集团测井有限公司保密管理办法	测井办〔2022〕41 号	办公室（党委办公室、维稳信访办公室）
6	中国石油集团测井有限公司信息工作管理实施办法	办发〔2022〕13 号	办公室（党委办公室、维稳信访办公室）
7	中国石油集团测井有限公司公务用车管理办法	测井办〔2022〕76 号	办公室（党委办公室、维稳信访办公室）
8	中国石油集团测井有限公司“三重一大”决策制度实施细则	测井党委〔2022〕40 号	办公室（党委办公室、维稳信访办公室）
9	中国石油集团测井有限公司业务招待管理办法	测井办〔2022〕64 号	办公室（党委办公室、维稳信访办公室）
10	中国石油集团测井有限公司人员异地交流期间周转住房管理办法	测井办〔2022〕89 号	办公室（党委办公室、维稳信访办公室）
11	中国石油集团测井有限公司领导干部保密工作责任制实施细则	测井办〔2022〕41 号	办公室（党委办公室、维稳信访办公室）
12	中国石油集团测井有限公司大事记工作管理规定（试行）	测井办〔2022〕44 号	办公室（党委办公室、维稳信访办公室）
13	中国石油集团测井有限公司年鉴编纂管理办法（试行）	测井办〔2022〕44 号	办公室（党委办公室、维稳信访办公室）
14	中国石油集团测井有限公司内部治安管理实施办法	办发〔2022〕6 号	办公室（党委办公室、维稳信访办公室）
15	中国石油集团测井有限公司涉密计算机及涉密移动存储介质保密管理实施细则	测井密〔2022〕3 号	办公室（党委办公室、维稳信访办公室）
16	中共中国石油集团测井有限公司委员会关于贯彻落实中央八项规定精神的实施细则	测井党委〔2022〕30 号	办公室（党委办公室、维稳信访办公室）
17	中国石油集团测井有限公司职称评审管理规定	职改〔2022〕4 号	人事处（党委组织部）
18	中国石油集团测井有限公司推行经理层成员任期制和契约化管理实施办法	测井人事〔2022〕93 号	人事处（党委组织部）
19	中国石油集团测井有限公司职业技能等级认定实施细则	测井人事〔2022〕134 号	人事处（党委组织部）
20	中国石油集团测井有限公司高技能人才管理实施细则	测井人事〔2022〕135 号	人事处（党委组织部）
21	中国石油集团测井有限公司专业技术岗位序列管理办法（试行）	测井人事〔2022〕98 号	人事处（党委组织部）
22	中国石油集团测井有限公司专项奖励管理办法	测井人事〔2022〕94 号	人事处（党委组织部）
23	中国石油集团测井有限公司中层领导人员任职回避和公务回避实施细则	测井党委〔2022〕68 号	人事处（党委组织部）

续表

序　号	文件名称	发文字号	发文部门
24	中国石油集团测井有限公司干部人才挂职管理实施细则（试行）	测井党委〔2022〕70 号	人事处（党委组织部）
25	中国石油集团测井有限公司人才强企工程推进工作考核评价办法	人事〔2022〕32 号	人事处（党委组织部）
26	中国石油集团测井有限公司首席专家、高级专家及一级工程师考核实施细则（试行）	人事〔2022〕34 号	人事处（党委组织部）
27	中国石油集团测井有限公司人力资源价值评价办法（试行）	人事〔2022〕36 号	人事处（党委组织部）
28	中国石油集团测井有限公司投资管理规定	测井规划〔2022〕122 号	规划计划处
29	中国石油集团测井有限公司中长期发展规划管理办法	测井规划〔2022〕105 号	规划计划处
30	中国石油集团测井有限公司工程技术服务生产管理办法（试行）	市场生产〔2022〕17 号	市场生产处
31	中国石油集团测井有限公司井控管理规定	测井市场生产〔2022〕84 号	市场生产处
32	中国石油集团测井有限公司工程技术管理办法	市场生产〔2022〕17 号	市场生产处
33	中国石油集团测井有限公司市场开发奖励实施细则（试行）	测井市场生产〔2022〕119 号	市场生产处
34	中国石油集团测井有限公司单井包干管理办法（试行）	测井市场生产〔2022〕142 号	市场生产处
35	中国石油集团测井有限公司基建维修费用项目管理实施细则	市场生产〔2022〕17 号	市场生产处
36	中国石油集团测井有限公司科技成果与知识产权管理办法（试行）	测井科技〔2022〕139 号	科技处
37	中国石油集团测井有限公司科技项目管理办法	测井科技〔2022〕4 号	科技处
38	中国石油集团测井有限公司开放科技基金项目管理办法（试行）	测井科技〔2022〕4 号	科技处
39	中国石油集团测井有限公司项目经理招聘和考核办法（试行）	测井科技〔2022〕4 号	科技处
40	中国石油集团测井有限公司科技奖励办法（试行）	测井科技〔2022〕4 号	科技处
41	中国石油集团测井有限公司科技成果转化创效奖励办法（试行）	测井科技〔2022〕4 号	科技处
42	中国石油集团测井有限公司品牌建设先进奖励管理办法（试行）	测井科技〔2022〕24 号	科技处
43	中国石油集团测井有限公司科技与学术交流实施细则（试行）	科技〔2022〕1 号	科技处
44	中国石油集团测井有限公司院士工作站管理办法（试行）	测井科技〔2022〕96 号	科技处
45	中国石油集团测井有限公司科学研究与技术开发项目档案管理实施细则	测井科技〔2022〕132 号	科技处

续表

序　号	文件名称	发文字号	发文部门
46	中国石油集团测井有限公司新技术推广管理办法（试行）	测井科技〔2022〕140 号	科技处
47	中国石油集团测井有限公司物资供应管理规定	测井物装〔2022〕68 号	物资装备处
48	中国石油集团测井有限公司物资采购管理办法（试行）	测井物装〔2022〕68 号	物资装备处
49	中国石油集团测井有限公司物资供应商管理办法	测井物装〔2022〕5 号	物资装备处
50	中国石油集团测井有限公司车辆管理规定	测井物装〔2022〕50 号	物资装备处
51	中国石油集团测井有限公司制造管理办法	测井物装〔2022〕136 号	物资装备处
52	中国石油集团测井有限公司物资供应仓储物流管理办法	测井物装〔2022〕5 号	物资装备处
53	中国石油集团测井有限公司境外项目物资采购管理办法（试行）	测井物装〔2022〕124 号	物资装备处
54	中国石油集团测井有限公司物资品类管理实施办法	物装〔2022〕20 号	物资装备处
55	中国石油集团测井有限公司特种设备管理规定	测井安全〔2022〕147 号	物资装备处
56	中国石油集团测井有限公司信息化管理办法	测井信息〔2022〕156 号	评价信息处
57	中国石油集团测井有限公司计算机网络运行管理办法	信息〔2022〕4 号	评价信息处
58	中国石油统一测井数据库及应用系统管理实施办法（试行）	信息〔2022〕8 号	评价信息处
59	中国石油集团测井有限公司解释评价管理办法	测井信息〔2022〕155 号	评价信息处
60	中国石油集团测井有限公司视频会议管理办法	信息〔2022〕4 号	评价信息处
61	中国石油集团测井有限公司勘探开发测井贡献奖励管理办法	测井信息〔2022〕155 号	评价信息处
62	中国石油集团测井有限公司解释评价考核实施办法（试行）	信息〔2022〕7 号	评价信息处
63	中国石油集团测井有限公司重点井和新技术集中处理解释实施办法（试行）	信息〔2022〕7 号	评价信息处
64	中国石油集团测井有限公司软件管理办法（试行）	测井信息〔2022〕148 号	评价信息处
65	中国石油集团测井有限公司信息化工作考核实施细则（试行）	信息〔2022〕9 号	评价信息处
66	中国石油集团测井有限公司数据中心管理实施办法（试行）	信息〔2022〕9 号	评价信息处
67	中国石油集团测井有限公司劳动防护用品管理规定	测井安全〔2022〕147 号	质量安全环保处
68	中国石油集团测井有限公司放射性物品管理规定	测井安全〔2022〕147 号	质量安全环保处
69	中国石油集团测井有限公司安全生产和环境保护责任制及清单管理办法	测井安全〔2022〕147 号	质量安全环保处
70	中国石油集团测井有限公司安全环保事故隐患问责管理实施细则	安全〔2022〕16 号	质量安全环保处

续表

序　号	文件名称	发文字号	发文部门
71	中国石油集团测井有限公司质量健康安全环保节能考核评比办法	测井安全〔2022〕31号	质量安全环保处
72	中国石油集团测井有限公司民用爆炸物品安全管理规定	测井安全〔2022〕147号	质量安全环保处
73	中国石油集团测井有限公司道路交通安全管理规定	测井安全〔2022〕147号	质量安全环保处
74	中国石油集团测井有限公司危险化学品安全管理规定	测井安全〔2022〕147号	质量安全环保处
75	中国石油集团测井有限公司消防安全管理规定	测井安全〔2022〕147号	质量安全环保处
76	中国石油集团测井有限公司用电安全管理规定	测井安全〔2022〕147号	质量安全环保处
77	中国石油集团测井有限公司特殊敏感时段安全环保升级管理规定	测井安全〔2022〕147号	质量安全环保处
78	中国石油集团测井有限公司核材料管制规定	测井安全〔2022〕147号	质量安全环保处
79	中国石油集团测井有限公司“五型”作业队（班组）创建及QHSE标准化建设实施细则	安全〔2022〕13号	质量安全环保处
80	中国石油集团测井有限公司健康安全环保风险分级防控实施细则	安全〔2022〕16号	质量安全环保处
81	中国石油集团测井有限公司安全生产管理规定	测井安全〔2022〕147号	质量安全环保处
82	中国石油集团测井有限公司环境保护管理规定	测井安全〔2022〕147号	质量安全环保处
83	中国石油集团测井有限公司节能节水管理办法	测井安全〔2022〕147号	质量安全环保处
84	中国石油集团测井有限公司QHSE监督管理办法	测井安全〔2022〕31号	质量安全环保处
85	中国石油集团测井有限公司安全生产承包点管理实施细则	安全〔2022〕16号	质量安全环保处
86	中国石油集团测井有限公司质量管理规定	测井安全〔2022〕147号	质量安全环保处
87	中国石油集团测井有限公司安全生产承诺管理实施细则	安全〔2022〕16号	质量安全环保处
88	中国石油集团测井有限公司作业许可及高危作业挂牌制管理办法	测井安全〔2022〕147号	质量安全环保处
89	中国石油集团测井有限公司生产安全事件管理规定	测井安全〔2022〕147号	质量安全环保处
90	中国石油集团测井有限公司安全监控管理办法	安全〔2022〕2号	质量安全环保处
91	中国石油集团测井有限公司绿色基层队（站）建设实施细则	安全〔2022〕16号	质量安全环保处
92	中国石油集团测井有限公司健康安全环保信息系统应用实施细则	安全〔2022〕16号	质量安全环保处
93	中国石油集团测井有限公司QHSE管理体系审核管理办法	测井安全〔2022〕147号	质量安全环保处
94	中国石油集团测井有限公司工伤认定管理办法	测井安全〔2022〕147号	质量安全环保处
95	中国石油集团测井有限公司注册安全工程师管理办法	测井安全〔2022〕147号	质量安全环保处

续表

序　号	文件名称	发文字号	发文部门
96	中国石油集团测井有限公司质量健康安全环保记分管理实施细则	安全〔2022〕2号	质量安全环保处
97	中国石油集团测井有限公司安全生产“四不两直”安全监督检查实施细则	安全〔2022〕2号	质量安全环保处
98	中国石油集团测井有限公司HSE事故管理规定	测井安全〔2022〕147号	质量安全环保处
99	中国石油集团测井有限公司领导干部安全生产述职实施办法	测井安全〔2022〕147号	质量安全环保处
100	中国石油集团测井有限公司计量管理办法	测井安全〔2022〕31号	质量安全环保处
101	中国石油集团测井有限公司本部部门QHSE管理职责规定	测井安全〔2022〕31号	质量安全环保处
102	中国石油集团测井有限公司质量管理小组活动实施细则	安全〔2022〕16号	质量安全环保处
103	中国石油集团测井有限公司HSE“两书一表一单一卡”实施细则	安全〔2022〕16号	质量安全环保处
104	中国石油集团测井有限公司质量风险和机遇管理实施细则	安全〔2022〕16号	质量安全环保处
105	中国石油集团测井有限公司井筒质量检测管理规定	测井安全〔2022〕31号	质量安全环保处
106	中国石油集团测井有限公司海洋作业安全管理办法	测井安全〔2022〕147号	质量安全环保处
107	中国石油集团测井有限公司气体安全防护管理规定	测井安全〔2022〕147号	质量安全环保处
108	中国石油集团测井有限公司外汇资金管理办法	测井财资〔2022〕107号	财务资产处
109	中国石油集团测井有限公司提质增效专项激励约束办法	测井财资〔2022〕65号	财务资产处
110	中国石油集团测井有限公司提质增效专项奖励实施细则（试行）	测井财资〔2022〕133号	财务资产处
111	中国石油集团测井有限公司规章制度管理规定	测井企管〔2022〕69号	企管法规处
112	中国石油集团测井有限公司管理创新管理办法	测井企管〔2022〕12号	企管法规处
113	中国石油集团测井有限公司重大经营风险事件报告实施细则	企管〔2022〕5号	企管法规处
114	中国石油集团测井有限公司企业管理专题项目管理办法	测井企管〔2022〕29号	企管法规处
115	中国石油集团测井有限公司招标评审费用管理办法	测井物装〔2022〕51号	企管法规处
116	中国石油集团测井有限公司章程	测井企管〔2022〕152号	企管法规处
117	中国石油集团测井有限公司审计档案管理实施细则	测井审计〔2022〕54号	审计处
118	中国石油集团测井有限公司经济责任审计管理办法	审计〔2022〕3号	审计处
119	中国石油集团测井有限公司基本建设项目审计实施细则	审计〔2022〕3号	审计处
120	中国石油集团测井有限公司审计整改工作实施规定	测井审计〔2022〕54号	审计处

续表

序 号	文件名称	发文字号	发文部门
121	中国石油集团测井有限公司审计项目计划管理实施细则	审计〔2022〕3 号	审计处
122	中国石油集团测井有限公司科技项目审计实施细则	审计〔2022〕3 号	审计处
123	中国石油集团测井有限公司规范领导干部配偶、子女及其配偶经商办企业行为办法	测井党委〔2022〕35 号	纪委办公室（党委巡察办）
124	中国石油集团测井有限公司所属单位纪委书记述职评议考核实施细则	测井纪委〔2022〕2 号	纪委办公室（党委巡察办）
125	中共中国石油集团测井有限公司委员会党风廉政建设责任制考核实施细则（试行）	测井党委〔2022〕34 号	纪委办公室（党委巡察办）
126	中国石油集团测井有限公司党委巡察人员管理办法（试行）	测井党委〔2022〕39 号	纪委办公室（党委巡察办）
127	被巡察党组织落实巡察整改主体责任实施细则（试行）	测井党委〔2022〕39 号	纪委办公室（党委巡察办）
128	中国石油集团测井有限公司帮扶工作管理办法	测井工会〔2022〕1 号	党群工作处（党委宣传部、企业文化处、工会、团委）
129	中国石油集团测井有限公司帮扶工作档案管理实施细则	党群〔2022〕1 号	党群工作处（党委宣传部、企业文化处、工会、团委）
130	中国石油集团测井有限公司新闻宣传工作管理办法	测井党委〔2022〕59 号	党群工作处（党委宣传部、企业文化处、工会、团委）
131	中国石油集团测井有限公司门户网站运行维护管理实施细则	宣传〔2022〕2 号	党群工作处（党委宣传部、企业文化处、工会、团委）
132	中国石油集团测井有限公司企业文化建设工作管理办法	测井文化〔2022〕58 号	党群工作处（党委宣传部、企业文化处、工会、团委）
133	中国石油集团测井有限公司评先选优工作管理办法	测井党委〔2022〕75 号	党群工作处（党委宣传部、企业文化处、工会、团委）

附表 8　2022 年中油测井新制定企业标准

序 号	标准名称	标准编号
1	CIFLog 测井大数据平台接入规范	Q/SY CJ 20-2022
2	油藏测井综合评价技术规范	Q/SY CJ 21-2022
3	多参数地层水电阻率组合测井仪	Q/SY CJ 22-2022
4	CPLog 测井系统接入规范	Q/SY CJ 23-2022
5	盐穴储气库盐岩地层测井资料处理与评价规范	Q/SY CJ 24-2022
6	移动式全直径岩心核磁共振现场测量规范	Q/SY CJ 25-2022
7	油田开发区块治理测井综合评价规范	Q/SY CJ 26-2022
8	探井测井评价工作规范	Q/SY CJ 27-2022
9	颗粒法孔隙度实验室测量规范	Q/SY CJ 28-2022

续表

序　号	标准名称	标准编号
10	井斜方位测井仪检验规范　第 1 部分　电缆测井	Q/SY CJ 29.1–2022
11	井斜方位测井仪检验规范　第 2 部分　随钻测井	Q/SY CJ 29.2–2022
12	测井放射性岗位津贴及保健费管理规范	Q/SY CJ 30–2022
13	QHSE 目视化管理规范	Q/SY CJ 31–2022
14	测井智能化作业系统配套设备规范	Q/SY CJ 32–2022
15	测井智能化作业系统车辆动力配置规范	Q/SY CJ 33–2022
16	测井智能化作业系统电驱动绞车电气规范	Q/SY CJ 34–2022
17	测井智能化作业系统车辆空间配置规范	Q/SY CJ 35–2022
18	桥射联作总装室	Q/SY CJ 36–2022
19	桥射联作井下工具串通用技术规范	Q/SY CJ 37–2022
20	电缆防喷装置技术规范	Q/SY CJ 38–2022
21	CPLog 测井系统现场出图规范	Q/SY CJ 39–2022
22	QHSE 工具方法使用指南	Q/SY CJ 40–2022
23	随钻测井仪刻度方法	Q/SY CJ 41–2022
24	测井车载数据中心	Q/SY CJ 42–2022
25	油气田用防爆移动视频监控仪	Q/SY CJ 43–2022
26	预探井工程地质风险要素识别方法	Q/SY CJ 44–2022
27	爬行器射孔技术规范	Q/SY CJ 45–2022
28	致密储层压裂测井优化设计规范	Q/SY CJ 46–2022
29	水平井测井工作规范	Q/SY CJ 47–2022
30	含硫化氢储气库测井作业规范	Q/SY CJ 48–2022
31	测井电缆叉接技术规范	Q/SY CJ 49–2022
32	稠油热采射孔施工作业技术规范	Q/SY CJ 50–2022
33	光纤测井作业规范　第 1 部分：油管外布缆光纤测井	Q/SY CJ 51.1–2022
34	光纤测井作业规范　第 2 部分：储气库井光纤测井	Q/SY CJ 51.2–2022
35	光纤测井作业规范　第 3 部分：煤层气水平井光纤测井	Q/SY CJ 51.3–2022
36	页岩油测井采集项目选择规范	Q/SY CJ 52–2022
37	声呐测井解释评价规范	Q/SY CJ 53–2022
38	裸眼井测井工（器）具设计技术规范	Q/SY CJ 6039–2022
39	生产井测井工（器）具设计技术规范	Q/SY CJ 6040–2022
40	油气井射孔工（器）具设计技术规范	Q/SY CJ 6041–2022

附 图

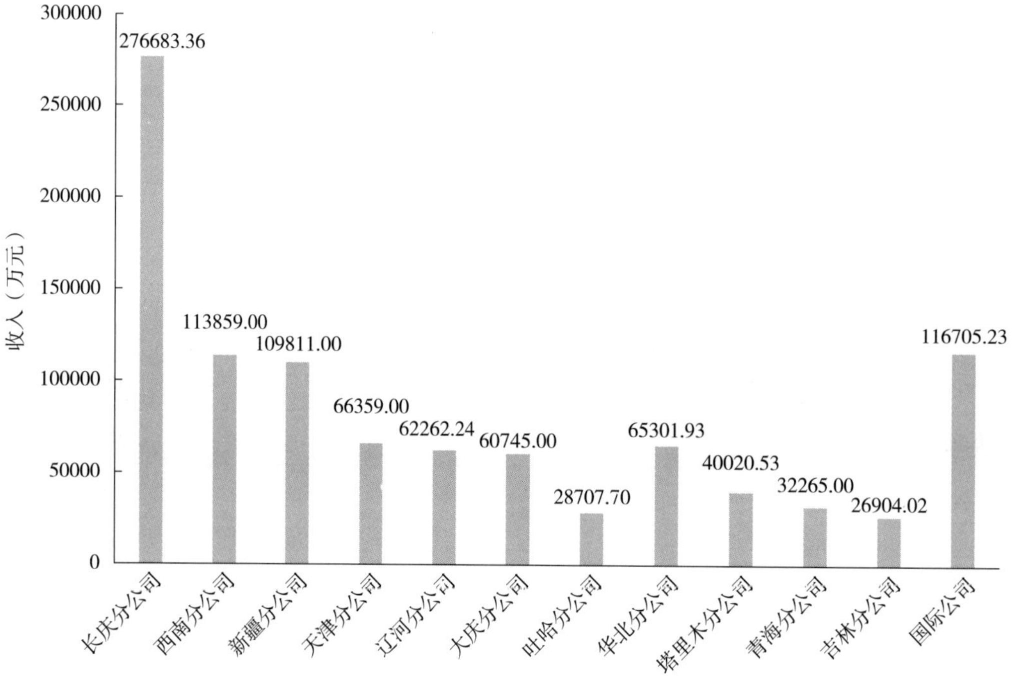

附图1 2022年中油测井所属技术服务单位收入对比图

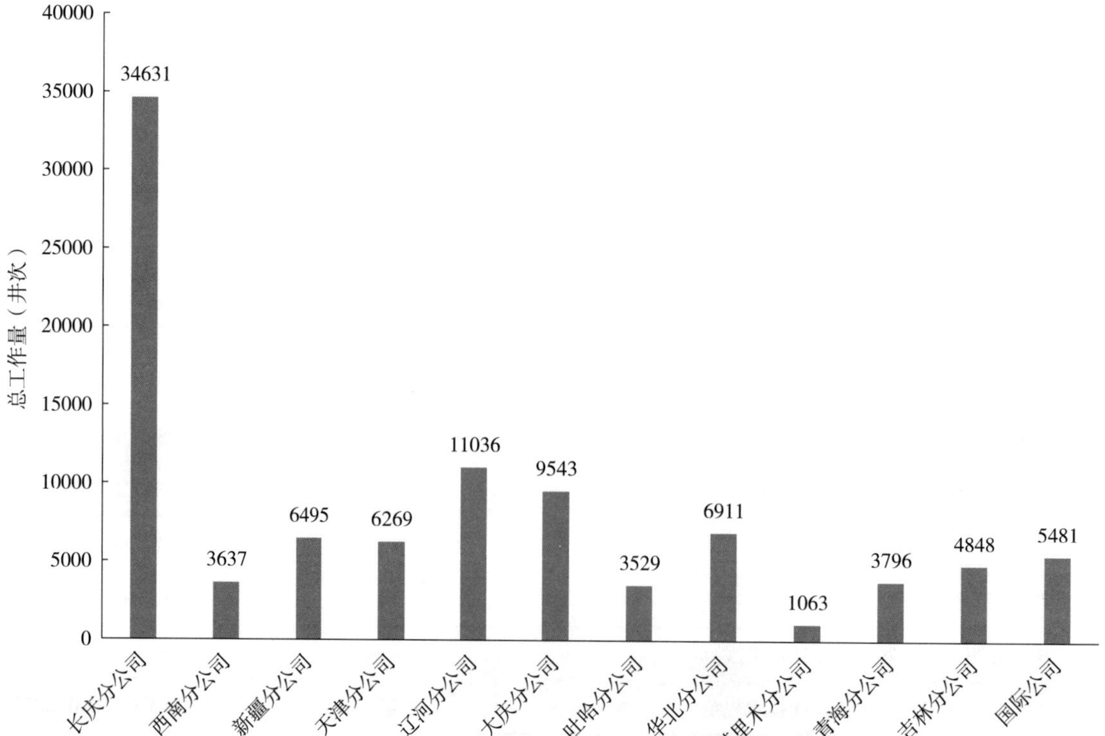

附图2 2022年中油测井所属技术服务单位总工作量对比图

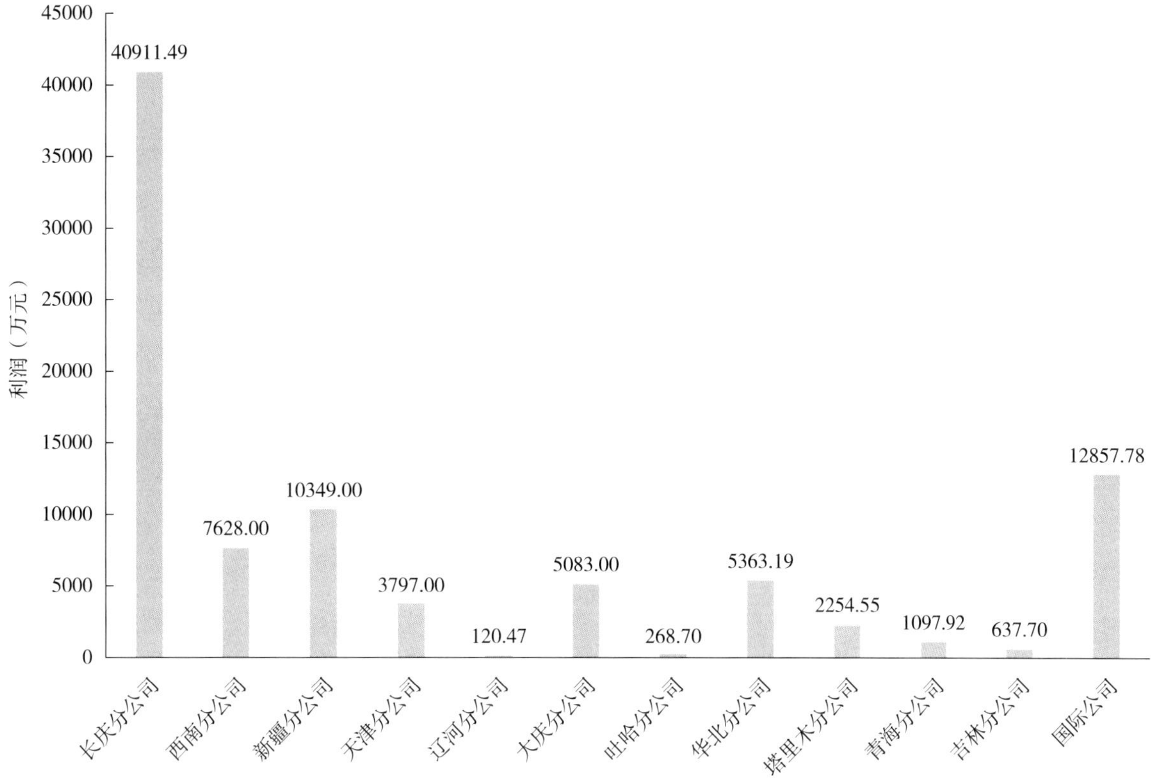

附图 3　2022 年中油测井所属技术服务单位利润对比图

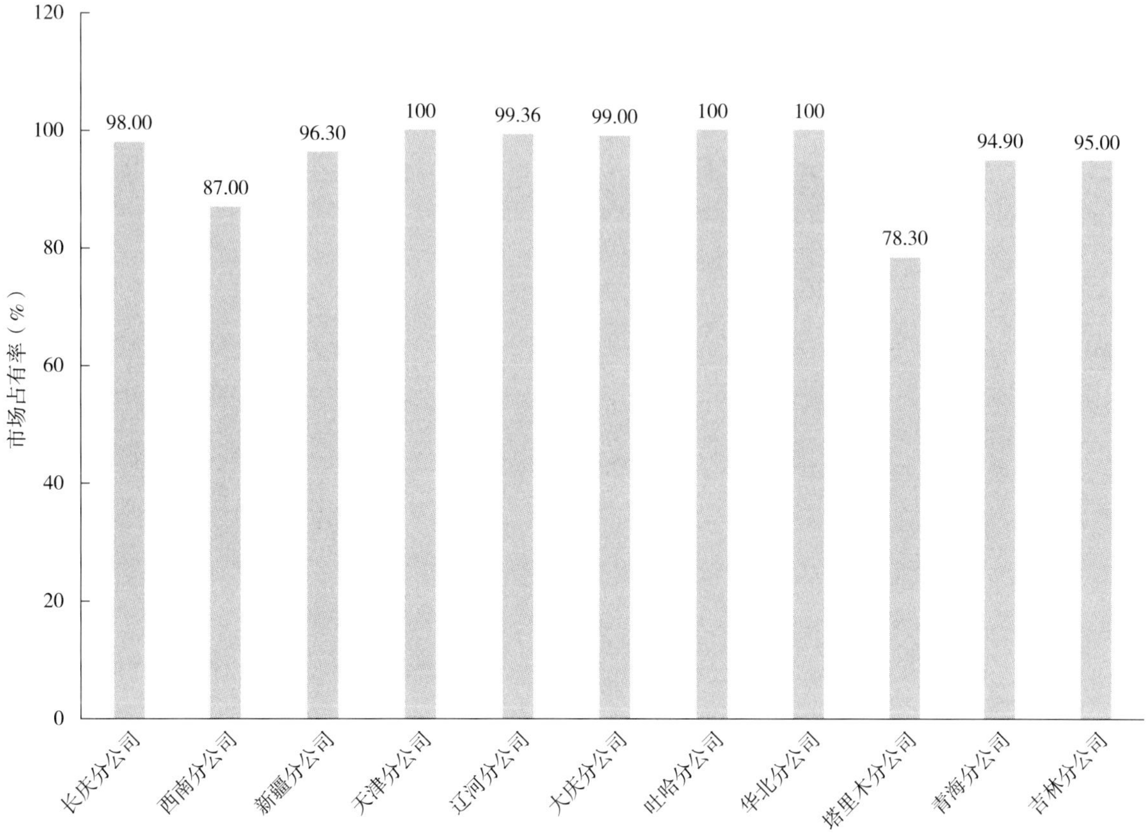

附图 4　2022 年中油测井所属技术服务单位本油区市场占有率对比

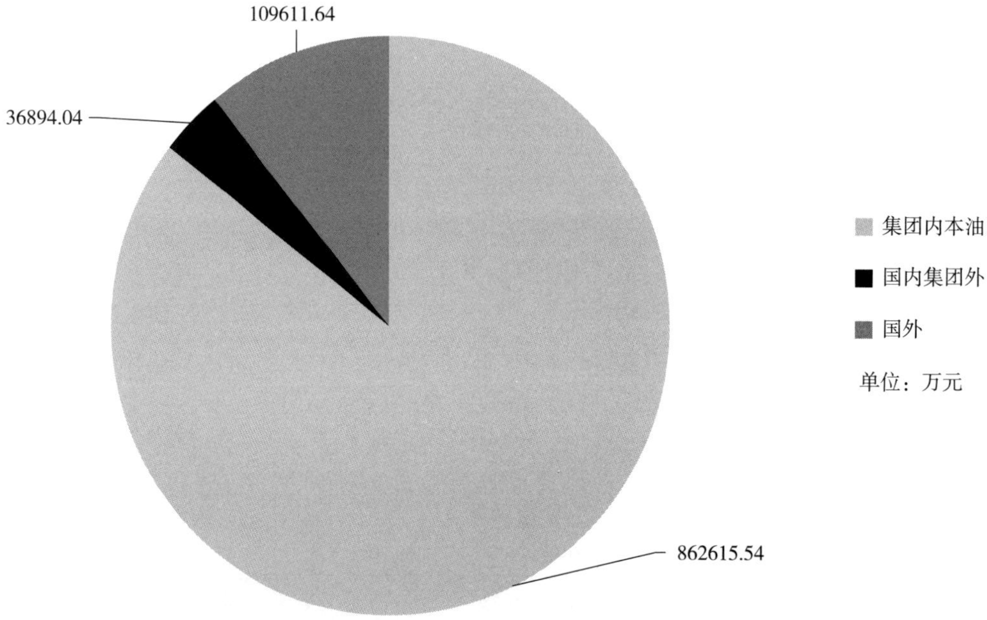

附图 5　2022 年中油测井收入按市场区域划分占比图

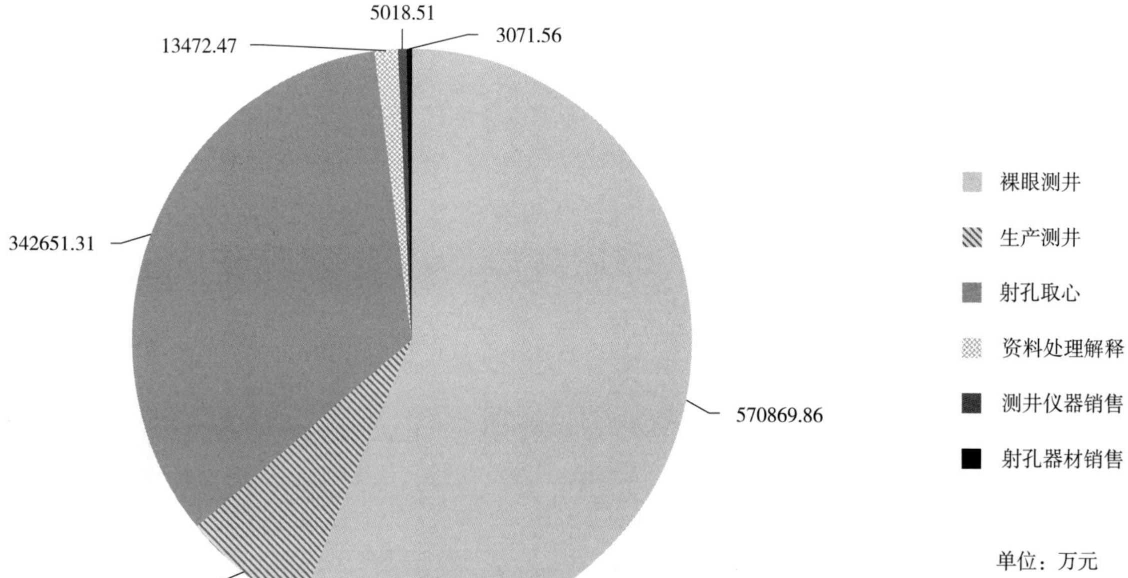

附图 6　2022 年中油测井收入按业务类型划分占比图

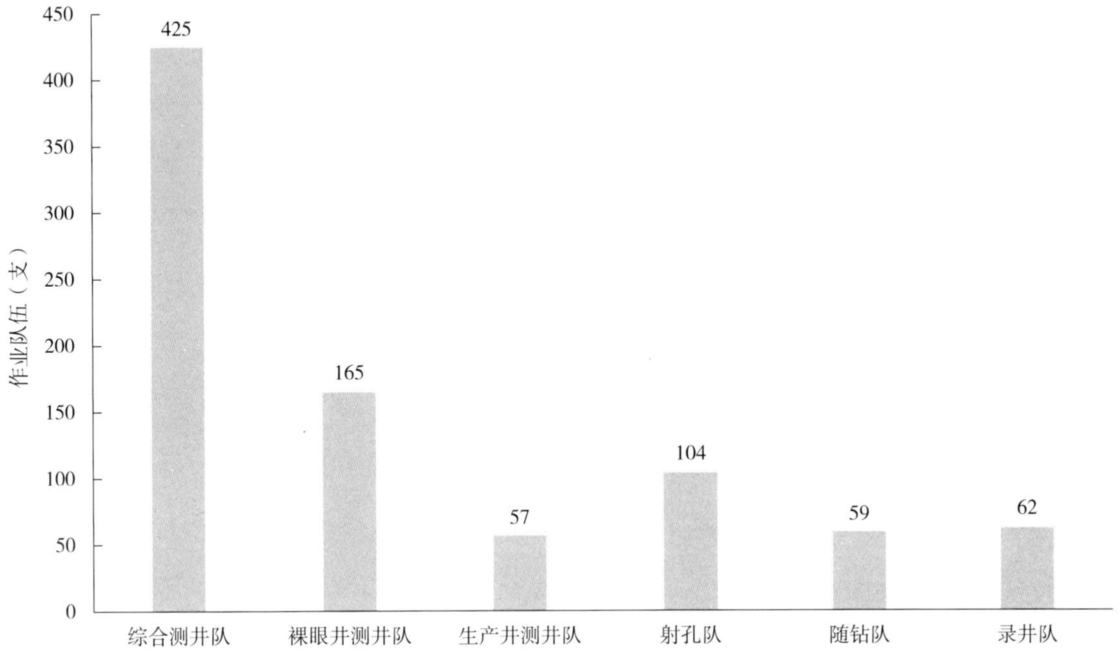

附图 7　2022 年中油测井作业队伍类型分布图

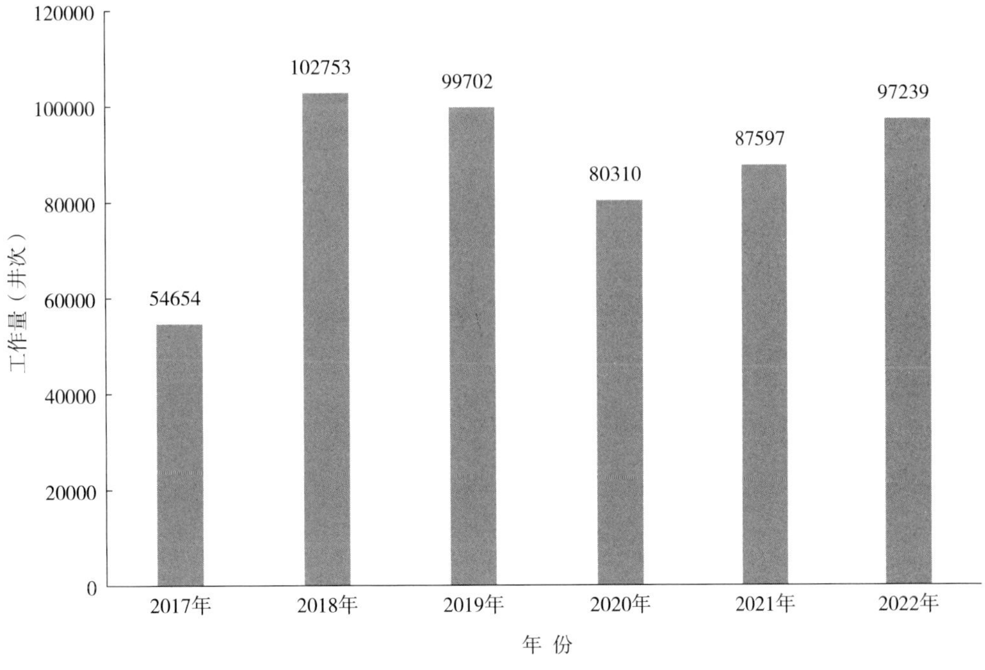

附图 8　2017—2022 年中油测井技术服务工作量

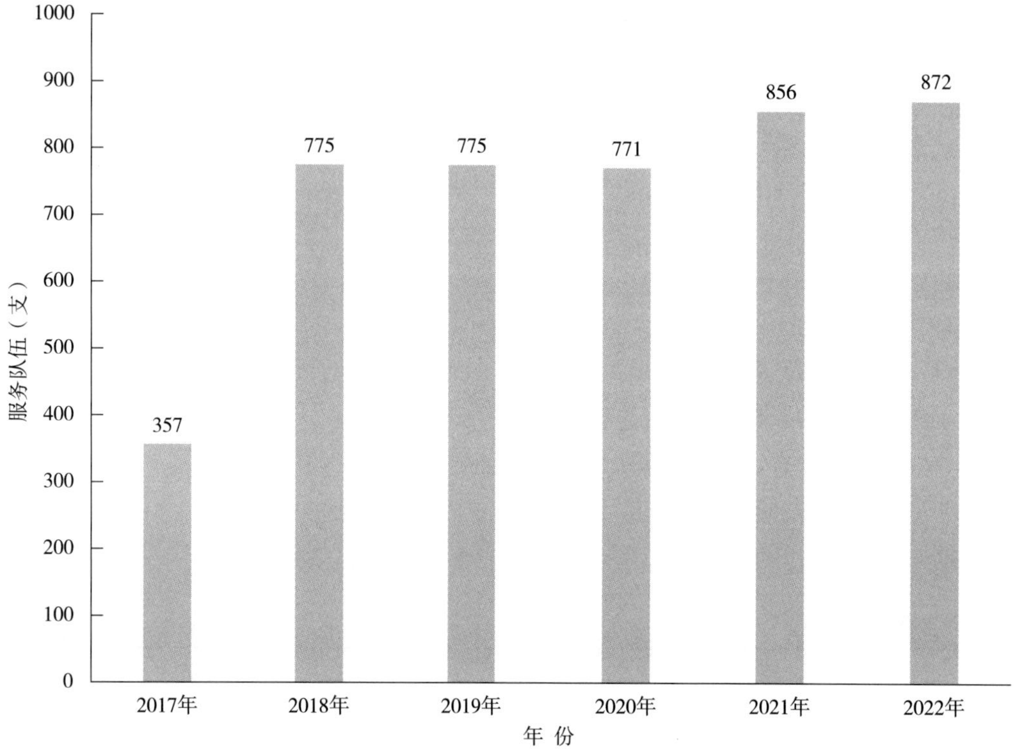

附图 9　2017—2022 年中油测井技术服务队伍数量

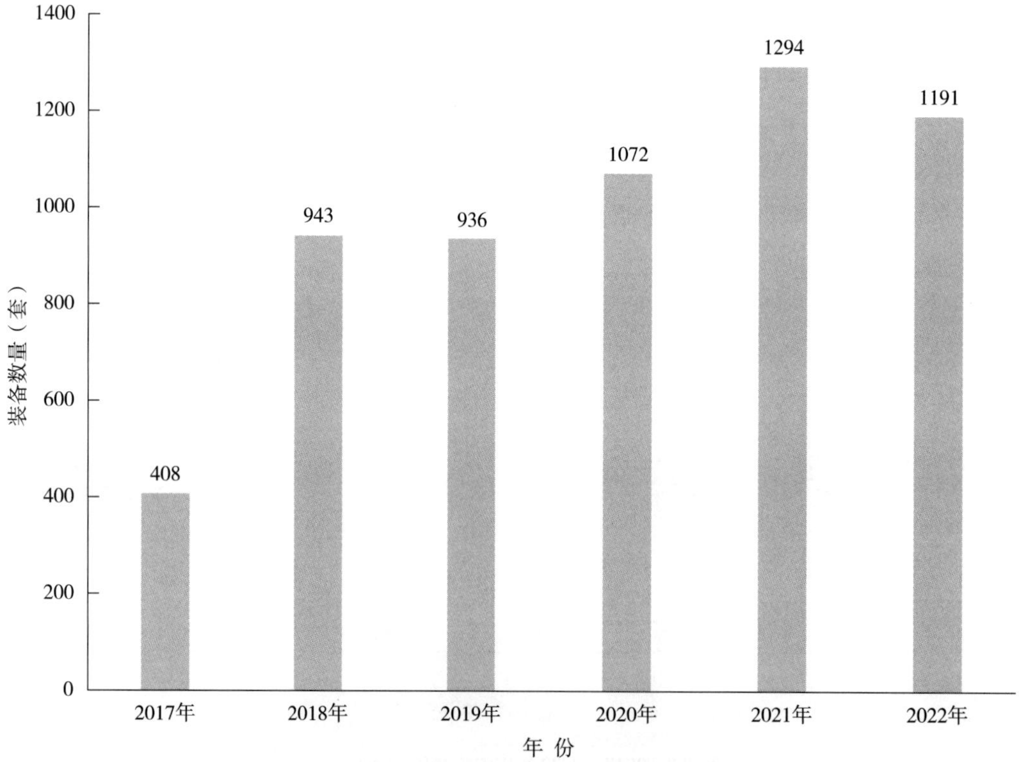

附图 10　2017—2022 年中油测井装备数量

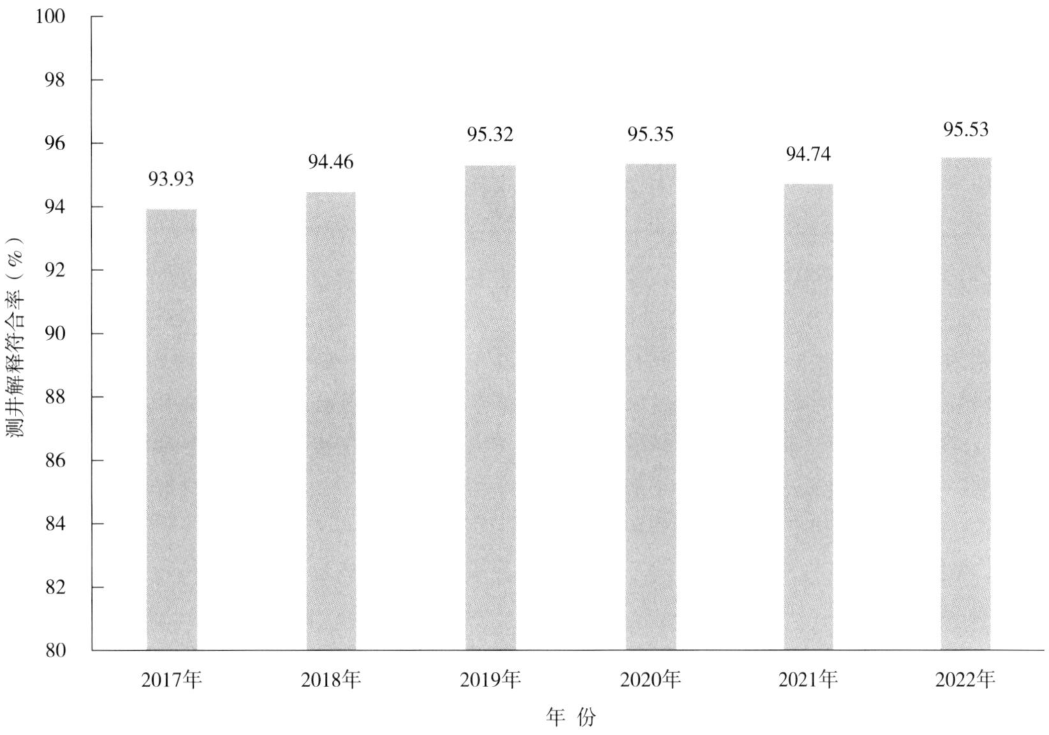

附图 11　2017—2022 年中油测井测井解释符合率

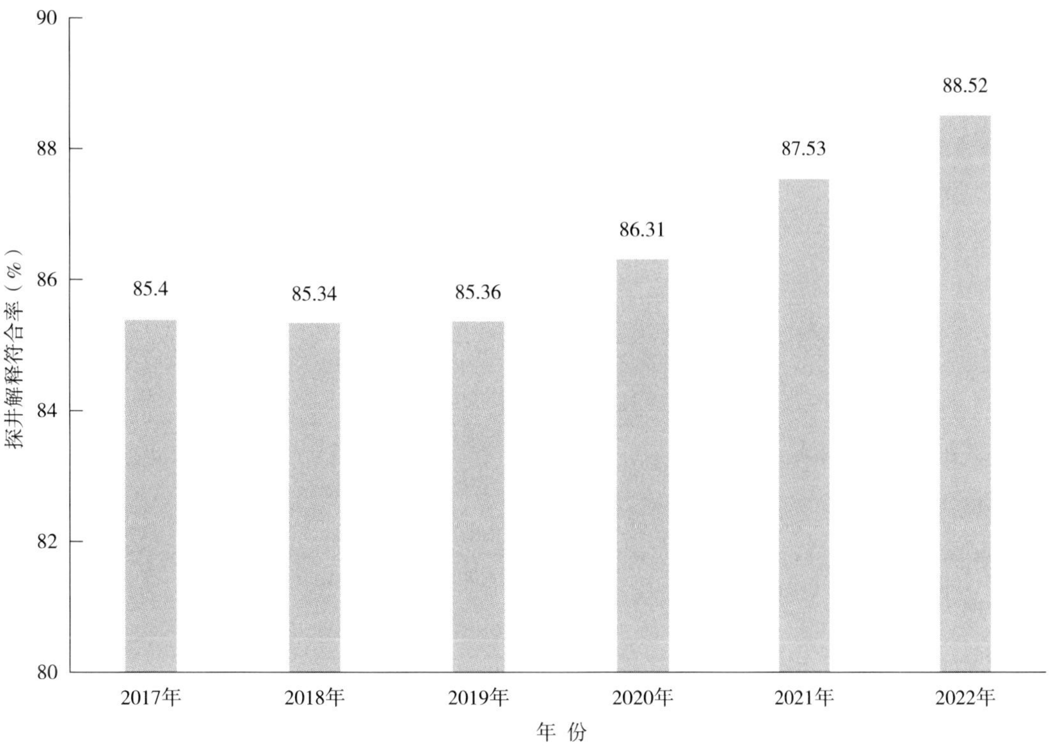

附图 12　2017—2022 年中油测井探井解释符合率

索　引

使用说明

一、本索引采用内容分析索引法编制。除大事记外，年鉴中有实质检索意义的内容均予以标引，以便检索使用。

二、索引基本上按汉语拼音音序排列，具体排列方法如下：以数字开头的，排在最前面；以英文字母打头的，列于其次；汉字标目则按首字的音序、音调依次排列，首字相同时，则以第二个字排序，并依此类推。

三、索引标目后的数字，表示检索内容所在的年鉴正文页码；数字后面的英文字母 a、b，表示年鉴正文中的栏别，合在一起即指该页码及左右两个版面区域。年鉴中用表格、图片反映的内容，则在索引标目后面用括号注明（表）、（图）字，以区别于文字标目。

四、为反映索引款目间的隶属关系，对于二级标目，采取在上一级标目下缩二格的形式编排，之下再按汉语拼音音序、音调排列。

0—9

A—Z

A

B

C

D

F

G

H

J

Q

R

S

T

W

X

Y

Z

编后记

《中国石油集团测井有限公司年鉴 2023》(简称《中油测井年鉴 2023》)是中油测井第二卷《年鉴》,即将付梓之际,做此编后记,敬告作者和读者。

2023 年 4 月,启动《中油测井年鉴 2023》编纂工作。本卷年鉴遵循实事求是的原则,收集资料力求全面、系统、客观地记述中油测井一年内的工作动态和成果,充分展示年鉴的思想性、资料性、准确性和科学性相统一,本卷年鉴设类目、分目和条目,客观记述中油测井市场开发、技术服务、综合应用、技术研发、装备制造、企业管理及改革创新等方面的基本情况和重要事项,全面展示中油测井在建设世界一流测井公司所作的努力和取得的成就。本卷年鉴起点高,可读性强。

2023 年 7 月,中油测井编辑部完成资料收集和整理工作,先后 4 轮修改补充完善,8 月初完成字数近 32 万字的总纂稿。11 月 21 日,由副总经理石玉江组织召开《中油测井年鉴 2023》编委会评审会议,评审总纂稿,提出审核修改意见。11 月 22 日开始,中油测井史志编辑部按照编委会审核意见,删繁削冗、精简提炼、校核复查,形成《中油测井年鉴 2023》审定稿。经中油测井史志编委会审定,提交石油工业出版社编审;几经修改、校对审核,即将印刷出版。

《中油测井年鉴 2023》如期编纂出版,是中油测井党委、公司正确领导的结果,是中油测井所属单位、本部部门大力支持和帮助的成果。本卷《中油测井年鉴 2023》编纂涉及本部 13 个本部部门、18 个所属单位,153 人参与撰稿和提供图片、数据、史料等工作,谨向所有关心、支持、帮助《中油测井年鉴 2023》顺利编纂完成的领导、专家和同事表示衷心感谢!向对本卷年鉴编纂提出宝贵意见和建议的中国石油档案馆、石油工业出版社等单位年鉴业界专家,支持《中油测井年鉴 2023》编纂出版,提供帮助的单位和个人致以诚挚的谢意!

由于年鉴编辑出版时限性强,疏漏和不足在所难免,恳请读者批评指正。

《中国石油集团测井有限公司年鉴》编辑部

2023 年 12 月